# আপনি কি ধনী হতে চান?

(ধনী হয়ে ওঠার বিজ্ঞান)

## SCIENCE OF BECOMING RICH

তরুণ ইঞ্জীনিয়ার

ডায়মণ্ড বুকস
www.diamondbook.in

প্রকাশক : ডায়মণ্ড বুক্স (প্রা.) লিমিটেড
X - 30, ওখলা ইণ্ডাস্ট্রিয়াল এরিয়া, ফেজ - II
নূতন দিল্লী - 110 020
ফোন : 011- 40712100
ই-মেল : sales@dpb.in
ওয়েবসাইট : www.diamondbook.in
সংস্করণ : 2026

Kya Aap Ameer Banana Chahate Hain

*By : Tarun Engineer*

# ধনী হওয়ার জন্য কিভাবে এই পুস্তক সাহায্য করবে?

**লক্ষ্যাধিক সমস্যা আসলেও, যে নিজের লক্ষ্যচ্যুত না হয়।**
**জগতে সেই সফল হয়, যে খেলে ঝঞ্ঝায়।**

এই কথাটি আপনার ক্ষেত্রে বিশেষভাবে প্রযোজ্য, কারণ বইয়ের এই পৃষ্ঠাটা পড়ার মানে আপনি ধনী হওয়ার বাসনা রাখেন। নিজের স্বপ্নকে বাস্তবায়িত করার সাহস আপনার মধ্যে আছে।

ভবিষ্যতে আপনিই পারেন ইতিহাসকে প্রভাবিত করতে। আপনার মধ্যে লক্ষ্য পর্যন্ত পৌঁছানোর শক্তি আছে। আপনার মধ্যে যে ধৈর্য্য, শান্তি, সংযম ও সংকল্প আছে তাই আপনাকে মহান কাজ করার প্রেরণা যোগায়। বই পড়ে কিভাবে নিজের স্বপ্নকে বাস্তবায়িত করতে হয়, সে কলা আপনি জানেন।

**তাই অবশ্যই এই বই পড়ুন, কিন্তু পড়ার আগে সংকল্প করুন যে, দেশের সবচেয়ে সুন্দর শহরে আমি থাকব, আমি একটা অট্টালিকা বানাব, একটা বড়ো গাড়িতে করে ঘুরব। ব্যবসা থেকে বহু অর্থ উপার্জন করব। নিজের পরিবারকে পৃথিবীর সমস্ত সুখ দেওয়ার চেষ্টা করব। ঈশ্বরের পায়ে নিজেকে সমর্পিত রেখে ঝগড়া ও ক্রোধের থেকে দূরে থাকব। সর্বদা মধুর কথা বলব, গরিবদের দয়া করব। মুক্ত হস্তে দান করব। নিজের বাবা-মাকে সম্মান করব। নিজের থেকে ছোটোকে দয়া করতে শিখব, কখনও কোনো ভুল পদক্ষেপ নেব না।**

এই কথা গুলি মনের মধ্যে গেঁথে নিতে পারলে আপনি অতি সহজেই নিজের লক্ষ্যে পৌঁছাতে সক্ষম হবেন। কারণ বিশ্ববিখ্যাত মহান দার্শনিক শ্রী রজনীশ বলেছেন, **'ভালো বই আপনাকে পথ দেখায় আর কিভাবে জীবন যাপন করা উচিত তাও বলে দেয়। যখন কিভাবে জীবনে সংঘর্ষ করা উচিত তা জানতে পারেন, তখনই আপনি নিজের ভেতরে উৎসাহ অনুভব করেন আর নিজের লক্ষ্যে পৌঁছানোর জন্য সঠিক পথের সন্ধান করার চেষ্টা করেন।'**

কেউ জন্মগত ভাবে জীনিয়াস হয় না, বই-ই পারে একটা জীনিয়াস তৈরি করতে। আপনি যদি আমার কথার সাথে এক মত হোতে না পারেন তাহলে নিজেই বলুন তো, রাজ কাপুর কি জীনিয়াস হয়েই জন্ম গ্রহণ করেছিলেন? সত্যজিৎ রায় কি জন্মগত জীনিয়াস ছিলেন?

না! বইই তাঁদের বিকসিত করে তুলেছিল। তাঁরা যখন কোনো ফ্লিম তৈরি করতেন তখন তার মধ্যে ডুবে যেতেন, তাই আজও বিখ্যাত নির্দেশক হিসাবে তাঁদের নাম উজ্জ্বল হয়ে রয়েছে। আপনিও নিজেকে সেইভাবে ডুবিয়ে দেওয়ার চেষ্টা করুন, কোনো কিছুই আপনার ধনী হওয়ার পথে বাধার সৃষ্টি করতে পারবে না।

ঢেউকে ভয় পেলে করা যায় না নৌকা পার।
দুনিয়ায় সব কাজের আছে নিজেস্ব আধার।।
খোলা চোখে স্বপ্ন দেখলে হবে তা সাকার।
লক্ষ্য গড়ে জিতে নাও এই সংসার।।

-তরুণ ইঞ্জীনিয়ার

# কৃতজ্ঞতা স্বীকার

আমার লেখার কাজকে সুগম করে তোলার জন্য একটা বেশ বড়ো টিম আছে। তাই সবার আগে আমি আমার টিমের সদস্য **রামু গুপ্তা, অতুল শর্মা, নবীন পাণ্ডে, ভূপেন্দ্র সিংহ ও বিকাস শর্মাকে** কৃতজ্ঞতা জানাতে চাই, এদের সাহায্য ছাড়া এই বই লেখা সম্ভব হতো না।

কিন্তু সেই সাথে আমি সেই সমস্ত কর্পোরেট এবং সরকারী প্রবন্ধকদেরও কৃতজ্ঞতা জানাতে চাই যারা **নেতৃত্ব-বক্তা, প্রশিক্ষক কোচ** এবং **পরামর্শদাতা** হিসাবে আমাকে তাদের সংগঠনে আমন্ত্রণ জানায়।

কিন্তু সর্বোত্তম কিছু লেখার জন্য আমার পার্কের বন্ধুগণ **চৌধুরী ডালচন্দ** (প্রাক্তন ডায়রেক্টর, পোস্ট অফিস সেভিঙ্গ), **মুকেশ জৈন** (হোটেল মালিক), **বী. কে. শর্মা** (প্রাক্তন এসিস্টেন্ট ডায়রেক্টর অফ এডুকেশান: গভর্নমেন্ট অফ এন.সী. টী. দিল্লী), **নরেশ চন্দ্র জৈন** (শিল্পপতি), **রমেশ কুমার গুপ্তা** (বিজনেসম্যান), **অনন্তবীর জৈন** (এডুকেশনল মোটীভেটর অর প্রাক্তন সহায়ক প্রধান শিক্ষক : জৈন সীনিয়র সেকেন্ড্রী স্কুল), **ধর্ম প্রকাশ গর্গ** (কাগজের ব্যবসায়ি), **লাল চন্দ্র জৈন** (বাসনের ব্যবসায়ি), **রাজেশ কুমার গুপ্তা** (সী.এ.), **সুরেশ কুমার জৈন** (শিল্পপতি) এবং **বী.কে. আনন্দ** সর্বদা সাহায্যের হাত বাড়িয়ে রেখেছে, নতুন কিছু লেখার প্রেরণা সর্বদাই তাদের কাছ থেকে পেয়ে থাকি। তাই তাদের প্রতি আমার কৃতজ্ঞতার অন্ত নেই।

সারা বিশ্ব জুড়ে আমার এজেন্টরা আমার স্বপ্ন সার্থক করার জন্য প্রতি নিয়ত চেষ্টা করে চলেছে, মাঝে মাঝেই তাদের কাছ থেকে বহুমূল্যবান সাহায্য লাভ করে থাকি।

আজ সারা বিশ্বের কাছে আমি অতি পরিচিত মানুষ হয়ে উঠেছি, তাদের কাছ থেকে পেয়েছি **'বিজনেস গুরু'**-র খেতাব, আর তা সম্ভব হয়েছে **স্টারডস্ট** (ফিল্মী পত্রিকা), **পাঞ্জাব কেসরী, নবভারত টাইম্স** ও **হিন্দুস্তান টাইম্স** পত্রিকার জন্য, তাই এদের আমি মন থেকে কৃতজ্ঞতা জানাচ্ছি।

আমি আমার সর্বগুণ সম্পন্না **স্ত্রী প্রীতি রস্তোগী** কে সর্বাধিক কৃতজ্ঞতা জ্ঞাপন করছি, তার নিঃস্বার্থ প্রেম, সৃজনশীলতা এবং নতুন- নতুন বিচার আমার লেখাকে আরো উৎকৃষ্ট করে তোলে আর তার সাথে আমি পাই আরো ভালো কিছু লেখার প্রেরণা।

## ধনী হয়ে ওঠার প্রার্থনা

**তোমার দরজায় এসে দাঁড়িয়ে আছি, হে ঈশ্বর আমাকে করো বরদান।**
**জীবনে যেন কখনও না হারি, করি যেন কাজ মহান।।**
**নিজের কাছেই আজ আমি পরাজিত, জীবন হয়ে উঠেছে মহাসংগ্রাম।**
**আমার নৌকা যেন ডুবে না যায়, যতই আসুক না তুফান।।**
**তোমার দরজায় এসে দাঁড়িয়ে আছি, হে ঈশ্বর আমাকে করো বরদান।**
**জীবনে যেন কখনও না হারি, করি যেন কাজ মহান।।**
**পথে যেন আমার পা অটল থাকে, সকল দুখের হোক নাশ।**
**আমার ইরাদা যেন থাকে অটল, জারী করে দাও সেই ফরমান।।**
**তোমার দরজায় এসে দাঁড়িয়ে আছি, হে ঈশ্বর আমাকে করো বরদান।**
**জীবনে যেন কখনও না হারি, করি যেন কাজ মহান।।**
**মাথা উঁচু করে হিমালয় বলে চলেছে, আরামই হল হারাম।**
**আমাকে একটু শক্তি দাও, হয়ে উঠুক আমার লক্ষ্য আসান।।**
**তোমার দরজায় এসে দাঁড়িয়ে আছি, হে ঈশ্বর আমাকে করো বরদান।**
**জীবনে যেন কখনও না হারি, করি যেন কাজ মহান।।**
**আমার ওপর একটু দয়া কর, এক গরিবকে ধনী করে দাও।**
**মনে আছে লক্ষ্যাধিক স্বপ্ন, সেই স্বপ্ন সম্পূর্ণ করে দাও।।**
**তোমার দরজায় এসে দাঁড়িয়ে আছি, হে ঈশ্বর আমাকে করো বরদান।**
**জীবনে যেন কখনও না হারি, করি যেন কাজ মহান।।**

আপনি যদি ধনী হয়ে উঠতে চান, তাহলে এই প্রার্থণা হয়ে উঠবে আপনার সফলতার মাধ্যম। কারণ তিনটি উপায়েই সফলতা পাওয়া সম্ভব, আর তা হল **ইচ্ছা শক্তি, কর্ম** আর **প্রার্থণা।**

আপনার ইচ্ছা শক্তিই পারে অনুকূল পথের সন্ধান করতে, কর্ম আপনাকে সর্বদা কিছু করার প্রেরণা দেবে, আর প্রার্থণা আপনাকে দেয় সেই উর্জা যার সাহায্যে আপনি পেতে পারেন মনের মতো ফল।

কিন্তু প্রার্থণা করার সময় নিজের মনকে শান্ত রাখুন। কারণ প্রার্থণার শক্তি আপনার ভেতরে অসীম আত্মবল গড়ে তোলে, আর তখনই আপনার ধনী হয়ে ওঠার স্বপ্ন সার্থক হোতে শুরু করে।

কারণ কোনো এক শায়ের বলেছিলেন —

**সেই সফল হয়, যে তার সন্ধান করার চেষ্টা করে।**
**কিন্তু ধনী হয় সে, যে ঈশ্বরের প্রার্থনা করে।।**
**এই পৃথিবীতে যেকোনো মানুষ ধনী হোতে পারে।**
**কারণ একটা আইডিয়া আপনার ভাগ্যকে বদলে দিতে পারে।।**

যারা ধনী হয়ে ওঠার স্বপ্ন দেখে, তাদের প্রত্যেকের ক্ষেত্রেই এই কথা গুলি প্রযোজ্য। এই বিষয়টা আরো ভালো করে বোঝার জন্য আপনাকে ছোটোবেলার একটা ঘটনা বলি। আমি যখন ছোটো ছিলাম তখন আমার মা আমাকে **'শ্রীমদ্ভাগবত গীতা'** পড়ে শোনাতেন, যাতে আমি সদ্‌বুদ্ধির অধিকারী হয়ে উঠতে পারি। কারণ ছোটোবেলায় আমি ছিলাম খুবই দুষ্ট প্রকৃতির বালক। আমি বাড়িতে খুব কমই থাকতাম, বেশির ভাগ সময়টাই বন্ধুদের সাথে খেলে কাটিয়ে দিতাম।

সেই সময় বাড়িতে মনোরঞ্জনের সামগ্রী থাকত খুবই কম, যার ফলে বাড়িতে বেশিক্ষণ থাকতে ইচ্ছা করত না, কিন্তু আমার মা তার উপায় খুঁজে বার করে ফেলেছিলেন। তিনি যখনই সময় পেতেন তখনই আমাকে নিজের কাছে বসিয়ে গীতা পাঠ করে শোনাতেন। কারণ আমি গীতা শুনতে খুব ভালোবাসতাম।

একদিন তিনি গীতার শ্লোক **'কর্মণ্যেবাধিকারস্তে মা ফলেষুকদাচন'**-র অর্থ বোঝাতে গিয়ে বলেন, **'মানুষের উচিত নিজের কর্ম করে যাওয়া, কিন্তু কখনই তার ফল প্রাপ্তির ইচ্ছা করা উচিত না, তবেই মানুষ বীর ও পরাক্রমী হয়ে উঠতে পারবে।'** সেই সময় আমি এই কথার অর্থ বুঝতে পারিনি, আমি মাকে ঘুরিয়ে প্রশ্ন করেছিলাম যে, **'গীতার এই কথা গুলি যদি সত্যি হয় তাহলে যুধিষ্ঠির, ভীম আর অর্জুন কঠোর পরিশ্রমী হওয়া সত্ত্বেও কেনো হস্তিনাপুরের রাজা হোতে পারিনি? অথচ কুবুদ্ধি সম্পন্ন দুর্যোধন রাজা হয়ে গেছিল।'** এই কথার কোনো উত্তর আমার মার কাছে ছিল না, কারণ সেটা ছিলো দুর্যোধনের আইডিয়া, আর সেই কারণে পঞ্চপান্ডবকে তাঁদের স্ত্রী সহ চোদ্দো বছর বনে বনে ঘুরে বেরাতে হয়েছিল।

এমনি এক আইডিয়া আপনার মাথাতেও আসতে হবে। কারণ যেকোনো আইডিয়া আপনার চিন্তা করার প্রবণতাকে আরো বাড়িয়ে দেয়। আর এই চিন্তা করার প্রবনতা এবং আপনার অভিজ্ঞতা স্মৃতি নির্মাণে সাহায্য করে, যা মানব সফ্টওয়ারের মতো কাজ করে।

ভেবে দেখুন তো, একটা আপেল গাছ থেকে না পড়লে নিউটন মহান বৈজ্ঞানিক হোতে পারতেন? পলিস্টার ভারতে উৎপন্ন না হলে ধীরুভাই বিশ্বের নম্বর ওয়ান ধনী হোতে পারতেন কি? ইংল্যান্ডে কোকা-কোলা উৎপন্ন না হলে, ড. জন পম্বরটোন তার উৎপাদক হিসাবে পরিচিত হোতেন কি? শাহরুখ খান ফ্লিম জগতে প্রবেশ না করলে, সুপারস্টার হোতে পারতেন কি?

এঁদের প্রত্যেকের কাছেই ছিল একটা আইডিয়া, যা তাঁদের ধনী হয়ে উঠতে সাহায্য করেছিল। তাই আপনাকে নতুন করে কিছু চিন্তা করতে হবে। মাথায় একটা আইডিয়া আনতে হবে। কিন্তু কিভাবে সেই আইডিয়া আসবে? তা বলার জন্যই এই বই লেখা হয়েছে:-

**ভাগ্যে ধনী হয়ে ওঠা লেখা না ছিল।**
**কিন্তু একটা আইডিয়া আমাকে ধনী করে দিল।। - তরুণ ইঞ্জীনিয়ার**

## লোকেরা কেনো ধনী হয়ে উঠতে পারে না?

2% লোকেরা অন্যদের সফল হোতে দেখে, নিজের প্রোজেক্ট শুরু করে দেয়, কিন্তু তার ওপর কোনো রকম আমল দেয় না।

3% লোকেরা রাতারাতি ধনী হয়ে ওঠার পরিকল্পনা করে, আর সেই কারণেই অপরাধের জগতে পা রাখে।

5% লোকেরা পারিবারিক ঐতিহ্যকে আঁকড়ে ধরার চেষ্টা করে, কিন্তু শেষ পর্যন্ত নিজের আকাঙ্ক্ষা কখন মরে যায় তা জানতে পারে না।

10% নিজের বিগত ভুলের পুনরাবৃত্তি করতে থাকে, ফলে প্রোজেক্ট ওভার বাজেট হয়ে যায়।

15% লোকেরা প্রোজেক্ট শুরু করার পর সফলতা আর অসফলতার মধ্যে ফেঁসে যায়।

20% প্রথমেই দুই-একবার বিফল হওয়ার সাথে সাথে লোকেরা নিরাশ হয়ে যায়, আর তার ফলে প্রোজেক্টই বন্ধ করে দেয়।

45% আইডিয়া মাথায় এলেও লোকেরা রিস্ক নিতে চায় না, ফলে সেই আইডিয়া ধীরে ধীরে পুরানো হয়ে যায়।

# লেখকের পরিচয়

তরুণ ইঞ্জীনিয়ার হলেন বিশ্বের অন্যতম সফল বিজনেস বিচারক, সরকারী সংস্থা থেকে শুরু করে কর্পোরেট সেক্টরের কম্পানী গুলি তাঁকে সুবক্তা, প্রশিক্ষক কোচ এবং পরামর্শ দাতা রূপে আমন্ত্রণ জানায়।

তিনি 1960 সালে বিজনৌরের একটা ছোট্টো কসবা কিরতপুরে জন্ম গ্রহণ করেছিলেন। গত তিরিশ বছর ধরে রিসার্চ করার পর **'আপনি কি ধনী হতে চান?'** বইটি লিখেছেন তিনি।

এই পুস্তকে **'ধনী হয়ে ওঠার বিজ্ঞান'** সম্পর্কে তিনি বিস্তারিত আলোচনা করেছেন, যা জানার পর ধীরুভাই আম্বানী বিশ্বের এক নম্বর ধনী হয়ে উঠতে পেরেছিলেন।

কলমের শক্তির সাহায্যে তরুণ ইঞ্জীনিয়ার এমনি কিছু লিখে ফেলেছেন যার জন্য 2008 সালে তাঁকে 'বিজনেস গুরু'-র উপাধি দেওয়া হয়েছিল।

তিনি পেশায় ইঞ্জীনিয়ার, যার ফলে নিজের ইম্পোর্ট-এক্সপোর্টের ব্যবসা তিনি সফলতার সাথে চালাতে পারছেন। কিন্তু দেশের এমন কোনো নিউজ পেপার বা ম্যাগাজিন নেই যাতে তাঁর ইন্টারভিউ প্রকাশিত হয়নি।

কিন্তু লেখার ব্যাপারে তিনি খুবই বিচক্ষণ, তিনি যাই লিখুন না কেনো দেশের যুব সমাজের পছন্দের কথা মাথায় রেখেই লেখেন। আর সেই কারণেই আজ তিনি সারা বিশ্বের কাছে এক পরিচিত ব্যক্তিত্ব হয়ে উঠেছেন। এখনও পর্যন্ত তরুণ ইঞ্জীনিয়ার দেশ-বিদেশের বহু মাল্টিন্যাশানাল কম্পানীর সীনিয়ার স্টাফদের প্রশিক্ষণ দিয়েছেন আর **'টাটা গ্রুপ'**, **'বী.ঈ.এল.'**, **'বী.এইচ.ঈ.এল.'**, **'কল্ট্রান'**, **'হোন্ডাসিল কার'**, **'আঈ.জী.আঈ.এয়ারপোর্ট'**, **'এয়ার ইন্ডিয়া'**, **'মারুতি শিল্প'** এবং **'লেফার্জ ইন্ডিয়া'** প্রভৃতি কম্পানীর শীর্ষ স্থানীয় স্টাফদের বহু নেতৃত্বের অধিকারী করে তুলেছেন।

**- প্রকাশক**

**সবকিছু এলোমেলো থাকলেও সহজ ভাবে থাকার চেষ্টা করুন।**

**চিৎকার-চেঁচামেচির মধ্যেও সমন্বয় খুঁজুন।**

**সমস্যার মধ্যে সুযোগের সন্ধান করুন।**

তারপর নিজের লক্ষ্যানুসারে কাজ করুন

**তবেই আপনি অবশ্যই সফল হবেন।**

কারণ বিশ্বের বিখ্যাত বৈজ্ঞানিক

অল্বর্ট আইনস্টাইন বলেছিলেন

ইঞ্জীনিয়াররা যেমন

নদীর তীরে বাঁধ বানানোর সময়

প্রয়োজনানুসারে জল ফেলে

শক্তির সঞ্চার করে।

**ঠিক তেমনি**

**নিজের মনরূপ বাঁধে**

**প্রয়োজনানুসারে**

**পরিশ্রমের ঘাম ঝরিয়ে**

**কিছু করার ইচ্ছা সৃষ্টি কর**

তাহলে আপনি সেটাই হয়ে উঠতে পারবেন

যা আপনি হোতে চান।

## ।। সূচীপত্র ।।

যুগ যুগান্তর ধরে ইতিহাস সাক্ষী আছে যে

'অর্থশাস্ত্র' অর্থাৎ 'STUDY OF POVERTY'

গরিব ও সর্বহারাদের

জন্ম দিয়েছে।

'ঔষোধী' অর্থাৎ 'SCIENCE OF DISEASE'

রোগীদের জন্ম দিয়েছে।

'ধর্ম' অর্থাৎ 'SCIENCE OF SIN'

পাপীদের জন্ম দিয়েছে

কিন্তু

'ধনী হওয়ার বিজ্ঞান'

অর্থাৎ 'SCIENCE OF BECOMING RICH'

শুধুমাত্র সেই সমস্ত লোকেদেরই জন্ম দিয়েছে

যারা ধনী হয়ে ওঠার ইচ্ছা রাখে।

# কিভাবে সফলতার আকাশ ছোঁবেন ?

সারা বিশ্বে প্রতিটা মানুষের বিকাস ঘটে জীবনের ছয়টি ক্ষেত্রে। **প্রথম স্বাস্থ্য, দ্বিতীয় ধন, তৃতীয় পরিবার, চতুর্থ সমাজ, পঞ্চম মস্তিষ্ক আর ষষ্ঠ আত্মা।**

আপনি যদি আজ ও বিগত কালকের স্তরের মধ্যে তুলনা করেন তাহলে সেই বিকাসের অন্তর বুঝতে পারবেন।

কারণ আপনার সুস্বাস্থ্যই আপনাকে উর্জা প্রদান করে থাকে, ধনের স্তর আপনাকে আর্থিক সম্পন্নতা প্রদান করে, পারিবারিক খুশি আপনার মধ্যে আনন্দের সঞ্চার ঘটায়, সামাজিক স্বীকৃতি আপনাকে এগিয়ে যাওয়ার প্রেরণা দেয়, মানসিক বিকাসের স্তর এনে দেয় আপনার মধ্যে নতুন চিন্তা আর আত্মিক শুদ্ধতা আপনাকে ছল-কপটতার থেকে দূরে রাখে।

তাই আপনি যদি এই ছয়টি ক্ষেত্রে নিজেকে বিকসিত করতে পারেন, তাহলে বুঝবেন যে, আপনি ধনী হওয়ার দিকে এগিয়ে চলেছেন।

কারণ কয়েক বছর আগে মুক্তিপ্রাপ্ত 'স্লমডগ মিলেনিয়র' ফ্লিমে এমনি কিছু দেখানো হয়েছে। এই ফ্লিমে আছে একটা গরিব ছেলের কোটিপতি হয়ে ওঠার গল্প। এই ফ্লিমটিকে **'গোল্ডেন গ্লোব অস্কার'** -এর মতো পুরস্কার দ্বারাও ভূষিত করা হয়েছে।

কিন্তু বাস্তবেও এমন বহু মানুষকে দেখা যায়, যারা গরিব পরিবারে জন্ম গ্রহণ করলেও ধনী হয়ে উঠতে সক্ষম হয়েছে।

কিন্তু এদের প্রত্যেকের সফলতার পিছনে ছিল একটা আইডিয়া, যা তাদের ধনী করে তুলেছিল। হয়তো সেই কারণেই একটা মোবাইল কম্পানীর বিজ্ঞাপনে বারংবার দেখানো হয় যে :-

**'একটা আইডিয়া যা বদলে দিতে পারে আপনার দুনিয়া।'**

বিজ্ঞাপনের এই কথাটিকে আপনি অস্বীকার করতে পারবেন না। কারণ

আইডিয়ার জোরেই আজ ভারতীয় শিল্প দেশের কায়াকল্প বদলে দিয়েছে।

সেই কারণেই আজ আঈ.আঈ.এম. এর মতো প্রতিষ্ঠিত সংস্থা গুলি থেকে বেরিয়ে নবযুবকগণ সোশাল নেটওয়ার্কিং সাইট খুলছে আর তার জন্য তাদের ভেঞ্চার ক্যাপিটাল অর্থিক সাহায্যের হাত প্রসারিত করে দিচ্ছে।

কেউ কলা বিক্রী করছে তো কেউ ধূপকাঠি বিক্রী করছে, কেউ বা আবার আধুনিক ঢঙে শাক-সব্জি বিক্রীর কাজ করছে। ভৌত বিজ্ঞানে পী.এইচ.ডী করার পর ইন্টারন্যাশানাল প্রপার্টী রাইটসের জগতে হাত জমানো যায় কিনা তাই করে দেখে অনেকে। কেউ আবার ইঞ্জেনিয়ারিং পাশ করার পর রোবোটীক কম্পানী খুলে থাকে, কেউ বা আবার নতুন ভঙ্গীতে সমস্ত আবর্জনা পরিস্কারের বন্দোবস্ত করে ফেলে।

ক্ষেত্র যাই হোক না কেনো, তখনই কোনো সম্ভাবনা দেখা যেতে পারে যখন দেখা যাবে নতুন বিচারের বিস্ফোরণ। একটা খুব পুরানো গল্প আছে, এক ছিল কাঠুরিয়া, সে জঙ্গল থেকে কাঠ কেটে তা বিক্রী করত। বহু বছর ধরে সে সেই কাজই করে যাচ্ছিল।

একদিন জঙ্গলে এক সাধু তাকে বলে, **'তুমি এতদিন ধরে কাঠ কাটচ্ছো, এইভাবে নিশ্চয়ই তোমার সংসার চলে না, তুমি যদি আর একটু ঘন জঙ্গলে যাও তাহলে কাঠের সাথে সাথে তুমি আরো অনেক কিছু পাবে।'**

কাঠুরিয়া আর একটু ঘন জঙ্গলে যায়, সেখানে গিয়ে দেখে যে, সেখানে অনেক তামার টুকরো পড়ে আছে। তা দেখে সে অবাক হয়ে যায়, সেগুলি তুলে নিয়ে বাজারে গিয়ে তা বিক্রী করে দেয়, তার অনেক টাকা আমদানী হয়।

পরের দিন সে সাধুর কাছে গিয়ে বলে, **'বাবা! আমি অনেক কিছু পেয়েছি। এখন আমার কাছে সংসার চালানোর মতো অনেক অর্থ আছে।'**

সাধু বাবা তাকে বলে, **'ঠিক আছে, তুমি আর একটু ভেতরে যাও।'**

সে আরো একটু ঘন জঙ্গলে যায়, সেখানে গিয়ে দেখে চারদিকে রুপোর টুকরো পড়ে আছে। তা দেখে সে অবাক হয়ে যায়, সে আবার সেগুলো নিয়ে গিয়ে শহরে বিক্রী করে দেয় ও প্রচুর অর্থোপার্জন করে।

পরের দিন সে সাধুর সাথে দেখা করলে, সাধু বাবা তাকে আরো ভেতরে প্রবেশ করতে বলে। কথা মতো সে গভীর জঙ্গলের ভেতরে প্রবেশ করতে থাকে, সেখানে সে সোনা ও হীরে পায়, যা বিক্রী করে সে ধনী ব্যক্তিতে পরিণত হয়। একদিন সে গাড়ি চেপে জঙ্গলে সাধুর সাথে দেখা করতে আসে। তাকে গাড়ি থেকে

নামতে দেখে সাধু বাবা বলে, '**বহু বছর ধরে তুমি জঙ্গলের ধারে ধারে কাঠ কেটে কিছুই পাওনি, কিন্তু গভীর জঙ্গলে প্রবেশ করার পর তুমি হীরা থেকে শুরু করে সব পেয়েছো।**'

এই একই কথা আপনাদের জীবনের জন্যও প্রযোজ্য। যারা জীবনের আশেপাশে ঘুরে বেরায় তারা সারা জীবন ধরে কাঠের টুকরোই সংগ্রহ করে যায়, আর যারা জীবনের মধ্যে প্রবেশ করে তারাই অমূল্য রতন হাতে পায়। তাই আপনি কত কাঠের টুকরো বা হীরে-মণি-মুক্ত সংগ্রহ করলেন সেটা বড়ো কথা নয়, আপনি কোনো কিছু সংগ্রহ করার কলা শিখেছেন কিনা সেটাই হল সবচেয়ে বড়ো কথা। কোনো এক শায়েরের লেখা এই কথা গুলো মাথায় রাখবেন :-

**যেকোনো আইডিয়া তখনই সফলতার মুখ দেখে।**
**যখন কোনো মানুষের কিছু করে দেখানোর ইচ্ছা থাকে।।**

তাই আপনি নিজের মস্তিষ্ককে উন্মুক্ত করুন, কারণ এবার এই বই আপনাকে ধনী হয়ে ওঠার বিজ্ঞান শেখাতে চলছে, কিন্তু এই বিজ্ঞান বোঝার জন্য আপনাকে মন দিয়ে এই বইটা পড়তে হবে।

◆

---

**"শতাধিক বছর ধরে দরিদ্রতার জীবন অতিবাহিত করার চেয়ে, এই বই পড়ে পঞ্চাশ বছরের ধনীর জীবন অতিবাহিত করা অনেক শ্রেয়। মরার সময় আপনি বলতে পারবেন যে, আমি আমার ক্ষুদ্র জীবনে সমস্ত সুখ ভোগ করে নিয়েছি। আমার আর কোনো শেষ ইচ্ছা নেই।"**

---

# একটা স্বপ্নই হয়ে ওঠে ধনী হওয়ার প্রথম পদক্ষেপ

**এখনও পর্যন্ত তুমি যা ভেবে রেখেছো, সেই সবই ছিল অতি পরিচিত।**
**কোনো নতুন আইডিয়াই, সেগুলি নিয়ে এগিয়ে যেতে পারত।।**
**তাই নতুন কিছু করো, জীবনে এগিয়ে চলো।**
**পুরানো স্মৃতি তাজা কর, মন দিয়ে এই বই পড়ো।।**

এই বইই হয়ে উঠতে পারে আপনাকে ধনী করে তোলার মাধ্যম। এক-এক বিন্দু জলেই একটা সাগরের সৃষ্টি হয়, কিন্তু তার জন্য আপনাকে জীবনে একটা লক্ষ্য গড়ে তুলতে হবে। আর আপনি কতটা ধনী হোতে চান তা আপনাকেই ঠিক করতে হবে।

তারপর এই বই পড়লে আপনি নিজেকে ততটাই ধনী ভাবতে শুরু করবেন, যতটা আপনি মনে মনে চিন্তা করেন।

বিশ্বের বিখ্যাত বৈজ্ঞানিকেরা এটা মনে করেন যে, **'মানুষ যেমন চিন্তা করে, সে ঠিক তেমনি হয়ে যায়।'** তাই আপনাকে সবার আগে নিজের চিন্তা ধারাকে বিকসিত করতে হবে।

কারণ আপনার চিন্তা করার পদ্ধতি, আপনার ভাবনাকে প্রভাবিত করার ক্ষেত্রে গুরুত্বপূর্ণ ভূমিকা পালন করে। এই চিন্তাধারা আপনার স্মৃতিকে সৃজনশীল করে তোলে, আর এই স্মৃতি নির্মাণ করে আপনার মনোবৃত্তি, যা শেষ পর্যন্ত সফলতার উচ্চতা নির্ধারণ করতে সাহায্য করে। কারণ চিন্তাই মানব স্মৃতি সৃজনের জননী।

আপনি আজ যা, সেই সবই আপনার চিন্তার পরিণতি। যে শব্দ গুলি নিয়ে আপনি ভাবনা চিন্তা করেন, তাই আপনার জীবনকে নির্মাণ করে থাকে।

আপনার চাল-চলন, কথা বলার ভঙ্গি, নিজেকে উপস্থাপিত করার ধরণ,

সবই আপনার চিন্তাধারাকে দর্শায়। তাই আপনার ভেতরটা যা, আপনার বাইরে তারই অভিব্যক্তি প্রকাশিত হয়। কারণ আপনি আপনার বিচারের নিয়ন্ত্রক, আপনি যা হওয়ার কথা ভাবেন আপনি ঠিক তেমনটাই হয়ে উঠতে পারেন।

অর্থাৎ আপনি নিজের চিন্তাধারা অনুসারে কার্য করে থাকেন, যার ফলে যতটা সফলতা আপনি কামনা করবেন ঠিক ততটাই পাবেন।

বাইবেলেও বলা আছে যে, **'মানুষ যতটা বীজ রোপন করে, ঠিক ততটাই ফসল কাটে।'** আপনার ইতিবাচক চিন্তাধারা আপনাকে সফলতার দিকে নিয়ে যায়। আর নেতিবাচকতা নিয়ে যায় অসফলতার দিকে। তাই নিজের বিচারধারা শুদ্ধ করুন, চিন্তা ভাবনা গুলিকে সকারাত্মক করে তুলুন।

কারণ চিন্তার জন্ম হয় আগে, আর বাণী আসে পরে। তাই আপনি যা চিন্তা করবেন তাই আপনার বাণী হিসাবে নির্গত হবে আর সেই বাণীই হয়ে উঠবে আপনার ব্যবহার। আপনার ব্যবহার ধীরে ধীরে আপনার অভ্যাসে পরিণত হবে। এর থেকে বোঝা যায় যে, আপনার অভ্যাসই আপনার চরিত্র নির্মাণ করে।

আপনি যদি ধনী হোতে চান তাহলে সবার আগে আপনাকে এটা ঠিক করতে হবে যে, **'আমাকে ধনী হোতে হবে।'** কারণ তা ভাবতে না পারলে আপনি কখনই মন থেকে ধনী হোতে পারবেন না, আর এই সবই সম্ভব, আপনার করা সংকল্পের দ্বারা।

তাই আজই বড়োলোক হয়ে ওঠার সংকল্প করুন, মাথায় কোনো রকম নেগেটিভ চিন্তা আসতে দেবেন না, গান্ধীজীর তিনটি বাঁদরের সাথে আর একটা বাঁদর যোগ করে দিন, যে কিনা আপনার দিকে আঙুল দেখিয়ে আপনাকে ক্রমাগত প্রেরণা দিয়ে যাবে। মস্তিষ্কের থেকে নেগেটিভ কথা গুলিকে যত দূরে সরিয়ে দিতে পারবেন, ধনী হওয়ার দৌড়ে তত শীঘ্র শামিল হোতে পারবেন।

আজ সারা বিশ্ব ধনী হয়ে ওঠার প্রতিযোগিতায় মত্ত হয়ে উঠেছে। এবার আপনার সময় এসেছে। কিন্তু খুব কম লোকই ধনী হোতে চায়, কিন্তু যে মন থেকে ধনী হোতে চায়, সে ধীরুভাই আম্বানী হয়ে উঠতে পারে।

একটা পুরানো গল্প বলি, এক মল্লোযোদ্ধার বাড়িতে একদিন একটা চোর ঢুকে পড়ে, ঘরের ভেতরে ঠুকঠাক আওয়াজ হওয়াতে মল্লোযোদ্ধার ঘুম ভেঙে যায়, ঘুম থেকে উঠে চোখের সামনে চোর দেখে সে চিৎকার করে ওঠে আর চোর পালিয়ে যায়। চোরের পিছনে খানিকটা পথ দৌড়ানোর পর তার মন হয় যে, চোর তাকে দৌড়ানোর জন্য প্রতিদ্বন্দ্বিতা জানাচ্ছে, সে আরো জোরে দৌড়াতে থাকে

আর চোরকে অতিক্রম করে চলে যায়।

চোর পিছনে পড়ে যায়, আর স্বস্তির নিঃশ্বাস ফেলে। কারণ সে নিজের উদ্দেশ্যে সফল হোতে সক্ষম হয়েছিল। তাই দৌড়ানো সকলের জন্যই অনিবার্য, কিন্তু সেই দৌড় যেন লক্ষ্য হীন না হয়।

ওশোও বলেছেন যে, '**জীবনের প্রতিটা মুহূর্তই প্রতিদ্বন্দ্বিতা। যে তাকে স্বীকার করে নিতে পারে না, তাকে মরার মতো বেঁচে থাকতে হয়। যে মুহূর্তে মানুষ জীবনের প্রতিদ্বন্দ্বিতাকে এরিয়ে চলার চেষ্টা করে সেই মুহূর্তে সে মারা যায়।**'

এটাই জীবনের অমোঘ সত্য, তাই যেকোনো প্রতিদ্বন্দ্বিতাকে সাদরে স্বীকার করুন, তাহলে আপনি আর ভীড়ের অংশ হয়ে থাকবেন না, বরং ভীড় থাকবে আপনার পিছনে।

কারণ উদ্দেশ্য হীন জীবন কোনো জীবনই নয়, এই রকম জীবন সর্বদাই অনিশ্চিত। অর্জুনকে বিসাদাচ্ছন্ন দেখে ভগবান শ্রীকৃষ্ণ বলেছিলেন, মানুষের নিজেরই নিজেকে উদ্ধার করতে হয়, কিন্তু কখনই নিজেকে ছোটো করতে নেই। কারণ আপনি নিজেই নিজের বন্ধু আর নিজেই নিজের শত্রু। আপনার সামনে দুটি রাস্তা খোলা থাকে মিত্রতার আর শত্রুতার।

কিন্তু খুব কম লোকই আপনার বন্ধু হবে, কারণ বেশির ভাগ লোকই নেতিবাচকতাকে পাথেয় করে জীবন যাপন করে থাকে। তাই বাহ্যিক সমস্ত আকর্ষণ ত্যাগ করে অন্তর্মুখী হয়ে ওঠার চেষ্টা করুন। এতে করে আপনি নিজেই নিজের আত্ম বিশ্লেষণ করতে পারবেন। আপনার ভেতরে প্রচুর ক্ষমতা আছে, তা বিকসিত করে নিজের লক্ষ্য নির্ধারণ করার চেষ্টা করুন।

অন্ধ অনুকরণ করে কোনো লাভ নেই, নতুন কোনো রাস্তার সন্ধান করুন। আপনার সমস্ত উর্জা আপনাকে নিজের লক্ষ্যে পৌঁছে দেবে। প্রতিযোগিতাই পারে আপনার মধ্যে আত্ম বিশ্বাসের সঞ্চার করতে। লুঈ ব্রেল ছোটোবেলায় এক দুর্ঘটনায় নিজের দৃষ্টি শক্তি হারিয়ে ফেলেছিলেন। গ্রামের পাত্রী ছিলেন তাঁর পিতার বন্ধু, তিনিই ধীরে ধীরে লুই ব্রেলকে এই বিশ্ব সংসারের সাথে পরিচয় করিয়েছিলেন।

ব্রেল একটু বড়ো হওয়ার পর তাঁকে প্যারিসের 'হোএ' বিদ্যালয়ে ভর্তি করা হয়। সেই সময় দৃষ্টিহীনদের জন্য এই একটাই স্কুল ছিল। সেখানে মোটা মোটা অক্ষর হাত দিয়ে স্পর্শ করিয়ে চিনতে শেখানো হোত। সেটি একটা শেখানোর বিধি হলেও সেই সময় দৃষ্টিহীনদের জন্য শিক্ষার একমাত্র আধার ছিল মুখস্থ করানো।

লুঈ একটু বড়ো হওয়ার পর স্কুল শিক্ষকের চাকরি পান। সেই সময় তাঁর মাসিক বেতন ছিল তিন ফ্র্যাঁক। কিন্তু তাঁর অর্থনৈতিক স্থিতির কোনো পরিবর্তন হয় না, কারণ তাঁর বেতন ছিল খুবই কম। দৃষ্টিহীনদের পড়ানোর যে পদ্ধতি ছিল, তা তাঁর ভালো লাগত না, সেই কারণে তিনি মনে মনে নতুন লিপি আবিষ্কারের স্বপ্ন দেখেন।

সৌভাগ্য বশত সেই সময় তাঁর স্কুলে অন্ধকারে লেখার প্রদর্শন হয়। এই বিধির নির্মাতা ছিলেন চার্লস বারবিয়র, তিনি সৈন্যদের কথা ভেবে এই বিধির আবিষ্কার করেছিলেন, যাতে করে তারা অন্ধকারেও লেখা স্পর্শ করে বার্তা বুঝতে পারে। এই লেকচার শোনার পর লুঈয়ের সামনে সম্পূর্ণ লিপি নির্মাণের একটা পথ খুলে যায়। লুঈ 'হোএ' এবং 'বারবিয়র' বিধির মধ্যে কি পার্থক্য আছে তা বুঝতে সক্ষম হন। তিনি রাতে স্কুলের হোস্টেলে বসে বিন্দু দিয়ে অক্ষর বানাতেন আর দিনের বেলায় নিজের বন্ধুদের দিয়ে তা চেনানোর চেষ্টা করতেন।

এই বিধির সাহায্যে লুঈ অতি শীঘ্র ফ্রান্সীসী ভাষায় বর্ণমালা, বিরাম চিহ্ন ও গণিতের সংখ্যা তৈরি করে ফেলতে সক্ষম হন। তিনি বহু বছর ধরে পরিকল্পনা মাফিক সংগীতের স্বরলিপি নিয়েও গবেষণা করেন। 1825 সালে তাঁর সেই কার্য সম্পূর্ণ হয়। 1829 সালে ব্রেলের প্রথম পুস্তক **'বর্ণমালা ও বিরাম চিহ্ন'** প্রকাশিত হয়। লুঈ ব্রেলের মতো একজন সাধারণ দৃষ্টিহীন মানুষও যে একদিন ইতিহাস প্রসিদ্ধ মানুষে পরিণত হবেন তা কি কেউ জানত?

তাই শ্রীমদ্ভাগবত গীতায় লেখা আছে যে, **'কর্ম করে যাও, ফলের আশা কর না।'** কারণ আপনি কর্ম করলে অবশ্যই তার ফল পাবেন।

শেক্সপিয়ারও তো তাইই পেয়েছিলেন। খুবই অল্প বয়সে শেক্সপিয়ার নিজের পিতাকে হারিয়েছিলেন। অনেক ছোটো বয়সেই তাঁর কাঁধে ছিল সংসারের দায়িত্ব, সেই সময় কিভাবে সংসার চালাবেন সেই কথা ভেবে তিনি হতাশ হয়ে পড়তেন।

যখন কিছুই বুঝতে পারতেন না তখন তিনি পড়তে বসে যেতেন, একদিন বাইবেল পড়ার সময়ে তাঁর নজরে আসে, **'কোনো কাজ ছোটো বা বড়ো হয় না, সম্পূর্ণ নিষ্ঠা ও সততার সাথে নিজের দায়িত্ব পালনের চেষ্টা কর। তুমি অবশ্যই সফল হবে। কারণ কঠোর পরিশ্রমই হল সফলতার মূল মন্ত্র।'**

এই কথা গুলি তাঁর জীবনে প্রেরণার সঞ্চার করেছিল, তিনি বহু দৌড় ঝাঁপ করে একটা নাটক কম্পানীতে ঘোড়াদের দেখাশোনা করার চাকরি পান। কিন্তু কাজের ফাঁকে একটু সময় পেলেই তিনি বই নিয়ে বসে যেতেন।

একদিন নাটক কম্পানীর মালিক তাঁকে বই পড়তে দেখে বুঝতে পারেন যে, তিনি পড়তে খুব ভালোবাসেন। শেক্সপিয়ার নাটক দেখতেও খুব ভালোবাসতেন। এই নাটক কম্পানীর মালিক শেক্সপিয়ারকে নাটকের পাণ্ডুলিপি গুলি সুন্দর করে লেখার দায়িত্ব প্রদান করেন। নাটকের অংশ লিখতে লিখতে তিনি নিজেই নাটক লেখার প্রয়াস করতে শুরু করে দেন।

একদিন শেক্সপিয়ার তাঁর লেখা ডায়রি দেখান নাটক কম্পানীর মালিককে। তিনি তাঁর লেখা পড়ে তাঁকে বাহবা দিয়ে বলেন, **'তুমি খুব ভালো লেখ, এই নাটকটা সম্পূর্ণ করো, ভালো হলে আমাদের কম্পানীর মঞ্চে এই নাটক অভিনিত হবে।'**

শেক্সপিয়ারের লেখা এই নাটক **'লবস লেবর্স লাস্ট'** দর্শকদের এতটাই ভালো লেগেছিল যে, চারদিকে তাঁর লেখা নাটক নিয়ে আলোচনা শুরু হয়ে যায়। এরপর শেক্সপিয়ার নিজের প্রতিভা আর পরিশ্রমের বলে ইংরেজি সাহিত্যের সর্বশ্রেষ্ঠ সাহিত্যিক হিসাবে খ্যাতি অর্জন করেন। নিজের চেষ্টায় তিনি এমন কিছু লিখতে সক্ষম হয়েছিলেন যা তিনি নিজেই কোনো দিন আশা করতে পারেন নি।

তাই নিজের লক্ষ্যটা চিনে নেওয়া খুবই জরুরি, কারণ বাইবেলে বলা আছে, **'সমস্ত লোকেদের কর্ম ও লক্ষ্য নির্ধারিত আছে, কিন্তু তা পাওয়ার জন্য আপনাকে ক্রমাগত চেষ্টা চালিয়ে যেতে হবে।'**

কিন্তু এমন লক্ষ্য হওয়া উচিত তা যেন ঈশ্বরের মনোপ্রুত হয়, এমন কার্য করতে থাকলে মানুষের সফলতাকে কেউ আটকাতে পারবে না। কারণ অর্থবেদে লেখা আছে, **'আপনি পরমাত্মার অনুকূলে কর্ম করুন, প্রতিকূলে নয় আর সবদিক দিয়ে সক্ষম হয়ে ওঠার চেষ্টা করুন, যাতে আপনি নিজের লক্ষ্য পূরণ করতে পারেন।'**

এই সমস্ত কথা শুনে একটা কথা স্পষ্ট ভাবেই বোঝা যায় যে, ঈশ্বর তাদেরই সাহায্য করেন যারা তাঁর অনুকূলে চলে নিজের লক্ষ্য নির্ধারণ করতে সক্ষম হয়। তাই আধ্যাত্মিক কবি রবীন্দ্রনাথ ঠাকুর নিজের চর্চিত পুস্তক **'গীতাঞ্জলি'** -তে লিখেছিলেন :-

**তোমারি ইচ্ছা কর যে পূর্ণ।**
**আমার জীবন মাঝে।।**

কিন্তু বাইবেলে বলা আছে, 'একজন শ্রেষ্ঠ ব্যক্তির চরণ ঈশ্বর দ্বারা নির্ধারিত পথেই চলে থাকে।'

হয়তো সেই কারণেই কিছু বিচারক বর্তমান ক্ষণকে গুরুত্বপূর্ণ বলে মনে করে থাকেন। কারণ অতীত চলে যায় অতীতের গর্ব, আর ভবিষ্যতের কথা আমরা কেউ জানিনা, তাই যা করতে হবে তা এই মুহূর্তেই করতে হবে।

**কালকের জন্য কাজ ফেলে, সময় না কর অপচয়।**
**কালকের কাজ আজ কর, দুনিয়াতে রাজ কর।।**

এই কথা বলার অর্থ হল, যতশীঘ্র সম্ভব নিজের লক্ষ্যের দিকে এগিয়ে যান, কারণ সময় কাউর জন্য বসে থাকে না।

ঈশ্বরের কথা স্মরণে রেখে যারা জীবন পথে এগানোর চেষ্টা করেছে, তারা অবশ্যই সফল হয়েছে, ইতিহাস এমন কথাই বলে। যখন বাবর রাণা সাঙ্গার সাথে যুদ্ধ করে বারংবার পরাজিত হচ্ছিলেন, তখন তিনি আল্লার উদ্দেশ্যে বলেছিলেন যে, **'আমাকে এই যুদ্ধে জিতিয়ে দাও, তারপর আমি সম্পূর্ণ রূপে ধার্মিক ও সদাচারী হয়ে যাব।'**

সফলতা অর্জন করার পর তিনি সোনা ও রুপোর তৈরি সমস্ত পানপাত্র ভেঙে ফেলেন। বাবরের পুত্র হুমাউন যখন মৃত্যু শয্যায় তখনও তিনি এমনি কিছু করেছিলেন, তখন তিনি আল্লার উদ্দেশ্যে বলেছিলেন যে, তিনি যেন তাঁর সন্তানের বদলে তাঁর প্রাণ নিয়ে নেন। আর তেমনটাই ঘটেছিল। বাবর অসুস্থ হয়ে পড়েন, তিনি মারা যান, কিন্তু হুমাউন বেঁচেছিলেন।

বিখ্যাত বৈজ্ঞানিক এডিসন বৈদ্যতিক বাল্ব তৈরি করার সময় বারংবার অসফল হচ্ছিলেন, সবাই তাঁকে নিয়ে হাসাহাসি করছিল, কিন্তু তিনি নিজের প্রয়াস ত্যাগ করেননি, আর শেষ পর্যন্ত তিনি সফলতার মুখ দেখেছিলেন। আজ সারা বিশ্ব তাঁর এই আবিষ্কারের জন্যই জ্বল জ্বল করে। তাই আপনি কখনও সাহস ত্যাগ করবেন না।

নিজের লক্ষ্যের দিকে ধ্যান দিন। এই পুস্তক সারা বিশ্বের বহু মানুষকে ধনী করতে সক্ষম হয়েছে এবার আপনার সময়। এই বই পড়ার সময় নিজের মস্তিষ্কের সমস্ত দরজা জানলা গুলি উন্মুক্ত রাখবেন, কারণ যে দমকা হাওয়া আপনাকে ধনী করে তুলতে পারে তা অনুভব করা আপনার জন্য খুবই জরুরি, এই হাওয়া আপনাকে উচ্চ গগনে নিয়ে যাওয়ার জন্য ব্যাকুল হয়ে অপেক্ষা করছে...!!!

আপনার একান্ত আপন

**-তরুণ ইঞ্জীনিয়র**
301, থর্ড ফ্লোর, রাজকমল সদন,
কমিউনিটি সেন্টার, প্রীত বিহার,
নিউ দিল্লী - 110092 (ইন্ডিয়া)
e-mail : tarunengineer2003@yahoo.com

**আজ সারা বিশ্ব**

**অর্থের পিছনে দৌড়াচ্ছে।**

কারণ যবে থেকে অর্থের আবিষ্কার হয়েছে

তবে থেকে মানুষের গুরুত্ব আরো বেড়ে গেছে।

**তাই অর্থ এখন**

সততার থেকে বড়ো হয়ে গেছে।

বিশ্বাসের থেকে বড়ো হয়ে গেছে।

যোগ্যতার থেকে বড়ো হয়ে গেছে।

দেশ ভক্তির চেয়ে বড়ো হয়ে গেছে।

মানুষের চেয়ে বড়ো হয়ে গেছে।

সমাজের চেয়ে বড়ো হয়ে গেছে।

**কিন্তু**

**আপনি কোন উদ্দেশ্যে**

**অর্থ উপার্জন করতে চান**

**তা আপনার ওপর নির্ভর করে।**

কিন্তু এটাও ঠিক যে

ধনী হওয়ার জন্য অর্থের প্রয়োজন খুবই বেশি -!

# আপনার মধ্যে ধনী হয়ে ওঠার গুণ আছে?

এই অসামান্য বই পড়ার আগে এটা জানা খুবই জরুরি যে, আপনার মধ্যে ধনী হয়ে ওঠার গুণ আছে কি না?

কারণ এই বই তাদের কথা মাথায় রেখেই লেখা হয়েছে যাদের মধ্যে ধনী হয়ে ওঠার গুণ আছে, কিন্তু তারা যাতে সঠিক পথে চলতে পারে তার জন্য পথ দেখানোটা খুবই জরুরি।

তাই সবার আগে আপনি নিজেকে পরীক্ষা করে দেখুন, নিম্ন লিখিত প্রশ্ন গুলিতে টিক্ চিহ্ন দিন, তাহলে আপনি নিজেই বুঝতে পারবেন যে, আপনি ধনী হোতে পারবেন কিনা।

1. আপনি কি সর্বদা তিনটি জিনিস পাওয়ার চেষ্টা করেন?
   জ্ঞান, গুণ ও লক্ষ্য — হ্যাঁ ☐
2. তিনটি শত্রুর থেকে আপনি সর্বদা দূরে থাকেন কি?
   কৃতঘ্নতা, ক্রুরতা এবং অহংকার। — হ্যাঁ ☐
3. আপনি কি এই তিনটি বিষয়ের দিকে সর্বদা ধ্যান দেন?
   মিতব্যয়ীতা, পরিশ্রম ও তৎপরতা। — হ্যাঁ ☐
4. আপনি সর্বদা এই কথা গুলি অনুকরণ করার চেষ্টা করেন?
   বুদ্ধিমান, গুণবান এবং জ্ঞানবান। — হ্যা ☐
5. আপনি কি মন খুলে তিনটি জিনিসের প্রয়োগ করেন?
   সঠিক প্রশংসা, যথা যোগ্য দান এবং দুঃখে সান্ত্বনা — হ্যাঁ ☐
6. আপনি কি নিজের জীবনে এই তিনটি আচরণের প্রয়োগ করতে চান?
   বিনম্রতা, সাহস এবং প্রেম — হ্যাঁ ☐
7. এই তিনটি বিষয়কে কি আপনি মনের পরিবর্তে মাথা দিয়ে নিয়ন্ত্রণ করতে চান?
   ব্যবহার, স্বভাব এবং ক্রোধ। — হ্যাঁ ☐

8. আপনি কি এই তিনটি ছাড়ার আগে বিচার করে দেখেন?
হাতের তীর, মুখের কথা ও সুযোগ হ্যাঁ ☐

9. আপনি কি এই তিনটি যথেচ্ছো ভাবে যাপন করেন?
যৌবন, জীবন এবং মস্তিষ্কের শক্তির হ্যাঁ ☐

10. আপনি কি তিনটি জিনিস সর্বদা এরিয়ে চলতে চান?
শত্রু, ক্ষণ ও অসুখ হ্যাঁ ☐

11. আপনি কি এই তিনটি বিষয় এরিয়ে চলার চেষ্টা করেন?
বৃদ্ধাবস্থা, স্ত্রী এবং মাটি হ্যাঁ ☐

12. জীবনের সব ক্ষেত্রে এই তিনটি বিষয় মাথায় রাখেন কি?
সত্য, কর্তব্য ও মৃত্যু। হ্যাঁ ☐

13. আপনি কি এই তিনটি কাটিয়ে চলার চেষ্টা করেন?
বদমাইশি, ক্রোধ এবং লোভ। হ্যাঁ ☐

14. এই তিনটি বিষয় আপনার জীবনে সবচেয়ে বেশি গুরুত্বপূর্ণ কি?
বিদ্যা, চরিত্র ও যোগ্যতা হ্যাঁ ☐

15. আপনি কি এই তিনজনের সাহায্য নিতে পছন্দ করেন?
বন্ধু, ভাই ও স্ত্রী হ্যাঁ ☐

16. আপনি কি এই তিনটি বিষয়ের কদর করেন?
মাতা-পিতা, জীবন ও যৌবন হ্যাঁ ☐

17. আপনি কি এই তিনটি বিষয় নিজের মন থেকে মানেন?
ঈশ্বর, পরিশ্রম ও সেবা। হ্যাঁ ☐

18. আপনি কি এই তিনটি জিনিস কখনও ভুলে যান?
দায়িত্ব, ঋণ এবং ইচ্ছা। হ্যাঁ ☐

19. আপনি কি এই তিনজনকে দয়া করেন?
বাচ্চা, ক্ষুধার্ত এবং পাগল। হ্যাঁ ☐

**এবার আপনি পরিণাম দেখুন -**

যদি দশটার বেশি প্রশ্নের ক্ষেত্রে আপনার উত্তর 'না' হয় তাহলে বুঝতে হবে আপনি নেতিবাচক মানসিকতার মানুষ আর সর্বদা মানসিক চাপের মধ্যে দিয়ে জীবন অতিবাহিত করেন। তাই এই বই মন দিয়ে পড়ার সাথে সাথে আপনাকে ধনী হওয়ার জন্য কঠোর পরিশ্রম করতে হবে।

যদি 15 টার বেশি প্রশ্নের ক্ষেত্রে আপনার জবাব হ্যাঁ হয় তাহলে বুঝতে

হবে আপনার স্থিতি মিডিয়াম, আপনি খুব বেশি আশাবাদী বা খুব বেশি নিরাশাবাদী নন, পরিস্থিতি বা পরিবেশ অনুসারে আপনি নিজেকে বদলাতে সক্ষম। কিন্তু আপনার জীবনে উল্লাস, উত্তেজনা ও সক্রিয়তার অভাব আছে, আর আপনি নিজের ক্ষমতা চিনতে অক্ষম। তাই আপনাকে মন দিয়ে এই বই পড়তে হবে আর ভেতর থেকে ধনী হয়ে ওঠার বাসনা করতে হবে।

যদি 15 টির বেশি প্রশ্নের জবাব 'হ্যাঁ' হয় তাহলে বুঝতে হবে আপনার চিন্তাধারা খুবই ইতিবাচক, আর এই বই পড়ার পর যদি আপনি ধনী হয়ে ওঠার কলা বুঝতে পারেন তাহলে অতি অল্প সময়তেই আপনি ধনী হয়ে উঠতে পারবেন।

কারণ, এটি নিজের চিন্তা ধারাকে পরীক্ষা করে দেখার বৈজ্ঞানিক পদ্ধতি, এর মাধ্যমে আপনি নিজেকে পরীক্ষা করে দেখতে পারবেন। পুস্তকের পরবর্তি অধ্যায় পড়ার আগে এই গল্পটি অবশ্যই মাথায় রাখবেন।

একজন রাজা ছিলেন, তিনি একাই একদিন জঙ্গলের দিকে ঘুরতে যান, কিন্তু কিছু দূর যাওয়ার পর তিনি রাস্তা হারিয়ে ফেলেন। আসলে চারদিকে ঘন জঙ্গল ছাড়া তার চোখে আর কিছুই পড়ছিল না।

তিনি ঘাবরে যা, ক্ষুধার্ত ও পিপাসিত অবস্থায় একটা কুটীরের সামনে পৌঁছান। এই কুটীরে যে আদিবাসী ছিল সে সম্মানে অতিথি সৎকার করে।

রাজা খাওয়ার পর খুশি হয়ে আদিবাসীকে বলে, **'আমি এই রাজ্যের রাজা, তোমার অতিথি সৎকারে আমি অতি প্রসন্ন হয়ে তোমাকে রাজ্যের চন্দনের জঙ্গলটা উপহার দিচ্ছি, সেখানে লাগানো গাছ গুলি বিক্রি করে তুমি অনেক অর্থ উপার্জন করতে পারবে। এখন তুমি আমার সাথে রাজ মহলে চলো, আমার মন্ত্রী তোমাকে চন্দনের বাগান দিয়ে দেবে।'**

আদিবাসী রাজার সাথে রাজপ্রাসাদে যায়, সেখান থেকে চন্দনের জঙ্গলে যাওয়ার পর সে খুবই খুশি হয়। কিন্তু চন্দন কাঠের কি গুরুত্ব, তার থেকে কতখানি লাভবান হওয়া যায় সে সেই সব কিছুই জানত না। তাই সে চন্দন কাঠ কেটে তা দিয়ে কাঠ কয়লা বানাতে শুরু করে, পরে তা গরুর গাড়িতে নিয়ে গিয়ে শহরে গিয়ে বিক্রী করে আসত। এইভাবে সে আরামে দিন অতিবাহিত করছিল। কিছুদিন বাদে জঙ্গলের সব গাছ শেষ হয়ে যায়, শেষ যে গাছটা অবশিষ্ট ছিল তা কাটার আগেই বৃষ্টি শুরু হয়ে যায়, সেই কারণে গাছটা পুড়িয়ে কয়লা করতে পারিনি। তখন সে তা কেটে

**বিচারের দ্বারা ধনোপার্জন করা যায়, কিন্তু ধনের দ্বারা বিচার কেনা যায় না। কারণ বিচার সমুদ্রের ঢেউয়ের মতো, যা কেবল পাথরের গায়েই ধাক্কা খায়।**

বিক্রী করার কথা ভাবে। এই কথা ভাবা মাত্রই সে গাছটা কেটে টুকরো টুকরো করে ফেলে ও শহরে নিয়ে যায় বিক্রী করার জন্য। শহরে পৌঁছানোর পর চন্দনের গন্ধ নাকে যেতেই লোকেরা অনেক দাম দিয়ে সেই কাঠ কিনতে শুরু করে।

এক শেঠ এসে চন্দন কাঠের গন্ধ শুকে বলে, **'তোমার কাছে এমন কাঠ থাকলে তুমি আমাকে দিও, তুমি যা দাম চাইবে আমি তাই দেবে, একদিন তুমি আমার চেয়ে অধিক পয়সাওয়ালা হয়ে যাবে।'**

শেঠের কথা শুনে আদিবাসী চমকে ওঠে, সে কাঁদতে শুরু করে, তাকে কাঁদতে দেখে শেঠ তাকে সান্ত্বনা দিয়ে বলে, **'তুমি কাঁদছো কেনো?'**

আদিবাসী চোখের জল মুছে ফেলে বলে, **'আমি জানতাম না এটা চন্দন কাঠ, আমি সব গাছ কয়লা বানিয়ে বিক্রী করে ফেলেছি, এখন আমার কাছে মাত্র একটাই গাছ পড়ে আছে। এইখান থেকেই একটা ডাল কেটে আমি কাঠ বিক্রী করতে এসেছি।'**

সে তাকে বুঝিয়ে বলে, **'এখন অনুতাপ করে কোনো লাভ নেই। এখনও তোমার কাছে একটা গাছ আছে, তুমি ওর মূল্য বুঝে গেছো, সুতরাং ধনী হওয়ার সম্ভবনা এখনও আছে।'**

এই গল্পের থেকে প্রেরণা নিয়ে, নিম্নে ধনী হওয়ার যে সিদ্ধান্ত দেওয়া আছে তা পালনের চেষ্টা করুন :-

1. **আপনি যে কাজ করেন, তা গভীর ভাবে বোঝার চেষ্টা করুন।**
2. **প্রোডাক্টের সম্পর্কে যতটা সম্ভব অধিক জানার চেষ্টা করুন।**
3. **প্রোডাক্ট কিভাবে বেশি দামে বিক্রয় করা যায় তার উপায় ভাবুন।**
4. **প্রোডাক্টের ব্রান্ড বানিয়ে বিক্রী করুন।**
5. **প্রোডাক্ট সঠিক লোকের কাছে পৌঁছানোর চেষ্টা করুন।**

যদি আপনি তা করতে পারেন তাহলে আপনাকে আদিবাসীর মতো চোখের জল ফেলতে হবে না, কারণ ধনী হওয়ার জন্য সফলতার শিখরে পৌঁছানোই আপনার লক্ষ্য। এই বই আপনার ধনী হওয়ার সম্ভবনাকে আরো বৃদ্ধি করে দেবে। তাই বইয়ের পরের পৃষ্ঠা গুলি পড়ে ধনী হওয়ার বিজ্ঞান বোঝার চেষ্টা করুন।

আমি বিশ্বাস করি এই বই আপনাকে ধনী করে তুলতে পারবে। আপনি নিজেই পড়ে দেখুন।

◆

> **'চিন্তা আর চিন্তন একটা পয়সার দুটো দিক। চিন্তা মানুষকে মৃত্যুর দিকে ঠেলে দেয়, আর চিন্তন মানুষকে মহান করে তোলে। আপনি চিন্তন চান না চিন্তা তা নির্ভর করছে আপনার ওপর।**

# ধনী হয়ে ওঠার বিজ্ঞান কি?

আজ আমি আপনাদের **'ধনী হওয়ার বিজ্ঞান'** অর্থাৎ 'SCIENCE OF BECOMING RICH' সম্পর্কে বলব, যা জানার পর হাইস্কুল পাশ ধীরুভাই আম্বানী বিশ্বের এক নম্বর ধনী ব্যক্তি হয়ে উঠতে পেরেছিলেন।

কিছু লোক মনে করেন যে, ধীরুভাই আম্বানী ছিলেন ধার্মিক মানুষ, তিনি প্রতিদিন গীতা পাঠ করতেন তাই তিনি ধনী হোতে পেরেছিলেন।

এই কথাটি কতটা সত্য তা জানি না, কিন্তু এটা বলতে পারি যে, কুরুক্ষেত্রের মাটিতে দাঁড়িয়ে ভগবান শ্রীকৃষ্ণ অর্জুনকে যে উপদেশ দিয়েছিলেন তা আজ আপনার কাছে ধনী হয়ে ওঠার সিদ্ধান্তে পরিণত হয়েছে।

কারণ এই গ্রন্থে সেই সমস্ত গুরুত্বপূর্ণ কথার উল্লেখ আছে যা মানুষকে ধর্ম, কর্ম, কাম ও মোক্ষের দিকে নিয়ে যায়। সেই সাথে ভক্তির গুরুত্ব কতখানি তারও উল্লেখ করা আছে।

গীতায় ঈশ্বর, জীব ও প্রকৃতির স্বরূপ সম্পর্কে যেভাবে ব্যাখ্যা করা হয়েছে, তা সাধারণ জ্ঞান সম্পন্ন মানুষেরাও অতি সহজে বুঝতে পারবে।

তাই কিছু বিদ্বান একে কর্ম প্রধান ধর্ম গ্রন্থ বলে মনে করে, কেউ আবার মনে করে **'ধনী হয়ে ওঠার বিজ্ঞান'** সম্পর্কে বলে।

কারণ এতে দুই ধরণের বিষয়ের সমাবেশ ঘটানো হয়েছে, আসলে আপনি যেমন ভাববেন, প্রভুর মূর্তীও আপনার কাছে তেমনি হয়ে উঠবে, এমনি এক ধারণার কথা বলা আছে এই গ্রন্থে।

কিন্তু গীতায় যে উপদেশ আছে, তা বিশ্বের যেকোনো মানুষকে নিজের দিকে আকর্ষিত করে। কারণ আমাদের জীবন আমাদের কর্মের ওপর ভিত্তি করেই গড়ে উঠেছে, তাই কর্ম করাই হল প্রতিটা মানুষের ধর্ম, তাই সমস্ত চিন্তা ত্যাগ করে নিজের কর্ম করে যেতে হয়। কারণ কর্ম করলে উর্জা পাওয়া যায়, আর সেই উর্জা

আপনার সমস্ত সমস্যা ও কামনার সমাধান করে থাকে। তাই ভগবান শ্রীকৃষ্ণ বলেছেন যে, কর্ম না করে কোনো মানুষ নিজের জীবন থেকে রেহাই পেতে পারে না। গীতায় বলা আছে -

কর্মকে ত্যাগ করে মানুষ কখনই সফলতা লাভ করতে পারবে না। কারণ নিজের লক্ষ্যে পৌঁছানোর জন্য.কর্ম হল সাধনা, আর যাদের কাছে এই কর্ম সাধনা হয়ে ওঠে তারা অবশ্যই সফলতা লাভ করে থাকে।

এই সিদ্ধান্ত মেনে নিতে পারার জন্য আজ নয়ডার বাসিন্দা পঙ্কজ মিত্তল কোটিপতি হোতে সক্ষম হয়েছে। বরেলীর অতি সাধারণ পরিবারের মানুষ পঙ্কজ মিত্তলের পিতা রেলওয়েতে চাকরি করত। দ্বাদশ ক্লাস পর্যন্ত বরেলীতেই পড়াশোনা শেষ করার পর ইঞ্জিনিয়ারিং-এ প্রবেশ করে। এলাহাবাদ থেকে মেকানিক্যাল ইঞ্জিনিয়ারিং শেষ করার পর মাসিক 950 টাকার বিনিময়ে ভী.এক্স.এল. গ্রুপ ফরিদাবাদে নিজের কর্মজীবন শুরু করে। সেখানে দুই বছর কাজ করার পর নয়ডার এইচ.সী.এল.-এ চলে আসে। তখন সে দিনে 18 ঘন্টা কঠোর পরিশ্রম করত। একদিন তার মাথায় আসে যে, যদি সে এই পরিশ্রমটাই নিজের কাজের জন্য করতে পারে তাহলে ধনী হোতে সময় লাগবে না।

নিজের কাছে পয়সা না থাকা সত্ত্বেও পঙ্কজ চাকরি ছেড়ে দেয় আর এক বন্ধুর সাহায্যে নয়ডায় একটা ছোট্টো ফ্যাক্টারির শেড ভাড়া নেয়। সে **'ভীওস্কা মোলডিঙ্গস প্রাইভেট লিমিটেড'** এর নামে নিজের কম্পানী শুরু করে, সেখানে সে অটো মোবাইল ইন্ডাস্ট্রীজের জন্য প্লাস্টিক পার্স তৈরি করতে শুরু করে।

তার বানানো পার্টস বাজারে চলতে শুরু করে, সে সফলতার মুখ দেখে। তারপর পঙ্কজ সেক্টর 5 এ 450 বর্গমিটারের একটা প্লট কিনে নেয় আর সেই নামেই তার কম্পানী চলতে থাকে। প্লাস্টিক ইন্ডস্ট্রী হিসাবে আজ তার কম্পানী বিশ্ব স্তরীয় সফলতা অর্জন করেছে, আজ সারা পৃথিবী তার কম্পানীর নাম জানে।

কিন্তু তার সফলতার পিছনে সময় একটা গুরুত্বপূর্ণ ভূমিকা পালন করেছিল। সেই কারণেই পঙ্কজ মিত্তল বলেন, **'যে সময় নষ্ট করে, সময় তাকে নষ্ট করে দেয়।'**

এই কারণে নেপোলিয়ান সময়ের ব্যাপারে প্রচন্ড সচেতন ছিলেন, তাঁর

**বিচার তরঙ্গ, বিচার ভাব, বিচার প্রেরণা, বিচার শক্তি, বিচার জাদু। আর এই সবের কেন্দ্র বিন্দু হল আপনার মস্তিষ্ক, তাই আপনি আপনার মস্তিষ্কের ওপর জোড় দিন আর ভাবুন যে আপনি কতটা ধনী হোতে পারেন।**

সেনারাও তাঁকে অনুসরণ করত। একরাব তাঁর মন্ত্রী দশ মিনিট দেরিতে পৌঁছে ছিল। আর তাঁকে বলেছিল যে, **'আমার ঘড়ি দশ মিনিট লেট আছে।'**

এই কথা শুনে নেলোপিয়ান খুব রেগে গিয়ে বলেছিলেন, **'হয় তুমি নিজের ঘড়ি বদলাও, আর তা না হলে আমি তোমাকে বদলে দেব। হাতে ঘড়ি বাঁধার পরেও তুমি যদি সময়ের সাথে চলতে না পার তাহলে অমন ঘড়ি বাঁধা বেকার।'**

আমেরিকার রাষ্ট্রপতি ক্যালভিন কূলিজ অনেকটা এই প্রকৃতির মানুষ ছিলেন। রাষ্ট্রপতি হিসাবে তাঁর প্রথম সময় কাল সমাপ্ত হওয়ার পর তাঁর এক বন্ধু তাঁকে বলেছিল, **'আপনি প্রচুর জনপ্রিয়তা অর্জন করেছেন, সমাজে আপনার প্রভাব যথেষ্ট। আপনি পুনরায় কেনো নির্বাচন লড়ছেন না?'**

এই কথা শুনে কূলিজ বলেছিলেন, **'একবারেই আমি বহু কিছু দেখে ফেলেছি, আবার রাষ্ট্রপতির পদে থেকে কোনো লাভ হবে না। শুধুমাত্র নিজের সাথে প্রতারণা করা হবে। আমার কাছে আর নষ্ট করার মতো সময় নেই।'**

তাই বলা হয় যে, **'হাত থেকে নির্গত অর্থ, ভগ্ন শরীর, পরাজিত হওয়া রাজ্যপাট, হেরে যাওয়া বাজী, হারিয়ে যাওয়া সম্মান পুনরায় পাওয়া যেতে পারে, কিন্তু চলে যাওয়া সময় আর কখনও ফিরে আসে না।'**

এই সম্পর্কে আমার একটা গল্পের কথা মনে পড়ে যাচ্ছে, একজন চিত্র শিল্পী একটা অদ্ভুত প্রকৃতির ছবি এঁকেছিল, যাতে একটা যুবকের মুখটা ছিল চুলে ঢাকা, কিন্তু মাথার পিছনে কোনো চুল ছিল না, আর পায়ে ডানা লাগানো ছিল। সেই ছবি দেখে সকলেই তাকে জিজ্ঞাসা করে যে, **'এটা কি ধরণের চিত্র? এটা কোনো যুবকের ছবি নাকি যুবতীর তা তো বোঝাই যাচ্ছে না।'**

তখন এই চিত্রশিল্পী বলে, **'এটা সময়ের ছবি, সময় আসে মুখ ঢেকে, তাই কেউ বুঝতে পারে না যে সময় কেমন। তাই এই ছবির মানুষটির মুখ ঢাকা, কারণ সময় যখন কেটে যায় তখন আর হাতে কিছুই থাকে না।'**

এই ব্যাপারে উপনিষদেও এমনি কিছু বলা আছে :-

যে কোনো জিনিসকে গভীর ভাবে জানার জন্য ডুব দেওয়া খুবই জরুরি, কারণ ডুব দেওয়া মানেই মনন করা।

অর্থাৎ যখন আপনি কোনো জিনিসকে ওপর থেকে দেখেন তখন তা হল

**লোকে বলে যে, সময়ের আগে আর ভাগ্যের লিখনের থেকে বেশি না কেউ কখনও পেয়েছে, আর না পাবে। কিন্তু আমি মনে করি একবার সময়ের সাথে চলে দেখুন, ভাগ্য আপনাকে পয়সায় ভরিয়ে দেবে।**

সূচনার প্রথম স্তর। তারপর গভীরতায় পৌঁছানোর জন্য আপনি তার চিন্তন, মনন করেন, আর তখন বোঝেন যে, ওটি কোনো বিশেষ জিনিস।

কিন্তু যেকোনো জিনিস তখনই বিশেষ হয়ে ওঠে, যখন তার মধ্যে কোনো না কোনো নতুনত্ব থাকে। আর তারপর জ্ঞান তা খুঁজে বাইরে নিয়ে আসে। কিন্তু তার জন্য আপনাকে উদ্যমী হোতে হবে, আর এই উদ্যম যেকোনো ক্ষেত্রের ব্যাপারেই হোতে পারে।

পাওলো কোএলোও বলেছেন যে, '**আপনি যখন মন থেকে কিছু করতে চান, তখন সারা বিশ্ব আপনার স্বপ্ন পূরণ করার চেষ্টা করে, আর তারপর আপনি সেই কাজে সফলতা অর্জন করেন।**'

কিন্তু তা শুরু করার আগে পাঁচটা বিষয়ের দিকে খেয়াল রাখবেন :-

**আপনার জীবনের উদ্দেশ্য কি?**

**আপনি কোন ক্ষেত্রে যেতে চান?**

**কতটা উঁচুতে পৌঁছাতে চান?**

**কতটা প্রাপ্ত করা আপনার লক্ষ্য?**

**কোন পরিস্থিতি আপনার পথে বাধার সৃষ্টি করতে পারে?**

এরপর আসে নিজের চেষ্টার ওপর বিশ্বাস রাখা, তা নির্ভর করে আপনার পরিশ্রম ও আপনি কতটা মন দিয়ে কাজ করছেন তার ওপর। কারণ আত্মবিশ্বাস ছাড়া সফলতা পাওয়া অসম্ভব। তাই আত্মবিশ্বাসের জন্ম হওয়াটা খুবই জরুরি। মহান বৈজ্ঞানিক আইনস্টাইন তাঁর মস্তিষ্কের 15 শতাংশ মাত্র ব্যবহার করেছিলেন।

কিন্তু এটা মস্তিষ্কের দোষ নয়, এটা আপনার দোষ, কারণ আপনি আপনার মস্তিষ্ককে কিভাবে ব্যবহার করবেন তা নির্ভর করে আপনার নিজের ওপর। আপনার মস্তিষ্ক একটা কম্পিউটারের মতো কাজ করে, আপনাকে নিজের লক্ষ্য অনুসারে তাতে সফ্টওয়ার ভরতে হবে।

আপনি যদি সফল ব্যবসায়ি হোতে চান, তাহলে আপনার মস্তিষ্কে ব্যবসায়ির সফটওয়ার ইনস্টল করতে হবে। আপনি যদি খেলোয়াড় হোতে চান তাহলে খেলোয়াড়ের সফটওয়ার ইনস্টল করতে হবে। কিন্তু সফটওয়ার ইনস্টল করার আগে নিজের লক্ষ্য নির্ধারণ করাটা খুবই জরুরি।

আপনারা সকলেই বাল্মীকি মণির কথা জানেন, প্রথম জীবনে তিনি ছিলেন রত্নাকর দস্যু, সেই সময় লুণ্ঠন, মারধর করাই ছিল তাঁর লক্ষ্য। একবার দেবর্ষি নারদ জঙ্গলের পথ দিয়ে যাচ্ছিলেন, দস্যু রত্নাকর তাঁকে ধরেন। নারদ হেসে জিজ্ঞাসা

করেন, 'রত্নাকর! তুমি কেনো এই দস্যুবৃত্তি করো?'

রত্নাকর বলেন, 'নিজের পরিবারের ভরণ-পোষণ করার জন্য।'

দেবর্ষি জিজ্ঞাসা করেন, 'যাদের জন্য তুমি এসব করছো, তারা কি তোমার এই পাপের অংশ নেবে?'

একথা শুনে রত্নাকর চিন্তায় পড়ে যান, তিনি দেবর্ষিকে গাছের সাথে বেঁধে নিজের বাড়ি যান, পরিবারের সকলকে জিজ্ঞাসা করেন, 'আমি তোমাদের জন্য প্রতিদিন যে দস্যুবৃত্তি করে পাপ অর্জন করছি, তাতে তোমরা সমান অংশীদার তো?'

একথা শুনে সকলে বলে, 'আমরা তোমার আশ্রয়ে আছি। তুমি পাপ করছো, এই পাপ তোমার একার, আমাদের নয়।'

পরিবারের লোকেদের কথা শুনে রত্নাকরের চোখ খুলে যায়। তাঁর বিচার ধারা বদলে যায়, দেবর্ষির কাছ থেকে দীক্ষা গ্রহণ করে তিনি তপস্যা করতে শুরু করেন। তখন থেকে তাঁর মধ্যে অহিংসার সঞ্চার ঘটে, তিনি দস্যু রত্নাকর থেকে বাল্মিকী হয়ে যান, পরবর্তি কালে তিনি রামায়ণ মহাকাব্য রচনা করেন।

একেই বলে বিচারের শক্তি। তা এটাই প্রবল হোতে পারে যে, একজন দস্যু দেবতায় পরিণত হয়ে যায়। তাই বিশ্বের প্রসিদ্ধ দার্শনিক প্রশান্ত যোগী বলেছেন যে, 'আপনার বিচারই আপনার চরিত্রের নির্মাতা।' আর রবি নারায়ণ এই কথাটি বাস্তবায়িত করে দেখিয়েছিল।

দশ বছর আগে জনপথ মার্কেটে তার বাবার বইয়ের দোকান ছিল। রবি আমার সাথে ইঞ্জিনিয়ারিং করলেও বাবার মৃত্যুর পর দোকানে বসতে শুরু করে। যখনই ওর দোকানে যেতাম তখনি ওকে হতাশ দেখতাম, দোকানের কয়েকটা বই সে বিক্রী করতে পেরেছিল। সাহিত্যের কোনো বই সে দোকানে রাখত পর্যন্ত না। আমাকে বলত যে, লোকেদের নাকি আর সাহিত্যে রুচি নেই। বেশির ভাগ লোকেই নাকি সেক্স বিষয়ক বই পড়তে চায়।

আগে মর্ডান স্কুলের ছাত্ররা সাহিত্যের বই কিনতে আসত, কিন্তু এখন ছাত্ররা স্কুলের লাইব্রেরিতে বসেই বই পড়ে নেয়। তাই দোকানে বসে থাকা ছাড়া আর কোনো কাজ নেই।

**যখন কোনো বিচার আপনার অভ্যাসে পরিণত হয় তখন তা ব্রহ্মাণ্ডের শক্তি দ্বারা সঞ্চালিত হোতে শুরু করে তারপর অবচেতন মস্তিষ্ক বিভিন্ন উপায়ে তাকে পরিণাম পর্যন্ত পৌঁছে দেয়।**

কিন্তু এর ঠিক তিনমাস বাদে যখন আমি তার সাথে দেখা করতে যাই তখন পুরানো দোকানের বদলে নতুন চকচকে দোকান চোখে পড়ে। দোকানের ওপর লেখা ছিল **মর্ডান টুপি সেন্টার**। প্রথমে আমার মনে হয়েছিল আমি ভুল ঠিকানায় এসে পড়েছি, কিন্তু দোকানের মধ্যে উঁকি দিতেই ভেতর থেকে আওয়াজ আসে, **'ইঞ্জিনিয়ার সাহেব ভেতরে আসুন।'**

আমি চায়ের কাপে চুমুক দিয়ে রবিকে জিজ্ঞাসা করি, **'এই টুপির ব্যবসা কবে থেকে শুরু করলে?'**

সে বলে, **'আমি সময়ের সাথে তাল মিলিয়ে শোরুম খুলেছি। কারণ সবাই টুপি পরে। পার্টী বদলানোর পর টুপি কিনতে আসে। তাই তুমি বিভিন্ন ধরণের টুপি পাবে, ভেতরে চলো দেখাচ্ছি।'**

রবি আমাকে ভেতরে নিয়ে যায়, সেখানে বড়ো বড়ো র‍্যাক ছিল, তাতে বিভিন্ন ধরণের লেবেল আঁটা ছিল। প্রথম র‍্যাকে লেখা ছিল **'দেশ ভক্তদের টুপি।'**

আমি দেখে অবাক হয়ে যাই, রবি বলে যে, এই গুলি দেশ ভক্তদের টুপি। সেখানে লাল, নীল, হলুদ, সবুজ কত ধরণের টুপি ছিল, রবি বলে এই টুপি পরলে নেতাদের ঘুমিয়ে থাকা দেশ ভক্তি পুনরায় জেগে ওঠে।

আমি এগিয়ে যাই, পরের র‍্যাকে লেখা ছিল, **'গরমের টুপি।'** রবি একটা কমলা রঙের টুপি বার করে বলে, **'যারা ভাঙাচোরা করতে, মারপিট করতে ভালোবাসে তারা এই রঙের টুপি পরে।'**

সামনের একটা র‍্যাকে লেখা ছিল **'নরমপন্থীদের টুপি'**। সেখান থেকে একটা সাদা টুপি বার করে রবি বলে, **'যারা সব সময় শান্তি শান্তি করে চিৎকার করে, যারা অহিংসার পথে চলতে ভালোবাসে তাদের জন্য এই টুপি। তাই দাঙ্গার আগে কমলা রঙের টিপু আর দাঙ্গার পরে সাদা রঙের টুপি বিক্রী বেড়ে যায়।'**

সামনের আর একটা র‍্যাকে লেখা ছিল, **'হাজমোলা টুপি'**।

রবি বলে যে, **'এই টুপি পরার পর লোকেরা সব কিছু হজম করতে পারে। লোহা, সিমেন্ট, পাথর সব হজম করতে পারে।'**

আরো বিভিন্ন র‍্যাকে লেখা ছিল, **'সমাজবাদী টুপি'**, **'সাম্যবাদী টুপি'**, এবং **'নকশালবাদী টুপি'**।

বাইরে এসে রবি বলে, **'সময়ানুসারে এই টুপি থোকে বিক্রী হয়, আমি একটা, দুটো বিক্রী করি না।'**

আমার সাথে কথা বলতে বলতেই তার মোবাইল বেজে ওঠে। মোবাইলে টুপির অর্ডার আসে। আমার দিকে তাকিয়ে রবি বলে, **'পরশু জন্তর-মন্তরে ধর্না আছে। দেড় হাজার টুপি চাই?'** আমি হেসে বলি, **'দারুণ ব্যবসার আইডিয়া এসেছে তোমার মাথায়।'**

এই কথা বলে আমি শোরুম থেকে বেরিয়ে আসি, রাস্তায় এসে আমার একটা কথাই মনে হচ্ছিল, যদি রবির মতো সকলের মাথায় এমন আইডিয়া আসে তাহলে এই বিশ্বের প্রতিটা মানুষ ধনী হয়ে উঠতে পারবে।

কারণ আইডিয়াই এনে দেয় আপনার ব্যবসায় সাফল্য। আপনার মস্তিষ্কই হল আইডিয়ার জন্মদাতা, আপনার মন যদি আপনার আইডিয়া অনুসারে চলতে প্রস্তুত থাকে, তাহলে গন্তব্য পর্যন্ত পৌঁছাতে এই পুস্তক আপনাকে অবশ্যই সাহায্য করবে।

এই পুস্তক মাধ্যাকর্ষণ শক্তির নিয়মানুসারে কাজ করে। হয়তো আপনি আমার কথা বিশ্বাস করতে পারছেন না। কিন্তু আমি বিশ্বাস করি যে, আপনি ধনী হওয়ার বিজ্ঞান আয়ত্ত করতে পারলেই সফলতার পথে চলতে শুরু করে দেবেন। কারণ চুম্বক সর্বদা লোহাকে নিজের দিকে টানে। তাই নিজের মনকে আপনি চুম্বক করে তুলুন, যাতে তা ধনী নামক লোহার দিকে আকর্ষিত হোতে শুরু করে। তাই তো বলা হয়, **'যুদ্ধে সৈনিক লড়াই করে না, তাদের ভেতরে যে আত্মবিশ্বাস থাকে তা লড়াই করে।'**

জুলিয়াস সীজার যখন নিজের সেনার সাথে ইংল্যান্ডে ছিলেন, তখন তিনি সংকল্প করেছিলেন যে, নিজের সেনাদের পরাজিত হয়ে পলায়নের কোনো সুযোগ তিনি দেবেন না।

তাই তিনি সৈন্যদের সামনে জাহাজে আগুন লাগিয়ে দিয়ে বলেছিলেন, **'ইংল্যান্ডকে আক্রমণ করার সময় ঠিক করে নিয়েছিলাম যে, হয় যুদ্ধে জিতব আর তা না হলে মৃত্যুকে স্বীকার করে নেবো।'**

এর থেকে বোঝা যায় যে, জুলিয়াস সীজারের নির্ণয় নেওয়ার ক্ষমতা কতখানি দৃঢ় ছিল।

**যোগ্যতা, আত্মবিশ্বাস, সাহস, সার্থক কথোপকথন ক্ষমতা, কঠোর পরিশ্রম এবং কাজের প্রতি সম্পূর্ণ সমর্পণ সফলতার সবচেয়ে প্রচলিত ফর্মূলা, যার দ্বারা পৃথিবীর কোটি কোটি লোক ধনী হোতে পেরেছে।**

একটা অনেক পুরানো গল্প আছে, এক রাজা নিজের মন্ত্রীদের প্রতি খুবই অসন্তুষ্ট ছিল। তার মনে হোত যে, মন্ত্রীরা তার কথা শোনে না। সর্বদা তার বিরুদ্ধে ষড়যন্ত্র করে তারা। কিন্তু রাজার কাছে এমন কোনো প্রমাণ ছিল না। তাই সে মন্ত্রীদের বিরুদ্ধে কোনো রকম অনুসন্ধান করতে পারত না।

ধীরে ধীরে তার চিন্তা বৃদ্ধি পেতে থাকে, তখন রাজা পুরোহিতের কাছে যায়। রাজ পুরোহিত রাজার কথা মন দিয়ে শুনে বলে, **'আপনার বিচার খুবই শক্তিশালী। তাই আপনার মনের কথা মন্ত্রীরা বুঝে যায়, আর আপনি তাদের খারাপ ভাবেন বলে তারা বিদ্রোহী হয়ে যায়।'**

রাজা বিশ্বাস করতে না পেরে বলেন যে, **'আমি মনে মনে যেটা ভাবছি তা অন্যেরা জানবে কিভাবে?'**

তখন পুরোহিত রাজাকে বোঝানোর জন্য বলেন, **'দেখুন রাজন, একটা লোক আসছে, আমি চাই আপনি তার বিরুদ্ধে বিদ্বেষপূর্ণ কোনো কথা ভাবুন। তারপর দেখুন তার প্রতিক্রিয়া কি হয়?'**

রাজা তাই করে। কিন্তু এই ব্যক্তি কাছে আসার পর পুরোহিত তাকে বলে, **'দেখো ভাই এই ভদ্রলোক বাইরে থেকে এসেছেন, আর নিজেকে রাজা বলছেন, তোমার একে দেখে রাজা বলে মনে হচ্ছে কি?'**

এই ব্যক্তি বলে, **'মুখ দেখে তো গুণ্ডা বলে মনে হচ্ছে, তাই আমার ওনার মাথা ফাটিয়ে দিতে ইচ্ছা করছে।'**

রাজা বুঝতে পারে যে, তার মনের কথা এই ব্যক্তি আঁচ করতে পেরেছে, সেই কারণেই সে হিংসাত্মক প্রতিক্রিয়া ব্যক্ত করেছে। এতে করে বোঝা যায় যে, আপনার বিদ্বেষ ভাব যে নেতিবাচক তরঙ্গের সৃষ্টি করে, তাই ফিরে আসে আপনার কাছে।

হয়তো আপনি ভাবেন যে, আপনার মনের কথা কেউ বুঝতে পারবে না, কিন্তু কুবিচার বা ক্রোধকে লুকিয়ে রাখা অতটা সহজ নয়।

তা সত্ত্বেও যদি আপনার রাগ হয় তাহলে তার দুষ্পরিণামের কথা ভাবুন। কারণ চিন্তার ভঙ্গিই জীবনকে পথ দেখায় আর দিক নির্ণয় হয় বিচারের দ্বারা।

আজ আপনি যে অবস্থায় আছেন, তা আপনার বিচারের পরিণাম আর

**অসফলতার অর্থ হল সফলতা লাভে দেরি হওয়া। কারণ অসফলতাই সফলতার পথ দেখায়। কিন্তু সফলতা পাওয়ার জন্য তাড়াহুড়ো করার মানে হল অসফলতাকে ডেকে আনা।**

ভবিষ্যতে আপনি কতটা ধনী হোতে পারবেন তা নির্ভর করে আপনার পরিশ্রম ও নিষ্ঠার ওপর। কারণ কথাতে বলে যে -

**মিথ্যা বলা মানে পাপ করা, তাই মানুষ গরিব হয়।**
**পরিশ্রম করা মানে ত্যাগ করা, তখন মানুষ ধনী হয়।।**

এর অর্থ হল মস্তিষ্কে যে বিচার আসে তা আপনাকে উর্জা প্রদান করে আর তারপরে আপনার ভেতরে সম্ভবনার জাল রচিত হয়। বিভিন্ন বিচারের প্রেরণাই আপনাকে পথ দেখায়। তাই গভীর ভাবে নিজের বিচার গুলি নিয়ে ভাবুন আর তার স্তর কি তা দেখুন। আর তা কোন দিকে কাজ করছে তা দেখতে ভুলবেন না।

আপনার বিচারের সাথে আপনার স্বাস্থ্যের গভীর সম্পর্ক আছে। আপনার যদি মনে হয় আপনার জ্বর হয়েছে তাহলে আপনার শরীর সেই ভাবে ক্রিয়া করতে শুরু করে আর আপনি সত্যিই জ্বরে আক্রান্ত হন। এই বিষয়টা বোঝার জন্য আপনাকে একটা ঘটনা বলছি।

এক ব্যবসায়ির সাথে যখনই আমার দেখা হতো তখনই সে বলত, আমার হজমে সমস্যা আছে, কোষ্ঠকাঠিন্যের সমস্যা দেখা দিচ্ছে। কিন্তু তার মধ্যে এই রোগ ছিল না। অথচ একদিন সত্যি সত্যি তার পেটে সমস্যা দেখা দেয়।

এই কারণেই কিছু ডাক্তার মনোবৈজ্ঞানিক পদ্ধতিতে রোগীদের চিকিৎসা করে থাকে আর উৎসাহ বর্ধক কথার সাহায্যে তাদের অর্ধেক রোগ দূর করতে সক্ষম হয়।

ডাক্তার যখন বলে, আপনি ঠিক হয়ে যাবেন, চিন্তার কোনো কারণ নেই, তখন রোগীর মনে একটা আত্মবিশ্বাস জেগে ওঠে, এই আত্মবিশ্বাসই রোগীকে রোগের সাথে লড়াই করতে সাহায্য করে। রোগীও নিজেকে অনেক সুস্থ বোধ করতে শুরু করে।

এই কারণেই ঠাকুমা-দিদিমার মুখ থেকে শোনা ভূতের গল্পের প্রভাব বাচ্চাদের মনে এতটাই দৃঢ় হয়ে বসে যায় যে, বড়ো হয়েও তারা নিজেদের ভূতের ভয় থেকে মুক্ত করতে পারে না। ছোটো ছোটো কথাতেও সে ভয় পায়, আতঙ্কে ভোগে। অন্ধকারে খালি রাস্তায় হাঁটতে ভয় পায়।

তাই আপনাকে নিজের চিন্তন প্রক্রিয়ার দিকে বিশেষ নজর দিতে হবে। কারণ আপনি যখন প্রতিযোগিতায় সবচেয়ে আগে থাকার সংকল্প করেন, তখন আপনার শরীরে এতটাই শক্তি এসে যায় যে সেই জোরে আপনি এগিয়ে যান।

কিন্তু যখন আপনি নিজেকে ক্লান্ত বলে মনে করেন, যখন মনে করেন যে

এক পা চলতে গেলেই আপনি পড়ে যাবেন তখন সত্যি সত্যি আপনার ভেতর থেকে ক্লান্তি আসে।

সৈন্য দলের কমান্ডার যখন তার সেনাদের পাহাড় অতিক্রম করে শত্রুদের আক্রমণ করতে বলে তখন সেনারা অতি সহজে সেই পাহাড় লঙ্ঘন করতে সক্ষম হয়।

কিন্তু কমান্ডার যদি বলে, পাহাড় খুব উঁচু, কিভাবে এটা লঙ্ঘন করা যাবে, তখন সৈন্যরাও আত্মশক্তি হারিয়ে অস্ত্র ছেড়ে মাটিতে বসে পড়ে।

তাই যখন আপনি মনে করবেন যে, আপনাকে ধনী হোতে হবে, তখন আপনার চিন্তা আপনাকে ধনী করে তুলবে। তাই সবার আগে আপনাকে নিজের চিন্তাকে বিকসিত করতে হবে, একবার আপনার চিন্তা সম্পূর্ণ রূপে বিকসিত হয়ে গেলে আপনাকে ধনী হওয়ার থেকে কেউ রোধ করতে পারবে না।

◆

"যেকোনো ব্যক্তি ধনী হোতে পারে।
কিন্তু সে কতটা ধনী হোতে পারবে
সেই সবই নির্ভর করে ব্যক্তির সংকল্পের ওপর।"

আপনি যদি ধনী হোতে চান, তাহলে অসফলতার দিকে তাকাবেন না, নতুন করে শুরু করুন, নিজেকে চেনার চেষ্টা করুন, অলসতা দূর করুন, অনুসন্ধানের চেষ্টা করুন, স্বপ্ন দেখুন, বই থেকে শিখুন, প্রতিযোগিতাকে স্বীকার করে নিন, অন্ধ অনুকরণ করবেন না, চোখ খোলা রাখুন, মাথায় নতুন আইডিয়া আনুন, লক্ষ্য গড়ে তুলুন, তারপর ধীরুভাই আম্বানীর মতো পৃথিবীর সবচেয়ে ধনী ব্যক্তিতে পরিণত হোন।

# আমি কেনো আপনাকে ধনী করতে চাই?

আজ সারা বিশ্ব জুড়ে মন্দার বাজার দেখা দিয়েছে। এর থেকে কোনো দেশই মুক্তি পাইনি। তাই আজ সারা বিশ্বের চোখ পড়ে আছে ওবামার প্রশাসনের দিকে। কিন্তু সামান্য একটু সময়ে ওবামা যেটুকু করতে পারবেন, মানুষের আশা তার চেয়ে কয়েক গুণ বেশি।

সুরক্ষা ও ভূ-রাজনীতির সমস্যার জন্য আমেরিকার অর্থ ব্যবস্থা খুবই খারাপ। ব্যাঙ্ক, আর্থিক ক্ষেত্র, গৃহ, মর্টগেজ, বেকারত্ব, জী.ডী.পী. প্রভৃতি ক্রমাগত এতটাই নিচের দিকে যেতে শুরু করেছে যে সমস্যা দিনে দিনে বৃদ্ধি পাচ্ছে।

সাধারণ আমেরিকানরা নিজেদের ভবিষ্যৎ নিয়ে উদ্বিগ্ন, তাদের মনে হচ্ছে তাদের ভবিষ্যৎ অন্ধকারময়। তাই ওবামা মনে করেন যে, এই বিশ্বাস পুনরায় স্থাপন করার জন্য প্রচুর চেষ্টা করতে হবে।

কিন্তু আমাদের জন্যও এই বছরটা খুবই সমস্যা জনক হবে। কারণ আগত বছরে জী.ডী.পী.-র বৃদ্ধি 7 শতাংশের নিচে চলে যাবে এবং পরবর্তি বছরে 5 শতাংশের বেশি হবে না।

অন্যদিকে আমি চাই আপনাকে ধনী করে তুলতে, কারণ আপনি যতক্ষণ না ধনী হচ্ছেন, ততক্ষণ পর্যন্ত দেশের অর্থ ব্যবস্থা কিছুতেই ঠিক হোতে পারে না, অর্থ ব্যবস্থাকে সঠিক পথে চালনা করার সবচেয়ে ভালো উপায় হল দেশের প্রতিটা মানুষকে ধনী করে তোলা।

সেই কারণেই এসোচ্যামের গবেষণায় বলা হয়েছে যে, ভারতের প্রতিটা বুদ্ধিজীবি যদি ধনী হওয়ার চেষ্টা করে, তাহলে ভারতের অর্থ ব্যবস্থা পৃথিবীর মধ্যে চতুর্থ শক্তিশালী অর্থ ব্যবস্থা হিসাবে স্থান করে নেবে।

তখন আমাদের থেকে আগে থাকবে চীন, রাশিয়া ও দক্ষিণ আমেরিকা। কারণ আমেরিকা, ব্রিটেন ও জাপানের মতো বিকসিত অর্থব্যবস্থার দেশ গুলি এই

মন্দা কাটিয়ে ওঠার জন্য তেমন ভালো প্রদর্শন দেখাতে পারবে না।

**ইন্ডিয়া এণ্ড জী - 20: ইকোনমিক ফন্ডামেন্টলস এমিড গ্লোবল রিসেশন** দ্বারা করা স্টাডি অনুসারে দৃঢ় আর্থিক ভিত, উচ্চ বিকাস দর, সুদৃঢ় নীতি এবং মন্দার বাজারের সাথে মোকাবিলা করার উপায় ভারতকে আর্থিক সংকটের থেকে বাইরে আসতে সাহায্য করবে।

এই স্টাডীতে সাতটি আর্থিক বিষয়ের ওপর বিচার করা হয়েছে, সেগুলির মধ্যে মুখ্য হল অর্থনীতির আকার, খরচ করার ক্ষমতা, করের কাঠামো, সুদের নীতি, বাজেটের ভারসাম্য, কর ভার এবং বৈদেশিক মুদ্রা ভান্ডার ইত্যাদি।

এই কারণেই হয় তো বিশ্বের টপ - 20 ইকোনমি বাজেট ভারসাম্যের ভিত্তিতে ভারতকে 19 তম স্থানে রাখা হয়েছে।

তাই আপনি শুধুমাত্র ধনী হওয়ার কথা ভাবুন, মন্দার বাজার নিয়ে মাথা খারাপ করে আপনার কি লাভ, আসলে একটা কথা কি জানেন, মন্দার বাজার হল এমন একটা সময় যে সময়ে আপনি অতি সহজে ধনী হয়ে উঠতে পারবেন। এইচ.পী., জী.ঈ., মাইক্রোসফট, ফেডেক্স, সী.এন.এন., গর্ব কিঙ্গ, এম.টী.বী. এবং বিকীপীডিয়া প্রভৃতি বিখ্যাত কম্পানী গুলির মধ্যে সামঞ্জস্য কোথায় বলতে পারেন কি?

বিভিন্ন সময়ে আমেরিকাতে অর্থনৈতিক মন্দা ও সংকটের সময়তেই এই কম্পানী গুলি গড়ে উঠেছিল।

আজ এই কম্পানী গুলির সামনে পৃথিবীর যেকোনো কম্পানী অতি ক্ষুদ্র বলে মনে হয়। অর্থাৎ মন্দার বাজার আপনাকে এনে দেয় একটা নতুন সুযোগ, তখনই আপনি পান নতুন কিছু করে দেখানোর সুযোগ।

1930 সালের মহা মন্দার পর আমেরিকার বেশির ভাগ লোক কোটিপতি হয়ে গেছিল, হয়তো এর আগে একসাথে এত ধনী লোক কখনও সৃষ্টি হয়নি।

তাই মন্দার কঠিন বাজারে যে বা যারা নতুন কিছু করে দেখানোর চেষ্টা করে তারাই এগিয়ে যায়।

এর উদাহরণ হল জী.ঈ. অর্থাৎ জেনারল ইলেক্ট্রনিক কর্পোরেশন, যা 1876 সালে থমাস অল্বা এডীসন স্থাপন করেছিলেন। আমেরিকায় গৃহ যুদ্ধের পর যে প্রচন্ড অর্থনৈতিক সংকট দেখা দিয়েছিল সেই সময় এর স্থাপনা, তখন আমেরিকার সবচেয়ে বড়ো ব্যাঙ্ক **'জে কুক'** ডুবে গেছিল।

**সম্মুখে কঠিন সময় উপস্থিত হলে বেশির ভাগ লোকই পরাজয় স্বীকার করে নেয়, আর সংকটের পরেই আছে সফলতা সে কথা জেনেও ময়দান ছেড়ে পলায়ন করে।**

তাই ইতিহাসের পাতায় বৈদ্যুতিক বাল্বের সৃষ্টিকে বৈপ্লবিক আবিষ্কার বলে ধরে নেওয়া হয়। এটা অনেক দিন আগেকার কথা।

এবার হেবলেট প্যাকর্ড অর্থাৎ এইচ.পী. ইলেক্ট্রনিক্স শিল্পের কথায় আসা যাক, তিরিশের দশকে আমেরিকার বাজার যখন মন্দা তখন মাত্র 538 ডলার নিবেশ করে এই কম্পানী তৈরি করা হয়েছিল।

এই মন্দার বাজারে উইলিয়াম হেবলেট এবং ডেভিড প্যাকর্ড নতুন কিছু করার কথা ভেবেছিলেন, আর আজ তা পৃথিবীর কর্পোরেট ইতিহাসে স্থান করে নিয়েছে। কারণ আজ এই কম্পানী 104 হাজার কোটি ডলারের ব্যবসা করে।

1957 - 58 সালে আমেরিকার আর্থিক মন্দার বাজারে একটা ছোট্টো হয়াত হোটেল গড়ে উঠেছিল। যা পরবর্তি কালে **'হয়াত হোটেল কর্পোরেশান'** নামে বিখ্যাত হয়ে উঠেছে। 1973 সালে তেলের সংকটের সময় **'ফেডেক্স'** স্থাপিত হয়েছিল, আজ তা **'কুরিয়ার কার্গো কম্পানী'** নামে পরিচিত। এমন কি 1975 সালের সংকটের সময়তেই বিল গেট্স **'মাইক্রোসফ্ট'** গড়ে তুলেছিলেন।

1980 সালের মৌদ্রিক সংকটের সময় সী.এন.এন. এবং এম.টী.ভী. নেটওয়ার্কর্সের জন্ম হয়েছিল, এমনকি 2001 সালের সংকটের পর অনলাইন এনসাইক্লোপিডিয়া **'পিকীপীডিয়া কর্পোরেশান'** - এর জন্ম হয়েছিল।

পৃথিবীর কর্পোরেট জগতে এমন উদাহরণের কোনো অভাব নেই। কিন্তু এই কম্পানী গুলি আজ সারা পৃথিবীতে বিখ্যাত হওয়ার একটাই কারণ আর তা হল নতুন কিছু করে দেখানোর চেষ্টা।

মাইক্রোসফটের বিল গেটস্, ইনফোসিসের নারায়ণ মূর্তী, রিলায়েন্সের ধীরুভাই আম্বানী, নিরমার করসনভাই প্যাটেল প্রমুখরা শূণ্য থেকে শুরু করেই সফলতার শিখরে পৌঁছাতে সক্ষম হয়েছিলেন, ভালো করে জেনে দেখবেন যে কোনো সফল মানুষের জীবনের কাহিনী আপনার থেকে খুব একটা আলাদা নয়।

43 বছরের **'বিশাল রিটেল'**-এর রামচন্দ্র আগ্রবাল নিজের কর্ম জীবন শুরু করেছিলেন 1958 সালে, 300 টাকা মাসিক বেতনের বিনিময়ে।

এক বছর বাদে কোলকাতায় 1200 টাকা দিয়ে 50 বর্গ ফুটের একটা দোকান কিনেছিলেন তিনি। আর আজ তিনি **'বিশাল মেগা মার্টের'** মালিক।

এই বিষয়ে রামচন্দ্র আগ্রবাল বলেন যে, **'আপনার মধ্যে যদি ধৈর্য্য ও সঠিক নেতৃত্ব প্রদানের ক্ষমতা থাকে, তাহলে আপনি ধনী হোতে পারবেন।'**

এলাহাবাদের আই.আই.এম. থেকে এম.বি.এ. করা শান্তনু প্রকাশের

মাথায় আইডিয়ার অভাব ছিল না, সে তার এক বন্ধুকে সাথে নিয়ে মাত্র এক লক্ষ টাকা ও দুটি কর্মচারীকে সঙ্গে নিয়ে '**এডুকেম্প**' কম্পানী স্থাপন করেছিলেন, আজ বাজারে তাঁর পুঁজীর পরিমাণ হল 4 হাজার কোটি টাকা।

সোনালিকা গ্রুপের চেয়ারম্যান লক্ষ্মণদাস মিত্তল হোশিয়ারপুরে থ্রেসর বানানোর পর দেওলিয়া হয়ে গেছিলেন কিন্তু বর্তমানে তিনি তিরিশ হাজার কোটির থেকে বেশি টাকার মালিক।

লক্ষ্মণদাস মিত্তল নিজের সংঘর্ষের দিনের কথা স্মরণ করে বলেন, **'এক বার আমি মারুতি শিল্পের ডিলার শিপের জন্য আবেদন করেছিলাম, কিন্তু সেখানকার ম্যানেজমেন্ট আমাকে তার জন্য মানা করে দিয়েছিল, সেদিনই আমি ঠিক করেছিলাম যে মারুতি শিল্পের মতোই প্লান্ট বানাবো। তারপর আমি সোনালিকা ট্রাক্টর বানানোর পরিকল্পনা করি এবং সফল হই। আজ আমি নিজে অন্যদের ডিলারশিপ দিই।'**

লক্ষ্মণদাসের এই ধরনের বক্তব্য আজকের যুবকদের কাছে প্রেরণার স্রোত হয়ে উঠেছে। ট্রাক্টর বানানো তাঁর উদ্দেশ্য হয়ে উঠেছিল, যার জন্য তাঁকে প্রচুর পরিশ্রম করতে হয়েছিল। কিন্তু তাঁর সফলতার পিছনে ছিল একটা রণনীতি, যা গ্রহণ করার পরই তিনি সফলতা অর্জন করতে সক্ষম হয়েছিলেন :-

**দুর্বলতা + ঝুঁকি + শক্তি + সুযোগ + লক্ষ্য = রণনীতি**

'রণনীতি' বলে একটা শব্দ আছে, যা 'রণ' অর্থাৎ লড়াই ও 'নীতি' অর্থাৎ প্রক্রিয়া, শব্দ দুটি নিয়ে গঠিত। তাই বলা হয় যে প্রতিটা জিনিসের একটা নিয়ম আছে। শরীরের বিকাসের এবং তা ক্ষীণ হয়ে আসারও একটা নিয়ম আছে।

কিন্তু যে ব্যক্তি এই নিয়মের পালন করে, সে গণিতের ফর্মুলার মতো সফলতার দ্বারে পৌঁছে যেতে সক্ষম হয়। 'রণনীতি' শব্দটি যুদ্ধের ক্ষেত্রেই প্রয়োগ হয়ে থাকে, কিন্তু আপনি নিজের জীবনের যেকোনো ক্ষেত্রে এর প্রয়োগ করে দেখতে পারেন।

আজকের দৈনন্দিন জীবনে বহু যুদ্ধকালিন পরিস্থিতির সৃষ্টি হয়ে থাকে। কারণ যুদ্ধের পরিস্থিতি ক্রমাগত বদলাতে থাকে। জীবনে আছে বহু সংঘর্ষ, আর সেক্ষেত্রে সামান্যতম ভুলও আপনাকে পরাজিত করে দিতে পারে।

**আপনি কি সত্যিই ধনী হোতে চান? তাহলে আপনি একটা অভিধান কিনে তার থেকে 'অসম্ভব' শব্দটি কেটে বাদ দিয়ে দিন। তবেই আপনি দ্রুত গতিতে নিজের সফলতার দিকে এগিয়ে যেতে পারবেন।**

আধুনিক ব্যবসার জগতে ক্রমাগত টেকনোলজির পরিবর্তন দেখা যায়, বাজারের চাহিদা বদলাতে থাকে। তখন সামান্যতম ভুল যেকোনো কম্পানীকে ডুবিয়ে দিতে পারে। এরকম ক্ষেত্রে আপনি নিজেকে পরিস্থিতির হাতে ছেড়ে দিতে পারবেন না।

একটা অতি প্রাচীন গল্প আছে, একজন রাজা তার 14 হাজার সৈনিক ও অশ্বারোহী সেনাদের নিয়ে একটা পাহাড়ের ওপর দাঁড়িয়ে নিচের দুই লক্ষ সেনার দলকে দেখছিল। এত বড়ো সৈন্যদল দেখে রাজার সেনাপতি ঘাবরে যায়, জয়ের আশা তো সে ছেড়েই দিয়েছিল, তার মনে হচ্ছিল সেখান থেকে বেঁচে ফেরাটাও মুশকিল হয়ে যাবে। কিন্তু রাজাকে হাসতে দেখে সকলে অবাক হয়ে যায়। একটু বাদে রাজা সেনাদের দিকে তাকিয়ে বলে, **'কালকের লড়াইতে আমরাই জিতব।'**

তার ভবিষ্যবাণী সঠিক বলে প্রমাণ হয়। এই রাজা ছিলেন মহান সিকেন্দর। তিনি রাজা দারাকে মেরে দিয়েছিলেন। কিন্তু যুদ্ধের পর সেনাপতি রাজাকে জিজ্ঞাসা করে, **'আপনি জয়ের ব্যাপারে এতটা নিশ্চিত কিভাবে ছিলেন?'**

সিকেন্দর বলেন, **'জয় বা পরাজয় সংখ্যা, শক্তি বা টেকনিকের ওপর নির্ভর করে না, বরং তা নির্ভর করে রণনীতির ওপর, আর আমার রণনীতি ছিল অনেক ভালো।'**

এটি হল রণনীতির একটি মাত্র দিক, রণনীতির আরো চারটি দিক আছে। যার মধ্যে সবচেয়ে গুরুত্বপূর্ণ হল - লক্ষ্য। অর্থাৎ আপনার লক্ষ্য কি হওয়া উচিত? আপনি কোথায় পৌঁছাতে চান? আর কতটা সময়ের মধ্যে পৌঁছাতে চান।

এরপর ভাবতে হয় যে, শক্তি আর লক্ষ্যের রাস্তায় কি ধরনের বিপদ আসতে পারে। এই বিপদের মধ্যে কতটা সুযোগ লুকিয়ে আছে। সুযোগের সদ্ব্যবহার করার জন্য আপনার কাছে কতখানি শক্তি আছে আর বিপদের সাথে লড়াই করার ব্যাপারে আপনি কতখানি দৃঢ় প্রতিজ্ঞ।

আপনি যদি এই কথা গুলি মাথায় রেখে কোনো পরিকল্পনা বানান তাহলে আপনি অবশ্যই তাতে সফল হবেন।

কিন্তু আমেরিকা এই দিকে বিশেষ ধ্যান দেয় নি, সেই কারণে তাদের অর্থনৈতিক মন্দার সম্মখীনতা করতে হয়েছে।

**ঈশ্বর যখন এই ব্রহ্মাণ্ডের রচনা করেছিলেন তখন জেনে বুঝেই 'সমস্যা' ছেড়ে রেখেছিলেন, যাতে মানুষ শারীরিক দিক থেকে দৃঢ় হয়ে উঠতে পারে এবং যেকোনো সমস্যার সম্মীখনতা করতে সক্ষম হয়।**

যদি লীম্যান ব্রদর্স লক্ষ্য সঠিক রেখে জনতার পয়সা নিবেশ করত, তাহলে আমেরিকার অর্থব্যবস্থাকে এমন দুর্দিনের সম্মখীনতা করতে হোত না। মনে রাখবেন যে রণনীতিতে সফলতা ও অসফলতা দুটি দিকই বিদ্যমান। কিন্তু ভালো রণনীতি বলতে সেটাই বোঝায়, যা অভিযান শুরু হওয়ার আগেই জয়ের সমস্ত দিক গুলিকে দৃঢ় করে তোলে।

এখন আমেরিকার অর্থব্যবস্থার কথাই ভাবুন, সমস্ত সমস্যার মূল হল ঋণ প্রদান, এমন লোকেদের ঋণ দেওয়া হয়েছিল যারা শোধ দেওয়ার বিষয়ে ছিল খুবই কাঁচা।

এমন লোকেদের ধার দিয়ে অর্থ রোজগার করার বিষয়টিকে পরিকল্পিত রণনীতি বলা হয় না, এটাকে বলে লোভ। কারণ এতে সুযোগের সদ্ব্যবহার করার জন্য ঝুঁকি, দুর্বলতা ও পরিস্থিতির মতো বিষয় গুলিকে অদেখা করা হয়। কিন্তু ভালো রণনীতিজ্ঞ কখনই এই কাজ করে না। তারা বাজারের সাথে সাথে নিজেকেও মাপার কাজ করে, আর তারপর যেকোনো সিদ্ধান্ত নেয়।

তাই চীনের মহান জেনারল সুন-ৎসূ বলেছেন, **'রণনীতি হীন সেনা হল মনচিত্র হীন যাত্রীর মতো। কারণ রণনীতি আপনাকে এমন একটা বৈচারিক নকশা প্রদান করে, যার সাহায্যে আপনি নিজের উর্জা নির্দেশিত করে নিজের নির্ধারিত লক্ষ্যে পৌঁছাতে পারেন।'**

কারণ রণনীতি হল সেই পুঁজী যার সাহায্যে আপনি যেকোনো সমস্যার সমাধান করতে পারেন, আর তাতে করে যেকোনো অসফলতাকে সফলতায় বদলানো যেতে পারে।

কোনো কিছু না ভেবে আবেগের বশে কাজ করে কোনো কোনো সময়ে সফলতা পাওয়া যেতে পারে। কিন্তু সেই সফলতা কখনই টেঁকে না।

কারণ রণনীতির মহারথীকে ততটাই দ্রষ্টা হোতে হয়, যাতে সে নিজের ও বিরোধীদের সম্পর্কে সমস্ত জ্ঞান রাখতে সক্ষম হয়।

এবার আপনি গুড়গাঁও আর চীনের শঙ্ঘাঈ শহরের পুভাগ এলাকাকে দেখুন। দুটি এলাকা একই সাথে বিকসিত হোতে শুরু করেছিল। কিন্তু গুড়গাঁও কোনো রকম পরিকল্পনা ছাড়াই বিকসিত হয়ে উঠেছিল, আর পুভাগে ভবন নির্মাণ

**হীরের সন্ধান করতে গিয়ে বেশীর ভাগ লোকই কয়লার সন্ধান পায়। কিন্তু যে হীরের সদাগর সে কয়লার মধ্যে থেকে হীরে খুঁজে বার করে। কারণ তার কাজই হল হীরে খুঁজে বার করা।**

করার আগে পরিকল্পনা করে নেওয়া হয়েছিল, আর তারপর সেই অনুসারে কাজ শুরু হয়।

আর সেই কারণেই আজ বারো বছর বাদে গুড়গাঁওয়ের চমক সব শেষ, বিকাসের ফাঁক গুলি অতি সহজেই চোখে পড়ে যাচ্ছে, আর পুন্ভাগ আজ বিশ্বের নিবেশ কেন্দ্রে পরিণত হয়েছে।

তাই বলা যায় যে, পরিকল্পনা মাফিক কাজ না করার জন্যই আজ এই দুই শহরের মধ্যে পার্থক্য দেখা গেছে।

আসলে পুন্ভাগুর প্রশাসন জানত যে তারা সেই শহরকে কোথায় নিয়ে যেতে চায়, চলার পথে তাদের কি ধরণের বাধা আসতে পারে আর কিভাবে তা দূর করা যেতে পারে।

অন্যদিকে গুড়গাঁওয়ের প্রশাসন দেখেছিল যে, ভবিষ্যৎ কোন দিকে প্রবাহিত হচ্ছে, কিন্তু কিভাবে তার থেকে লাভবান হওয়া যেতে পারে সেদিকে তাদের কোনো জ্ঞান ছিল না।

কারণ নীতি বলে যে, সফলতার জন্য শিক্ষা, জ্ঞান, ধন, সম্পর্ক আর উচ্চ কুলের প্রয়োজন হয় না রবং প্রয়োজন হয় রণনীতির।

তাই ধীরুভাই আম্বানী প্রায়ই বলতেন, **'সৌভাগ্য কখন কখন দরজায় করাঘাত করে, আর মানুষকে জিজ্ঞাসা করে যে, তুই ধনী হোতে চাস কি?'**

এর অর্থ হল সঠিক সময়ে বুদ্ধির সাথে সিদ্ধান্ত গ্রহণ করা উচিত। কিন্তু ওশো সুযোগের তুলনা করেছেন এমন একটা মেয়ের সাথে, যাকে দেখতে সুন্দর, চুল হাওয়ায় উড়ছে, আর তার পায়ে ডানা লাগানো আছে, যা তাকে দ্রুত গতিতে উড়িয়ে নিয়ে যেতে চায়। কিন্তু সে উড়তে ভয় পায়, সেই কারণেই বলা হয় যে :-

**মনে যদি উদ্যম থাকে, তাহলে ডানাতেও ঘটে প্রাণের সঞ্চার।**
**উড়তে চাইলে, নিজেই তৈরি কর আকাশ।।**

অর্থাৎ আপনাকে নিজের মধ্যে শক্তি সঞ্চারিত করতে হবে আর সুযোগ পেলে নিজেকেই সফলতার আকাশ তৈরি করে নিতে হবে।

'টাইম ম্যানেজমেন্ট গুরু'-ও মনে করেন যে, জীবনে কখনই সুযোগ হাতছাড়া করতে নেই, সুযোগ তা ছোটো হোক বা বড়ো, নিজের বিবেকের দ্বারা সঠিক নির্ণয় নিতে পারলে অবশ্যই সফলতার দিকে এগিয়ে যাওয়া যায়।

সুযোগ ক্ষণস্থায়ী, তা তীরের গতিতে মানুষের হাতের বাইরে চলে যায়। তাই এয়ারটেলের এম.ডী. সুনীল মিত্তল বলেন,**'বুদ্ধিমান মানুষ যেকোনো**

**সুযোগের থেকেই আরো ভালো সুযোগের সন্ধান করে নেয়। কারণ তা তারা খতিয়ে বিচার করে দেখে।'**

বিচার ছাড়া কোনো শিল্প গড়ে উঠতে পারে না, কিন্তু শুধুমাত্র বিচারের ভিত্তিতেই কোনো শিল্প গড়ে ওঠা সম্ভব না।

কোনো শিল্পকে দাঁড় করানোর জন্য ক্ষমতার দিকে ধ্যান দেওয়াটা খুবই জরুরি, ক্ষমতার অভাবে যেকোনো শিল্প ভেঙে যেতে পারে। খুব সাধারণ বিচারও উচ্চ সফলতা লাভ করতে পারে, যদি আমল ঠিক ভাবে করা হয়।

তাই ভেঞ্চার ক্যাপিটালিস্ট কোনো শিল্পে অর্থ বিনিয়োগ করার আগে খুব ভালো করে অনুসন্ধান করে নেয়। যেকোনো শিল্পকে সফল করে তোলার জন্য বিশেষ ভাবে ধ্যান দেওয়াটা খুবই জরুরি। যেমন যে দ্রব্য উৎপাদন করতে চলেছেন বাজারে তার চাহিদা কতখানি? আপনার আইডিয়া পুরানো নয় তো? তাই কোনো শিল্পে অর্থ বিনিয়গ করার আগে সার্ভে করাটা খুবই জরুরি, তারপর তার চাহিদা বৃদ্ধি করার জন্য রণনীতির প্রয়োজন হয়।

কোথা থেকে অর্থ আসবে তার জন্যও পরিকল্পনা করাটা খুবই জরুরি। কারণ পণ্যের চাহিদা থাকলে তবেই ভেঞ্চর ক্যাপিটলিস্ট বা ব্যাঙ্ক অর্থ বিনিয়গ করবে। কিন্তু নিজের পকেটের পয়সা খরচ করে আপনাকে শুরু করতে হবে, তাই নিজের আর্থিক পরিস্থিতির দিকে ধ্যান দেওয়াটাও সমান ভাবে জরুরি। একটা ঝাঁচকচকে অফিস তৈরি করে বেশি অর্থ খরচ করে ফেলবেন না, সবার আগে একটা দল গঠন করার চেষ্টা করুন, যার দ্বারা আপনি উৎপাদন, গ্রাহক সেবা, মার্কেটিং, ব্যবস্থাপনা সবকিছু সামলে নিতে পারবেন। কিন্তু এই দল নিযুক্তির ব্যাপারে কৃপণতা করবেন না।

সঠিক দলই পারে আপনার শিল্পকে যথাযথ বল প্রদান করতে। তারপরে আসে কিভাবে গ্রাহককে আকর্ষিত করা যায় তার চিন্তা, এর থেকেই বোঝা যায় যে আপনি বাজারে টিঁকতে পারবেন কিনা।

তারপর দৃঢ় সংকল্পের দ্বারা এই সমস্যার সমাধান খুঁজে বার করা যেতে পারে। কারণ ঈশ্বর আপনাকে একটা কল্পনাশীল মস্তিষ্ক প্রদান করেছেন, যা আপনাকে সকলের থেকে আলাদা করে রেখেছে। সেটিকে বিকসিত করা আপনার কাজ।

**মানুষের সবচেয়ে বড়ো শক্তি হল সেক্স। কিন্তু বেশির ভাগ লোকই কুকর্মের পথে এর ব্যবহার করে থাকে। কিন্তু যারা সৃজনশীল ভাবে এর ব্যবহার করতে শিখে যায়, তারা ধনী হয়ে যায়।**

আপনি আলাদিনের গল্প নিশ্চই জানেন, সেখানে প্রদীপ ঘোষলেই দৈত্য বেরিয়ে আসত আর সে যেকোনো সমস্যার সমাধান করে দিত।

সেই রকম একটা দৈত্য আপনার মধ্যেও আছে, যে আপনার সমস্ত সমস্যার সমাধান করে দেবে, শুধুমাত্র তাকে আপনাকে জাগিয়ে তুলতে হবে। বেশীর ভাগ লোকেই একটা সুরক্ষিত এলাকার মধ্যে থাকতে চায়, কোনো রকম ঝুঁকি নিতে তারা পছন্দ করে না। কিন্তু আপনি তা করবেন না। আপনাকে নিজের মন ও মস্তিষ্ক নিয়ন্ত্রণে রাখতে হবে, যাতে আপনি নিজের লক্ষ্যের প্রতি ফোকাস রাখতে পারেন, কোনো রকম আবেগে গা ভাসাবেন না।

একটা গল্প বলি শুনুন, এক অনুষ্ঠানে সকলে ভর পেট খাবার খাওয়ার পর এক শেঠ এসে শর্ত রাখেন যে, যে ব্যক্তি পাঁচ ডজন কলা খেতে পারবে তাকে পুরষ্কার স্বরূপ একটা হীরের আংটি দেওয়া হবে।

এক ব্রাহ্মণ দাঁড়িয়ে বলে, 'আমাকে যদি আধা ঘন্টা সময় দেন, তাহলে আমি চেষ্টা করে দেখতে পারি।'

শেঠ রাজী হয়ে যায়। সে আধা ঘন্টার জন্য বাইরে চলে যায়, আর ফিরে এসে পাঁচ ডজন কলা খেয়ে নেয়। শেঠ তার প্রশংসা করে আর খুশি হয়ে হীরের আংটি দিয়ে দেয়। কিন্তু ব্রাহ্মণ কি করতে গেছিল সেটা কেউ বুঝতে পারছিল না। যাওয়ার সময় শেঠ তাকে প্রশ্ন করলে সে বলে, 'আমি বাইরে গিয়ে পাঁচ ডজন কলা খেয়ে দেখে এলাম যে, আমি পাঁচ ডজন কলা খেতে পারব কিনা, দেখলাম পারছি, তাই এখানে এসেও খেয়ে নিলাম।'

এইভাবে ব্রাহ্মণ পাঁচের জায়গায় দশ ডজন কলা খেয়েছিল, এটা ছিল তার পরিকল্পার অংশ, আপনাকেও এমনি কিছু পরিকল্পনা করতে হবে। আপনাকে নিজের ক্ষমতা বৃদ্ধি করতে হবে। মস্তিষ্কের সঠিক প্রয়োগ করুন, তাকে রী-প্রোগ্রাম করতে হবে।

এই পৃষ্ঠাটা পড়ার পর নিশ্চই বুঝতে পারছেন যে, আপনার মস্তিষ্কের রী-পোগ্রাম করার ক্ষমতা আছে। আপনার মধ্যে লক্ষ্যভেদ করার ক্ষমতা আছে, আপনি জীবনের পথে ধীরে ধীরে এগিয়ে যেতে সক্ষম।

কারণ আপনি সেই সমস্ত সুখ আস্বাদন করতে চান, যা শুধুমাত্র ধনী

**কল্পনা আপনাকে এমন দুনিয়ায় নিয়ে যায়, যা কখনই ছিলই না। কিন্তু তা সার্থক হোতেই সেই কল্পনাই একটা নতুন জগতের সৃষ্টি করে।**

ব্যক্তিরাই করতে পারে। আপনিও তাদের মতো বড়ো বড়ো গাড়ি চেপে ঘুরে বেরাতে চান।

তাই আজই ধনী হওয়ার সংকল্প নিন, কারণ ধনী হওয়ার জন্য আপনাকে বারোটা সিদ্ধান্তের কথা জানতে হবে, আর এই পুস্তক আপনাকে সেই সিদ্ধান্ত গুলি জানতে সাহায্য করবে। কিন্তু এই পুস্তকের প্রতিটা অধ্যায় মন দিয়ে পড়তে হবে। আর কয়েক ঘন্টার মধ্যেই আপনার জীবন নতুন পথে ধাবিত হবে।

সম্প্রতি প্রকাশিত একটা রিপোর্টে বলা হয়েছে যে, ভারতের প্রত্যেক 1000 পরিবারের মধ্যে একটি পরিবারের আয় এক কোটির ওপরে। আর প্রায় দশ লক্ষ পরিবার কোটিপতি।

আমি চাই আপনিও কোটিপতি হোন, আর এই দেশকে বেশী করে ট্যাক্স দিন। স্মার্ট ভাবে দেশের কাছ থেকে ধার নিন, আর আপনি ধনী হওয়ার সাথে সাথে দেশও সমৃদ্ধির পথে একধাপ এগিয়ে যাবে।

◆

---

**"আপনি যদি বলেন যে, আপনি ধনী হোতে চান না, তাহলে এর সহজ অর্থ হল আপনি উচ্চাকাঙ্ক্ষী নন। আপনি কীট-পতঙ্গের মতো জীবন অতিবাহিত করতে চান আর আপনি ধনী ব্যক্তিদের আরামদায়ক জীবন সম্পর্কে ওয়াকিবহাল নন।"**

---

**উৎসাহ + রণনীতি + কর্ম = সফলতা**

**হাই স্কুল পাশ ধীরুভাই আম্বানি যখন সফলতার এই সহজ সূত্রটি বুঝতে পেরে গেছিলেন তখন কেউই বিশ্বাস করতে পারিনি যে, এই গরিব ঘরের ছেলে, যে কিনা কখন চপ, তো কখন সিঙারা বিক্রী করত, সে একদিন বিশ্বের সবচেয়ে ধনী ব্যক্তিতে পরিণত হবে।**

প্রথম সিদ্ধান্ত

# নিজের স্বপ্নে ডানা লাগান

পৃথিবীর সপ্তম আশ্চর্যের মধ্যে অন্যতম হল আগ্রার তাজমহল। এই তাজমহল থেকে প্রায় দুশো কিমি. দূরে **'হোটেল তাজ প্লাজা'** অবস্থিত। সেখানকার কনফ্রেন্স হলে উত্তর প্রদেশের 2000 ব্যবসায়ির উদ্দেশ্যে আমাকে বক্তৃতা দিতে হয়েছিল। কারণ তারা ধনী হওয়ার বিজ্ঞান সম্পর্কে গভীর ভাবে জানতে চাইছিল। কক্ষে কোনো আওয়াজ ছিল না।

আমি মাইক ঠিক করে নিয়ে বলি, 'আপনাদের নিরবতা এটা প্রমাণ করে দিচ্ছে যে, আপনারা **'ধনী হওয়ার বিজ্ঞান'** সম্পর্কে জানার জন্য খুবই উদগ্রীব। তার জন্য আমি সত্যিই কৃতজ্ঞ, আর আমি কথা দিচ্ছি যে, এই রহস্য বিস্তারিত ভাবে আমি আপনাদের জানাব। যাতে আপনারাও ধীরুভাই আম্বানীর মতো হয়ে উঠতে পারেন।'

ধনী হওয়ার প্রথম সিদ্ধান্ত হল, আপনার মস্তিষ্ক যেন আপনার কল্পনার থেকে দ্রুতবেগে উড়তে পারে। কিন্তু তার জন্য প্রত্যেককে এই ব্যাপারে চিন্তা করতে হবে।

একটা গবেষণা থেকে জানা গেছে যে, মানুষ তার মস্তিষ্ককে ততটাই ব্যবহার করে যতটা তার দরকার। 1998 সালে যখন ইন্টারনেটের জগতে গুগুল পা রেখেছিল, তখন দার্শনিক এন্ডী ক্লার্ক ও ডেভিড কলম্সর্ বলেছিলেন, **'মস্তিষ্ক শুধু কোষ ও হাড়ে ভরা কৌটো নয়, বরং তা এমন একটা কম্পিউটার, যা প্রয়োজন অনুসারে রী-প্রোগ্রামিং করা যেতে পারে।"**

পরে মনোবৈজ্ঞানিক সীমংস এবং কেব্রিস একটি প্রদর্শনের দ্বারা বিষয়টিকে আরো সহজ করে বোঝানোর চেষ্টা করেছিলেন। তাঁরা তখন একটা ভিডিও দেখিয়েছিলেন, যাতে কিছু ছেলে বাস্কেট বল খেলছিল, তার মধ্যে অর্ধেক ছেলেরা পরেছিল কালো আর বাকি অর্ধেকরা পরেছিল সাদা পোশাক।

লোকোদের চোখ ছিল সেই দিকে, একদল অপর দলকে কতবার বল ছুঁড়ছে? প্রদর্শন চলা কালিন সেখান একটা গোরিলা চলে আসে, সকলের নজর সেই দিকে চলে যায়। তার থেকে এই সিদ্ধান্তে উপনিত হওয়া সম্ভব হয়েছিল যে, আমরা যা দেখি তা হুবাহু কপি করার পরিবর্তে বিশেষ কয়েকটি বিন্দুর ওপর ফোকাস করি।

আরো একটা কথা প্রমাণ হয়ে যায় যে, মস্তিষ্ক সর্বদা নতুন জিনিসকে নিজের ফীডব্যাক সিস্টেমে অন্তর্ভূক্ত করে আর আমাদের চিন্তা করার প্রক্রিয়া বলদে যায়। মহাভারতের যুদ্ধ শুরু হওয়ার ঠিক আগে অর্জুনকে এমনই পরিস্থিতির সম্মখীনতা করতে হয়েছিল। অর্জুনের মধ্যে ক্ষমতার কোনো অভাব ছিল না, কিন্তু যুদ্ধের পরিণাম কি হবে, অনুকূল নাকি প্রতিকূল, এই দুটি প্রশ্নই তাঁকে বারংবার সমস্যা গ্রস্থ করে তুলছিল। যার জন্য তিনি কৃষ্ণকে বলেছিলেন যে, তিনি যুদ্ধ করতে চান না।

এর থেকে প্রমাণ হয় যে, অনেক সময় ধীর, স্থির, সামর্থ্যবান এবং পরাক্রমী ব্যক্তিও ফলাফল নিয়ে এতটাই চিন্তাগ্রস্থ হয়ে পড়ে যে, কর্ম করার শক্তিই হারিয়ে ফেলে।

অর্জুনের এমন পরিস্থিতি দেখে শ্রীকৃষ্ণ বলেছিলেন :-

**'বুদ্ধির চোখ দিয়ে দেখলে, কর্মকে খুব ছোটো বলে মনে হবে। তাই হে ধনঞ্জয় সদ্বুদ্ধি বজায় রাখ, কারণ যারা ফলের কথা ভেবে কাজ করে তারা খুব দুর্বল হয়।'**

কারণ একটা নিশ্চিত পরিণাম চিন্তা করার পর আর তার প্রতি আশ্বস্ত হওয়ার পর সমস্ত উর্জা কার্য করার পরিবর্তে পরিণামের দিকে ধাবিত হয়।

একটা ছেলে যেমন একটা মেয়েকে খুব ভালোবাসে ও তাকে বিয়ে করতে চায়, অথচ তার মনে থাকে সর্বদা ভয়, কারণ সে ভাবে যে যদি মেয়েটা না করে দেয় তাহলে কি হবে? এই বিষয়টাও অনেকটা সেই রকম।

এই টানাপোড়নে সময় অতিবাহিত হয়ে যায়, মেয়েটার অন্য কোথাও বিয়ে হয়ে যায়, আর ছেলেটা চুপ করে বসে থাকে। কয়েক বছর পর দুজনের আবার দেখা হয়, তখন ছেলেটার মধ্যে আত্মবিশ্বাস এসে যায়, তখন সে মেয়েটাকে

**আপনি শুধু জয়ের কথা ভাবুন, কখনও পরাজয়ের কথা ভাববেন না। কারণ জয় আপনার ইতিবাচক চিন্তার সাথে সাথে আপনার মনবল বৃদ্ধি করে, যাতে আপনার জয় নিশ্চিত হয়ে যায়।**

বলে যে, সে তাকে বিয়ে করতে চেয়েছিল। তখন মেয়েটা বলে যে, তার মনেও এমনি ইচ্ছা ছিল, কিন্তু সে কোনো কথা না বলার জন্য সে অন্য পুরুষকে বিয়ে করতে বাধ্য হয়েছে।

এর থেকে বোঝা যায় যে, ঘাবরে গেলে মানুষের ভেতর থেকে নিষ্ঠা, সততা এবং পরিশ্রম করার শক্তি হারিয়ে যায়।

আপনি হয়তো প্রায় শুনে থাকবেন যে, '**এই কাজ করে কি লাভ?**' এই কথা বলা মানেই আপনি আর কখনই নিজের শ্রেষ্ঠ প্রদর্শন দিতে পারবেন না।

একবার অস্ট্রেলিয়ার মহান অধিনায়ক স্টীভ ওয়াকে জিজ্ঞাসা করা হয়েছিল যে, আপনার দল সর্বদা জেতে আর বিরোধী পক্ষ হেরে যায়, এর কারণ কি?

এর উত্তরে স্টীভ ওয়া বলেছিলেন,'**আমরা জেতার জন্য খেলি, আর বিরোধীরা পরাজয়ের হাত থেকে বাঁচার চেষ্টা করে।**'

পরিণামের কথা মাথায় আসতেই মানুষ ঘাবরে যায়, আর নিজেকে বাঁচানোর জন্য ভ্রমিত হয়ে পড়ে।

1973 সালে সম্পূর্ণ পশ্চিম এশিয়ার মধ্যে ইজ্রায়ল ছিল সবচেয়ে শক্তিশালী দেশ, তখন সেখানকার রক্ষা মন্ত্রী ঘোষণা করেছিলেন যে, 'আমাদের জয় আমাদের শক্তির ওপর নির্ভর করবে।' তাই গুপ্তচররাও রক্ষা মন্ত্রীর পছন্দ অনুসারে রিপোর্ট দিতে শুরু করে। কারণ সকলের ভয় ছিল যে, অন্য কোনো রিপোর্ট দিলে চাকরি চলে যেতে পারে। তখন রক্ষা মন্ত্রীকে সঠিক প্রতিপন্ন করার জন্য অজস্র ভুল তথ্য আসতে শুরু করে আর দেশ ভ্রমিত হয়ে যায়।

কিন্তু যখন ইজ্রায়ল আর মিশ্রর মধ্যে লড়াই হোতে শুরু করে, তখন ইজ্রায়ল যুদ্ধে পরাজিত হয়। এই যুদ্ধ পুনরায় প্রমাণ করে দেয় যে, পরিণামের কথা মাথায় রাখলে কখনও যুদ্ধে জয়লাভ করা যায় না।

এখন আমেরিকার রাষ্ট্রপতি বরাক হুসেন ওবামার জয়ের গাথার দিকে চোখ দেওয়া যাক। তিনি 2004 সালে আমেরিকার রাষ্ট্রীয় রাজনীতিতে পা রেখেছিলেন। তিনি হলেন কৃষ্ণাঙ্গ এবং তাঁর পিতা মুসলিম। কিন্তু তিনি খ্রীষ্টিয়

> **প্রশংসা এমন একটা শব্দ, যা যে করে তারও ভালো লাগে আর যার সম্পর্কে বলা হয় তারও ভালো লাগে। তাই যত পারবেন প্রশংসা করুন, মিথ্যা হলেও ক্ষতি নেই। কারণ প্রশংসার সাথে যে ইতিবাচক কথা গুলি নির্গত হয় তা মানুষকে সর্বশ্রেষ্ঠ প্রয়াস করার জন্য প্রেরণা প্রদান করে।**

দেশের নাগরিক, এমন স্থানের লোক যেখানে আগে কখনও কোনো কৃষ্ণাঙ্গ রাষ্ট্রপতি দেখা যায় নি।

কিন্তু ওবামা পরিণামের কথা ভাবেন নি, তিনি কর্মের দিকে ধ্যান দিয়েছিলেন, আর সততার সাথে নিজের কাজ করে চার বছরের মধ্যে তিনি একটা নতুন ইতিহাস গড়তে সক্ষম হয়েছিলেন।

তাই আপনাকে নিজের ক্ষমতার ওপর ভরসা রাখতে হবে। কারণ বৈজ্ঞানিকদের মতে, মানুষ নিজের ক্ষমতার মাত্র 15 শতাংশ ব্যবহার করে থাকে। আপনার স্বপ্ন যদি বড়ো হয়, তাহলে মস্তিষ্কের স্তর আপনার থেকেই সেখানে পৌঁছে যায়। নিজের স্বপ্ন পূরণ করার জন্য আপনাকে কঠোর পরিশ্রম করতেই হবে, আর এটাই হল এর একমাত্র শর্ত। আপনার স্বপ্নই আপনার মানসিক ক্ষমতা বৃদ্ধি করে আর তা সার্থক করে তোলার জন্য উর্জা, শক্তি ও সমাধান নিজের থেকেই বেরিয়ে আসে।

হেনরী ফোর্ড যেভাবে সস্তার গাড়ি তৈরি করে নিজের মস্তিষ্কের ক্ষমতা বৃদ্ধি করেছিলেন, বিল্ গেটস যেমন কম্পিউটারের আবিষ্কার করে মস্তিষ্কের ক্ষমতা বৃদ্ধি করেছিলেন, আপনাকেও তাই করতে হবে। বিল গেটসের কম্পিউটার না থাকলে আজ সারা বিশ্ব অচল হয়ে যাবে। এর জন্যই আজ বিল গেটস পৃথিবীর সবচেয়ে ধনী ব্যক্তি।

এমনি কিছু ঘটনা জরিয়ে আছে উইপ্রোর অজীম প্রেমজীর সাথে, 21 বছর বয়সে তিনি বংশানুক্রমে সাত কোটি টাকার একটি কম্পানী পেয়েছিলেন, যা সেই সময় ডালডা, তেল ও জামাকাপড় কাচার সাবান তৈরি করত।

সেই সময় প্রেমজী ব্যবসা কি তা জানতেন না। একটি সাক্ষাৎকারে তিনি নিজে বলেছেন, '**সেই সময় আমি ব্যবসা করার জন্য একদম প্রস্তুত ছিলাম না। কিন্তু আমার কাছে ছিল একটা বড়ো কম্পানী গড়ে তোলার স্বপ্ন, যা বর্তমানে বাস্তবায়িত হয়ে গেছে। কিন্তু কম্পানী বড়ো হওয়ার সাথে সাথে আমার স্বপ্নও বড়ো হোতে শুরু করেছে।**'

আজ উইপ্রো সারা বিশ্বের দশটি আই.টী. কম্পানীর মধ্যে অন্যতম। টাই ওয়ার্নর এমন একটা জনপ্রিয় খেলনা বানাতে চেয়েছিলেন যা সমস্ত বয়েসের

**একটা আইডিয়া কাউকে ধনী করে তোলে তো কাউকে মাটিতে মিশিয়ে দেয়। আইডিয়া কতটা পুরানো তাতে কিছু যায় আসে না, শুধুমাত্র সেই আইডিয়া পেশ করার প্রক্রিয়া জানতে হবে।**

বাচ্চারা খেলতে পারবে এবং অতি সহজেই পকেটে রাখতে পারবে। তারপর ওয়ার্নর বীনী বেবী বানিয়ে নিজের স্বপ্নকে সার্থক করে তোলেন ও কোটিপতি হয়ে যান।

ধীরুভাই আম্বানী গরিব ঘরের সন্তান হলেও তাঁর চোখে ছিল বড়ো স্বপ্ন। তিনি যখন অদনের **'শেল কম্পানী'**-র পেট্রোল পাম্পে পেট্রোল ভরার কাজ করতেন তখন তাঁর মনে স্বপ্নের শিকড় দৃঢ় ভাবে বিস্তার লাভ করেছিল, তিনি ঠিক করেছিলেন ভারতেও **'শেলের'** মতো কম্পানী গড়ে তুলবেন।

মুম্বাইতে তাঁর সেই স্বপ্ন বাস্তবায়িত হয়, আর তিনি হয়ে যান পৃথিবীর এক নম্বর ধনী ব্যক্তি। রাইট ব্রার্দাসের সাথেও এমনি ঘটনা ঘটেছিল, তাঁদের চোখে ছিল উড়োজাহাজ বানানোর স্বপ্ন, আর এডীসন দেখেছিলেন বৈদ্যতিক বাল্ব তৈরির স্বপ্ন। এই স্বপ্ন তাঁদের এতটাই শক্তিশালী করে তুলেছিল যে, তাঁরা ধনী ব্যক্তিতে পরিণত হয়েছিলেন।

কিন্তু এঁদের প্রত্যেকের মধ্যে একটা গুণ সাধারণ ছিল, যার জন্য তাঁরা ধনী হোতে পরেছিলেন।

- **তাঁরা কাউর উপহাসের দিকে নজর দিতেন না, পাহাড় ভেঙে ফলার মতো শক্তি ছিল তাঁদের মধ্যে।**
- **এঁরা সকলেই জ্বলন্ত কয়লার ওপর হাঁটার ক্ষমতা রাখতেন।**
- **এঁরা দানী প্রকৃতির মানুষ ছিলেন।**
- **এঁরা অন্যদের উৎসাহ দিতেন।**
- **এঁরা সত্য ও অহিংসার পূজারী ছিলেন।**
- **কোনো ছোটোখাটো ঘটনা তাঁদের প্রভাবিত করতে পারত না।**
- **প্রতিকূল পরিস্থিতিতেও তাঁরা ঠিকটা চিন্তা করতে পারতেন।**
- **বেকার কথায় এঁরা কান দিতেন না।**
- **তাঁরা নিজেদের ক্রোধ দমন করতে জানতেন।**

এঁরা সকলেই মহান দার্শনিক সুকরাতের পদাঙ্ক অনুসরণ করে চলতেন। কারণ সুকরাত বলে গেছেন, **'নিজেকে চেন। ধ্যান ভঙ্গ কর না। নিজের ধ্যান অন্য দিকে যেতে দিও না। কারণ যে ঘোড়া নিজেই চলতে পারে না, তার ওপর কে চেপে বসবে? যে গাড়ি খারাপ, তা কিভাবে গ্যারেজ পর্যন্ত যাবে? তাকে তো ধাক্কা দিতেই হবে।"**

একটা পুরানো গল্প ... ার এক ব্যক্তি জঙ্গলে ঘুরতে ঘুরতে

ক্লান্ত হয়ে গাছের ছায়ায় বসে পড়ে। কিন্তু ওটা ছিল কল্পতরু, ওর নিচে বসে মনে মনে কিছু ভাবলে মানুষের মনের ইচ্ছা পূরণ হয়ে যেত।

যখন সে আরামে মাটিতে বসেছিল, তখন তার মনে হয় যে, একটু ঠান্ডা জল পেলে কত ভালোই না হতো। তার মনে এ কথা আসতেই কল্পবৃক্ষ তা পূরণ করে দেয়। ঠান্ডা জল পেতেই মানুষটি তা পান করে নেয়। তারপর তার কিছু খাওয়ার ইচ্ছা হয়। কল্পবৃক্ষ সঙ্গে সঙ্গে তাও পূরণ করে।

তখন তার ভালো নরম বিছানায় শুতে ইচ্ছা হয়। তার জন্য নরম বিছানাও এসে যায়। কিন্তু বিছানায় শুতেই তার মনে হয়, সবই তো ঠিক আছে কিন্তু ঘুমাব কিভাবে? এত ঘন জঙ্গল যদি কোনো বাঘ এসে আমাকে খেয়ে নেয়? তখন সত্যিই তার সামনে বাঘ আসে আর তাকে খেয়ে নেয়।

তাই পুরাণে বলা আছে যে, এই পৃথিবীতে সবই সংকল্পের দ্বারা পুরো করা সম্ভব হয়। কারণ সৃষ্টির মূলে আছে সংকল্প আর মানুষ তার সংকল্পের ভিত্তিতেই ধনী হয়ে ওঠে।

আপনি যতটা সংকল্প করবেন, ততটা আপনি পাবেনই, তাই মানুষকে চিন্তা ভাবনা করে সংকল্প গ্রহণ করা উচিত। আপনি যদি সংকল্প করেন যে, আপনার কাছে একটা বড়ো গাড়ি থাকবে, একটা বড়ো বাড়ি হবে, আপনার সেই সংকল্প অবশ্যই পূরণ হবে। কিন্তু শুধু সংকল্প করলেই হবে না, তা পূরণের জন্য কঠোর পরিশ্রম করতে হবে। কারণ আপনার সংকল্প দৃষ্টিকোণের সৃষ্টি করে আর আপনার দৃষ্টিকোণ থেকেই সৃষ্টির উৎপত্তি। সেই কারণেই তো রামচন্দ্র অযোধ্যায় ফিরে এসে আদর্শ আচরণের উপদেশ দিয়েছিলেন।

তিনি বলেছিলেন যে, যদি কাউর তাঁর বিচার ঠিক বলে মনে না হয়, তাহলে নির্ভয়ে সে যেন তাঁকে তা জানায়। কারণ তিনি রাক্ষসের উপদ্রব থেকে মানব জাতিকে রক্ষা করার সংকল্প গ্রহণ করেছিলেন। তিনি অহল্যার উদ্ধার করেছিলেন, তাঁর চলার পথে সমস্ত ঋষিদের সমস্যার সমাধান তিনিই করেছিলেন।

শোনা যায় যে, ছোটো বেলায় নেপোলিয়ান লেখক হোতে চাইতেন, সাহিত্যের ক্ষেত্রে খ্যাতি অর্জন করাই ছিল তাঁর ইচ্ছা। স্কুল জীবনে তিনি খুবই রোগা পাতলা ছিলেন, তাঁর বন্ধুরা তাঁকে খুবই বিরক্ত করত, কিন্তু তাঁর লক্ষ্য ছিল জীবনে যশ প্রাপ্ত করা। তিনি জনপ্রিয়তা অর্জন করতে চাইতেন।

**ইচ্ছা শক্তি, ভাবনা, তর্ক, কল্পনা, অন্তরাত্মা, স্মরণ শক্তি এবং অবচেতনা সর্বদা নতুন কিছু করার জন্য উৎসাহ দেয়, কিন্তু কিছু লোক সেদিকে ধ্যান দেয় না, যারা কিন্তু সেই অনুসারে চলে তারাই সফল হয়ে যায়।**

তখন তিনি দুটি বই পড়েন। তার মধ্যে একটি হল রুশোর লেখা **'সোশাল কন্ট্রাক্ট'** আর অপরটি ছিল **এব্বে রেনাল** এর লেখা কবিতা।

তখন নেপোলিয়ান একটা লেখা লিখে **এব্বে রেনালের** কাছে পাঠিয়ে দেন। জবাবে এব্বে রেনাল জানিয়েছিলেন, **'গভীর অনুসন্ধান করে, পুনরায় লেখো।'**

তখন নেপোলিয়ান অনেক অনুসন্ধান করার পর একটা গল্প লেখেন কিন্তু তিনি কোনো পরিণাম পান না। তিনি পরাজয় স্বীকার করে নিয়ে তাঁর ভাই জোসেফকে চিঠি লিখে জানান যে, **'আমার ভেতরে লেখক হওয়ার চাহিদা শেষ হয়ে গেছে।'**

তখন উত্তরে তাঁর ভাই তাঁকে জানায়, **'যে জয় লাভ করে তাকে সিকন্দর বলা হয়, আর পরাজিত ব্যক্তিকে নেপোলিয়ান।'**

তারপর নেপোলিয়ান সংকল্প করেন আর তাঁর লেখা বিশ্ব প্রসিদ্ধ হয়ে যায়।

এর থেকে বোঝা যায় সে, আপনার ইচ্ছা পূরণ না হলেও নিজের সংকল্পে অটল থাকুন। একবার একটা পঙ্গু মেয়ে এথলেটিক্স এবং এথলীন্টো সম্পর্কে বিস্তারিত জানতে চেয়েছিল, তার শিক্ষকরা ব্যঙ্গ করে চলেছিল, **'তুমি এথলেটিকক্সের সম্পর্কে জেনে কি করবে? তুমি নিজের পায়ের দিকে তাকিয়ে দেখছো কখন? তুমি তো ঠিক ভাবে চলতেই পারনা, দৌড়াবে কিভাবে? তাই খেলোয়াড়দের সম্পর্কে তোমার না জানাই ভালো।'**

মেয়েটা শিক্ষকের কথা শুনে খুবই দুঃখ পেয়েছিল, তারপর সে নিজের ক্রাচ নিয়ে দৃঢ়তার সাথে উঠে দাঁড়িয়ে বলেছিল, **'আজ আমি পঙ্গু, চলতে ফিরতে পারি না ঠিকই, কিন্তু আজ আমি আপনাদের সামনে সংকল্প করছি যে, একদিন এথলেটিক্স হয়ে কোনো পদক জিতে আপনাদের দেখিয়ে দেব। তখন আপনারা বুঝতে পারবেন যে, একজন পঙ্গু মানুষও সব কিছু করতে পারে।'**

তারপর থেকে সে ক্রাচ ছাড়া হাঁটার চেষ্টা করে। একদিন সে ক্রাচ ছাড়া হাঁটতে শিখে যায়, তারপর সে দৌড়াতে শুরু করে, তার সাধনা দেখে সকলে অবাক হয়ে যায়।

> **আপনি যখন নতুন কিছু নিয়ে গভীর ভাবে ভাবেন তখন আপনার আন্তরিক শক্তি জেগে ওঠে। আর তারপর আপনার প্রতিভা তা খোঁজার চেষ্টা করে আর সাহস তা টেনে বাইরে নিয়ে আসে।**

শেষ পর্যন্ত 1960 সালে সে অলিম্পিকে দৌড়ানোর সুযোগ পায়, আর সে একসাথে তিনটি স্বর্ণ পদক লাভ করে সারা দুনিয়াকে অবাক করে দিয়েছিল। সে ছিল টেনিস রাজ্যের '**ভিল্মা গোল্ডীন রুডাল্ফ**', যে সারা দুনিয়াকে দেখিয়ে দিয়েছিল যে, সংকল্পের দ্বারা সবই সম্ভব।

হয়তো এই রকম বিষয় মাথায় রেখেই আমেরিকার রাষ্ট্রপতি বরাক ওবামা বলেছিলেন, '**আমাকে যদি আট ঘন্টায় কোনো গাছ কাটতে বলা হয় তাহলে আমি ছয় ঘন্টা ধরে কুঠারে শান দেব, আর বাকি দু ঘন্টায় গাছটা কাটব।**'

তাই নিম্ন লিখিত বিষয় গুলির দিকে ভালো করে ধ্যান দিন -

- **আগে আপনার স্বপ্ন কি তা নির্ধারণ করুন।**
- **তারপর তা সম্পূর্ণ করার সংকল্প নিন।**
- **স্বপ্নের ব্লু প্রিন্ট বানান আর তার সময়-সীমা নির্ধারণ করুন।**
- **কাজ গুলি কয়েক টুকরোতে ভাগ করে নিন।**
- **যেকোনো সমস্যাকে নতুন সুযোগ হিসাবে দেখার চেষ্টা করুন।**
- **আপনাকে কাজের জন্য যারা সাহায্য করতে পারে, তাদের সাথে যোগাযোগ করুন।**
- **সময়ের মূল্য বুঝুন।**
- **চিন্তা ত্যাগ করুন।**
- **নেতিবাচক ব্যক্তিদের থেকে দূরে থাকুন।**
- **নিজের স্বপ্ন ততদিন পর্যন্ত লুকিয়ে রাখুন যতদিন না তা বাস্তবায়িত হচ্ছে।**
- **নিজের ক্ষমতা চেনার চেষ্টা করুন।**
- **নিজের ভেতর সফল হওয়ার বোধ জাগান।**
- **নিজের ভুল দূর করতে থাকুন।**
- **দ্রুততার সাথে নির্ণয় নিন।**
- **মনে জয়-পরাজয়ের বোধ আনুন।**
- **বিবেক, ধৈর্য্য, ক্ষমা ও শান্তির ভাব আনুন।**
- **মাঝপথে কাজ বন্ধ করে দেবেন না।**
- **সঠিক সময়ে সঠিক নির্ণয় নিন।**

ধীরুভাই আম্বানী এইভাবেই চলার চেষ্টা করতেন। তাঁর রিফায়নরী প্লান্ট বানানোর সময় প্রোজেক্ট ম্যানেজারকে তিনি জিজ্ঞাসা করেছিলেন, '**এই**

প্লান্ট তৈরি হোতে কত সময় লাগবে?'

প্রোজেক্ট ম্যানেজার বলেছিলেন,'কমপক্ষে এক বছর।'

তখন তিনি বলেন, 'তাহলে তো ক্ষতি হয়ে যাবে। এই প্রোজেক্ট ছয় মাসে শেষ করা যাবে না?'

তখন প্রোজেক্ট ম্যানেজার বলেছিলেন, 'সমস্যা আছে শ্যার, আমরা দিনে দ্রুত গতিতে কাজ করতে পারলেও রাতে কাজ করা যায় না।'

তখন ধীরুভাই আম্বানি হেসে বলেছিলেন,'রাতকে দিন করার চেষ্টা কর।'

তখন তিনি তাঁর প্লান্টে এতই আলোর ব্যবস্থা করে দিয়েছিলেন যে, রাতে দিনে পরিণত হয়ে গেছিল। আর ছয় মাসের মধ্যে এই প্লান্টের কাজ সম্পূর্ণ হয়।

এইভাবেই ধীরুভাই আম্বানী টাটা ও মোদীর আগে চলে গেছিলেন। আপনাকেও নিজের স্বপ্ন বাস্তবায়িত করার জন্য সবার আগে যেতে হবে, তবেই আপনি ধনী হয়ে উঠতে পারবেন। তবে তার জন্য আপনাকে নিজের স্বপ্নের আকার মাপতে হবে। আকার মাপা খুবই সহজ, আপনাকে নিজের প্রশ্ন গুলি পড়ে নিয়ে তাতে শুধু সঠিক ভাবে টিক লাগাতে হবে।

1. **আপনি কি ধরনের স্বপ্ন দেখেন?**

a) লক্ষ্যের সাথে সম্পর্কিত হ্যাঁ ☐

b) মারপিটের হ্যাঁ ☐

c) ভূত-প্রেতের সাথে সম্পর্কিত হ্যাঁ ☐

d) ফন্টাসী টাইপের হ্যাঁ ☐

2. **স্বপ্নে আপনি কি করেন?**

a) খুশী হন হ্যাঁ ☐

b) ভয় পান হ্যাঁ ☐

c) কাঁদেন হ্যাঁ ☐

d) হাঁসেন হ্যাঁ ☐

3. **আপনি কখন স্বপ্ন দেখেন?**

a) দিনের বেলায় খোলা চোখে হ্যাঁ ☐

b) রাতের বেলায় চোখ বন্ধ করে হ্যাঁ ☐

c) একান্তে মগ্ন হয়ে হ্যাঁ ☐

d) হাঁটতে-চলতে যেকোনো স্থানে হ্যাঁ ☐

4. **কতক্ষণ ধরে স্বপ্ন দেখেন?**

a) দুই থেকে পাঁচ মিনিট — হ্যাঁ ☐

b) দশ থেকে কুড়ি মিনিট — হ্যাঁ ☐

c) প্রায় এক ঘন্টা ধরে — হ্যাঁ ☐

d) কেবল এক সেকেন্ড — হ্যাঁ ☐

5. **স্বপ্ন দেখার পর আপনি কি করেন?**

a) তা বাস্তবায়িত করার চেষ্টা করি — হ্যাঁ ☐

b) কিছুদিন মনে রাখেন — হ্যাঁ ☐

c) তা নিয়ে ভাবনা চিন্তা করেন — হ্যাঁ ☐

d) তা ভুলে জান — হ্যাঁ ☐

এবার উত্তরের বক্সের দিকে তাকিয়ে দেখুন আপনি কোথায় টিক্ দিয়েছেন।

**আপনি যদি চারটে প্রশ্নের ক্ষেত্রে (a) তে টিক দিয়ে থাকেন তাহলে বুঝতে হবে আপনি ধীরুভাইয়ের পদাঙ্ক অনুসরণ করছেন। আপনি অবশ্যই নিজের স্বপ্ন বাস্তাবায়িত করে ধনী হয়ে উঠতে পারবেন। আপনি যদি চারটি প্রশ্নের ক্ষেত্রে (b) তে টিক দিয়ে থাকেন তাহলে আপনি মহম্মদ গৌরীর মতো সফলতা পাওয়ার চেষ্টা করছেন, আপনার ধনী হোতে সময় লাগবে। তিনটির বেশি প্রশ্নের ক্ষেত্রে আপনার উত্তর (c) হয়, তাহলে আপনি নিজের ভবিষ্যৎ নিয়ে গভীর ভাবে চিন্তা করুন। কারণ আপনার ভাগ্য চাইছে আপনি ধনী হোন কিন্তু আপনাকে কঠোর পরিশ্রম করার জন্য প্রস্তুত হোতে হবে। কিন্তু যারা (d) তে টিক দিয়েছেন তাঁদের কাইজেনের সিদ্ধান্ত গ্রহণ করতে হবে।**

কাইজেন হল একটি জাপানি শব্দ, যার অর্থ হল, ধীরে ধীরে নিজেকে দক্ষ করে তুলুন।

জাপানী সমাজে এর গুরুত্ব খুব বেশি, কারণ বৌদ্ধ ধর্ম থেকে তারা এই সিদ্ধান্ত লাভ করেছে। মনোবৈজ্ঞানিকেরাও মনে করেন যে, কোনো বিষয়ে ধ্যান দিলে সময়ের সাথে সাথে আপনি কতটা এক্সপার্ট হয়ে যাবেন তা আপনি নিজেও বুঝতে পারবেন না।

আমাদের ঋষিমণি ও সন্তরা আগে থেকেই এই কথা জানতেন, তাই তাঁরা বলেছিলেন যে — ক্রমাগত অভ্যাসের দ্বারাই সফলতা আসে, কাইজেনও এই একই কথা বলা হয়েছে। জাপানে যোদ্ধা ও সামুরাইদের তলোয়ারবাজী শেখানোর সময় কাইজেন শব্দটির ব্যবহার করা হয়েছিল। সেখানকার একজন

সমুরাই 'মিয়ামোতো মুসাশী' লাগাতার তিরিশ বছর ধরে জয়লাভ করছিলেন।

তিনি তাঁর জীবনের শেষ লগ্নে **'দ বুক অফ ফাইভ রিংগস'** লিখেছিলেন, তাতে তিনি কাইজেনের সিদ্ধান্তের কথা বলতে গিয়ে লিখেছেন যে,**'প্রতিদিনের সামান্য একটু সংশোধন, বিকাসের ভিত্তি প্রস্তরকে দৃঢ় করে তোলে।'**

সেই কারণে চৈনিক দার্শনিক লাওত্যু বলেছিলেন, **'হাজার মাইলের দূরত্ব এক পা করে চলেই অতিক্রম করা যায়।'**

উনবিংশ শতাব্দীর শেষের দিকে জাপান সরকার সমুরাই প্রথা তুলে দেয়। তাই মিয়ামোতোর কথা মানুষ অনেক দেরিতে জেনেছে। সেই সময় জাপান সস্তা ও খারাপ জিনিস তৈরির দেশ হিসাবে পরিচিত ছিল। **'জাপানি জিনিস'** -কথাটা একটা প্রবাদে পরিণত হয়েছিল। যার অর্থ হল বাজে জিনিস। কিন্তু দ্বিতীয় বিশ্ব যুদ্ধের পর জাপান দ্রুতগতিতে প্রগতি লাভ করে এবং উপাদানের কোয়ালিটিও ভালো হয়ে ওঠে।

এরপর গাড়ীর বাজারে জাপান আমেরিকাকে পরাজিত করে দেয়। আমেরিকা বিশ্ববিদ্যালয়ের ব্যবস্থাপকে ড. লারেন্স পীটার জাপানের প্রগতির কারণ অনুসন্ধান করার জন্য গবেষণা করেন। বহু গবেষণা করে তিনি সিদ্ধান্তে আসেন যে,

**'প্রতিটা মানুষ কখনও না কখনও শেখার চেষ্টা ত্যাগ করে, যার ফলে নতুন কোনো প্রতিযোগিতায় অংশ গ্রহণ করতে পারে না। কিন্তু কায়জেনের নিয়ম তাদের দিয়ে কাজ করায়।'**

পীটার, কায়জেনের সিদ্ধান্ত জানার পর জাপানের সফলতা দেখে এতটাই প্রভাবিত হয়ে পড়েছিলেন যে, তিনি নিজের কম্পানীর নিরক্ষণ করেন আর বোঝেন যে, বাইরের থেকে জাপান ও আমেরিকার কম্পানী গুলিকে এক বলে মনে হলেও জাপানীদের কাজ করার ধরণ অনেকটাই আলাদা।

কারণ জাপানী কম্পানী গুলি কাইজেনের সিদ্ধান্ত আনুসারে চলে, তা তাদের কর্ম পদ্ধতিকে নিয়ন্ত্রণ করে। তখন মিয়ামোতো মুসাশীর বই **'দ্যা বুক্স অফ ফাইভ রিঙ্গস'** জাপানী কম্পানী গুলির অংশ হয়ে উঠেছিল।

ভারতীয় শাস্ত্রে আধ্যাত্মিকতার ক্ষেত্রে **'অভ্যুদয়'** শব্দটির ব্যবহার করা হয়, যার অর্থ হল **'যা উদয় হচ্ছে'**। অথচ আধ্যাত্মিক গুরু রবিশঙ্কর মনে করেন যে, উত্থানের ওপর জোর দেওয়া উচিত না।

কারণ ভারতীয় চিন্তন মনে করে যে, যারা উন্নতি করার জন্য পাগল হয়ে যায়, তারা ভুল পথে চালিত হয়। তা বিবেককে শেষ করে দেয়। কারণ এই সিদ্ধান্ত দ্বারা প্রেরিত হয়ে ব্যক্তি অতি শীঘ্র লাভের কথা ভাবে। যার ফলে তার

নজর চলে যায় অন্যদিকে আর উত্থান পতনে পরিণত হয়।

অথচ **'অভ্যুদয়'** কথাটি খুবই গুরুত্বপূর্ণ। শ্রদ্ধা ও সংযমের দ্বারাই মানুষ ক্রমাগত উন্নতির দিকে এগিয়ে যেতে পারে।

কোনো মানুষ যখন জীবনের যেকোনো ক্ষেত্রে এই সিদ্ধান্ত মেনে চলতে শুরু করে তখন সে ধীরে ধীরে উন্নতির পথেই এগিয়ে চলে।

আমেরিকার আর্থিক বাজারে এই জন্যই মন্দা দেখা দিয়েছিল। কারণ আমেরিকা বুদ্ধিমান হওয়া সত্ত্বেও পরিবর্তিত পরিস্থিতির জন্য প্রস্তুত ছিল না।

আগে সব কিছু ঠিক চলছিল, যার জন্য কেউ কোনো নালিশ জানাচ্ছিল না। কিন্তু মন্দার সময় এই সমস্যা কিভাবে সমাধান করা যায়, তা নিয়ে কেউই দক্ষতা দেখাতে পারেনি।

যদি তারা **'অভ্যুদয়ের'** সিদ্ধান্ত মেনে চলতে পারত তাহলে অর্থের সদ্ব্যবহার করতে শিখে যেত। যে জনতা সম্পূর্ণ বিশ্বাসের সাথে তাদের অর্থ দিয়েছিল তারা তাদের আবেগের কথা মাথায় রাখত।

শীঘ্র লাভ করার চেষ্টা না করে তারা যদি উপাদানের গুণবত্তার দিকে নজর দিত তাহলে ধীরে ধীরে উন্নতির পথেই এগিয়ে যেত। কারণ ক্রমাগত সংশোধন হল সেই পদ্ধতি, যা অসফলতার সিদ্ধান্তকে সমূলে উৎপাটিত করে দেয়।

নিশ্চই জানেন যে, নেপোলিয়ান তাঁর সৈন্যদের নিয়ে এলপ্স পর্বত অতিক্রম করার উদ্দেশ্যে বেরিয়ে পড়েছিলেন। তিনি উপত্যকায় দাঁড়িয়ে পাহাড়ের দুর্গমতার সম্পর্কে আঁচ করার পরেই সৈন্যদের এগিয়ে যেতে বলেন।

পাশেই একটা বুড়ি কাঠ কাটছিল, সে বলে,**'জীবন দেওয়ার এত ইচ্ছা? তোমার মত কতজন এল আর মুখ থুবরে পড়ে চলেও গেল।'**

এই কথা শুনে নেপোলিয়ান নিজের গলা থেকে হীরের হার খুলে বুড়িটাকে দিয়েছিলেন আর বলেছিলেন,**'আমিও ওদের মতো মরতে চাই। তুমি আমার উৎসাহ আরো কয়েক গুণ বৃদ্ধি করে দিয়েছো। যদি বেঁচে যাই তাহলে আমার জয়-জয়কার করো।'**

বৃদ্ধা বলে,**'তুমি এমন একজন মানুষ যে আমার কথা শুনে হতাশ হলে না। এটা ঠিক যে, যে প্রকৃত মন থেকে কিছু চায়, সে কখনও পরাজিত হয় না।'**

**কথায় বলে যে, পরিবর্তনের তুফানকে কেউ আটকাতে পারে না। সেই কারণেই গোপীদের বস্ত্র হরণকারী কৃষ্ণ আজ মহাভারতের পাতা থেকে নির্গত হয়ে বিজনেস স্কুলের দরজায় পৌঁছে গেছেন।**

তাই আপনাকেও নেপোলিয়ানের মতো বড়ো স্বপ্ন দেখতে হবে, যা আপনাকে উঁচুতে নিয়ে যাবে। যা প্রাপ্ত করতে পারলে আপনার উৎসাহ, সম্মান ও জনপ্রিয়তা বৃদ্ধি পাবে।

কারণ বিজ্ঞান যে স্বপ্নের পৃথিবীর জাল বানিয়েছে তার সাহায্যে আপনি একটা ছোটো শিল্পের দ্বারাও ধনী ব্যক্তিতে পরিণত হোতে পারেন।

নারায়ণমূর্তী যখন সফটওয়ার কম্পানীর স্বপ্ন দেখেছিলেন, তখন তাঁর কাছে অর্থ ছিল না। 1982 সালে তাঁর স্ত্রী নিজের গয়না বিক্রী করে তাঁকে দশ হাজার টাকা দিয়েছিলেন আর তাঁর চার বন্ধু তাঁকে চল্লিশ হাজার টাকা দিয়েছিলেন। তারপর তিনি নিজের কম্পানী শুরু করতে পেরেছিলেন। নিজের ক্ষমতা, আত্ম বিশ্বাস ও আশার জোরে তাঁর 'ইন্ফোসিস টেকনোলজী' সারা পৃথিবীতে স্থান করে নিয়েছে। আজ ফোবসের তালিকায় নারায়ণমূর্তীর নাম 15 নম্বরে আসে।

তাই স্বপ্ন দেখুন, আর তা সার্থক করে তোলার জন্য সম্পূর্ণ আশা নিয়ে এগিয়ে যান। কারণ ধনী হওয়ার বিজ্ঞান বলে দেয় যে, আপনার স্বপ্ন অবশ্যই একদিন সফল হবে। ◆

---

**"সবচেয়ে ভালো স্বপ্ন সেটাই যা আপনার মাথায় চেপে বসে আর আপনাকে পাগল করে দেয়, আর আপনি তা বাস্তবায়িত করার জন্য প্রচেষ্টা শুরু করে দেন।"**

---

গান্ধীজী বলতেন

**বেঁচে থাকার জন্য সাহসের প্রয়োজন হয়!**

**বিয়ের জন্য প্রেম থাকাটা জরুরি!**

**শক্তির জন্য ব্যায়াম করা জরুরি!**

**মরার জন্য সাদা কাপড় জরুরি!**

কিন্তু আমি বলছি

**ত্যাগ না করলে মাদার টেরিজা হওয়া যায় না!**

**বিষ পান না করলে ওশো হওয়া যায় না!**

**সংঘর্ষ না করলে ওবামা হওয়া যায় না!**

আর রিস্ক না নিলে ধনী হওয়া যায় না।

দ্বিতীয় সিদ্ধান্ত

# নিজের ভেতরে আত্মবিশ্বাস জাগ্রত করুন

ধনী হওয়ার দ্বিতীয় সিদ্ধান্ত হল আত্মবিশ্বাস। আপনার মধ্যে আত্মবিশ্বাস থাকলে আপনি যেকোনো পরিস্থিতিতেসফলতা প্রাপ্ত করতে সক্ষম হবেন। কারণ স্বামী বিবেকানন্দ বলেছিলেন, "You Can do Anything And Everything. You Can Move the Mountains And Drain the Oceans. You Are Almighty if Faith In Over Selves."

অর্থাৎ আপনি যা ভাবেন, সেই সমস্ত কিছু করতে পারেন। কয়েক মাস আগে আমি **'বড়ো ভাব, বড়ো হও, নিজের স্বপ্ন সার্থক বানাও!'** এই নিয়ে মুম্বাইয়ের এক বিজনেস সেমিনারে বক্তৃতা দিচ্ছিলাম।

এই বিষয়ে বলতে গিয়ে যখন আত্মবিশ্বাস নিয়ে কথা হয়, তখন এক বিজনেস ম্যান আমাকে বলেন, **'আমার ভেতরে আত্মবিশ্বাসের অভাব আছে, যার জন্য আমি ব্যবসায় উন্নতি করতে পারছি না। দশ বছর আগে আমার টার্ন ওভার যত ছিল আজও সেখানেই দাঁড়িয়ে আছে। কিন্তু আমি নিজের ব্যবসা বৃদ্ধি করতে চাই। আমি কিভাবে নিজের আত্মবিশ্বাস বৃদ্ধি করতে পারি, বলবেন কি?'**

তখন আমি তাঁকে একটা গল্প শোনাই। বুলন্দশহরের কাছে নদীর ধারে সোনাপুর নামক একটা গ্রাম ছিল। গ্রামের লোকেরা ক্ষেতে কাজ করত, আর মহিলারা তাদের সাহায্য করত। কিছুদিন বাদে তাদের পরিশ্রম সার্থক হয়, সারা গ্রামের লোকেরা ধনী হয়ে উঠতে শুরু করে।

কিন্তু অর্থের মুখ দেখার পর লোকেরা কঠোর পরিশ্রম ত্যাগ করতে শুরু করে, আনন্দ-উল্লাসে নিজেদের অর্থ ওড়াতে শুরু করে, যার ফলে গ্রামের অবস্থা বিগড়ে যায়। এরপর খড়ার জন্য নদীর জল শুকিয়ে যায়। পশু-পাখি মরতে শুরু করে, চারদিক জুড়ে হাহাকার দেখা দেয়।

তখন হঠাৎই গ্রামে একজ সাধু বাবা আসেন। লোকেরা তাঁর পায়ে গিয়ে

পড়ে আর বলে, 'বাবা, আমাদের বাঁচাও, গ্রাম সম্পূর্ণ রূপে দরিদ্র হয়ে গেছে, এমন আর কিছুদিন চললে গ্রামের লোকেরা না খেতে পেয়ে মরে যাবে।'

বাবা বলেন,'তোমাদের অভিশাপ লেগেছে, কারণ তোমরা অর্থের অপ প্রয়োগ করেছো। যদি পুনরায় পরিশ্রম করতে শুরু কর তাহলে সব ঠিক হয়ে যাবে।'

সাধুর কথা শুনে লোকেদের চোখ খুলে যায়, তারা তাদের হারিয়ে যাওয়া আত্মবিশ্বাস ফিরে পায়, তখন তারা আগের চেয়ে বেশি পরিশ্রম করে, তখন গ্রামের চারদিক আবার সবুজ হয়ে যায়, ক্ষেত ভরে শস্য হয়, লোকেরা পুনরায় ধনী হয়ে ওঠে।

এইভাবেই আপনাকে নিজের ভেতরে আত্মবিশ্বাস গড়ে তুলতে হবে। কারণ আমি সাধুর ভূমিকা পালন করার জন্য আপনাদের মধ্যে এসেছি। ভগবান কৃষ্ণ যেভাবে অর্জুনের মধ্যে আত্মবিশ্বাস তৈরি করার চেষ্টা করেছিলেন, আমিও সেইভাবেই আপনাদের মধ্যে আত্মবিশ্বাস গড়ে তোলার চেষ্টা করব।

অর্জুন তো যুদ্ধ শুরু করার আগেই নিজের অস্ত্র ত্যাগ করেছিলেন। কিন্তু ভগবান শ্রীকৃষ্ণ তাঁকে মোটিভেট করে তাঁর ভেতরে আত্মবিশ্বাস জাগিয়ে তুলেছিলেন আর তিনি যুদ্ধ করতে প্রস্তুত হয়ে যান।

আত্মবিশ্বাস হল আত্মার সত্তার ওপর বিশ্বাসের শক্তি, তা মনোবল নয়। ভুলপথে চালিত হওয়া ব্যক্তিদের মধ্যেও মনোবল থাকতে পারে।

রাবণ, দুর্যোধন, হিটলার ও ওসামা বিন লাদেনের মনোবল উঁচু হোতে পারে, কিন্তু তাঁদের ভেতরে আত্মবিশ্বাস ছিল না। সেই কারণেই আমেরিকায় অতি প্রচলিত -

'Say And Feel, I Am Important.'

কারণ দৃঢ়বিশ্বাসের অপর নাম হল আত্মসত্তা। তাই কোনো শায়ের বলেছেন যে -

**গন্তব্য তোমার সামনেই আছে, মনের উৎসাহ কম করো না।**
**আকাশ ছোঁয়ার জন্য, ঝোঁকাও আকাশের মাথা।**

এর অর্থ হল, যখন আপনার মন কোনো লক্ষ্যের জন্য কাজ করবে তখন

> **বড়ো বড়ো পাথরের ওস্তিত্বও তখন শেষ হয়ে যায় যখন মানুষ তা লঙ্ঘন করার চেষ্টা করে। কারণ যে মানুষের মধ্যে পাগলামি থাকে তার কোনো সীমা থাকে না, থাকে শুধু লক্ষ্য।**

আপনার মধ্যে আত্মবিশ্বাসের সৃষ্টি হবে। আপনি নিশ্চই কোলম্বাসের নাম শুনেছেন। তিনি যখন সব ছেড়ে ভারতের সন্ধানে বেরিয়ে পড়েছিলেন তখন উত্তাল সমুদ্রের ঢেউ দেখে তাঁর সাথী ঘাবরে যায়, তখন সে কোলম্বাসকে পরামর্শ দেয় যে, **'আর এগিয়ে লাভ নেই, মহাসমুদ্রের ঢেউ যেন তান্ডব করছে, আর এগানোর অর্থ হল মৃত্যুকে আলিঙ্গন করা।'**

কিন্তু কোলম্বাস তার কথায় কর্ণপাত করেননি, তিনি ক্রমাগত এগিয়ে যান আর শেষপর্যন্ত আমেরিকা খুঁজে ইতিহাসের পাতায় নাম করে নিয়েছেন।

এগিয়ে যাওয়ার অন্য নাম হল সফলতা, পিছনে চলে যাওয়া মানে ব্যর্থতা। যুদ্ধের সময় বীর উদল তাঁর সিপাহিদের উদ্দেশ্যে বলেছিলেন -

**যাদের কাছে বাড়ির আনন্দ প্রিয়, তারা বাড়ি ফিরে যাও।**
**যাদের কাছে আল্হা-উদল প্রিয়, তারা অস্ত্র চালাও।।**

তাই আপনি যে অবস্থাতেই থাকুন না কেনো এগিয়ে যান, যেকোনো প্রতিদ্বন্দ্বিতাকে স্বীকার করে নিন। প্রকৃতির নিয়মেই আমরা ছোটোর থেকে বড়ো হয়ে উঠি। পিছনে তাকিয়ে কোনো লাভ নেই, নিজের চলার পথে যে বাধা আসবে তা লঙ্ঘন করে এগিয়ে যান।

দেববাণীতেও বলা আছে যে - পরিশ্রম বা জবাবদেহীর থেকে নিস্তার পাওয়ার চেষ্টা করো না। পুরুষার্থের দ্বারা নিজের ভাগ্যকে বদলে ফেল। আর্য বীর হয়ে ওঠার চেষ্টা করো, নিজেকে সংশোধন করো সারা পৃথিবী সংশোধিত হয়ে যাবে, নিজেকে বদলাও সবাই বদলে যাবে।

এতরেয় ব্রাহ্মণে ভগবান ইন্দ্র বলেছেন, **'যে পরিশ্রম করে সে সফল হয়, তাই এগিয়ে যাও, যে বসে থাকে তার ভাগ্যও বসে যায়, আর যে উঠে দাঁড়ায় তার ভাগ্যও উঠে দাঁড়ায়।'**

ভিন্দতিও এই কথা বলে যে, 'Resting is Rusting' অর্থাৎ পড়ে থাকলে জং ধরে যায়। যে চাবি কাজে লাগে তা সর্বদা চকচকে থাকে, 'Used Key is Always Bright.' তাই জওহরলাল নেহেরু বলতেন, **'আমার হারাম হ্যা।"**

আসলে জওহরলাল নেহেরু আব্রাহাম লিংকনের জীবন দ্বারা খুব বেশি প্রভাবিত ছিলেন। লিংকন যখন ছোটো ছিলেন তখন তাঁদের আর্থিক অবস্থা এতটাই খারাপ ছিল যে, রাতের বেলা বাড়িতে আলো পর্যন্ত জ্বলত না।

লিংকন ছিলেন কঠোর পরিশ্রমী। তিনি পড়াশোনার সাথে সাথে পিতার কাজেও সাহায্য করতেন। একদিন তিনি তাঁর শিক্ষক ম্যাটর গ্রাহমকে জিজ্ঞাসা

করেছিলেন, **'আমি প্রভাবশালী, আকর্ষনীয় ভাষায় স্পীচ দিতে চাই। কোনো একটা উপায় বলে দিন।'**

শিক্ষক বলেছিলেন, **'এর জন্য তোমাকে প্রিন্স গ্রামরের অধ্যয়ন করতে হবে। কিন্তু এখান থেকে পনেরো কিমি. দূরে ভেস্টন সিটিতে তুমি সেই বই পাবে।'**

**'15 কিমি. দূরত্ব কোনো দূরত্ব নাকি!'** এই কথা বলে তিনি পায়ে হেঁটে বই নিতে চলে যান। কয়েক ঘন্টার মধ্যে তিনি বই নিয়ে ফিরে আসেন। তাঁর এই গুণের জন্যই একদিন তিনি বস্তির থেকে হোয়াইট হাউসে পৌঁছে গেছিলেন।

জন ক্রীসের জীবনীও অনেকটা একই ধরনের। তিনি জন্মগত পোলিওর শিকার ছিলেন। তিনি হাঁটতে পারতেন না। তিনি হাতের সাহায্যে এক স্থান থেকে অন্য স্থানে যেতেন।

তাঁর বাবা-মা ছিলেন খুবই গরিব, অতি কষ্টে তারা তাঁর মুখে দুটো রুটি তুলে দিতেন। এই রকম কঠিন পরিস্থিতিতে জন-প্লে ক্রীস নিজের নিষ্ঠা ও পরিশ্রমের দ্বারা সারা বিশ্বের কাছে সাহিত্যিকের সম্মান লাভ করেছিলেন।

**'হ্যারী পটার এন্ড দ্যা ফিলসফর্স স্টোন'** এর লেখক বিশ্ববিখ্যাত জে.কে. রোলিঙ্গ যখন নিজের প্রথম উপন্যাস লিখেছিলেন, তখন কখন কখনও কাগজের অভাবে তাকে নোংরা কাগজেও লিখতে হোত। কিন্তু তা প্রকাশিত হওয়ার পর তিনি পৃথিবীর সামনে মহান লেখক হিসাবে পরিচিত হয়ে যান।

কত লোক যে শুধুমাত্র এই আত্মবিশ্বাসের বলে সফলতা অর্জন করেছে তা বলে শেষ করা যাবে না। স্কুল জীবনে আমি একটা ঘটনা পড়েছিলাম, একবার বাদশাহ আকবর দেওয়ানি-খাসে কমলা রঙের পাগড়ীর দিকে ইশারা করে বীরবলকে বলেছিলেন **'এটা কি?'**

জবাবে বীরবল বলেন, **'আজ্ঞে হজুর, এটা পাগড়ী।'**

তখন আকবর পাগড়ীটা খুলে নিজের কোমরে বেঁধে নিয়ে বলেন **'এটা কি?'** বীরবল বলেন, **'কোমরবন্ধ হজুর!'**

এরপর আকবর তা খুলে নিয়ে মাটিতে বিছিয়ে দিয়ে জিজ্ঞাসা করেন, **'এটা কি?'**

বীরবল বলে, **'হজুর কাপড়!'**

> **সমস্যার ভেতরেই সমাধান লুকিয়ে থাকে। তাই সমস্যা খতিয়ে দেখুন, আপনি নিজেই তার সমাধান পেয়ে যাবেন।**

বীরবলের জবাব শুনে বোঝা যাচ্ছে যে, মানুষের ভেতরে আত্মবিশ্বাস থাকাটা কতটা জরুরি। একটাই জিনিস আপনার কাছে কত গুলি রূপ ধারণ করতে পারে তা আপনার আত্মবিশ্বাসের ওপর নির্ভর করছে।

ঠিক এই কারণেই দুজন ব্যক্তি একই দ্রব্যের ব্যবসা করলেও একজন হয়ে যায় কোটিপতি আর অপর জন সেখানেই পড়ে থাকে।

তাই বলা যায় যে, আত্মবিশ্বাস হল সেই শক্তি যা আপনাকে সঠিক পথ দেখাবে এবং কঠিন পরিস্থিতেও আপনার মনোবল অক্ষুণ্ণ রাখবে।

এই বিষয়টা বোঝার জন্য আমি আপনাকে একটা গল্প শোনাচ্ছি। একবার এক গ্রামে খড়া দেখা দেয়। যে সময়ে ঝিরঝির বৃষ্টি হওয়ার কথা ছিল সেই সময় আকাশ যেন অগ্নিবর্ষণ করছিল। চারদিক যেন ঝলসে যাচ্ছিল। এমন পরিস্থিতিতে কিছু লোক এক সন্তের কাছে যায় ও এই অনাবৃষ্টির হাত থেকে মুক্তির উপায় জানতে চায়।

সন্ত বলেন যে, গ্রামের সকল লোক ছোটো থেকে বড়ো, হিন্দু থেকে মুসলমান বর্ষার জন্য প্রার্থনা করো, অবশ্যই বৃষ্টি হবে। সন্তের কথা মতো গ্রামের সকল লোক একটা নির্দিষ্ট স্থানে একত্রিত হয়। প্রার্থনায় অংশ নেওয়ার জন্য একটা ছোটো বাচ্চাও এসেছিল যার হাতে ছিল একটা ছোট্টো ছাতা।

বাচ্চাটার হাতে ছাতা দেখে সকলে খুব অবাক হয়। কেউ একজন জিজ্ঞাসা করে যে, **'বাবা! আকাশে মেঘের কোনো চিহ্ন নেই, বৃষ্টির কোনো সম্ভবনা দেখা যাচ্ছে না, তাহলে তুমি ছাতা হাতে নিয়ে ঘুরছো কেনো?'**

বাচ্চাটা বলে, **'প্রার্থনা করার পর যখন বৃষ্টি আসবে তখন বাড়ি ফিরব কিভাবে? আমি ভিজতে চাইনা, তাই ছাতাটা নিয়ে এসেছি।'**

এই রকম দৃঢ় বিশ্বাসের সাথে যখন প্রার্থনা করা যায় তখনই তাকে সার্থক প্রার্থনা বলা যায়। যে প্রার্থনার মধ্যে বিশ্বাস থাকে না, তা শুধু লোক দেখানো বিষয় হয়ে যায়। প্রার্থনা হল বিশ্বাস, তাতে কোনো রকম শব্দের প্রয়োজন হয় না।

কিন্তু প্রার্থনা করারও জ্ঞান থাকতে হবে, তবেই প্রার্থনা সফল হোতে পারে। তাই নিজের জ্ঞানকে পরীক্ষা করে দেখুন, আর আপনার মধ্যে কতটা আত্মবিশ্বাস আছে তা বোঝার চেষ্টা করুন।

**পৃথিবী দ্রুতগতিতে বদলাচ্ছে। কিন্তু এই বইটিতে পৃথিবী বদলানোর কথা নেই। এই বই চায় শুধু আপনাকে বদলাতে, যাতে পরিবর্তিত পৃথিবীতে দরিদ্রতার ছায়া না পড়ে।**

1. **প্রতিবেশীর সাথে ঝগড়া হলে আপনি কি করেন?**

a) সমাধানের চেষ্টা করেন হ্যাঁ ☐

b) ইঁটের জবাব পাথর দিয়ে দেন হ্যাঁ ☐

c) শান্ত হয়ে বসে পড়েন হ্যাঁ ☐

2. **স্ত্রীর সাথে ঝগড়া হলে আপনি কি করেন?**

a) শান্ত থাকেন হ্যাঁ ☐

b) ক্ষমা চান হ্যাঁ ☐

c) বাড়ি ছেড়ে চলে যান হ্যাঁ ☐

3. **গাড়ী করে যাওয়ার সময় বন্ধুর সাথে দেখা হলে আপনি কি করেন?**

a) দাঁড় করিয়ে লিফ্‌ট দিয়ে দেন হ্যাঁ ☐

b) মাথা বার করে হাত নাড়িয়ে চলে যান হ্যাঁ ☐

c) স্পীড দ্রুত করে দেন হ্যাঁ ☐

4. **আপনার জুনিয়ার কোনো ভুল করলে আপনি কি করেন?**

a) তাকে ঠিক করার জন্য সাহায্য করেন হ্যাঁ ☐

b) তাকে বকাঝকা করেন হ্যাঁ ☐

c) তাকে চাকরি থেকে বার করে দেন হ্যাঁ ☐

5. **সাহায্য করার পর আপনি কি ভাবেন?**

a) সে আপনাকে ধন্যবাদ জানাবে হ্যাঁ ☐

b) সে আপনার প্রতি কৃতজ্ঞ থাকবে হ্যাঁ ☐

c) সে আপনার কাজ করে দেবে হ্যাঁ ☐

6. **কেউ সুযোগ নিলে আপনি কি করেন?**

a) আমার খুব খারাপ লাগে হ্যাঁ ☐

b) আমার কোনো রকম সমস্যা হয় না হ্যাঁ ☐

c) আমি জানতে পারি না হ্যাঁ ☐

7. **আপনি কি দলবদ্ধ ভাবে কাজ করতে পছন্দ করেন?**

a) হ্যাঁ হ্যাঁ ☐

b) না হ্যাঁ ☐

c) আমি বস্ হোতে চাই হ্যাঁ ☐

8. **আপনার কর্মচারী আপনার সাথে ফ্লিম দেখতে চাইলে আপনি কি করেন?**

a) তার সঙ্গ দিই হ্যাঁ ☐

b) তাকে বকাঝকা করি হ্যাঁ ☐

c) তাকে এরিয়ে চলি হ্যাঁ ☐

9. **আপনি নিজের আয়ের একাংশ দান করেন কি?**

a) নিয়মিত ভাবে হ্যাঁ ☐

b) কখন-কখন হ্যাঁ ☐

c) কখনই না হ্যাঁ ☐

10. **অফিসে স্ত্রীর ফোন এলে আপনি কি করেন?**

a) তার কথা মন দিয়ে শুনি হ্যাঁ ☐

b) কাজে ব্যস্ততা দেখাই হ্যাঁ ☐

c) শীঘ্র কথা শেষ করার চেষ্টা করি হ্যাঁ ☐

11. **কাজ করার সময় আপনি কেমন বোধ করেন?**

a) জোশে ভরে উঠি হ্যাঁ ☐

b) নার্ভাস হয়ে যাই হ্যাঁ ☐

c) সমস্যায় পড়ে যাই হ্যাঁ ☐

নিজের আত্মবিশ্বাস কতখানি তা জানার জন্য সঠিক বাক্যটির পাশে টিক্ চিহ্ন দিন।

আপনার জোড় 10 থেকে 20 -র মধ্যে হলে আপনি শুধু কিভাবে কাজ হয়ে যাবে তাতে বিশ্বাস রাখেন, আপনার ভেতরে কোনো আত্মবিশ্বাস নেই। আপনি মন দিয়ে কাজ করলে আপনার আত্মবিশ্বাস বৃদ্ধি পাবে।

কিন্তু আপনার জোড় 20 থেকে 25 -এর মধ্যে হলে আপনার মধ্যে আত্ম বিশ্বাস আছে তাতে কোনো সন্দেহ নেই, কিন্তু আপনি মন দিয়ে কাজ করেন না, তাই এই বই মন দিয়ে পড়ুন।

কিন্তু 25 থেকে 30 এর মধ্যে উত্তর 'হ্যাঁ' হলে বুঝতে হবে আপনার মন যথেষ্ট বলশালী ও আত্মবিশ্বাসে ভরা। আপনি পরিস্থিতির দাস নন, যেকোনো পরিস্থিতি বদলানোর ক্ষমতা আপনার আছে। আপনার মধ্যে ইতিহাস গড়ে তোলার চেষ্টা আছে। যেমনটা ছিল ধীরুভাই আম্বানীর মধ্যে, আপনার জীবনেও একটা

নির্দিষ্ট লক্ষ্য আছে। আপনি একটা সিদ্ধান্তের ওপর চলতে পছন্দ করেন। কারণ আপনি জানেন যে, সিদ্ধান্তহীন মানুষ কখনই ইতিহাসের পাতায় নাম লিখতে পারে না। লোকেরা তাদের নাম ঘৃণার সাথে নিয়ে থাকে।

ওসামা বিন লাদেন, হিটলার, জয়চন্দ, রাবণ ও দুর্যধনের নাম কেউ নেয় কি? এরা সকলেই জীবনে সফলতা অর্জন করেছিল কিন্তু।

আত্মবিশ্বাসে ভরা ব্যক্তিদের চালচলনই আলাদা হয়। কথার মধ্যে থাকে দৃঢ়তা আর মুখে থাকে একটা চমক। তাদের প্রত্যেকের মনে থাকে একটা সিদ্ধান্ত, সেই অনুসারে চলে তারা ধনী হোতে সক্ষম হয়।

বৈজ্ঞানিক নিউটনও ছিলেন এমন ধরণের মানুষ। তিনি রাত-দিন গবেষণার কাজ করে যেতেন, তাঁর সাথীরা রাতে শুয়ে পড়লেও তিনি নিজের গবেষণা চালিয়ে যেতেন।

একদিন তাঁর কুকুর ভুল করে ল্যাম্প ফেলে দিয়েছিল, যাতে করে তাঁর গবেষণার প্রচুর কাগজ পত্র জ্বলে ছাই হয়ে যায়। কিছুদিন তিনি চিন্তার মধ্যে অতিবাহিত করলেও পুনরায় নিজের আত্মবিশ্বাস জাগিয়ে তুলে নিজের পথে চলতে শুরু করেন।

কারণ আত্মবিশ্বাসই আপনাকে সমস্যার মধ্যে দিয়ে চলার শক্তি দেয়। তাই স্বামী বিবেকানন্দ নিউটনের পদাঙ্ক অনুসরণ করে চলতেন।

শিকাগো ধর্ম সম্মেলনে অংশ গ্রহণ করতে যাওয়ার সময় স্বামিজীর সাথে প্লেনে জামশেদ জী টাটার পরিচয় হয়। তিনি ইস্পাতের জন্য নতুন উপায়ের সন্ধান করতে বিদেশ যাচ্ছিলেন। কিন্তু অর্থের অভাব থাকার জন্য তিনি খুবই চিন্তার মধ্যে ছিলেন।

তখন স্বামীজী তাঁকে আস্বস্ত করে বলেন,'**আত্মবিশ্বাস রাখো, সব ঠিক হয়ে যাবে।**'

টাটা তাঁর কাছ থেকে প্রেরণা লাভ করেই টাটা-স্টীল গড়তে সক্ষম হয়েছিলেন। আজ সারা বিশ্ব টাটার নাম জানে।

এন্ড্রয়ু কারনেগীর ঘটনাও অনেকটা একই রকম। তিনি ব্রিটেনের এক স্টীল ফ্যাক্টরীর কর্মী ছিলেন। কিন্তু তিনি ছিলেন পরিশ্রমী ও আত্মবিশ্বাসে ভরপুর

**আপনি নিজেই নিজের সফলতার ইঞ্জিনিয়ার হয়ে উঠতে পারবেন। কিন্তু আপনাকে নিজের আত্মা রূপী ইঁট ও জীবন রূপী সিমেন্ট সেখানে লাগাতে হবে, যেখানে লক্ষ্য বুক ফুলিয়ে দাঁড়িয়ে আছে। তবেই আপনি সফলতার দৃঢ় ইমারত দাঁড় করাতে পারবেন।**

মানুষ। তাঁর মনে ছিল বড়ো হওয়ার আকাঙ্ক্ষা আর একদিন তিনি ব্রিটিশ স্টীলের মালিক হোতে পড়েছিলেন। তাই বলা হয় আত্মবিশ্বাস হল বিরাট শক্তি। এই আত্মবিশ্বাসের জোড়েই ধর্মপাল গুলাটী মশলার জগতের বাদশাহ হয়ে উঠেছেন। আজও তিনি যেখানে যান ফটোগ্রাফাররা তাঁর ছবি তোলার জন্য পিছনে ধাওয়া করে।

1923 সালে পাকিস্তানের সিয়ালকোট মুহল্লা মিয়ানাপুরার এক মধ্যবিত্ত পরিবারে জন্ম গ্রহণ করেছিলেন তিনি, তিন ভাইয়ের মধ্যে তিনিই ছিলে সবচেয়ে বড়ো। কিন্তু পড়াশোনায় তাঁর মন ছিল না, তাই তিনি পঞ্চম কক্ষ পর্যন্তও পড়াশোনা করতে পারেন নি।

তাঁর বাবা মহাশয় চুন্নীলাল গুলাটীর সিয়ালকোটের বাজারে একটা মশলার দোকান ছিল **'মহাশয় দী হট্টী'**। কিন্তু ধর্মপাল মহাশয়ের মন মশলার দোকানে লাগে না। পিতার কথা মতো তিনি কাঁচের বাসন বিক্রী করার কাজ শুরু করেন, তিনি তা করতে পারেন না, সাবান তৈরির কাজ শুরু করেন তাতেও তিনি অসফল হন। তাঁর বাবা তাঁকে কাঠের দোকানে কাজ করতে পাঠিয়ে দেন।

কিন্তু ধর্মপাল মহাশয়ের মনে অন্য কিছু হয়ে ওঠার স্বপ্ন ছিল। সেই কারণেই তিনি একের পর এক কাজ ত্যাগ করছিলেন। পরে তাঁর বাবা তাঁকে নিজের দোকানে বসিয়ে দেন হিসাব-কিতাব দেখাশোনা করার জন্য। 1947 সালে দেশ বিভাজনের পর তাঁর পরিবার বাধ্য হয়ে ভারতে চলে আসে।

প্রথমে তাঁরা অমৃতসরের রিফিউজি ডেরায় আস্তানা গাড়েন, কিন্তু কিছু দিন বাদেই ধর্মপাল মহাশয় দিল্লী চলে আসেন। তখন তাঁর কাছে তাঁর বাবার দেওয়া মাত্র 1500 টাকা ছিল। তিনি পেটের দায়ে তার থেকে 650 টাকা দিয়ে একটা টাঙ্গা কেনেন। কুতুব রোড থেকে দিল্লী রেলওয়ে স্টেশান পর্যন্ত তিনি টাঙ্গা চালিয়ে যাত্রী নিয়ে যেতেন। কিন্তু সেই কাজেও তাঁর মন লাগে না।

কারণ তাঁর শুধুমাত্র মশলার অভিজ্ঞতা ছিল, সেই কাজ করেই তিনি এগিয়ে যাওয়ার কথা ভাবেন। তিনি টাঙ্গা বিক্রী করে আজমল খাঁ রোডে একটা ছোট্টো দোকান কেনেন ও মশলা তৈরির কাজ শুরু করেন।

1948 সালের শেষে সরকার এই দোকানের বদলে গফফার মার্কেটে

**আপনার বিচার শক্তি আপনার চরিত্রের নির্মাণ করে থাকে। কারণ বিচার শক্তির থেকে প্রতিভার জন্ম হয়। তাই বিচারের দিকে ধ্যান দিন, আর পুরুষ থেকে পুরুষোত্তম হয়ে ওঠার চেষ্টা করুন। কারণ আপনার বিচার যত শ্রেষ্ঠ ও প্রবল হবে, আপনিও ততই ধনী হওয়ার সুযোগ পাবেন।**

দোকান দেয়। পরে তিনি খারী বাভলীতেও দোকান নিয়ে নেন। তাঁর ব্যবসা বৃদ্ধি পেতে শুরু করে আর ষাটের দশকে **'মহাশিয়াঁ দী হট্‌টী'** নাম বিখ্যাত হয়ে যায়।

এর মধ্যে যেখানে তিনি মশলা তৈরি করছিলেন, সেখানকার লোকেরা মশলায় অপদ্রব্যের প্রয়োগ শুরু করেছিল, যার জন্য তিনি কীর্তি নগরে প্লট কিনে নেন আর নিজের প্লান্ট সেখানেই বানিয়ে নেন। আজও তাঁর কম্পানী **'এম ডী এইচ'**-এর নামে বিখ্যাত হয়ে আছে।

আজ তাঁর কম্পানীতে 1100 অধিক কর্মচারী কাজ করে আর তাঁর বার্ষিক টর্ন ওভার হল 500 কোটি টাকা।

কিন্তু সুধা নারায়ণমূর্তীর ধনী হয়ে ওঠার গল্পটা একটু আলাদা। প্রায় তিরিশ বছর আগে ব্যাঙ্গালোর থেকে ইঞ্জীনিয়ারিং করার পর সুধা প্রতিষ্ঠিত কম্পানী টেলকোর এড পড়েন। সব কিছু ঠিক ছিল, তিনি একটা লাইনে গিয়ে আটকে যান। সেখানে লেখা ছিল, **'দয়া করে কোনো মহিলা এপ্লাঈ করবেন না।'**

সেই সময় টেলকো শুধুমাত্র পুরুষদের সুযোগ দিত, কিন্তু সুধা নিজের আশা ত্যাগ করেননি। তিনি টাটা গ্রুপের ফাউন্ডার জে.আর.ডী. টাটাকে একটা চিঠি লিখে জিজ্ঞাসা করেন যে, **'টাটার মতো লীডিং এবং প্রোগ্রেসিভ কম্পানী এই ধরণের বিচার কিভাবে পোষণ করে? আপনার তো সময়ের সাথে এগিয়ে যাওয়ার চেষ্টা করা উচিত।'**

এই চিঠি টাটা ওপর বিরাট প্রভাব সৃষ্টি করেছিল, সুধার কাছে টেলিগ্রামের সাহায্যে জবাব আসে। তাঁকে ইন্টারভিউয়ের জন্য ডাকা হয় এবং আসার জন্য ফার্স্টক্লাসের ভাড়া দেওয়ারও প্রতিশ্রুতি করা হয়।

সিলেকশান হয়ে যাওয়ার পর সেখানে তিনি দশ বছর চাকরি করেন এবং তারপর তিনি আই.টী. সেক্টর **'ইনফোসিস'**-এর ভিত স্থাপন করেন।

**'ইনফোসিস'** এর দ্বারা আজ সারা বিশ্ব সুধাকে চেনে, ভারত সরকার তাঁকে **'পদ্মশ্রী'** দ্বারা সম্মানিত করেছে।

এরপরেই মহিলারা প্রচুর উন্নতি করতে সক্ষম হয়েছে। ফর্চুনের অনুসারে পৃথিবীর 200 টা বড়ো কম্পানীর মধ্যে 91% কম্পানীতে মহিলাদের সীনিয়ার ম্যানেজমেন্টে স্থান দেওয়া হয়েছে।

বিগত দিনে চন্দা কোচর দেশের সবচেয়ে বড়ো প্রাইভেট ব্যাঙ্ক **'আঈ.সী.**

**ডাক্তার যেমন অসুখের অধ্যয়ন করে রোগের কারণ দেখেন। পন্ডিত তেমন পাপের অধ্যয়ন করে তার উপচার করে। ঠিক তেমনি এই বই পড়ে ধনী হওয়ার ফর্মূলা জানতে পারবেন।**

**আঈ.সী. আঈ.'** -এর এম.ডী.-র আসনে বসে এক নতুন মাইলস্টোন গড়ে তুলেছেন।

জোধপুরে জন্মগ্রহণকারী কোচর এই উচ্চতায় পৌঁছে শুধু যে মহিলাদের জন্যই উন্নতির পথ খুলে দিয়েছেন তাই নয়, বরং ছোটো শহরের মেয়েদের দেখিয়ে দিয়েছেন যে কিভাবে নিজের উন্নতির পথ প্রশস্ত করতে হয়। 1984 সালে আঈ.সী. আঈ.সী. আঈ. ব্যাঙ্ক থেকে ম্যানেজমেন্টের ট্রেনিং নেওয়া কোচর মাত্র চব্বিশ বছরে জমি থেকে আকাশে পাড়ি দিয়েছেন।

অন্যদিকে **'বায়োকন লিমিটেড'** এর ম্যানিজিঙ্গ ডিরেক্টর কিরণ মজুমদার শ ভারতের সবচেয়ে ধনী মহিলার খেতাব অর্জন করেছেন। কিরণ নিজের জীবন শুরু করেছিলেন **'লার্কটন এন্ড ইউনাইটেড ব্রেবরেজ'**-এ ট্রেনিং এর থেকে। পরে তিনি **'বায়োকন ইন্ডিয়া'**-র ভিত স্থাপন করতে সক্ষম হন। আজ তাঁর কম্পানী ভারতের সবচেয়ে বড়ো বায়োফার্মাস্যুটিকাল কম্পানী।

ভারতের দ্বিতীয় সবচেয়ে বড়ো ফার্মাস্যুটিকাল কম্পানী **'নিকোলস পীরামন'** এর ডায়রেক্টর এবং **'এসোচ্যাম'**-এর সীনিয়ার ভাইস প্রেসিডেন্ট স্বাতী পীরামলের ঘটনাও প্রায় একই রকম। প্রায় 25 হাজার মিলিয়নের থেকে বড়ো কম্পানীকে স্বাতী যেভাবে চালান তাতে করে ওনার প্রশংসা না করে পারা যায় না।

ভারতের কর্পোরেট সেক্টরে নিজের পতাকা ওড়াতে সক্ষম হয়েছে এমন কিছু ভারতীয় মহিলাদের দিকে নজর দিন, এর মধ্যে **'এন.এস.বী.সী. ইন্ডিয়া'** -র কন্ট্রী হেড এবং গ্রূপ জেনারল ম্যানেজার ন্যানা লাল কিদভঈয়ের নাম এই তালিকায় সবচেয়ে আগে।

তিনি প্রথম ভারতীয় মহিলা যিনি হার্বর্ড বিজনেস স্কুল থেকে গ্রাজুয়েট হওয়ার খেতাব লাভ করেছিলেন। শুধু তাই নয় ন্যানা হলেন প্রথম ভারতীয় মহিলা যিনি ভারতে কোনো বিদেশী ব্যাঙ্কের সমস্ত কাজ নিজে দেখাশোনা করেন।

ভারতীয় কম্পানী গুলির মহিলা এম.ডী. রূপে আর একজনের নাম সামনে আসে, তিনি হলেন **'ব্রিটেনিয়া'** কম্পানীর এম.ডী. বিনীতা বালী।

বিনীতা নিজের জীবন শুরু করেছিলেন টাটা গ্রুপ কম্পানীর **'ভোল্টাজ লিমিটেড'** -এর সাথে। 2005 সালে তিনি সী.ঈ.ও. হিসাবে ব্রিটেনিয়া কম্পানীতে

**আপনি যখন নিজের অভিজ্ঞতা অনুসারে কাজ করেন তখন আপনার একটা সীমা থাকে। কিন্তু যখন আপনি নিজের কল্পনার জোড়ে কাজ করেন তখন সেই সীমা অনন্ত হয়ে যায়।**

অংশগ্রহণ করেন, আর 2006 সালে তিনি গিয়ে বসেন এম.ডী.-র আসনে।

হয়তো এই কারণেই জার্মানের প্রসিদ্ধ দার্শনিক এবং কবি গেটে বলেছেন

We Are Not Here To Play, To Drem, To Drift
We Have Hard Work To Do, And Loads To Lift.
Shum Not The Strgle Face It, Its God's Gift.

অর্থাৎ যখন আপনি নিজের কাজ করেন না, তখন স্বপ্ন স্বপ্ন হয়েই থেকে যায়। কিন্তু আপনি যখন সততার সাথে নিজের কাজ করেন তখন ভগবান আপনাকে উঁচুতে নিয়ে যান। এই কারণেই হয়তো কোনো শায়ের বলেছেন -

**যারা এগিয়ে যায় তাদের কোনো বাধাই বেঁধে রাখতে পারে না।**
**আর কোনো বিপদই কোনো মৃতকে আটকে রাখতে পারে না।।**

অর্থাৎ, মরার পরেও সেই বেঁচে থাকে, যে বাঁচার মতো কাজ করে। কিন্তু নিজের ওপর বিশ্বাস রাখাটা খুবই জরুরি, কারণ হিন্দি সিনেমা **'মুকদ্দর কা সিকন্দর'** ও বলা হয়েছে, **'যে মরে গিয়ে বেঁচে থাকার কলা শেখায়, দুনিয়ার কাছে সেই মুকদ্দর কা সিকন্দর হিসাবে পরিচিত হয়।'**

তাই নিজের ধনী হওয়ার সংকল্পে অটুট থাকুন, কারণ এটাই সফলতার মূল মন্ত্র। যে ব্যক্তি মরে গিয়ে জীবন যাপনের কলা শিখে যায়, সে সফলতার আসনে নিজের পদাঙ্ক গড়ে তুলতে সক্ষম হয়।

প্রাক্তন সী.বী.আঈ. ডায়রেক্টর জোগিন্দর সিংহ বলেছেন যে, **'জীবনে কিছু পাওয়ার জন্য আপনাকে নিজের দৃষ্টিকোণের সাথে সাথে সামাজিক, ব্যক্তিগত ও আর্থিক জীবনেও পরিবর্তন আনতে হবে।'**

কিন্তু তার জন্য আপনার লক্ষ্যই হয়ে উঠবে আপনার একাগ্রতার কেন্দ্র বিন্দু, যাতে করে কঠিন পরিস্থিতিতেও আপনি সফলতা প্রাপ্ত করতে পারেন। আপনি যদি এই সিদ্ধান্ত গ্রহণ করে ক্রমাগত সেই পথে চলেন তাহলে অবশ্যই জীবনে সফলতা অর্জন করবেন।

কিন্তু পরাজয় স্বীকার করে নিয়ে নিজেকে একটা চক্রব্যুহের মধ্যে আবদ্ধ করে ফেলবেন না, কারণ একটা ছোট্টো সফলতাও আপনাকে বহুগুণ আত্মবিশ্বাসের রসদ দিয়ে থাকে।

এই বিষয়টা ভালো করে বোঝানোর জন্য আমি একটা গল্প বলতে চাই। একবার একটা ছেলে তার মায়ের ওপর রাগ করে পাহাড়ে চলে যায়। সে কিছুক্ষণ চুপচাপ সেখানে ঘুরতে থাকে। কিন্তু তার মনে ছিল মায়ের ওপর রাগ তাই সে চিৎকার করে বলে **'আমি তোমাকে ঘৃণা করি।'**

পাহাড়ে কিছু বললে তার প্রতিধ্বনি হয় সে তা কথা জানত না। এই প্রতিধ্বনি শোনার পর সে নিজের আওয়াজই চিনতে পারে না, আর খুব ভয় পেয়ে যায়। তার মনে হয় ওখানে কোনো রাক্ষস আছে, সে তাকে মেরে ফেলবে। ছেলেটা কোনো মতে বাড়ি ফিরে আসে। তাকে ভয়ার্ত দেখে মা জিজ্ঞাসা করে , **'বাবা কি হয়েছে তোর?'** ছেলেটা সব বলে।

মা বলে, **'এবার যখন পাহাড়ে যাবি আমাকে সাথে নিয়ে যাস। আমি এই রাক্ষসটাকে দেখতে চাই।'**

কিছুদিন বাদে ছেলেটা মাকে সঙ্গে নিয়ে এই পাহাড়ে যায়, সেখানে গিয়ে মা বলে, **'আমি তোমাকে ভালোবাসি।'**

প্রতিধ্বনিতে সেই কথাই ভেসে আসে, **'আমি তোমাকে ভালোবাসি।'**

ছেলেটা অবাক হয়ে গিয়ে বলে, **'এটা কি হচ্ছে মা?'**

তখন মা বলে, **'কোথাও কোনো রাক্ষস থাকে না। যা থাকে তা আমাদের মধ্যেই থাকে। কিন্তু এটা ঠিক যে, তুমি এই প্রকৃতিকে যা দেবে, এই প্রকৃতি তোমাকে তার কয়েকগুণ বেশি ফিরিয়ে দেবে। তুমি ঘৃণা নিতে চাইলে ঘৃণা পাবে আর ভালোবাসা নিতে চাইলে ভালোবাসা পাবে।'**

বাইবেলেও এই একই কথা বলা আছে, **'যে যেমন বপন করে, সে তেমনি কাটার সুযোগ পায়।'**

এই কারণেই চাণক্য বলেছিলেন, **'যেমন কর্ম তেমন ফল।'** অন্যভাবে বলা যায়, **'চাষ না করলে, কাটবেন কোথা থেকে?'**

কারণ ফসল পাওয়ার জন্য বীজ রোপন করাটা খুবই জরুরি। আপনি যখন আম গাছ লাগাবেন তখনই আপনি আম পাবেন। যদি বট গাছ লাগান তাহলে ছায়া পাবেন। কিন্তু যদি আপনি বাবলা গাছ লাগান তাহলে হাতে কাঁটা বিঁধবেই। তাই সঠিক বীজরোপন করুন।

আজকের বৈজ্ঞানিক যুগে কৃষকরা যেভাবে মাটি তৈরি করে নেয়, তাতে যে উন্নতমানের ফসল রোপন করে, ঠিক সেই ভাবে তাদের ফসলে পূর্ণ মাঠও তাদের স্বপ্ন সার্থক করে।

লিংকন একবার নিজের ক্ষেতে বীজ বপন করছিলেন, সেই সময় হঠাৎই তার কানে অজ্ঞাত এক শক্তির আওয়াজ আসে, যে বলছিল, **'লিংকন এই কাজ তোমার জন্য নয়, কারণ তুমি এই পৃথিবীতে দাসদের মুক্ত করতে এসেছো।'**

লিংকন নিজের আত্মার আওয়াজ শুনেছিলেন, তা তাঁকে সব কিছু ছেড়ে বেরিয়ে পড়তে বলেছিল। তারপর উনি ঠিক করেন যে, যে দাসেরা দাসত্ব স্বীকার করে নিয়ে দুঃখের অগ্নিতে জ্বলছে, তিনি তাদের মুক্ত করবেন। তারপর লিংকন

নিজের মিশনে লেগে পড়েন ও সফল হয়ে যান।

কারণ দৃঢ় সংকল্পের মধ্যে থাকে অটুট শক্তি, যা জীবনের কায়া বদলে দেয়। তাতে করে উন্নতির সমস্ত দ্বার খুলে যায়।

একটা মনোবৈজ্ঞানিক সিদ্ধান্ত হল, আপনি এই বই ততক্ষণ পড়তে থাকুন, যতক্ষণ না ধনী হওয়ার বিষয়ে আপনি দৃঢ় সংকল্প নিতে পারছেন। তবেই আপনি ধনী হওয়ার জন্য সঠিক পথে এগাতে সমর্থ হবেন, **কিন্তু বইটি মন দিয়ে পড়াটা খুবই জরুরি।**

মহান মনোবৈজ্ঞানিক ড. জর্জ ডব্লু. ক্রেন তাঁর বিখ্যাত গ্রন্থ **'এপ্লাইড সাইকলোজী'** তে লিখেছিলেন, **'কাজ করার মনোভাব গড়ে তুলুন, আর তারপর নিজের কাজ নিয়ন্ত্রণ করে নিজের ভাবনা গুলির জন্ম দিতে পারেন।'**

কারণ সফলতার মানে পরাজয়ের হাত থেকে মুক্তি পাওয়া নয়, বরং পরাজয়ের পর বিকাসের পথে চলা। কোনো বাচ্চা যেমন না পড়ে হাঁটতে শেখা না তেমনি কোনো হিরো ফ্লোপ ফিল্ম না করে হিট্ হোতে পারে না।

মুম্বাইয়ের এক ব্যক্তি জানতে পেরেছিল যে, তার বাড়ির নিচে সোনার খনি আছে, সে নিজের বাড়ি খুঁড়তে শুরু করে আর একদিন হতাশ হয়ে খনন কার্য বন্ধ করে দেয়। আর একজন ব্যক্তি এই বাড়িতে থাকতে আসে, সে এক ফুট গর্ত করতেই চকচকে সোনা তার চোখে পড়ে। কারণ প্রথম ব্যক্তির মধ্যে ছিল আত্ম বিশ্বাসের অভাব, যার ফলে মাত্র এক ফুট দূরে তার সফলতা থাকা সত্ত্বেও সে তা ধরতে পারিনি। এর থেকে বোঝা যায় যে, আত্মবিশ্বাসের সাথে কাজ না করলে কখনই সফলতা পাওয়া সম্ভব না।

আপনার মধ্যে আত্ম বিশ্বাস আছে বলেই, এই বইটা আপনি এখনও পড়ছেন। হয়তো সেই কারণেই মহাত্মা বুদ্ধ বলেছিলেন, 'Throu bast to travel alone.' এর অর্থ হল, আপনাকে বাহ্য প্রভাবের থেকে নিজের ব্যক্তিত্বকে আলাদা করে রাখতে হবে। কারণ বাহ্য প্রভাবের চাপ না থাকলে তবেই আপনি নিজের মনে সংযম রাখতে পারবেন, মন খুবই চঞ্চল, তা একা রাখাটা খুবই মুশকিল। সেই কারণেই ভগবান শ্রীকৃষ্ণ অর্জুনকে বলেছিলেন -

**মন অতি চঞ্চল, তাকে বশ করা খুবই কঠিন, কিন্তু ইচ্ছাশক্তি ও অভ্যাসের দ্বারা তা বশে আনা যায়।** তাই সম্পূর্ণ আত্মবিশ্বাসের সাথে নিজের

**আপনি যদি কখনও অসফলতার মুখ না দেখেন তাহলে বুঝতে হবে যে, আপনি ঝুঁকি নিতে ভয় পান ও আপনি ধনী হওয়ার কথা ভাবতে ভয় পান।**

কাজ শুরু করুন, আর তা বৃদ্ধির জন্য নিম্নে লেখা বিষয় গুলির দিকে ধ্যান দিন :-

- **নিজের ইচ্ছা অনুসারে লক্ষ্য নির্ধারণ করুন।**
- **নিজের ক্ষমতা কতখানি তা বোঝার চেষ্টা করুন।**
- **কোনো কাজ মাঝপথে ছেড়ে দেবেন না।**
- **দৃঢ়তার সাথে যেকোনো প্রতিদ্বন্দ্বিতার সম্মুখীনতা করুন।**
- **সর্বদা ইতিবাচক কথা ভাবুন।**
- **নামজাদা লোকেদের সাথে সম্পর্ক গড়ে রাখুন।**
- **যে বিষয় আপনাকে প্রেরণা দিতে পারে, এমন কিছু পড়ুন।**
- **কাজকে পূজো করুন।**
- **আত্মার কথা শুনুন।**
- **ঈশ্বরের প্রতি আস্থা রাখুন।**
- **নিজের ইষ্ট দেবতার কথা সর্বদা স্মরণে রাখবেন।**
- **সফলতাকে ঈশ্বরের আশীর্বাদ বলে ভাবুন।**
- **সিদ্ধান্তের ব্যাপারে কোনো রকম সামঝোতা করবেন না।**

কারণ হর্ষদ মেহতার ভেতরে এই সমস্ত গুণ ছিল বলেই তিনি ধনী হোতে পেরেছিলেন। তিনি গুজরাটের অতি গরিব পরিবারে জন্ম গ্রহণ করেছিলেন এবং পেটের চাহিদায় রায়পুরে এসেছিলেন।

সেই সময় ছত্তিসগড় হয়নি, রায়পুর ছিল একটা মামুলি কসবস। তারপর মুম্বাইতে গিয়ে হর্ষদ কমার্সের ডিগ্রী নেন ও নিউ ইন্ডিয়া ইন্সিয়োরেন্স কম্পানীর ক্লার্ক হিসাবে নিজের কর্ম জীবন শুরু করেন। তখন তাঁর ভাই অশ্বিন পড়াশোনা করছিলেন। তারপর তিনি বৈজ্ঞানিক দৃষ্টিতে শেয়ার বাজারের অধ্যায়ন শুরু করেন ও স্টক এক্সচেঞ্জের কাজ করার জন্য **'হংবালাল'** -এ কাজ শুরু করে দেন। কিন্তু চাকরিতে তার মন ছিল না, তাই তিনি কয়েক বছর বাদে **'জে.এল. শাহ এন্ড নন্দলাল সেঠ কম্পানী'**-র সাবব্রোকার হয়ে যান। তারপর কয়েক বছরের মধ্যে তিনি হয়ে ওঠেন শেয়ার বাজারের বাদশাহ।

ভারতীয় বংশজ মহিলা মেডী শর্মা ব্রিটেনে ইন্ডিয়ান কুকরীর ব্যবসা করে 22 লক্ষ পাউন্ডেরও বেশী বার্ষিক লেনদেনের দৃষ্টান্ত কায়েম করেছেন। মেডী শর্মাকে দেখে বোঝা যায় যে, পৃথিবীতে এমন কোনো বড়ো সমস্যা নেই যা আপনার উন্নতির পথে বাধা হয়ে দাঁড়াতে পারে।

মেডী নিজের ব্যবসা শুরু সম্পর্কে বলেন, **'আমি যখন ব্রিটেনে ব্যবসা শুরু করেছিলাম তখন স্থানীয় দোকানদারদের সাথে সামঝোতা করতে হয়েছিল**

যে, সিঙারার স্টক যদি এক সপ্তাহের মধ্যে বিক্রী না হয় তাহলে আমাকে স্টল সরিয়ে ফেলতে হবে।

**কিন্তু প্রথম দিনই দুই ঘন্টার মধ্যে সমস্ত মাল বিক্রী হয়ে যায়। তারপর প্রতিদিন তার চাহিদা বাড়তে থাকে। আজ প্রতিদিন 10000 সিঙারার প্যাকেট তৈরি হয়, যা সাত দিন পর্যন্ত রাখা সম্ভব।'**

এপার্টমেন্টের ছোট্টো একটা রান্না ঘর থেকে যে ব্যবসার শুরু হয়েছিল আজ তা '**ওরিজিনাল ঈস্টর্ন ফুড**' নামে পরিচিত, যাতে বহু ব্রিটিশও কাজ করে। মেডী বহু বিখ্যাত পুরস্কার লাভ করতে সক্ষম হয়েছেন।

তাই আপনিও নিজের ভেতরে আত্মবিশ্বাস জাগিয়ে তুলুন। কারণ 'Who wants to be Millionaire' প্রোগ্রামের জন্মদাতা তথা ভাল্ট ডিজনী কম্পানীর প্রধান মাইকর ঈশ্বরের মত হল, '**আপনি যখন ধনী হবেন বলে ঠিক করে ফেলেন তখন আপনার মস্তিষ্কে সেই রকমই বিচার গড়ে ওঠে, যা আপনাকে ধনী করে তুলতে সাহায্য করে।**'

আইস্টাইন আবহাওয়া দপ্তরের ক্লার্ক হিসাবে নিজের কর্ম জীবন শুরু করেছিলেন। তাঁর ভেতরে যদি আত্মবিশ্বাস না থাকত তাহলে উনি মহান বৈজ্ঞানিক হোতে পারতেন কি? ◆

---

**"ভাগ্যের জোরে কেউই অর্থ লাভ করে না, বরং তা সেই স্বপ্নের থেকে পাওয়া যায়, যা সাহসী লোকেরা নিজেদের আত্মবিশ্বাস দ্বারা বাস্তবায়িত করে তোলে।"**

---

**পশু** নিজেদের স্বভাবের থেকে শিক্ষা লাভ করে।
**মূর্খ** নিজের প্রয়োজনের থেকে শিক্ষা লাভ করে।
**সাধারণ ব্যক্তি** নিজেদের অভিজ্ঞতা থেকে শিক্ষা নেয়।
**মিডিয়াম ব্যক্তি** প্রশিক্ষণের থেকে শিক্ষা লাভ করে।
**কিন্তু বুদ্ধিমান** ব্যক্তি বই পড়ে শিক্ষা লাভ করে।
তাই যদি আপনার লক্ষ্য **নক্ষত্রকে স্পর্শ করা হয়,**
তাহলে এই পুস্তক পাঠ করে আপনি সেই **গন্তব্যে**
তো অবশ্যই পৌঁছাতে পারবেন, যেখান থেকে
**ধনী** হয়ে ওঠার পথ শুরু হয়!

তৃতীয় সিদ্ধান্ত

# নিজের ইচ্ছাশক্তিকে দৃঢ় করে তুলুন

কোলকাতার ভিক্টোরিয়ার কাছে অনুষ্ঠিত একটা কন্ফারেন্সে আমাকে বক্তৃতা দিতে বলা হয়েছিল। তাতে বহু স্থানিয় ব্যবসায়ি অংশ নিয়েছিল, তারা নিজেদের ইচ্ছা শক্তিকে দৃঢ় করে তুলতে চেয়েছিল।

কন্ফারেন্স শুরু হোতে তখনও দেরী ছিল তাই আমি বাইরেটা ঘুরে দেখতে গেছিলাম। সেখানে কয়েকটা স্টুডেন্ট নিজেদের মধ্যে মজা করেছিল, তার মধ্যে কয়েকজন ছিল এম.বী.-এর ছাত্রী। তারা প্রকৃতি নিয়ে কথা বলছিল, তাদের কথা শুনে আমার বেশ ভালো লাগছিল, যার জন্য আমি তাদের সামনে পৌঁছে যাই।

তাদের মধ্যে একটা মেয়ে আমাকে চিনতে পেরে বলে, **'মিস্টার ইঞ্জীনিয়ার আপনি এখানে? আমরা সকলেই এই কন্ফারেন্স এটেন্ড করার জন্য এখানে এসেছি, আর আপনার বক্তব্য শুনতে ব্যাকুল। কিন্তু এখন আপনি এখানে, তাই আমরা চাই প্রকৃতি সম্পর্কে আপনি কিছু বলুন।'**

আমি তখন তাদের কাছে বসে গাছের দিকে তাকিয়ে বলি, **'ঈশ্বর যখন সৃষ্টির কথা ভেবেছিলেন, তখন তাঁর এমন একটা পৃথিবী বানাতে ইচ্ছা হয়েছিল যেখানে সমস্ত ব্যক্তির স্বপ্ন পূরণ হোতে পারে ও তারা যেন প্রাকৃতিক সুখ ভোগ করতে পারে।'**

এই কথা ভেবে উনি সবার আগে ব্রহ্মাকে এই পৃথিবীতে পাঠিয়েছিলেন। কিন্তু প্রজাপতি ব্রহ্মা এই সৃষ্টির সৃজন করার সময় বুঝেছিলেন যে, মানুষের ইচ্ছাশক্তি খুবই প্রবল, তারা যা চায় তাই পেতে পারে।

তখন থেকে হাজার খানিক বছর কেটে গেছে, কিন্তু আজও মানুষের বিকাসের কাজ চলছে। তারা নিজেদের ইচ্ছানুসারে এই পৃথিবীকে গড়ে তুলেছে। আজও সেই ইচ্ছা শক্তির বলেই মানুষ এগিয়ে চলেছে।

এই বিষয়ে বিশ্বের বিখ্যাত লেখক রসেল একটি পুস্তক লিখেছিলেন,

**'আর্ট অফ লাইফ'**। সেখানে তিনি এক মায়ের ইচ্ছা শক্তির কথা বর্ণনা করেছেন, যে তার ছেলেকে খুবই ভালোবাসত।

তার মৃত্যুর সময় উপনিত হয়, যমরাজ তার কাছে এসে বলেন, **'মা তোমার সময় শেষ, এবার তোমাকে স্বর্গে যেতে হবে।'**

মা বলে, **'আমার বাচ্চা এখনও অনেক ছোট, ওকে খাওয়াতে-নাওয়াতে হবে। আপনি আমাকে আর কয়েক বছর সময় দিয়ে দিন।'**

যমরাজ তাই করেন, কয়েক বছর বাদে যমরাজ পুনরায় আসলে মা বলেন, **'বাচ্চা বড়ো তো হয়ে গেছে, কিন্তু এখনও বুদ্ধি আসেনি, ওর পড়াশোনা শেষ করিয়ে দিতে পারলে ও এই দুনিয়া সম্পর্কে জেনে যাবে।'**

যমরাজ পুনরায় ফিরে যান। কয়েক বছর বাদে পুনরায় যমরাজ এলে মা আর একটু সময় চেয়ে বলে, **'এবার ওর বিয়ে দেব, ওর বাচ্চা হবে, এখন ওকে অনেক রকম সমস্যায় পড়তে হবে, ওর সাহায্যের প্রয়োজন।'**

মায়ের মমতা দেখে যমরাজ দয়ালু হয়ে পড়েন আর বলেন, **'মা আমি তোমার ইচ্ছাশক্তিকে প্রণাম জানাচ্ছি, যতদিন না তোমার স্বপ্ন পূরণ হচ্ছে ততদিন তোমাকে জীবিত থাকার বর প্রদান করছি।'**

এর থেকে প্রমাণ হয় যে, মানুষের ইচ্ছাশক্তি কখনও পূরণ হয় না, মরার সময়তেও মানুষের মনে কিছু না কিছু লাভ করার স্বপ্ন থেকেই যায়। যে জিনিস লাভের স্বপ্ন তারা দেখে, মনে তা লাভ করার আকাঙ্ক্ষা জেগে ওঠে।

এই কথাটি বোঝানোর জন্য আমি আপনাদের একটা গল্প শোনাচ্ছি। এক ব্যক্তির টিয়াপাখী পোষার শখ ছিল। সে তিনটে ছোটো ছোটো পাখী কিনে নিয়ে ছোটর থেকেই তাদের সমস্ত রকম শিক্ষা দিতে থাকে। প্রথমে তাদের শাস্ত্র জ্ঞান প্রদান করে, তারপর অঙ্ক শেখায়, তারপর বিজ্ঞান শেখানোর পর রাজনীতির পাঠও পড়ায়। তোতা গুলি বড়ো হয়ে যাওয়ার পরে তারা এই বিষয় গুলি নিয়ে আলোচনা করতে থাকে। কেউ বিজ্ঞানের কথা বলে তো কেউ বলে গণিতের কথা, কেউ রাজনীতি তো কেউ শাস্ত্রের কথা বলতে থাকে। তিনটিই মহা পন্ডিত হয়ে গেছিল।

একদিন এই ব্যক্তি মারা যায়, তার আত্মীয় স্বজনরা শেষকৃত্য সম্পন্ন করার পর ভাবে যে, এই তিনটি পাখীকে নিয়ে কি করা যায়?

> **মহান আবিষ্কারক চালর্স এফ. কেটরিঙ্গ বলেছিলেন, আপনি যখন জয়ের কথা ভাবেন তখন ব্রহ্মান্ডের সমস্ত শক্তি আপনাকে সাহায্য করার জন্য তৎপর হয়ে ওঠে।**

অনেক বিচার-বিবেচনা করার পর ঠিক হয় যে তাদের ছেড়ে দেওয়া হবে, খাঁচার দরজা খুলে দেওয়া হয়, খাঁচার থেকে প্রথমবার বাইরে বেরানোর পর তারা কি করবে বুঝতে পারছিল না। তারপর গিয়ে একটা গাছের ডালে গিয়ে বসে। তারপর ওরা এদিক ওদিক দেখে জ্ঞানের কথা বলতে শুরু করে।

এই গাছের ডাবে একটা জংলী টিয়াপাখী বসেছিল, এদের দেখে জিজ্ঞাসা করে, **'আরে তোমরা কারা?'**

তারা বলে, **'আমরা বিদ্বান। কিছু জানার হলে আমাদের জিজ্ঞাসা কর, আমরা সব জানি।'**

জংলী পাখীটা একটু অবাক হয়ে যায়, তার তো কোনো জ্ঞানই ছিল না তাই সে কি আর জিজ্ঞাসা করত? কিছুক্ষণ বাদে এই জংলী পাখীটার নজর পড়ে নিচের দিকে, সে দেখে একটা বিড়াল গাছের ওপর উঠছে, সে একটু ভেবে বলে, **'আচ্ছা তোমরা তিনজন উড়তে পার?'**

তারা বলে, **'কিভাবে উড়তে হয় আমাদের সেই জ্ঞান নেই, কারণ আমরা কখনও উড়িনি। কিন্তু কিভাবে উড়তে হয় সে জ্ঞান আমাদের আছে।'**

জংলী পাখীটা একটু বিরক্ত হয়ে বলে, **'তোমাদের জ্ঞানের কথা জিজ্ঞাসা করিনি, তোমরা উড়তে পার কিনা তা জিজ্ঞাসা করছি।'**

তাদের মধ্যে একটি বলে, **'না!'**

**'তোমরা উড়তে না পারলে, আজ তোমরা আর বাঁচবে না।'** এই কথা বলে জংলী পাখীটা উড়ে যায়, আর তারা ওড়ার টেকনিক নিয়ে আলোচনা করতে থাকে।

ইতিমধ্যে বিড়ালটি এসে তিনটি পাখীকেই খেয়ে নেয়, তাদের জ্ঞান কোনো কাজেই লাগে না। আপনাদের অবস্থাও অনেকটা সেই রকম। আপনারা ধনী হওয়ার বিজ্ঞানের কথা জানতে চাইছেন কিন্তু যদি তার ওপর আমল না করেন তাহলে আপনাদের অবস্থাও এই তিনটি পাখীর মতো হবে।

তাই প্রত্যেকের সমস্ত বিষয়ে অভিজ্ঞতা থাকাটা জরুরি। কিন্তু অভিজ্ঞতার জন্য চাই দৃঢ় ইচ্ছাশক্তি। কারণ এই পৃথিবীতে যা কিছু এক সময় অসম্ভব বলে মনে হোত, আজ দৃঢ় ইচ্ছাশক্তির কারণে তা সম্ভব হয়ে উঠেছে।

**গাছের ওপর বসে থাকা কাক তার ডাল বা পাতা নড়লে ভয় পায় না। কারণ তার এই ডালের চেয়ে বেশি নিজের ডানার ওপর ভরসা থাকে। তাই আপনি নিজের কর্মের ওপর বিশ্বাস রাখুন, কপালের ওপর নয়।**

নেপোলিয়ান ছিলেন বেঁটেখাটো মানুষ, কিন্তু তাঁর ইচ্ছাশক্তি ছিল প্রবল, সেই কারণেই তিনি বলেছিলেন -

'Impossible is tha word found in tha dictionary of fools.'

এর মানে হল, দৃঢ় ইচ্ছাশক্তি সম্পন্ন ব্যক্তিরা কখনও বাধা মানে না। তারা কাঁটা বিছানো পথেই এগিয়ে যায়।

এই কথা যদি সত্যি না হতো তাহলে ইচ্ছাশক্তি ছাড়া ভিল্মা রিডোল্ফ কখনও সফল ধাবিকা হোতে পারতেন? তিনি অতি গরিব পরিবারে জন্মগ্রহণ করেছিলেন। চার বছর বয়সে জন্ডিসে আক্রান্ত হওয়ার পর ডাক্তাররা সোজাসুজি বলেছিল যে, **'তুমি কখনও চলতে পারবে না।'**

তখন সে তার মাকে জিজ্ঞাসা করে,**'ডাক্তাররা ঠিক বলছে?'**

মা বলেছিলেন, **'ঈশ্বরের প্রতি ভরসা রাখলে আর মন দিয়ে কাজ করলে, ডাক্তারদের কথা মিথ্যা প্রমাণ করতে পারবে।'**

তাঁর আত্মবিশ্বাস জেগে ওঠে, প্রতিদিন তিনি নিজের মনে বলতেন, **'কে বলেছে আমি চলতে পারব না? একদিন আমি এমনভাবে চলতে পারব যে, সারা বিশ্ব আমাকে দেখে অবাক হয়ে যাবে।'**

নয় বছর বয়স থেকেই উনি হাঁটতে শুরু করেন আর তেরো বছর বয়স থেকে দৌড় প্রতিযোগিতায় অংশ নিতে থাকেন। এরপর তাঁর সাথে ইউনিভার্সিটির কোচ টেম্পেলের দেখা হয়। টেম্পল তাঁর উৎসাহ দেখে বলেন, **'তোমার এই ইচ্ছা শক্তি তোমাকে অবশ্যই সফল করে তুলবে।'**

তারপর সেই মহেন্দ্র ক্ষণ এসে যায়, ভিল্মা জুত্তা হ্যানকে 100, 200, 400 মিটার দৌড়ে পরাজিত করে দেন এবং শেষ পর্যন্ত তাঁকে বিজয়ী ঘোষণা করা হয়। তাঁর ইচ্ছাশক্তিই তাঁকে সার্থক করে তুলতে সক্ষম করেছিল।

রেডিয়ামের অনুসন্ধান করতে করতে ম্যাডাম ক্যূরী বেশ কয়েক বছর অতিবাহিত করে ফেলেছিলেন, কিন্তু কিছুতেই তিনি সফল হচ্ছিলেন না। অপর দিকে ছিল আর্থিক সংকট যা তাঁর মনবল নষ্ট করে দিচ্ছিল, কিন্তু তিনি অবচল ছিলেন এবং শেষ পর্যন্ত সফলতার মুখ দেখেন।

**সংঘর্ষ ছাড়া কোনো পুরুষ সম্পূর্ণ নয়। প্রেম ছাড়া নারী অসম্পূর্ণ। তা সত্ত্বেও দুটির মিলিত হওয়া খুবই প্রয়োজন। তাই নিজের মনকে সক্রিয় করে তুলুন। কারণ আগুনে পুড়েই সোনার রূপ ফুটে ওঠে। গরম হাওয়ার স্পর্শে বরফ গলতে শুরু করে। কিন্তু যে এই বই পড়ার সুযোগ পাবে, সে যেকোনো মূল্যেই ধনী হোতে পারবে।**

ইচ্ছাশক্তির বলে সফলতা লাভ করতে সক্ষম হয়েছেন এমন বিভিন্ন মানুষের কথা ইতিহাসের পাতায় পাওয়া যায়। আজও এমন লোকেদের অভাব নেই। এই বিষয়ে আমার একটা ঘটনার কথা মনে পড়ে যাচ্ছে, এক যুবক একটা কম্পানীতে ইন্টারভিউ দিতে গেছিল, ইন্টারভিউয়ের প্রায় শেষভাগে এসে তাঁকে জিজ্ঞাসা করা হয়েছিল, **'আপনার জীবনের উদ্দেশ্য কি?'**

যুবকটি বলে, **'দয়া করে এমন প্রশ্ন করবেন না, কারণ আমার উত্তরটা শুনে আপনাদের ভালো লাগবে না।'**

কিন্তু এই অধিকারীও থামতে চায়নি, আর সে যুবকটিকে চাপ দিতে থাকে।

তখন যুবকটি বলে, **'আমি আপনার চেয়ারে বসতে চাই, তাই আমি আপনার কম্পানীতে যোগ দিতে আগ্রহী।'**

এই কথা শোনার পর অধিকারী তাকে মনোনিত করে, কারণ এই যুবকের প্রবল ইচ্ছাশক্তি ও মনোবল দেখে তিনি খুবই খুশী হয়েছিলেন।

বলা হয় যে, নেপোলিয়ান নিজের ইচ্ছাশক্তির জন্যই আমেরিকার রাষ্ট্রপতি হোতে পেরেছিলেন। অথচ তিনি এতটাই গরিব ছিলেন যে, সমাজের কেউ তাঁর দিকে ফিরে পর্যন্ত চাইত না। তাই তিনি নিজের পাড়া বদলে ফেলেছিলেন, নতুন পাড়ায় গিয়ে সন্ধ্যার পর বাড়ি থেকে বাইরে বেরিয়ে দৃঢ়তা ও আত্মবিশ্বাসের সাথে রাস্তায় হাঁটতেন।

লোকেরা তাঁকে দেখে কোনো ভদ্রলোক বলে ভাবত। সেখানে থাকা কালিন তিনি পৌরসভার নির্বাচনে জয় লাভ করেন, তারপর রাজ্যে জয়লাভ করার পর রাষ্ট্রপতির পদ অলঙ্কৃত করতে সক্ষম হয়েছিলেন।

রবার্ট ফুলটোনের জীবনীও অনেকটা এই রকম, কারণ তিনি বাষ্পচালিত নৌকা চালানোর স্বপ্ন দেখেছিলেন। নিজের স্বপ্নকে বাস্তবায়িত করার জন্য তিনি গবেষণা করতে শুরু করেন। তারপর একদিন তাঁর তৈরি নৌকা নদী বক্ষে ঘুরতে শুরু করে।

রবার্ট ফুলটোনের মতো জন স্টুআর্ট সত্যের অন্বেষন করতে চাইতেন, তিনি আজও ইংল্যান্ডের মহান দার্শনিক ও অর্থশাস্ত্রী হিসাবে পরিচিত। কিন্তু 1986 সালে মনোরোগের শিকার হওয়ার পর তাঁর গবেষণা মাঝপথেই থেমে

**লোকেরা বলে যে, অর্থই অনর্থের মূল। কিন্তু আমি মনে করি প্রতিটা সমস্যার কারণ হল অর্থ। তাই সমস্যা না খুঁজে অর্থের উৎস সন্ধান করুন। তারপর সমস্যা নিজের থেকেই শেষ হয়ে যাবে।**

যায়। লোকেরা ভেবেছিল তিনি আর কিছু করতে পারবেন না, কিন্তু তাঁর দৃঢ় ইচ্ছাশক্তির বলে তিনি মহান দার্শনিক ও অর্থশাস্ত্রী হয়ে উঠেছিলেন।

যৌবনে উইলিয়াম জেম্সও খুবই রোগাপাতলা এবং দুর্বল ছিলেন। তিনি মানসিক রোগে আক্রান্ত হয়েছিলেন, নিজের দৃঢ় ইচ্ছাশক্তির দ্বারা ব্যক্তিত্বের সমস্ত ত্রুটি দূর করে মহান দার্শনিক হয়ে উঠেছিলেন।

বীজিঙ্গ অলিম্পিকে মাইকেল ফেলপ্সকে জয়ের রেকর্ড বানাতে দেখে ä Ÿ# Ú þ|ÿ ôæ§ú, þ ÿï ôæŠéè-**মাইকেল তুমি তো মহান, তুমি চ্যাম্পিয়ান।'**

আসলে অলিম্পিকে তিনি যে সোনার পদক জিততে সক্ষম হয়েছিলেন, তাই তাঁকে মহান করে তুলেছিল।

হয়তো সেই কারণেই আমেরিকার বিখ্যাত সেল্ফ ইনপ্রুভমেন্ট গুরু রবিন শর্মা বলেছিলেন, **'কোনো একটা ঘটনা বা একটা মুহূর্ত মানুষকে চ্যাম্পিয়ান করে তোলে না, বরং সে প্র্যাক্টিসের সময়তেই চ্যাম্পিয়ানের গুণ তার মধ্যে এসে যায়। তখন চারদিকে শান্তি থাকে আর স্বপ্নই হয়ে ওঠে তার জীবনের গুরুত্বপূর্ণ অংশ।'**

দক্ষিণ আফ্রিকায় জন্মগ্রহণকারী ও কানাডায় বড়ো হয়ে ওঠা রবিন শর্মার পিতা ছিলেন ভারতের কাশ্মীরের বাসিন্দা। তিনি পেশায় উকিল ছিলেন এবং নোভা স্কোটিয়ার সুপ্রীম কোর্টের জ্যুডিশিয়াল ল ক্লার্ক ছিলেন।

কিন্তু তাঁর সেই জীবন ভালো লাগত না, তারপর তিনি মোটিভেশান শেখানোর রাস্তা খোঁজেন। আজ তাঁর লেখা বই তাঁকে ধনী ব্যক্তিতে পরিণত করেছে।

তাই মহান হওয়ার জন্য নিজের অভিজ্ঞতার বিশ্লেষণ নিজেকেই করতে হবে। নিজের মানসচক্ষু খুলে রাখতে হবে। মন উদার করুন। সাহসী হোতে হবে, আর এই গুলিই মহান হওয়ার প্রথম ধাপ।

**'তোমার থেকে ভালো কেউ হোতে পারে না।'** কোটিপতি ভরেন বাফেট এই বাক্যটিকেই নিজের সফলতার সূত্র বলে মনে করেন, **'যেকোনো লোক আপনার কপি হোতে পারে, কিন্তু সে কখনই আপনি হবেন না।'**

তাই নিজের ইচ্ছাশক্তি জাগানোর প্রয়াস করুন আর যতটা শীঘ্র সম্ভব তা ব্যবহার করার চেষ্টা করুন। কারণ আজকের থেকে ভালো সময় আপনি আর পাবেন না।

| |
|---|
| **একটা ব্যাকুলতাই কোলম্বাসকে আমেরিকা খোঁজার জন্য প্রেরিত করেছিল, তা না হলে ওনার সাথীরা তো মাঝ সমুদ্রেই তাঁকে একা ছেড়ে চলে যাচ্ছিল।** |

এই ইচ্ছাশক্তির বলেই বিপ্লবি ভগৎ সিং 55 দিন অনশনে ছিলেন, তিনি কিন্তু কোনো সাধু-সন্ত ছিলেন না। তাঁর ঈশ্বরে বিশ্বাস ছিল না, নিজের কথা প্রতিষ্ঠিত করার জন্য তিনি অনশনে বসেছিলেন।

গন্ধাজীও বহুবার অনেকদিন ধরে অনশন করেছেন, তখন তিনি অন্ন ত্যাগ করে দিয়েছিলেন। দেশের ভালোর জন্য কোনো কাজ করানোর জন্য তিনি অনশনে বসে যেতেন। ঠিক তেমনি ভগৎ সিংও খাদ্য ত্যাগ করে দিয়েছিলেন।

একটা কথা ভেবে দেখুন তো একজন বিপ্লবী যদি দেশের ভালোর জন্য 55 দিন অনশন করতে পারেন, তাহলে আপনি ধনী হওয়ার জন্য নিজের ইচ্ছাশক্তিকে জাগ্রত করতে পারবেন না? রাবণ যখন সীতা মাকে হরণ করেছিলেন, তখন রামচন্দ্র জামবন্তের কাছে গিয়ে বলেছিলেন, **'লঙ্কা কত দূরে?'**

জামবন্ত বলেছিল, **'লঙ্কা এতটাই দূরে যে, আপনি হাজার বছরেও সেখানে পৌঁছাতে পারবেন না, কিন্তু আবার এতটাই কাছে যে, একটা পা ফেললেই সেখানে পৌঁছে যাবেন।'**

রাম কথার মানে বুঝতে না পেরে জামবন্তের মুখের দিকে তাকান, **'এক দিকে আপনি বলছেন হাজার বছরেও সেখানে পৌঁছানো যাবে না, আবার আপনি বলছেন যে, একটা পা ফেললেই সেখানে পৌঁছানো যাবে, আমি এ কথার কোনো মানে বুঝতে পারছি না।'**

জামবন্ত বলেছিলেন, **'মহারাজ! যে মানুষের মনে পরিশ্রম করার ইচ্ছা, উৎসাহ এবং পুরুষার্থবোধ নেই, সে হাজার বছর ধরেও লঙ্কায় পৌঁছাতে পারবে না, কিন্তু যার মধ্যে দৃঢ় বিশ্বাস ও ইচ্ছা-শক্তি থাকবে, সে কিছু দিনের মধ্যেই সেখানে পৌঁছে যাবে।'**

হয়তো এই কথা মাথায় রেখেই এয়ারটেলের এম.ডী. সুনীল মিত্তল বলেছেন যে, **'আপনি যদি মনে করেন যে, আপনি ধনী হোতে পারবেন, তাহলে অবশ্যই আপনি ধনী হোতে পারবেন।'**

কারণ ইচ্ছাশক্তি নিজের কাজ করতে শুরু করলে, তা দৃঢ় বিশ্বাসে রূপান্তরিত হয়।

ঘনশ্যাম দাস বিড়লা যখন প্রথম জূট মিল খুলতে চেয়েছিলেন, তখন

| |
|---|
| **আপনার বিচার যদি সঠিক না হয়, তাহলে তা শুধুমাত্র একটা ভালো স্বপ্ন হয়েই থেকে যাবে। কারণ মেশিনের কাজ হল চলা আর মানুষের কাজ হল বিচার অনুসারে কাজ করা। তবেই আপনি বিচারানুসারে ধন উপার্জন করতে পারবেন।** |

দেশে ছিল ইংরেজ রাজত্ব আর তারা অনুমতি দিচ্ছিল না।

কিন্তু তিনি নিজের দৃঢ় ইচ্ছাশক্তির বলে মিল বানাতে সক্ষম হয়েছিলেন, **'মানুষ চাইলে কি না করতে পারে, ইচ্ছাশক্তির জোরে সমুদ্রও লঙ্ঘন করা যায়।'**

মানুষের ভেতরে ইচ্ছাশক্তি জন্মজাত, কিন্তু তা জাগিয়ে তুলতে হয় আর সেই ক্রিয়াকে অটো-সজেশান (auto suggestion) বলে।

ধরুন আপনি সকাল চারটেতে উঠতে চান, আর শোয়ার সময় যদি আপনি নিজেকে বলেন যে, আমাকে সকাল চারটেয় উঠতে হবে তাহলে এলার্ম ছাড়াই সকাল চারটেতে আপনার চোখ খুলে যাবে। কারণ আপনি যা বিচার করেন তাই বারং বার ভাবেন, তা আপনার অবচেতন মনে ঢুকে যায় আর পরে তা আপনাকে নিজের লক্ষ্য পর্যন্ত পৌঁছাতে সাহায্য করে।

তাই জার্মান কবি গেট বলেছেন, **'যার ইচ্ছা-শক্তি অটল ও অটুট, সে সবকিছু করতে পারে।'**

1862 সালের 22 শে ডিসেম্বর আব্রাহাম লিংকন স্বাধীনতার ঘোষণা পত্র তৈরি করার সময় বলেছিলেন, **'আমি ইশ্বরের সামনে প্রতিজ্ঞা করছি যে, একদিন আমি আপনাদের স্বাধীনতা দেবই।'** এর কয়েক বছর বাদে আব্রাহাম লিংকন স্বাধীনতার ঘোষণা করে দিয়েছিলেন।

তারপর ভারতের পন্ডিত জওহরলাল নেহেরু 1945 সালের 26 শে জানয়ারি রাভীর তটে ঘোষণা করেছিলেন, **'আমরা ভারতকে স্বাধীন করবই।'** আর জওহরলাল নেহেরুর সেই সংকল্প সম্পূর্ণ হয়েছিল।

কারণ আত্মবিশ্বাস ও ইচ্ছাশক্তির জোরেই সংকল্প পূর্ণ হয়, সেই কারণেই মানুষ মনে-প্রাণে কাজ করতে শুরু করে। তারপর তার ইন্দ্রিয় সেই অনুসারে কাজ করে। এই কারণেই ধনী ব্যক্তিরা নিজেদের ইচ্ছাশক্তিকে সুদৃঢ় করে পছন্দ, পরিশ্রম ও আত্মবিশ্বাসের সাথে কাজ করতে শুরু করে। কিন্তু গরিবদের কাছে সেটাই বোঝ বলে মনে হয়। সেই কারণেই ভিক্টর ঝুঙ্গো বলেছিলেন :-

'People Do Not Lack Strenght,
They Lack Will-Power.'

**আপনি তিনটি উপায়ে জ্ঞান লাভ করতে পারেন। প্রথম পড়ে, দ্বিতীয় শুনে আর তৃতীয় অভিজ্ঞতা থেকে। কিন্তু তৃতীয় পদ্ধতিটি খুবই জটিল, আপনি নিজের ভুলকে অভিজ্ঞতার নাম দিয়ে থাকেন।**

অর্থাৎ নির্ধারিত লক্ষ্যের দিকে এগিয়ে যাওয়ার জন্য সবার আগে আপনাকে নিজের ইচ্ছাশক্তি দৃঢ় করে তুলতে হবে। কারণ আপনার ইচ্ছাশক্তি যত দৃঢ় হবে আপনি ততটাই দৃঢ়তা লাভ করবেন। তারপর আপনার ভেতরে পাঁচটি বিষয় বিকসিত হয়ে উঠবে -

- **আপনার আগ্রহ বৃদ্ধি পাবে।**
- **আপনার উৎসাহ উর্জা লাভ করবে।**
- **আপনার ভেতরে দৃঢ় প্রত্যয় জেগে উঠবে।**
- **আপনার আত্মবিশ্বাস বৃদ্ধি পাবে।**
- **আপনি মন দিয়ে নিজের কাজ শেষ করার চেষ্টা করবেন।**

তারপর আপনি রমোলা বচ্চনের মতো অবশ্যই সফলতার চূড়ায় পৌঁছে যাবেন। তাঁর সফলতা দেখে বলিউডের সুপারস্টার অমিতাভ বচ্চন বলেছিলেন, **'জীবনে আপনি যে লক্ষ্য নির্ধারণ করবেন, তা পাওয়ার জন্য আপনাকে মন দিয়ে পরিশ্রম করে যেতে হবে ও নিজের প্রতি ভরসা রাখতে হবে।'**

তাই রমোলা বচ্চনকে জানার জন্য আপনাকে একটা নয় বেশ কয়টি বিশ্লেষণ পড়তে হবে। কারণ তিনি সোশলাইট, কোনো পার্টিতে গেলে তিনিই হয়ে ওঠেন আকর্ষণের কেন্দ্র বিন্দু। তিনি সফল মহিলা ব্যবসায়ি, আবার অন্যদিকে তিনি উকিল ও পাবলিক রিলেশান অফিসার।

আজ তিনি দিল্লীর বিভিন্ন পত্র-পত্রিকার **'পেজ থ্রী সর্কিট'** -এর কেন্দ্রবিন্দু, কিন্তু এইবার তিনি ভারতে নতুন রূপে এসেছিলেন। কারণ তিনি রাজধানী দিল্লীতে ইউরোপিয়ান স্টাইলের একটা রেস্টুরেন্ট খুলেছেন।

এখন তিনি এই রেস্টুরেন্টটি ঠিক ভাবে গড়ে তোলার চেষ্টা করছেন। রমোলা বচ্চন হল অজিতাভ বচ্চনের স্ত্রী, আর সুপারস্টার অভিতাভ বচ্চনের ভাইয়ের বৌ। রমোলা গত 20 বছর ধরে লন্ডনে ছিলেন। তাঁর জীবনে সংঘর্ষের কোনো অভাব ছিল না। কারণ তিনি সকলের থেকে আলাদা ভাবে কিছু করতে চাইছিলেন। তাই তাঁকে বিভিন্ন সমস্যার সম্মখীনতা করতে হয়েছিল।

এই কথাটি স্বীকার করে নিয়ে রমোলা বচ্চন বলেছিলেন, 'আমি বিভিন্ন

**বলিউডের সুপারহিট ফ্লিম 'খতরোঁ কে খিলাড়ী'-তে বলা হয়েছিল যে, কিছু পাওয়ার জন্য রিস্ক নেওয়া খুবই জরুরি। আপনি যত বড়ো রিস্ক নেবেন, আপনার লাভও তত বেশী হবে। কিন্তু এই বিপদের সাথে খেলার জন্য পারদর্শী হওয়াটা খুবই জরুরি।**

**ব্যবসায় সফলতা লাভ করেছি, টেলিভিশন, পাবলিক রিলেশান্স, আইনের ক্ষেত্রে প্রভৃতি। কিন্তু একটা রেস্টুরেন্ট খোলা ছিল আমার স্বপ্ন আর আমি তা সম্পূর্ণ করতে পেরেছি।'**

'আমার নামের সাথে বচ্চন শব্দটা জুড়ে আছে বলে, আমি খুব সহজেই সব পেয়েছি তা ভাববেন না, কারণ সফলতার জন্য কঠোর পরিশ্রম ও প্রোফেশানাল দৃষ্টিভঙ্গী থাকাটা খুবই জরুরি।'

'কিন্তু আমার সফলতার পিছনে আমার পারিবারিক পৃষ্ঠভূমির অবদান যথেষ্ট। কারণ আমি সিন্ধি পরিবারের মেয়ে, তাই আমার মনে হয় যে, সিন্ধীরা ব্যবসাটা খুব ভালো করে বোঝে। কিন্তু অমিতাভ বচ্চনকে আমি নিজের মার্গ প্রদর্শক বলে মনে করি। উনি জীবনের প্রতিটা ক্ষেত্রে আমাকে পথ দেখিয়েছেন।'

তাই আপনিও সবকিছু করতে পারেন। কারণ আব্রাহাম লিংকন, স্টালিন এবং হিটলারের মতো লোকেরা নিজেদের ইচ্ছাশক্তির বলে সফলতার আকাশ ছুঁয়েছিলেন। সেই কারণেই কোনো এক দার্শনিক বলেছেন যে, 'A man can do, what man has done.' অর্থাৎ মানুষেরা সেই সব কিছু করতে পারে, যা তারা করতে চায়।

কারণ মানুষের এই শরীর মাটি, জল, অগ্নি, বায়ু ও আকাশ দিয়ে তৈরি হয়েছে, যার ওপর মনের শাসন চলে আর এই মনের ওপর আছে সংকল্পের শাসন।

তাই গীতায় বলা হয়েছে যে, **'মনকে বশ করা কঠিন, কিন্তু অসম্ভব নয়।'** কিন্তু চেষ্টা ও অভ্যাসের দ্বারা আপনি সেই কাজ করতে পারেন।

ইচ্ছার পূরণ না হলে মানুষ হতাশা বোধ করে। তার ফল হল মনের চঞ্চলতা। মনের চঞ্চলতা ইচ্ছাকেও অস্থির করে তোলে। তখন মানুষ নিষ্কর্মা হয়ে যায়, তাতে করে উৎপন্ন সংশয় নাশের কারণ হয়ে ওঠে।

কিন্তু অভ্যাসের দ্বারা **'ইচ্ছা'** একটা শক্তির রূপ ধারণ করে সামনে এসে হাজির হয় আর তা সংকল্পকে বাস্তবায়িত করে তোলে, তাতে করে আপনি নিজের ইচ্ছা অনুসারে গড়ে ওঠেন।

বৃহদারণ্য উপনিষদে লেখা আছে যে, **'মানুষ ইচ্ছাময়ী।'** সুতরাং ইচ্ছা কখনও দমন করতে নেই, তাকে আরো প্রেরিত করা উচিত।

কারণ হ্যাবর ক্র্যোস্টো বলেছেন যে, **'ইচ্ছা দমন করলে শান্তি পাওয়া যায় না, বরং তা পরিপূর্ণ করলেই আপনি শান্তি পাবেন।'**

এটাই প্রকৃতির নিয়ম - 'Nature Is Conquered By Obedience.'

যার অর্থ হল প্রকৃতিকে জয় করার জন্য প্রকৃতির নিয়ম পালন করাটা খুবই জরুরি। জলের গতি রোধ করে আপনি যেমন তার ওপর সেতু বাঁধতে পারেন তেমনি যা কঠিন তা জয় করার পরেই ধনী হোতে পারবেন। কিন্তু দুটি কাজেই ইচ্ছা শক্তি থাকাটা খুবই জরুরি।

বিশ্বের মহান লেখক সেওট মার্ডনও বলেছেন যে, **'কোনো কাজ করার আগে আপনি মনের মধ্যে তা করার জন্য দৃঢ় ইচ্ছা জাগিয়ে তুলুন, তারপর সমস্ত মানসিক শক্তিকে সেই দিকে নিয়ে যান, তবেই আপনি বড়ো সফলতা লাভ করতে পারবেন।'**

এডউইন আর্নলড তাঁর বই ' Light Of Asia' তে লিখেছিলেন, **'এডমন্ড হিলারী শুধু মাত্র ইচ্ছাশক্তির জোরে হিমালয় জয় করতে সক্ষম হয়েছেন।'**

রামায়ণেও ইচ্ছাশক্তির বর্ণনা আছে। রাবণ যখন সীতা মাকে হরণ করেছিলেন তখন রামচন্দ্র তাঁর সাথে যুদ্ধ করার পরিকল্পনা করেছিলেন। ন্যায়ের পক্ষ নিয়ে বানর সেনারা নিজেদের প্রাণ হাতের মুঠোয় করে শ্রীরামের পক্ষই নিয়েছিল। যাতে হনুমান, জামবন্ত, অঙ্গদ ও সুগ্রীবের মতো বেশ কিছু প্রতাপী যোদ্ধা ছিল। কিন্তু সাধারণ সেনারাও নিজেদের প্রতাপের সাথে পরাক্রম দেখিয়েছিল।

একটা গাছের ওপর বসে একটা কাঠবিড়ালি সেই সমস্ত দৃশ্য দেখছিল। তারও সেই ধর্মযুদ্ধে যোগ দিতে ইচ্ছা করছিল। তখন কাঠবিড়ালির একটা ছোট্ট উপায়ের কথা মনে হয়। সে একবার সমুদ্রে যাচ্ছিল তারপর উঠে এসে নিজের গায়ে বালি মাখিয়ে আবার সমুদ্রে চলে যাচ্ছিল।ক্রমাগত সে একই কাজ করে যাচ্ছিল।

হঠাৎ রামচন্দ্রের চোখ পড়ে সেদিকে। এই দৃশ্য দেখে রাম পুলকিত হয়ে যান। তিনি কাঠবিড়ালির কাছে গিয়ে তার সাহসের প্রশংসা করে তাকে হাতে তুলে নেন। অন্য হাত দিয়ে স্নেহভরে তার গায়ে হাত বোলাতে থাকেন।

প্রচলিত আছে যে আগে এই শ্রেণীর প্রাণীরা সাদা রঙের হোত। কাঠবিড়ালির পিঠে যে কালো দাগ দেখা যায় তা রামচন্দ্রের হাতের স্পর্শেই তৈরি হয়েছিল।

কাঠবিড়ালির এই যোগদান তার ইচ্ছাশক্তির এক বিরাট উদাহরণ। তাই নিজের ইচ্ছাশক্তি প্রবল রাখুন। আর নিম্ন লিখিত সাতটি নিয়মের পালন করুন :-

1. **ক্রিয়াশীল হোন :** জীবনে প্রতিটা বিষয়ে দায়িত্ব নেওয়ার অর্থ হল

> **খুশী এমন কোনো জিনিস নয়, যা আপনি অনুভব করতে পারেন, কিন্তু অবশ্যই তা স্মরণ করতে পারেন। কারণ আপনার স্মরণ শক্তিই আপনার মনে খুশি জাগিয়ে তোলে।**

সক্রিয় হওয়া। কারণ আপনার ভেতরে বিচার করার ক্ষমতা আছে এবং আপনি নিজের বিচার ভাষায় প্রকাশ করতে সক্ষম, তাই মানুষ পশুর থেকে আলাদা। আপনি নিজের বিচার নিয়ে চিন্তাভাবনা করতে পারেন। আপনার এই বিশেষ গুণই আপনাকে পরিস্থিতির সাথে লড়াই করতে সাহায্য করে।

2. **শেষের কথা ভেবে কাজ শুরু করুন** : আপনি যখন তা করবেন, তখন আপনি বিচারের নথি অর্থাৎ **'পার্সোনাল ভিসন স্টেটমেন্ট'** পেয়ে যাবেন। তখন আপনার কল্পনা দ্রুতগতিতে এগিয়ে যেতে থাকে আর আপনি সহজেই কাজের শেষ কেমন হবে তা বুঝতে সক্ষম হয়ে যান।

3. **কঠিন কাজ আগে করুন** : ছোটো কোনো প্রাপ্তির কথা ভেবে জরুরি কাজের পথে বাধার সৃষ্টি করবেন না, কারণ এই কাজই আপনাকে এগিয়ে নিয়ে যাবে ও সফলতার শিখরে পৌঁছে দেবে।

4. **সর্বদা জয়ের কথা ভাবুন** : এটা একটা দৃষ্টিভঙ্গী, যার পরিণাম সমাধানের মতো কাজ করে, যা আপনাকে সন্তুষ্টি প্রদান করে থাকে। তারপর আপনি নিজের কাজের মধ্যে অবশ্যই জয়ের রূপ দেখতে পাবেন।

5. **অন্যদের বোঝার চেষ্টা করুন** : কোনো পরিস্থিতি বোঝার আগে ব্যক্তিকে বোঝার চেষ্টা করুন! আপনি যদি তা না করেন, তাহলে সেই ব্যাপারে সঠিক অনুমান করতে পারবেন না। কারণ তাড়াহুড়ো করে কোনো সিদ্ধান্ত নিলে তা আপনার বোঝার সুযোগ কম করে দেয়।

6. **অন্যের সাহায্য নেওয়ার চেষ্টা করুন** : দলবদ্ধভাবে কাজ করা একটা উপায় মাত্র, তাতে করে যেকোনো সমস্যার সমাধান খুব ভালো ভাবে পাওয়া যায়। একসাথে কাজ করতে থাকলে তা আপনার অভ্যাসে পরিণত হয়ে যাবে, আর দলবদ্ধভাবে কাজ করার পরিণাম সর্বদাই ইতিবাচক হয়। এটাই **'যোগফলের'** সিদ্ধান্ত।

7. **তীক্ষ্ণতা বৃদ্ধি করুন** : এটি নিজের বুদ্ধি ব্যক্ত করার উপায় মাত্র। এতে সবার আগে কিভাবে আপনি কাজ করবেন তা ভাবা হয়, আর তারপর নির্দিষ্ট সময়ের মধ্যে তা শেষ করার চিন্তা করা হয়। এতে শারীরিক শ্রম কমে যায় আর পরিণামও ভালো পাওয়া যায়।

এই কথা গুলি মাথায় রেখে এক কৃষকের ছেলে অবনীত কৌর সিদ্ধু নিজের স্বপ্ন পূরণের খুব কাছাকাছি পৌঁছাতে সক্ষম হয়েছিল। সে বাদল গ্রাম থেকে বীজিঙ্গ অলিম্পিক পর্যন্ত যেতে সক্ষম হয়েছিল।

**আপনি আগে যা পড়েছেন তা অতীত, আর এখন যা পড়ছেন তা ভবিষ্যৎ, তাই অতীতকে ভুলে যান আর নিজের ভবিষ্যতের কথা ভাবুন।**

10 মিটার এয়ার রাইফেলে অলিম্পিকে কোয়ালিফাই করার পর অবনীত কৌর বলেন, 'অমি শখে শুটিং শিখতে শুরু করেছিলাম, কারণ আমি পড়াশোনায় খুব ভালো ছিলাম। তাই আমি খেলার দিকে যাওয়ার কথা কখনও ভাবিনি। আমার ইচ্ছা ছিল সিবিল সার্ভিসে যাওয়ার।

কিন্তু আমার ভাগ্যে অন্য কিছু লেখা ছিল। প্রায় এক বছর আগে মুখ্যমন্ত্রী প্রকাশ সিংহ বাদল দশমেশ গার্লস কলেজে শুটিং-এর রেঞ্জ শুরু করেছিলেন, সেটা ছিল আমার কেলেজের প্রথম বছর। আমি ড্রেমোন্সট্রেশান নিই, আর তারপর আমার লক্ষ্য বদলে যায়।

তারপর ছয় বছরের মধ্যেই আমি বীজিং পর্যন্ত পৌঁছাতে সক্ষম হয়েছি। আজ পর্যন্ত আমি প্রায় 40 টা মেডেল জিতেছি। এখন পিছন ঘুরে দেখলে আমি নিজেকে বিশ্বাস করতে পারি না। সব যেন স্বপ্ন বলে মনে হয়।

এখন আমার শুধুমাত্র অলিম্পিকে গোল্ড মেডেল জেতার স্বপ্ন, আমি গত কয়েকটি টুর্নামেন্টে ভালো ফল করতে পারিনি, কিন্তু আগের ফলাফল ভালো হবে সেই টুকু বিশ্বাস আছে।'

অবনীত এখন তার গ্রামের আদর্শ হয়ে উঠেছে, এই গ্রামের প্রায় একশো জন মেয়ে এখন শুটার হয়ে ওঠার স্বপ্ন দেখে ও তার জন্য পরিশ্রম করছে। তাই সফলতা প্রাপ্ত করার জন্য আপনাকে নিজের ভেতরটা খনন করে দেখতে হবে, কারণ সেখানেই সফলতার স্রোত প্রবাহিত হয়। যত খনন করবেন, তত প্রবাহিত হবে, কিন্তু খনন কার্য শুরু করার আগে আপনি কতটা সফল হোতে চান তা নিশ্চিত করে নিন।

কারণ ডিজনীল্যান্ডের জনক ওয়াল্ট ডিজনী বলেছিলেন, '***Great Men of The Earth Are But the Marking Stones of the Road Do Humanity.***' এর অর্থ হল, '**মহান পুরুষেরা হলেন রাস্তার পাশে লাগানো মাইল স্টোনের মতো।**'

একদিন এক ব্যক্তি সুকরাতকে সফলতার রহস্য কি তা জিজ্ঞাসা করেন। তখন সুকরাত তাকে একটা নদীর ধারে নিয়ে যান। নদীর মধ্যে যেতে যেতে যখন জল ঘাড় পর্যন্ত পৌঁছে যায় তখন এই ব্যক্তির মাথা ধরে জলের মধ্যে ডুবিয়ে দেন। সে নিজের মাথা বাইরে বার করার জন্য ছটপট করতে থাকে।

**বিক্রী করার পদ্ধতি শেখার জন্য আপনাকে গ্রাহকের দুর্বলতা জানতে হবে, তারপর আপনি বিজ্ঞাপনের মাধ্যমে তা আকর্ষণীয় করতে পারেন। বিজ্ঞাপনে আপনি যে পতিশ্রুতি দেবেন গ্রাহকের কাছে তা পৌঁছে দেওয়ার চেষ্টা করুন।**

জল থেকে বাইরে বেরিয়ে সে সবার আগে একটা লম্বা শ্বাস নেয়, তখন সুকরাত তাকে জিজ্ঞাসা করেন, **'যখন তোমার মাথা জলের ভেতরে ছিল, তখন তোমার সবচেয়ে বেশি কি পেতে ইচ্ছা করছিল।'**

ব্যক্তি বলে, **'বাতাস।'**

তখন সুকরাত বলেন, **'এটাই সফলতার রহস্য, যা তুমি আমার কাছে জানতে চেয়েছিলে। কোনো মানুষ ডোবার সময় একটু বাতাসের জন্য যেমন ছটপট করে, সফলতা লাভের জন্যও তেমন ছটপটানি থাকতে হবে।'**

কিন্তু তার জন্য ইচ্ছাশক্তি থাকাটা খুবই জরুরি। তাহলে মানুষের সমস্ত শক্তি ক্রিয়াশীল হয়ে যায়। আর মানুষ খুব ভালো ভাবে এই শক্তির প্রয়োগ করতে শিখে যায়।

প্রাচীন কালে মনের মতো সন্তান লাভ করার জন্য ইচ্ছাশক্তির প্রয়োগ করা হোত। তাই যজ্ঞকুন্ড থেকে ধৃষ্টদ্যুম্ন জন্ম গ্রহণ করেছিলেন। দ্রোণাচার্যকে বধ করার মতো পুত্র লাভই ছিল একমাত্র ইচ্ছা। ঋষি মুণি গণ যজ্ঞকুন্ড থেকে তেমনি সন্তান তুলে আনেন। তেমনি বিশিষ্ঠ লক্ষ্য পূরণের জন্য দ্রোপদীও যজ্ঞকুন্ডের থেকেই নির্গত হয়েছিলেন।

পান্ডুপুত্রদের জন্মের ব্যাপারেও উচ্চ বৈজ্ঞানিক পদ্ধতির ব্যবহার দেখানো হয়েছে। পঞ্চ পান্ডবের জন্মের ব্যাপারে **'নিয়োগ পদ্ধতি'** দ্বারা আলাদা আলাদা দেবতাদের অংশ নিয়ে তা কুন্তীর শরীরে প্রবিষ্ট করানো হয়েছিল।

রাজা দশরথও **'পুত্রোষ্টি যজ্ঞ'** করেছিলেন, যাতে সাত্বিক সন্তান লাভ করতে পারেন। যজ্ঞের পর ঔষধিযুক্ত পরমান্ন তিন রানিকে খাওয়ানো হয়েছিল, যার ফলে রাম, ভরত, লক্ষ্মণ ও শত্রুঘ্ন জন্ম নিয়েছিলেন।

বিশ্বামিত্র ও পরশুরামের জন্মের সাথেও একটা আকর্ষক কাহিনি যুক্ত আছে। প্রচলিত আছে যে, যজ্ঞের পর ঋষিগণ বিশ্বামিত্র ও পরশুরামের মাকে পরমান্নের বাটি দিয়েছিলেন, বিশিষ্ট গুণ সম্পন্ন বাচ্চাকে জন্ম দেওয়ার জন্যই এই পরমান্নের বাটি দেওয়া হয়েছিল।

একটা বাটিতে ছিল ক্ষত্রিয় গুণ সম্পন্ন বাচ্চার জন্ম দেওয়ার ঔষধি আর অপরটিতে ব্রাহ্মণ্য গুণের। কিন্তু ভুল বশত পরমান্নের বাটি বদলে যায়। পরিণাম স্বরূপ ব্রাহ্মণ বংশে জন্ম গ্রহণ করেও পরশুরামের মধ্যে ক্ষত্রিয়ের গুণ বিকসিত হয়েছিল আর বিশ্বামিত্রের মনে ব্রাহ্মণ্য গুণ।

**আপনার চরিত্র গঠিত হয় আপনার কাজের থেকে, তাই আপনার শব্দ চরিত্রের সামনে ছোটো হয়ে যায়।**

প্রাচীন ভারতের প্রজনন-বিজ্ঞান কতটা উন্নত ছিল তার উদাহরণ হল মাতা দেবকী। প্রচলিত আছে যে, ভ্রূণ দেবকীর গর্ভে সঞ্চারিত হলেও রোহিণীর গর্ভে প্রত্যারোপিত করা হয়েছিল।

তাই মনের সম্পূর্ণ শক্তি দিয়ে ধনী হওয়ার স্বপ্নকে বাস্তবায়িত করার চেষ্টা করুন। মানুষের মনে সবার আগে একটা বিচার আসে, তারপর আসে তার কল্পনা আর তারপর তা আকার লাভ করে।

কারণ মনে যে কল্পনার জন্ম হয়, তার রিএকশান পরে সামনে আসে। যা আসে নকশার আকারে। তাই মনে নিজের লক্ষ্যের নকশা গড়ে নিন। কারণ যতক্ষণ না কোনো মহলের নকশা তৈরি হয় ততক্ষণ পর্যন্ত বোঝা যায় না যে, মহল কেমন তৈরি হবে। কিন্তু একবার নকশা হয়ে গেলে কারিগর তা বাস্তবায়িত করে তোলে।

ধীরুভাই আম্বানীর মধ্যে পৃথিবীর সবচেয়ে ধনী ব্যক্তি হয়ে ওঠার মতো যোগ্যতা ছিল কি?

ফুটপাতে বসে সাইকেল সারাই করতেন যে হেনরী ফোর্ড তাঁর মধ্যে গাড়ির প্লান্ট তৈরি করার মতো যোগ্যতা ছিল?

এক মেজরের ঘরে জন্ম গ্রহণ করার পরেও চেতন চৌহান কিভাবে বিশ্ব বিখ্যাত ক্রিকেটার হয়ে উঠেছিলেন?

আপনার উত্তর হবে 'না।'

কিন্তু তাঁরা নিজের লক্ষ্য পূরণ করতে পেরেছে, কারণ তাঁদের ইচ্ছাশক্তি ছিল খুবই মজবুত। এই ইচ্ছাশক্তির জোরেই পৃথিবীর বহু লোক ইতিহাসই বদলে দিয়েছে।

- আমেরিকা যখন গৃহযুদ্ধের আগুনে উত্তাল তখন আব্রাহাম লিংকন ইচ্ছাশক্তির নমুনা দেখিয়েছিলেন, তিনি যদি সেই সময় নিজের শক্তি না দেখাতেন তাহলে আজ আমেরিকার অবস্থা কি রকম হোত?
- দ্বিতীয় বিশ্বযুদ্ধের পর ইউস্টন চার্চিল দৃঢ় ইচ্ছাশক্তি দ্বারা নির্ণায়ক ভূমিকা পালন করতে সক্ষম হয়েছিলেন। তখন তাঁর কাছে রক্ত, ঘাম ও অশ্রু ছাড়া দেওয়ার মতো কিছু ছিল না। চার্চিলের মধ্যে যদি প্রকৃত দেশভক্তি ও ইচ্ছাশক্তির অভাব থাকত তাহলে সমৃদ্ধের মোরকে ঢাকা ইংল্যান্ড ও ইউরোপের কি অবস্থা হোত বুঝতে পারছেন?
- গান্ধীজী নিজের ইচ্ছাশক্তির বলে ইংরেজদের ভারত থেকে বিতারিত

করতে সক্ষম হয়েছিলেন, আর তিনি দেশবাসীদের একটা পতাকার নিচে আনতে সক্ষম হয়েছিলেন।

তাই নিজের ইচ্ছাশক্তিকে সম্মান জানান, কারণ ইচ্ছার সম্মান করলে তবেই আপনার ইচ্ছাশক্তি বিকসিত হবে। হয়তো এই কথাটি মাথায় রেখেই গিনীজ বুকের আবিষ্কারক ডয়ুবীয়র বলেছিলেন, **'মানুষের কখনও নিজের বর্তমান স্থিতিতে সন্তুষ্ট হওয়া উচিত না।'**

এই বিষয়টি ভালো করে বোঝানোর জন্য আমি আপনাকে একটা গল্প বলি, একবার এক গানিতিক শূন্যকে বাদ দিয়ে বাকি নয়টি সংখ্যাকে আমন্ত্রণ জানিয়েছিল, মিটিং শুরু হওয়ার ঠিক আগে একটি সংখ্যা খেয়াল করে যে, সবাই ছিল কিন্তু শূন্য কোথাও ছিল না। সে খুঁজে জ্যামিতির বক্স থেকে শূন্যকে আবিষ্কার করে। শূন্যের মন খুবই খারাপ ছিল।

এই সংখ্যাটি শূন্যকে জিজ্ঞাসা করে, **'আরে শূন্য কি হয়েছে, তুমি এই জ্যামিতির বক্সের মধ্যে লুকিয়ে আছ কেনো?'**

শূন্য বলে, **'আমি শূন্য, আমার কোনো মূল্য নেই, কেউ আমার পরোয়া করে না, তাই আমার মন খুব খারাপ।'**

শূন্যর কথা শুনে সংখ্যাটির খুব হাসি পায়, সে শূন্যকে সামনে এনে অন্য সংখ্যাদের জিজ্ঞাসা করে, **'আচ্ছা তোমরা কি কেউ বলতে পার শূন্যের মূল্য কি?'**

সমস্ত সংখ্যা গুলি সমস্বরে বলে, **'এক'**। সে এবার শূন্যের স্থান বদলে দিয়ে পুনরায় জিজ্ঞাসা করে, **'এবার শূন্যের মূল্য কত?'**

সকলে বলে, **'দশ'**।

এবার ব্লাক বোর্ডে শূন্য লেখার পর তার সামনে এক যোগ করে দেয়, কখন সেই সংখ্যা হয় এক, কখন দশ, কখন এক হাজার তো কখন এক লক্ষ। ধীরে ধীরে মূল্য এত বাড়তে থাকে যে কেউ গুনতেই পারছিল না। তখন এই সংখ্যা শূন্যের দিকে তাকিয়ে বলে, **'এবার তুমি বুঝতে পারছো শূন্যের মূল্য কতখানি? তুমি একটা ছোট্টো সংখ্যা হলেও যখনই তুমি অন্য কোনো সংখ্যার সাথে যুক্ত হয়ে যাচ্ছো, তখন এই সংখ্যার মূল্য এতই বৃদ্ধি পাচ্ছে যে, তা গননা করা যাচ্ছে না।'**

**বিশ্বাস আর গ্রাহক হল একই মুদ্রার দুটি দিক। কারণ গ্রাহক সেখানেই যায়, যেখানে বিশ্বাস থাকে। তাই নিজের কাজে সততা রাখুন, গ্রাহক পায়ে হেঁটে আপনার কাছে আসবে।**

শূন্য নিজের মূল্য বুঝতে পেরে খুশি হয়। তখন সে মনে মনে ভাবে যে, আমি যদি নিজের ভূমিকা ঠিক মতো পালন করতে পারি তাহলে অনেক বড়ো বড়ো কাজ করতে পারব। আপনার অবস্থাও অনেকটা এই রকম। আপনি '**জিরো**' কিন্তু নিজের ইচ্ছাশক্তির বলে আপনি '**হিরো**' হয়ে উঠতে পারেন।

শিখদের ধার্মিক গ্রন্থ 'গুরুবাণী'-তে লেখা আছে - ঈশ্বর যেকোনো সাধারণ মানুষকে একটু একটু করে সফলতার শিখরে পৌঁছে দিতে পারে, কিন্তু যাদের ভেতরে ইচ্ছাশক্তি থাকে না তারা আকাশ থেকে মাটিতে পড়ে যায়।

আপনি নিশ্চই গ্রীকের রাজা মিডাসের কাহিনী শুনে থাকবেন। মিডাস যা ছুঁয়ে দিত, তাই সোনা হয়ে যেত। এমনি এক কাল্পনিক পাথর আমাদের কাছে পরশ পাথর নামে পরিচিত, যা লোহাকে সোনায় পরিণত করে দিতে পারে।

গুরুকুলে এমনি একজন আচার্য ছিলেন, যিনি শিষ্যদের সেবায় প্রসন্ন হলে তাদের এমন একটা দর্পন উপহার দিতেন, যার সাহায্যে মানুষের মনের ভাব জানা যেত। তার এক শিষ্য দিন-রাত তার সেবা করত, সে তাকে সেই দর্পন দেয়।

শিষ্য সেই দর্পন পেয়ে খুবই খুশি হয়। সে পরীক্ষা করার জন্য তাড়াহুড়ো করে দর্পনটা গুরুর সামনে ধরে। এই দর্পনে সে গুরুর মনে থাকা মোহ, অহংকার, ক্রোধ ও দুর্গুন পরিলক্ষিত করতে পারে। তা দেখে তার খুব দুঃখ হয়, কারণ সে ভাবত তার গুরুর মধ্যে কোনো দোষ নেই। তারপর দর্পনটি নিয়ে গুরু গৃহ থেকে রওনা হয়ে যায়। সে তার বহু বন্ধু ও আত্মীয়ের পরীক্ষা নেয়, সকলের মধ্যেই কোনো না কোনো দুর্গুন পরিলক্ষিত করতে পারে।

শেষ পর্যন্ত সে বাবা-মায়ের পরীক্ষা নেয়। তাদের মনেও দুর্গুনের সন্ধান পেয়ে সে আর নিজেকে সামলাতে পারে না, তখন এই দর্পন নিয়ে গুরুর সামনে গিয়ে বলে, '**গুরুদেব, আমি আপনার এই দর্পনের সাহায্যে বহু প্রিয় মানুষের দোষও পরিলক্ষিত করে ফেলেছি।**'

তখন গুরুদেব দর্পনটা শিষ্যের মুখের সামনে ধরে। তার প্রতিচ্ছবি দেখে শিষ্য অবাক হয়ে যায়, কারণ তার মধ্যেও ক্রোধ, দ্বেষ, অহংকার, রাগ প্রভৃতি দুর্গুন ছিল। তখন গুরুদেব তাকে বলে, '**তুমি যদি অন্যদের দোষ-ত্রুটি না খুঁজে নিজের দোষ-ত্রুটি দেখতে তাহলে তোমার ব্যক্তিত্ব বদলে যেত। আসলে মানুষ অন্যদের দোষের সন্ধান করার ব্যাপারে সবচেয়ে বেশী আগ্রহ প্রকাশ করে থাকে কিন্তু কখনও নিজেকে শোধরানোর কথা ভাবে না।**'

তাই শুধু নিজের কথা ভাবুন, কারণ অন্যদের কাজই হল টেনশান দেওয়া।

কংস হয়তো দেবকির আটটা সন্তানকেই বধ করতে না, যদি না নারদ ওনাকে বলতেন যে, আটের গণনা কোথা থেকে করা হবে সেটাই তো বোঝা যাচ্ছে না, কারণ যেকোনো স্থান থেকে শুরু করলে যেকোনো সন্তান আট নম্বর হোতে পারে।

রামায়ণে একটা প্রসঙ্গ আছে, যেখানে লক্ষ্মণের জন্য সঞ্জীবণির সন্ধান করতে গিয়ে হগনুমান সম্পূর্ণ পাহার তুলে নিয়ে এসেছিলেন। এত বড়ো কাজ করার পরেও তার ভেতরে কোনো ক্লান্তি দেখা যায় নি। যখন হনুমানের লেজে আগুন ধরিয়ে দেওয়া হয়েছিল, তখনও তিনি চিন্তিত ছিলেন না।

ভগবান শ্রীকৃষ্ণ শৈশব থেকেই যেকোনো সমস্যার সমাধান করেছিলেন হাসি মুখে, তাঁর ভেতরে কখনও কোনো টেনশান দেখা যায় নি। তিনি সর্বদা শান্ত ভাবে যেকোনো সমস্যা কাটিয়ে ওঠার চেষ্টা করতেন আর কখনও শত্রুকে অতি শীঘ্র সংহার করার কথা ভাবতেন না।

জরাসন্ধ বহুবার দ্বারকার ওপর হামলা করেছিল, কিন্তু ভগবান শ্রীকৃষ্ণ শান্ত ভাবে সব সহ্য করেন, কিন্তু যখন তাঁর ইচ্ছাশক্তি জাগ্রত হয়, তখনই জরাসন্ধকে তিনি বধ করেন।

তাই মাঝে মাঝেই নিজের ইচ্ছাশক্তি চেক্ করে দেখুন, কারণ এই ইচ্ছাশক্তিই আপনাকে ধনী করে তুলতে পারে। তা চেক্ করার পদ্ধতি খুবই সুবিধা জনক, আপনাকে শুধু নিম্নলিখিত বাক্য গুলিতে 'টিক্' করতে হবে -

1. আপনি কঠোর পরিশ্রম করেন। হ্যাঁ ☐
2. শৈশব থেকেই আপনি ব্যবসা করতে চান। হ্যাঁ ☐
3. খেলাধূলায় আপনার খুবই আগ্রহ। হ্যাঁ ☐
4. আপনি ধৈর্য্যের সাথে সমস্যার সম্মখীনতা করেন। হ্যাঁ ☐
5. পড়াশোনার থেকে ব্যবসার ওপর আপনার বেশী আগ্রহ। হ্যাঁ ☐
6. আপনি ব্যবসার ব্যাপারে প্রয়োজনের থেকে বেশী আগ্রহী। হ্যাঁ ☐
7. আপনি মন-প্রাণ দিয়ে নিজের লক্ষ্য পূরণের চেষ্টা করেন। হ্যাঁ ☐
8. আপনি খুবই আবেগ প্রবন। হ্যাঁ ☐
9. পরাজয় আপনি স্বীকার করতে পারেন না। হ্যাঁ ☐
10. আপনি খুব শান্ত থাকেন। হ্যাঁ ☐

11. আপনি নিজের পরিবারের সাথে একাত্মতা বোধ করেন। হ্যাঁ ☐
12. আপনি নিজেকে নিয়ন্ত্রণ করতে পারেন না। হ্যাঁ ☐
13. ব্যবসার সময় আপনার ঘুম উড়ে যায়। হ্যাঁ ☐
14. আপনার নতুন কিছু শিখতে ভালো লাগে। হ্যাঁ ☐
15. আপনি পরাজয় একদম সহ্য করতে পারেন না। হ্যাঁ ☐
16. আপনি অন্যদের সাথে মিলে কাজ করতে পারেন না। হ্যাঁ ☐
17. ব্যবসা করার সময় আপনি নিজের খিদে-তেষ্টা ভুলে যান। হ্যাঁ ☐
18. ধনীদের জীবনী পড়তে আপনার খুব ভালো লাগে। হ্যাঁ ☐
19. একই কাজ বারংবার করতে হলে আপনি বোর হয়ে যান। হ্যাঁ ☐
20. ক্রিয়েটিভ কাজ আপনার বেশি পছন্দের। হ্যাঁ ☐

নিজের ইচ্ছাশক্তি পরিমাপ করার জন্য এবার আপনি কতগুলি বাক্যতে 'টিক্' দিয়েছেন তা গুনে দেখুন।

- আপনি যদি দশের থেকে কম বাক্যের ক্ষেত্রে 'টিক্' দিয়ে থাকেন তাহলে বুঝতে হবে যে, আপনার ইচ্ছাশক্তি খুবই দুর্বল, তাই তা বৃদ্ধির চেষ্টা করতে হবে।

- যদি 15 -র চেয়ে কম বাক্যে টিক্ দিয়ে থাকেন তাহলে ইচ্ছাশক্তি কম, আপনাকে এই বইটি মন দিয়ে পড়তে হবে।

- আপনি যদি 15 টির চেয়ে বেশি বাক্যে 'টিক্' দেন তাহলে বুঝতে হবে আপনার আপনার ইচ্ছাশক্তি প্রবল, তার বলেই আপনি ধনী হয়ে উঠতে পারবেন।

গ্রামের বস্তিতে থাকা কোনো এক ব্যক্তি একদিন শিল্প জগতের অধিপতি হয়ে উঠতে পারে, সে কথা বোধ হয় কেউই ভাবতে পারবে না। শিল্প জগতে শিখরে পৌঁছানোর পর রাজনীতিতেও উল্লেখযোগ্য ভূমিকা পালন করা সম্ভব, তা তো বোধ হয় ভাবাই যায় না। নবাব সিংহ সরকার হলেন এর জ্বলন্ত দৃষ্টান্ত। মেরঠ জেলার একটা ছোট্টো গ্রামে, এক নির্ধন কৃষক পরিবারে তিনি জন্মগ্রহণ করেছিলেন। মায়ের শিক্ষায় তিনি প্রাথমিক শিক্ষা মেরঠ থেকেই গ্রহণ করেছিলেন, আরো পড়াশোনা করার জন্য তিনি তাঁর কাকার বাড়ি দাদরীতে চলে যান।

প্রথমে গাজিয়াবাদের এম.এম.এইচ. কলেজে এল.এল.বী.-র এডমিশান নেন, কিন্তু তা শেষ করতে পারেন নি। কারণ তাঁর কাকা অসুস্থ হয়ে পড়েছিলেন।

তাই নবাব সিংহ তাঁর সাহায্যে এক লক্ষ টাকা সম্বল করে নওডাতে পলিথ্যিন ব্যাগের কম্পানী খোলেন। এই কম্পানীর মজুর থেকে সেলসম্যান পর্যন্ত সবই ছিলেন তিনি। এরপর তাঁর ইচ্ছাশক্তির বলে নওডাতে আর একটি শিল্প স্থাপন করেন। দুই নং. ফেসে তিনি 'গুর্জর প্লাস্টিক' কম্পানী খোলেন।

তাতে প্যাকেজিংয়ের কাজ শুরু করেছিলেন। আজ তাঁর বাৎসরিক কারবার হল দুশো কোটি টাকার।

তাই নিজের ভেতরে ইচ্ছাশক্তি প্রবল করে তুলুন, তা যত প্রবল হবে আপনার লক্ষ্য তত কাছাকাছি এসে যাবে। কারণ শিখেদের ধর্মগুরু তেগ বাহাদুর সিংহের কথা অনুসারে বলা যায় -

নিজের ইচ্ছাশক্তির কোনো শেষ নেই, যার ইচ্ছাশক্তি প্রবল হয় ঈশ্বর তাকে দুনিয়ার সমস্ত ঐশ্বর্যে ভরিয়ে দেন।

◆

---

**ধনী হয়ে ওঠার জন্য প্রথম পদক্ষেপ বাড়ান, এই পুস্তক পড়ার পর, নিজের থেকেই দ্বিতীয় পা ফেলতে পারবেন। কারণ যেকোনো যাত্রাশুরু করার জন্য প্রথম পদক্ষেপ নেওয়াটা খুবই জরুরি।**

---

**এই পুস্তক আপনাকে ধনী করে তুলতে পারে।**
কারণ এটা কোনো মামুলি বই নয়
বরং
**ধনী হয়ে ওঠার বিজ্ঞান।**
**তাই তা মন দিয়ে পড়ুন,**
**কারণ সারা বিশ্বে**
**এখনও পর্যন্ত এমন কোনো সংস্থা গড়ে ওঠেনি**
**যেখানে ধনী হওয়ার প্রশিক্ষণ দেওয়া হয়।**

চতুর্থ সিদ্ধান্ত

# ধনী হয়ে ওঠার জন্য লক্ষ্য নির্ধারণ করুন

নতুন দিল্লীর ফিক্কী অডিটোরিয়াম দেশের বিখ্যাত শিল্পপতিতে পূর্ণ ছিল, তখন অর্থ মন্ত্রী পী. চিদম্বরমের তাদের উদ্দেশ্যে কিছু বক্তব্য রাখার কথা ছিল। বিষয় ছিল **'এক্সপোর্ট বৃদ্ধির লক্ষ্য - 2010'**।

এক্সপের্টির হওয়ার জন্য আমাকেও আমন্ত্রণ জানানো হয়েছিল। সৌভাগ্য বশত আমার পাশের চেয়ারে বসে ছিলেন মুকেশ আম্বানী। তিনি আমাকে চিনতেন, কারণ তাঁর পরিবারকে নিয়ে লেখা **'আম্বানী এন্ড আম্বানী'** আমিই লিখেছিলাম। আর তাঁর এই বইটি খুবই ভালো লেগেছিল। তিনি হাসি মুখে আমাকে অভিবাদন জানানোর পর জিজ্ঞাসা করেছিলেন যে, **'আচ্ছা মি. ইঞ্জিনীয়ার, আপনার এই ব্যস্ত ব্যবসায়িক জীবনে আপনি কখন লেখার সময় পান?'**

আমি বলি, **'আম্বানী সাহেব, শখের জন্য মানুষ সময় বার করেই নেয়। আপনি যেমন ক্রিকেট দেখার জন্য সময় বার করেন, আমিও তেমনি লেখার জন্য।'**

হঠাৎ তিনি আমাকে এমন একটা প্রশ্ন করেন, যার উত্তর আমার কাছে ছিল না, তিনি বলেন, **'এতো কম বয়সে আপনি 'সম্ভোগ সে স্বর্গ তক' এর মতো এমন একটা আধ্যাত্মিক পুস্তক লিখলেন কিভাবে?'**

আমাকে উত্তর তো দিতেই হোত, তাই আমি বলি, **'আপনি নিশ্চই ছোট্টো ধ্রুবর গল্প জানেন।'**

মুকেশ আম্বানী বলেন, **'না'**।

তখন আমি বলি, **'মাত্র পাঁচ বছর বয়সেই ছোটও ধ্রুব এত জ্ঞান সঞ্চয় করে ফেলেছিলেন যে, বিদ্বান ঋষি-মুনিরা তার সামনে আসতে ভয় পেত।'**

মুকেশ হেসে বলেন, **'তখন ঋষিরা কি করতেন?'**

**'তখন তাঁরা খুব সাধনা করেন, কিন্তু বালক ধ্রুবকে পরাজিত করতে**

পারেন নি।'

শেষে তারা নারদের কাছে গিয়ে বলেন, 'হে নারদ, আমরা সকলেই আপনার ভক্ত, বহুদিন ধরে আপনার সাধনা করে চলেছি, কিন্তু এই পাঁচ বছরের বালক ধ্রুব আমাদের পরাজিত করে দিয়েছে, যা আমাদের কাছে লজ্জার কারণ হয়ে উঠেছে। এবার আমাদের মান-সম্মান আপনার হাতে।'

নারদ বলেন, 'ঠিক আছে আমি নিজে ধ্রুবের কাছে যাব।'

ঋষি-মুনিরা যাওয়ার সাথে সাথে নারদ ধ্রুবের কাছে পৌঁছে যায়, আর বলে, 'বাবা, তুমি কি পছন্দ করো? তোমার কোন খেলনা চাই? কোন মিষ্টি খেতে পছন্দ কর?'

বালক ধ্রুব বলে, 'খেলনা -মিষ্টি সব আপনার প্রয়োজন হোতে পারে, আমি এই সব দিয়ে কি করব?'

'তাহলে কি কোনো রাজ্য চাও? কোনো সাম্রাজ্য চাও? তুমি তাই পাবে, এতো ছোটো বয়সে সাধনা করার প্রয়োজন কি? বৃদ্ধ বয়সে এইসব করো।'

ধ্রুব বলে, 'দেখুন নারদ মহাশয় আপনি গুরুজন, আপনি আমাকে বলুন তো, কত জন্মের পর মনুষ্য জন্ম পাওয়া যায়, আর কতজন মানুষ নিজেদের লক্ষ্যের কথা ভাবে? যে তা ভাবে সেই মহান হয়ে যায়। আপনার বয়স হয়েছে, এখন আপনি সাধনা করার সুযোগ পাচ্ছেন, কিন্তু আমিও এই সুযোগ পাব তার কোনো মানে নেই। হয়তো আজ রাতেই আমি মরে গেলাম। তাহলে আর বার্ধক্য দেখব কিভাবে? তাই আমি এখন থেকেই সাধনা করতে চাই যাতে আগামী প্রজন্ম আমার কথা মনে রাখে।'

গল্পটি শুনে মুকেশ আম্বানী হেসে বলেন, 'আমি নিজের প্রশ্নের উত্তর পেয়ে গেছি। আশা করি আপনি বালক ধ্রুবের গল্পটির পুনরাবৃত্তি করবেন।'

তখন আমি বলি, 'আম্বানী সাহেব, পৃথিবীর প্রতিটা মানুষ একটা স্বপ্ন নিয়ে জন্মগ্রহণ করে, আমার স্বপ্ন হল এমন কিছু লেখার যা পড়ে মানুষ আমাকে বছরের পর বছর মনে রাখবে।'

'আমার শুভ কামনা আপনার সাথে রইল মি. ইঞ্জীনিয়ার।'

এই কথা বলে তিনি স্টেজে চলে যান, কারণ পী. চিদম্বরম স্টেজে চলে

> প্রচলিত আছে যে, আষাঢ় মাসে দিনের বেলায় ঘুমালে শ্রাবণে কষ্ট সহ্য করতে হয়। ঠিক তেমনি যৌবনে সময় অপচয় করলে বৃদ্ধাবস্থায় অর্থোপার্জনে সমস্যা হয়।

এসেছিলেন।

তাঁর যাওয়ার পর আমার শুধু একটা কথাই মনে হচ্ছিল যে, বিশ্বের সবচেয়ে ধনী ব্যক্তি হওয়ার পরেও তাঁর ভেতরে এতটুকু অহংকার নেই। আজও তিনি নিজের ব্যবসা নিয়ে স্বপ্ন দেখেন ও তা সম্পূর্ণ করতে চান।

কারণ তিনি জানেন যে, যাদের মধ্যে 3D পাওয়ার আছে শুধু তারাই নিজেদের স্বপ্ন পূরণ করতে পারে। অর্থাৎ -

Direction অর্থাৎ **সঠিক পথ**।

Determination অর্থাৎ **দৃঢ় - প্রত্যয়**।

Dedication অর্থাৎ **পূর্ণ সমর্পণ**।

এই শক্তি গুলি লক্ষ্যের মাঝে আসা সমস্ত বাধা অতিক্রম করার ক্ষমতা রাখে। সেই কারণেই তাঁর বাবা ধীরুভাই আম্বানী বলেছিলেন, **'জীবনের হাই ওয়েতে চলার সময় আপনার চোখ থাকবে শুধু মাত্র লক্ষ্যের দিকে, তবেই আপনি ধনী হোতে পারবেন।'**

কিন্তু লক্ষ্য নির্ধারণ করার আগে আপনার এটা জানাটা খুবই জরুরি যে, আপনি কোন দিকে যাচ্ছেন? কোথায় দাঁড়িয়ে আছেন? আর এই বই পড়ার পর আপনি নিজেকে কোথায় দেখতে চান?

তাই প্রস্তুত হয়ে যান , আর মাথা ঠান্ডা করে নিম্নলিখিত প্রশ্ন গুলির ক্ষেত্রে সঠিক বিকল্পটিতে 'টিক্' দিন।

1. **আজ পর্যন্ত আপনার লক্ষ্য কেমন ছিল?**

a. প্রোফিটেবল ছিল না। হ্যাঁ ☐

b. খুব পরিশ্রম করতে হোত। হ্যাঁ ☐

c. নলেজ ছিল না। হ্যাঁ ☐

d. আইডিয়া পুরানো ছিল। হ্যাঁ ☐

e. কিছুই ছিল না। হ্যাঁ ☐

2. **আপনার লক্ষ্যের কি পরিণাম পেয়েছেন?**

a. ক্ষতিকারক হ্যাঁ ☐

b. লাভ খুব কম হয়েছে হ্যাঁ ☐

c. খুব জায়গা নেয়। হ্যাঁ ☐

d. খুন টেনশান লাগে। হ্যাঁ ☐

e. কোনো লক্ষ্য ছিল না। হ্যাঁ ☐

3. **লক্ষ্যের ভিজুলাইজেশান কিরকম ছিল?**

a. বর্তমান জীবনের মতো হ্যাঁ ☐
b. বর্তমান জীবনের থেকে একটু আলাদা। হ্যাঁ ☐
c. বর্তমান জীবনের থেকে অনেকটাই আলাদা। হ্যাঁ ☐
d. ভবিষ্যতের জ্ঞান ছিল না। হ্যাঁ ☐
e. প্রাক্টিক্যাল নলেজ ছিল না। হ্যাঁ ☐

4. **লক্ষ্য পূরণের জন্য স্বপ্ন কেমন ছিল?**

a. খুব ভালো ছিল। হ্যাঁ ☐
b. ভালো ছিল। হ্যাঁ ☐
c. ঠিক ছিল। হ্যাঁ ☐
d. ভালো ছিল না। হ্যাঁ ☐
e. ভয়ঙ্কর ছিল। হ্যাঁ ☐

5. **লক্ষ্যের স্বরূপ কেমন ছিল?**

a. অধিক স্থান নিত। হ্যাঁ ☐
b. কম জায়গা নিত। হ্যাঁ ☐
c. ঘরও ভরা থাকত। হ্যাঁ ☐
d. ফোনেই কাজ হয়ে যেত। হ্যাঁ ☐
e. জায়গার ব্যবস্থা ছিল না। হ্যাঁ ☐

6. **লক্ষ্যের জন্য কোনো পরিকল্পনা ছিল কি?**

a. অন্যদের দেখে করেছিলাম। হ্যাঁ ☐
b. কোনো চিন্তা ভাবনা করিনি। হ্যাঁ ☐
c. কখনও ভাবিই নি। হ্যাঁ ☐
d. অল্প স্বল্প পেপার ওয়ার্ক করেছিলাম। হ্যাঁ ☐
e. কোনো কিছু করিনি। হ্যাঁ ☐

7. **আপনার লক্ষ্য আপনাকে কোন রাস্তায় নিয়ে যাচ্ছে?**

a. ক্ষতির দিকে। হ্যাঁ ☐
b. ধনী হওয়ার দিকে। হ্যাঁ ☐
c. জানি না। হ্যাঁ ☐
d. স্থির আছে। হ্যাঁ ☐
e. শুধুমাত্র খরচ উঠে যাচ্ছিল। হ্যাঁ ☐

8. **লক্ষ্য নির্ধারণের পর আপনার ভবিষ্যৎ কেমন ছিল?**

a. অনিশ্চিত। হ্যাঁ ☐

b. সুযোগের ওপর নির্ভর করবে। হ্যাঁ ☐

c. ভাগ্যের ওপর নির্ভরশীল। হ্যাঁ ☐

d. আবহাওয়ার ওপর নির্ভর করবে। হ্যাঁ ☐

e. ব্যবহারের ওপর নির্ভরশীল। হ্যাঁ ☐

9. **লক্ষ্যকে পরীক্ষা করে দেখার বিধি কেমন ছিল?**

a. সরল। হ্যাঁ ☐

b. খুবই সরল ছিল। হ্যাঁ ☐

c. টিপিকাল ছিল। হ্যাঁ ☐

d. একটু সমস্যাজনক ছিল। হ্যাঁ ☐

e. কোনোটিই ছিল না। হ্যাঁ ☐

10. **লক্ষ্যের কোনো প্রজেক্ট করেছিলেন কি?**

a. চেষ্টা করিনি। হ্যাঁ ☐

b. এই ব্যাপারে জানতাম না। হ্যাঁ ☐

c. বাড়ির লোকেদের থেকে পরামর্শ নিয়েছিলাম। হ্যাঁ ☐

d. সবকিছুই ছিল মৌখিক। হ্যাঁ ☐

e. পুস্তকে দেখেছিলাম। হ্যাঁ ☐

নিজের অবস্থা বোঝার জন্য কতগুলি হ্যাঁ - এর পাশে 'টিক্' দিয়েছেন তা গণনা করুন। কারণ এই দশটা প্রশ্নের উত্তর আপনাকে বলে দেবে যে, আপনি জীবনে কি চান। আর তার জন্য আপনি আজ পর্যন্ত কি কি করেছেন।

যদি আপনার উত্তরের যোগ 15 থেকে 30 এর মধ্যে হয় তাহলে লক্ষ্যের পরিকল্পনা আপনার জন্য সম্পূর্ণ রূপে নতুন প্রক্রিয়া, তা আপনি শুধু অন্যের ওপরেই প্রযোজ্য হোতে দেখেন। আপনি যদি নিজের পরিকল্পনা গড়ার জন্য একটু সময় ব্যয় করেন, তাহলে আপনার জীবন অনেকটাই বদলে যেতে পারে।

তার জন্য এই বইটি মন দিয়ে পড়তে হবে, কারণ ধনী হওয়ার জন্য আপনি কিভাবে নিজের লক্ষ্য নির্ধারণ করবেন, সেই বিষয়ে অনেক কথাই বলা আছে।

আপনার উত্তর যদি 30 থেকে 40 -এর মধ্যে হয় তাহলে বুঝতে হবে যে, লক্ষ্যের পরিকল্পনা সম্পর্কে অনভিজ্ঞ নন। আপনি যদি ভবিষ্যতের জন্য

সময় দিতে পারেন, তাহলে আপনার জীবন আরো সুন্দর হয়ে উঠতে পারে। তার জন্য এই বইয়ের প্রতিটি অধ্যায়কে কমপক্ষে দুই বার পড়ুন, যাতে আপনার ধনী হওয়ার পথে কোনো স্পীড ব্রেকার না আসে।

আপনার উত্তরের যোগ যদি 40 থেকে 45 এর মধ্যে হয়, তাহলে বুঝবেন আপনি নিজের লক্ষ্যের জন্য যথেষ্ট কাজ করেছেন। কিন্তু তাতেই সন্তুষ্ট হয়ে যাবেন না, ক্রমাগত নিজের লক্ষ্যের দিকে নজর রাখুন।

কারণ ধীরুভাই আম্বানী বলেছিলেন, 'There Is Always Room At The Top.' অর্থাৎ নিচে ভিড়ের জন্য স্থানাভাব দেখা যায় কিন্তু ওপরের স্থান সর্বদাই খালি থাকে।

প্রকৃতিরও তাই নিয়ম, 'Survival Of The Fittest' অর্থাৎ যার ভেতরে সবচেয়ে বেশি উৎসাহ দেখা যায়, সেই সফল হয়। কারণ সফলতা গাছের ফল ও না বা তা কোথাও কিনতেও পাওয়া যায় না।

সফলতা হল সেই উচ্চতা, যেখানে পৌঁছানোর জন্য কোনো লিফ্‌ট কাজ করে না। সেখানে একের পর এক ধাপ অতিক্রম করে পৌঁছাতে হয়। যেভাবে অর্জুন পৌঁছেছিলেন। গুরু দ্রৌন অস্ত্রবিদ্যা শেখানোর সময়, তার শিষ্যদের বলেছিলেন, **'তোমাদের গাছের ওপর বসে থাকা এই পাখীর চোখে লক্ষ্যভেদ করতে হবে, কিন্তু তার আগে বল, তোমরা কে কি দেখতে পাচ্ছো?'**

কেউ উত্তর দেয়, গাছ, পাতা, ডাল। কেউ বলে আকাশ। কেউ বলে পাখী।

কিন্তু অর্জুন বলেছিলেন, **'আমি শুধুমাত্র গাছের ওপর বসে থাকা পাখীর চোখ দেখতে পাচ্ছি।'**

এই কথা শুনে গুরু দ্রোণ খুশি হন, ও অর্জুনকে তীর নিক্ষেপের জন্য ইশারা করেন। অর্জুনের তীর গিয়ে বেঁধে পাখীর চোখে, কারণ সেটাই ছিল তাঁর লক্ষ্য।

আব্রাহম লিংকনের লক্ষ্য ছিল তার মুখের কথা যেন জাদুর মতো কাজ করে, তার জন্যই তিনি একজন কুশল বক্তা হোতে পেরেছিলেন। ফ্যাঙ্কলিন পীয়র্স নিজের দৃঢ় সংকল্পের বলেই আমেরিকার প্রেসিডেন্ট হোতে পেরেছিলেন। ফ্যাঙ্কলিন পীয়র্স বলেছিলেন, **'আপনি যদি নিজের লক্ষ্য পূরণের সফলতা অর্জন করতে চান, তাহলে আপনাকে নিম্নলিখিত সিদ্ধান্ত অনুসারে চলতে হবে।'**

- **সর্বদা হাসি মুখে থাকুন।**

- অপরের আবেগের কদর করুন।
- নম্রতা ও ভদ্রতা বজায় রাখুন।
- অন্যদের উৎসাহ প্রদান করুন।
- নিজের প্রতিশ্রুতি কখনও ভুলবেন না।
- প্রতিদিন নিজের ইচ্ছাশক্তি বৃদ্ধি করুন।
- সমাজের সেবা করুন।
- অন্যদের সাহারা দিন।
- প্রেরণাদায়ক বই পড়ুন।
- অবসর সময়টা মহাপুরুষদের সাথে অতিবাহিত করুন।
- প্রতিদিন মর্নিং ওয়াক করুন।
- মন থেকে ধন্যবাদ জানান।
- কখনও অহংকার করবেন না।
- অন্যদের পরামর্শকে সম্মান করতে শিখুন।
- ক্ষমা করার অভ্যাস গড়ে তুলুন।
- ক্রোধ, ঘৃণা, ঈর্ষা ও দ্বেষ থেকে দূরে থাকুন।
- জীবনের প্রতি সঠিক দৃষ্টিকোণ বজায় রাখুন।
- প্রতিদিন ঈশ্বরের প্রার্থনা করুন।

একটা কথা কি জানেন তো, কিছু পাওয়ার জন্য কোনো বয়স নির্ধারিত থাকে না। ব্রিটেনের **'ইয়ং এচীভার অফ দ্যা ইয়ার'** রবি গহলোত হল তার শ্রেষ্ঠ উদাহরণ। গহলোত 15 বছর বয়স থেকেই নিজের বাড়ি থেকে ব্যবসা শুরু করেছিলেন, 17 বছর বয়সে তিনি কোটিপতি হয়ে যান, ব্রিটেনের সবচেয়ে কম বয়স্ক কোটিপতি তিনি।

কারণ, **'বন অফিস কম্পানী'**-র প্রথম শ্রষ্ঠা ছিলেন তিনি, রবি সর্বপ্রথম সউল ডিস্কোজের আয়োজন করেছিলেন, এটাই ছিল তাঁর প্রথম সওদা, সেই সম্পর্কে তিনি নিজেই বলেন, **'আমি ব্যাঙ্কের কাছ থেকে কোনো রকম আর্থিক সাহায্য নিইনি, আমি নিজে অর্থোপার্জন করেছি। প্রথম বার আমি আমার এক বন্ধুর কাছ থেকে মাত্র 100 পাউন্ড ধার নিয়েছিলাম।'**

16 বছর বয়সে স্কুল ছাড়ার পর তিনি সবার আগে ন্যাপার সেই সাইপ্রাস রোসোর্টে জান, যা ইউরোপীয় যুবকদের জন্য অতি বিখ্যাত স্থান ছিল। তারপর তিনি নাইট ক্লাব গুলিকে পোশ্রয় দিতে শুরু করেন এবং এম.টী.ভী. পার্টীর

আয়োজন করতে শুরু করেন।

!" ä î û #ä î ûþ yî œæ þ†æû û î œë –আমি উচ্চ শিক্ষা অর্জন **করতে পারিনি, তার জন্য আমার মনে কোনো অনুতাপ নেই। জীবনের শুরুতে ডিস্কোজের স্থাপনা এবং বর্তমানে বন অফিসের রূপে ব্যবসার বিস্তার আমার জীবনের সঠিক যোগ্যতাকেই প্রমাণ করে দেয়।'**

আজ রবি সেই সমস্ত যুবকদের সাহায্য করেন, যাদের কাছে আইডিয়া থাকলেও কোনো উপায় নেই। তারা যাতে তাদের স্বপ্ন সার্থক করতে পারে তিনি সেটাই দেখেন, তাই রবি বলেন, **'আপনি যদি বেকার হন, আর মনে যদি ধনী হওয়ার ইচ্ছা থাকে, তাহলে একটা চাকরির সন্ধান থেকে নিজের জীবনের শুরু করুন, তারপর নিজেকে কর্মের মধ্যে ডুবিয়ে দিয়ে সঞ্চয় করতে শুরু করুন।'**

এর জন্য আপনাকে নিজের নেতিবাচক চিন্তা গুলিকে পরিত্যাগ করে ইতিবাচক করে তুলতে হবে। এরপর আপনি নিজের স্বপ্নকে বাস্তবায়িত করার দিকে অগ্রসর হোন। তারপর নিজের সম্ভাবনা ও বিকল্পের সন্ধান করুন, যা আপনাকে স্বপ্নের দিকে নিয়ে যেতে পারে।

কিন্তু সর্বদাই আশাবাদী হয়ে থাকার চেষ্টা করুন, তারপর নিজেকে জিজ্ঞাসা করুন যে, আপনার কোন কাজ আপনাকে নিজের গন্তব্যের দিকে এগিয়ে নিয়ে যাবে।

আপনি নিজের পরিকল্পানা মাফিক এগিয়েও যদি লক্ষ্য পর্যন্ত পৌঁছাতে না পারেন, তাহলে কোন কারণ আপনাকে পিছনে নিয়ে যাচ্ছে, তার অনুসন্ধান করুন। কারণ দীর্ঘনিকায় গ্রন্থের অনুসারে বলা যায় -

কর্ম করার অপর নামই হল জীবন। কাজ করার সময় একটু অবসরের সন্ধান করা খুব ভালো, কিন্তু কাজ না করে অবসরের সন্ধান করার কোনো মানে নেই। কারণ কাজের থেকে দূরে থাকার অর্থ হল, নিজের কর্তব্যের অবহেলা করা। আপনার কাজ আপনার জীবনে আনন্দের সঞ্চার করে, তা আপনার একটা নতুন পরিচয় গড়ে তোলে।

একজন সাংবাদিক একবার নেপোলিয়ানকে জিজ্ঞাসা করেছিলেন, **'আপনার সফলতার রহস্য কি, এর পিছনে কোনো দৈবিয় শক্তি আছে কি?'**

**যারা দিনে খালি চোখে স্বপ্ন দেখে, তারা যারা রাতে শুয়ে ঘুমের ঘোরে স্বপ্ন দেখে তাদের চেয়ে অনেক ধনী হোতে পারে।**

নেপোলিয়ান একটু হেসে অতি সহজভাবে বলেছিলেন, **'আপনি যদি সম্পূর্ণ সততা ও সমর্পনের সাথে নিজের লক্ষ্যের দিকে এগানোর সংকল্প নেন, তাহলে অবশ্যই আপনি সফল হবেন। এটাই আমার অভিজ্ঞতা।'**

তাই সফলতা অর্জনের পথে চলার চতুর্থ ধাপ হল, লক্ষ্য নির্ধারণ করা। আপনার লক্ষ্য যদি স্পষ্ট থাকে, তাহলে বুঝবেন আপনি আপনার চলার পথের চতুর্থ ধাপ অতিক্রম করেছেন। কিন্তু লক্ষ্য যেন সর্বদা বড়ো হয়, কারণ আকাশ ছোঁয়ার ইচ্ছা থাকলে তবেই আপনি পাহাড়ের উচ্চ শিখরে আরোহন করতে পারবেন। কিছু দিন আগে আমার ছোটো মেয়ে ভিলশা আমার কাছে বসে পড়ছিল। তার ফাস্ট ক্লাসের হিন্দি বইটি টেবিলের ওপর পড়েছিল। হঠাৎ আমার চোখ পড়ে সেদিকে। আমি উৎসাহের সাথে বই খুলে দেখি প্রথম পৃষ্ঠাতে লেখা আছে, **'গরু দুধ দেয় না, তা নির্গত করতে হয়, ফোঁটা ফোঁটা করে।'**

জীবনের এত বড়ো ও কঠোর সত্য জানার পর আমি রোমাঞ্চিত হই, মহাত্মা বুদ্ধ মক্ষো লাভ করার পর যতটা খুশি হয়েছিলেন, আমিও ঠিক ততটাই খুশি অনুভব করি। তারপর আমার জীবনের মূল সিদ্ধান্ত হয়ে ওঠে, **'গরু দুধ দেয় না, তা নির্গত করতে হয়।'**

কারণ আমি অনুভব করতে পেরেছিলাম যে, সফলতা অর্জনের জন্য অনুসন্ধান করাটা খুবই জরুরি। তাই আপনি হয়তো কিভাবে কাজ করবেন, তার অনুসন্ধান করে যাচ্ছেন, অথচ জীবনের কোন মোড়ে আপানর জন্য সফলতা অপেক্ষা করছে তা আপনি নিজেও জানেন না।

**দুই নৌকায় পা দিয়ে চলবেন না :** যারা দুই নৌকায় পা দিয়ে চলতে চায়, তারা বেশির ভাগ সময়তেই ডুবে যায়। তাই একবারে একটাই লক্ষ্য নির্ধারণ করুন, আর সেই অনুসারে কাজ করুন। **'এয়ার হোস্টেজ একেডেমীর'** প্রতিষ্ঠাতা এবং ম্যানিজিং ডিরেক্টর স্বপ্না গুপ্তার মতো। আজ এই প্রশিক্ষণ কেন্দ্র ভারতের মধ্যে নম্বর ওয়ান স্থানে চলে গেছে। এয়ারলাইন্স ও হোটেলে কাজ করতে ইচ্ছুক যুবক- যুবতীরা এখান থেকেই প্রশিক্ষণ নিয়ে থাকে।

প্রথমে স্বপ্না গুপ্তা দিল্লী বিশ্ববিদ্যালয়ের সাথে সাথে ওয়াই.এম.সী.এ. ভারতীয় বিদ্যা ভবনে এবং সাউফ দিল্লী পলীটেক্নিক এর মতো সংস্থায় **'ট্রাভেল এণ্ড টূরীজম'** পড়াতেন। পড়ানোর সময় তাঁর কাছে এমন কিছু ছাত্র-ছাত্রী আসত

**সুগন্ধী ফুল ধীরে ধীরে বড়ো হয়, অথচ ঘাস অতি দ্রুত বড়ো হয়ে ওঠে। আপনি ফুল লাগাবেন নাকি ঘাস তা নির্ভর করে আপনার ইচ্ছাশক্তির ওপর।**

যারা এভিএশান এবং হসপিট্যালিটীর সাহায্যে নিজেদের ভবিষ্যৎ গড়ে তুলতে ইচ্ছুক ছিল। কিন্তু তার জন্য তারা কি করবে এবং কোথায় যাবে তা তারা জানত না।

প্রথম দিকে তিনি কলেজের পরে ছাত্রদের ছাত্রদের জন্য সময় বার করতে শুরু করেন, তখন তিনি বোঝেন যে, লোকেদের ব্যবসায়িক প্রশিক্ষণ প্রদানের বিষয়ে ভারত অনেক পিছিয়ে রয়েছে। নতুন এয়ারলাইন্স ও হোটেল খুলতে দেখে তাঁর মনে হয় যে, এই পথে রোজগারের বেশ ভালো সুযোগ আছে। কিন্তু ভারতের যুবকরা সেই লাভের থেকে বঞ্চিত রয়ে যাচ্ছে। এরপর স্বপ্না নিজের ছাত্রদের স্বপ্ন পূরণ করার চেষ্টা করেন, 1997 সালে দক্ষিণ দিল্লীর অমর কলোনীর ভাড়া বাড়িতে তিনি তিনজন ছাত্রকে পড়াতে শুরু করেন।

কিন্তু তাঁর সামনে সবচেয়ে বড়ো সমস্যা ছিল, একটা ব্রান্ড তৈরি করার, যাতে করে ছাত্ররা অতি সহজে কাজ পেতে পারে। নিজের কঠোর পরিশ্রম, দৃঢ় প্রত্যয় ও চেষ্টার দ্বারা তিনি দশ বছরের মধ্যে একটি অন্তর্রাষ্ট্রীয় মানের প্রশিক্ষণ কেন্দ্র গড়ে তুলতে সক্ষম হয়েছিলেন।

আজ এ.এইচ.এ ক্রাম্ব্রিজ বিশ্ববিদ্যালয় থেকে মান্যতা লাভ করেছে, যা বিশ্বমানের সেবা ও গুণবত্তার মোকাবিলা করতে সক্ষম। এই সংস্থা সফলতার সেই উচ্চ শিখরে পৌঁছাতে সক্ষম হয়েছে, যেখানে অন্য কোনো সংস্থা পৌঁছাতেই পারেনি। আজ 29 টি শহরের 49 কেন্দ্রে যুবকরা এই সংস্থা থেকে প্রশিক্ষণ লাভ করছে। আজ তা 80 কোটি টাকার ব্যবসায় পরিণত হয়েছে, কিন্তু স্বপ্নার লক্ষ্য ছিল স্থির, যার ফলে তিনি সফলতার উচ্চ শিখরে আরোহন করতে পেরেছিলেন।

**শেখাটা খুবই জরুরি** : যেকোনো শিক্ষা আমাদের আত্মবিশ্বাস বৃদ্ধি করে, যার ফলে আমরা এই পৃথিবীকে আরো ভালো করে জানতে পারি। যেদিন আপনার মধ্যে শেখার ইচ্ছা শেষ হয়ে যাবে, সেদিন আপনার জীবনও স্থির হয়ে যাবে।

কারণ আপনি যখন কোনো লক্ষ্য পাওয়ার চেষ্টা করেন, তখন আপনার সামনে ভালো-মন্দ উভয় প্রকৃতির মানুষই আসে, কিন্তু যারা আপনার ভালো চায় না, তাদের থেকে দুরে থাকাই শ্রেয়। কারণ সেই ধরণের লোকেদের কথা আপনাকে আরো হতাশ করে তোলে।

এই হতাশা যেন আপনাকে ভীত করতে না পারে, তার থেকে কিছু শেখার চেষ্টা করুন।

**মনোবৈজ্ঞানিক উইলিয়াম জেম্স বলেছিলেন একবিংশ শতাব্দীর সবচেয়ে বড়ো প্রাপ্তি হবে, প্রত্যেক ব্যক্তি নিজেদের মানসিক দৃষ্টীভঙ্গি বদলে নিজেকে বদলাতে সক্ষম হবে।**

**শরীর ও মনকে সুস্থ রাখুন :** লক্ষ্য পূরণের জন্য আপনার মন ও শরীর সুস্থ থাকাটা খুবই জরুরি। সুস্থ শরীরের মধ্যেই একটা সুস্থ মন থাকে, তাই বর্তমান স্থিতি পরীক্ষা করে দেখা দরকার :-

1. আপনার ওজন কি খুব বেশি? হ্যাঁ ☐
2. তিনটি সিঁরি পার হোতে না হোতেই আপনার শ্বাস কষ্ট হয় কি? হ্যাঁ ☐
3. আপনার ঘুম সম্পূর্ণ হয় কি? হ্যাঁ ☐
4. আপনি ফল, সব্জি সহ অন্যান্য পুষ্টিকর খাবার খান কি? হ্যাঁ ☐
5. আপনি নিজের জন্য আরাম করার সময় পান কি? হ্যাঁ ☐

নিজের সুস্থতা সম্পর্কে ভালো করে জানার জন্য সঠিক উত্তরের পাশে 'টিক্' দিন। আপনার 4 থেকে 5 টা প্রশ্নের উত্তর যদি হ্যাঁ হয়, তাহলে বুঝতে হবে যে, আপনি নিজের সুস্থতার বিষয়ে যথেষ্ট সজাগ।

কিন্তু যদি 1, 2 বা 3 টি প্রশ্নের উত্তর হ্যাঁ হয় তাহলে বুঝতে হবে যে আপনি নিজের সুস্থতার ব্যাপারে বেশি ধ্যান দেন না, নিজেকে সুস্থ রাখার জন্য নিম্নলিখিত চারটি বিষয়ের দিকে লক্ষ্য করুন :-

- **নমনীয়তা বৃদ্ধি করুন।**
- **মর্নিং ওয়ার্ক করুন।**
- **ব্রেকফাস্টে ফল খান।**
- **লিফটের পরিবর্তে সিঁড়ির ব্যবহার করুন।**

কারণ আপনার বডি একটা কম্পোনেন্ট গাড়ির মতো। আপনি নিজের শরীরের দিকে যত যত্ন নেবেন, তার প্রদর্শনও তত ভালো হবে।

**নিজের ক্ষমতা বুঝুন :** প্রত্যেক ব্যক্তির মধ্যে কিছু না কিছু ক্ষমতা আছে, কিন্তু তা চিনে নিয়ে তা সঠিক ভাবে ব্যবহার করার কলা খুব কম লোকেই জানে। তাই আপনি যা করতে পারবেন তাই করুন। কারণ আপনি নিজের ক্ষমতার যত সঠিক ব্যবহার করবেন, সফলতা পাওয়ার সম্ভবনা তত বৃদ্ধি পাবে।

যখন চরক গুরুগৃহে শিক্ষা নিতেন, তখন তাঁকে বনৌষধির কাজ দেওয়া হয়েছিল। সেই সময় তাঁর শরীরে একটা ছোট্টো ফোড়া হয়। গুরু তা ঠিক করার জন্য এক বিশেষ বনৌষধির সন্ধান করে আনতে বলেন, তিনি সেই ঔষধির সন্ধানে বেরিয়ে পড়েন। চরক সেই ঔষধির সন্ধানে বহু রাস্তা অতিক্রম করেন, বহু গাছ দেখেন, কিন্তু কোথাও তার সন্ধান পান না।

**যতক্ষণ না আপনি দায়িত্বের সাথে নিজের কাজ করছেন,**
**ততক্ষণ পর্যন্ত আপনি সফল হোতে পারবেন না।**

তিনি হতাশ হয়ে ফিরে এলে তাঁর গুরু তাঁকে বলেন, **'ওই বনৌষধি আশ্রমের পিছনেই আছে। তুমি এই গাছ এনে, তা সেবন করো।'**

চরক তাই করেন, আর কিছুদিন পরে তিনি সুস্থ হয়ে যান। একদিন চরক তাঁর গুরুদেবকে জিজ্ঞাসা করেন, **'গুরুদেব! এই বনৌষধি আশ্রমের পিছনেই ছিল, কিন্তু তার জন্য আপনি আমাকে কত রাস্তা হাঁটিয়েছিলেন, কেন গুরুদেব?'**

গুরু বলেন, **'গবেষণা করার জন্য চেষ্টা থাকাটা খুবই জরুরি। যদি তুমি সেখানে না যেতে তাহলে অন্য বনৌষধি গুলিকে চিনতে কিভাবে?'**

**আগে কঠিন কাজ করুন :** আপনার কাছে যদি দুটি কাজ থাকে, একটা কঠিন ও একটা সহজ, তাহলে সবার আগে কঠিন কাজটা করে ফেলুন। কারণ তাহলে আপনার কাছে কাজ করার মতো উপযুক্ত সময় ও স্ফূর্তী থাকবে। এই রকম ক্ষেত্রে আপনি কঠিন কাজের জন্য সম্পূর্ণ সময় ও শক্তি ব্যয় করতে পারবেন। এরপর সোজা কাজ আরো সোজা বলে মনে হবে এবং আপনি তা অতি সহজে করতে পারবেন।

**চিন্তা করে সময় নষ্ট করবেন না :** কাজের চিন্তা না করে, কাজ করাটাই শ্রেয়। কাজের চিন্তা করে সময় নষ্ট করবেন না, বরং সেই সময়ে কাজ করুন, তাতে করে আপনি সহজে গন্তব্যে পৌঁছাতে পারবেন।

**নিজের দুর্বলতা কি তা চিনুন :** প্রত্যেকের মধ্যে কোনো না কোনো দুর্বলতা অবশ্যই আছে। কোনো ব্যক্তিই সম্পূর্ণ নয়। তাই নিজের দুর্বলতা গোপন করার পরিবর্তে তা দুর করার চেষ্টা করুন।

কিন্তু নিজের দুর্বলতার জন্য লজ্জিত হবেন না। তা গর্বের সাথে স্বীকার করুন, তা না হলে আপনি সারা জীবন অজ্ঞানতার মধ্যেই থেকে যাবেন। কারণ 'পঞ্চতন্ত্র'-তেও লেখা আছে :-

জীবনে সবচেয়ে বেশি গুরুত্বপূর্ণ হল বুদ্ধি। মানুষের মধ্যে বুদ্ধি থাকলে, বাকি সব কিছু আপনার থেকেই হয়ে যাবে। কারণ বুদ্ধির দ্বারাই পৃথিবীতে উন্নতি করা যায়।

তাই বুদ্ধিমান হওয়াটাকেই সবচেয়ে বড়ো আশীর্বাদ বলে ধরা হয়। আপনার উন্নতির পিছনেও আছে, আপনার বুদ্ধি। তাই তুলসি দাসের কথা স্মরণ করে বলা যায় :-

ঈশ্বর যদি কাউকে দুঃখ দিতে চান, তাহলে মানুষ বুদ্ধির জোড়ে তার থেকে রেহাই পেতে পারে। কারণ জ্ঞান আর বিবেক হল বুদ্ধির দুটি দিক। তাই উভয়ের

মধ্যে ভারসাম্য বজায় রাখাটা খুবই জরুরি, আর ভারসাম্য রাখার জন্য জ্ঞান থাকাটা সবচেয়ে বেশি প্রয়োজন। কারণ জ্ঞান ছাড়া আপনি এই পৃথিবীকে জানতে পারবেন না।

রাজা নন্দের কাছে সব কিছু ছিল, কিন্তু চাণক্যের কাছে কিছুই ছিল না। কিন্তু চাণ্যকের বুদ্ধির তীক্ষ্ণতা পুরো নন্দ বংশকে ধ্বংস করে দিয়েছিল।

শ্রীমদ্ভভগবদগীতার একটি প্রসিদ্ধ বাক্য হল **'স্বধর্মে নিধনং শ্রয়:'** এর অর্থ হল, কাজ যেমনই হোক না কেন, সম্পূর্ণ নিষ্ঠা ও সততার সাথে তা করা উচিত।

তারপর আপনি মনে মনে যে জিনিসের কামনা করবেন, আপনার মন সেদিকেই আকর্ষিত হয়ে যাবে। মনোবৈজ্ঞানিক গণও বলেন যে, **'আপনার মন যদি বিলাসিতার দিকে অগ্রসর হয়, তাহলে আপনি বার, সিনেমাহল ও কলগার্লদের সন্ধান করবেন।'**

আপনি যদি ধনী হোতে চান, তাহলে সবার আগে নিজের মনকে বিশ্বাসে পরিপূর্ণ করে তুলুন, নিজের মধ্যে ধনী ব্যক্তিদের মতো শক্তি সঞ্চিত করুন। কারণ আপনার উদ্দেশ্য যত বড়ো হবে, আপনার চেষ্টাও তত বৃদ্ধি পাবে।

আজ এডিসন বিশ্ব বিখ্যাত বৈজ্ঞানিক হিসাবে পরিচিত, তাঁর সফলতার পিছনে কোন রহস্য লুকিয়ে আছে। তাঁর মনে যদি নিজের সফলতা নিয়ে সন্দেহ থাকত তাহলে তিনি কি কখনও অন্য বৈজ্ঞানিকদের থেকে আগে যেতে পারতেন? তিনি কি মহান বৈজ্ঞানিক হোতে পারতেন?

তাঁর সফলতার রহস্য হল তাঁর মনের বিশ্বাস। তিনি সর্বদা সফল বৈজ্ঞানিক হওয়ার স্বপ্ন দেখতেন, আর আত্মবিশ্বাসের সাথে তিনি সেই কাজই করে গেছেন।

সেই কারণেই রতন টাটা বলেছিলেন, **'মানুষের ধনী হওয়া তার ভাগ্যের ওপর নির্ভর করে না, বরং তার বুদ্ধি-বিবেচনার ওপর নির্ভর করে।'**

তাই নিজের লক্ষ্য উঁচু করুন, মনকে ব্যাপ্ত করুন, আপনার চেষ্টা যেন হয় অসীম, বন্ধুর সংখ্যা যেন দিনে দিনে বৃদ্ধি পায়। আপনার বিচার বড়ো হলে, আপনি অবশ্যই বড়ো হোতে পারবেন।

**'সাধারণ'** হোতে চাইবেন না, **'মধ্যম'** হওয়ার বিরোধীতা করুন আর **'বড়ো'** হওয়ার চেষ্টা করুন।

কারণ জী.টিভি.-র এম.ডী. এই পথে চলেই সফলতা অর্জন করতে সক্ষম হয়েছিলেন। 1950 সালের 30 শে নভেম্বর হরিয়াণার একটা ছোট্টো গ্রাম

আদমপুরে জন্ম গ্রহণ করেছিলেন তিনি। তাঁর মনে ইঞ্জীনিয়ার হওয়ার স্বপ্ন ছিল, কিন্তু তাঁর ভাগ্যের লিখন ছিল অন্য কিছু। তাই এন্টারের পরে তিনি পড়াশোনা ছেড়ে দেন।

কিন্তু তাঁর ব্যবসায়িক নজর ছিল অতিব প্রখর। 1982 সালে তিনি '**এসেল প্যাকেজিঙ্গ লিমিটেড**' -এর প্রতিষ্ঠা করেন।

সেই সময় ভারতে এলুমনিয়াম টিউবের প্রচলন ছিল। কিন্তু তিনি লেমিনেটেড প্লাস্টিক টিউব বানাতে শুরু করেন। টুথপেস্ট, ঔষধ, সৌন্দর্য প্রসাধনী এবং এফ.এম.সী.জী.-এর প্যাকিঙ্গে তার ব্যবহার শুরু হয়। আজ '**এসেল প্রোপ্যাক লিমিটেড**' এশিয়ার মধ্যে সবচেয়ে বড়ো আর পৃথিবীর মধ্যে দ্বিতীয় স্থানাধিকার করেছে টিউব কম্পানীর নির্মাতা হিসাবে।

আজ বিশ্বের ধনী ব্যক্তিদের তালিকায় তাঁর নাম 407 -এ আছে, এর থেকে তাঁর সফলতার কথা অতি সহজেই অনুধাবন করতে পারবেন।

সুভাষ চন্দ্রের সফলতা দেখে এটা বোঝা যায় যে, '**প্রয়োজনই হল আবিষ্কারের জননী**।'

চুইংগামের অন্বেষণের পিছনেও এমনি কিছু রহস্য লুকিয়ে আছে। 1869 সালের কথা, আমেরিকার নিউজার্সী শহরে থমাস এডম্স নামের এক ব্যবসায়ি রবারের বিকল্পের সন্ধান করছিলেন। তিনি তার জন্য '**সাপিডিলা**' বৃক্ষের নির্বাচন করেন।

একদিন তিনি এই আঠা চেকে দেখেন, আর তার স্বাদ তাঁর খুবই ভালো লাগে। 1871 সালে তিনি তা পেন্টেট করে '**এড্মস নিউইয়ার্ক গাম**' নামে বাজারে ছাড়েন।

কিন্তু খাওয়ার আগে '**এডমস নিউইয়ার্ক গাম**' গরম করা হোত তাই পরে ড. সী ম্যান তাতে '**প্যাপাসীন**' নামক সুগন্ধী মিশিয়ে তা আরো সুস্বাদু করে তোলেন।

এরপর এই বিষয়ে ক্রমাগত রিসার্চ চলতে থাকে। তারপর '**গুডা সিপ্যাক**' প্রজাতির বৃক্ষকে চুইংগাম বানানোর জন্য নির্বাচন করা হয়। দ্বিতীয় বিশ্ব যুদ্ধের আগে এমনি একটা ঘটনা ঘটেছিল। বৈজ্ঞানিকেরা পরমাণু বিখন্ডিত করার উপায় জানতেন না, তাই তা দিয়ে বিস্ফোটক বানানো সম্ভব হচ্ছিল না।

**পড়াশোনা জানা মূর্খ একজন অশিক্ষিতের থেকে অনেক বেশী মূর্খ বলে প্রতিপণ্য হোতে পারে। কারণ পড়ার অর্থ হল অন্যের মস্তিষ্ক দিয়ে চিন্তা করা, কিন্তু পড়াশোনা জানা মানুষ নিজের মস্তিষ্ক দিয়ে চিন্তা করতে থাকে।**

কিন্তু যখন আমেরিকা যুদ্ধে ক্ষেত্রে আসে, তখন বৈজ্ঞানিকেরা পরমাণুর কত শক্তি তা দেখতে পেয়েছিল। তারপর পরমাণু বোমাকে আরোও শক্তিশালী করে তোলার পরিকল্পনা করা হয়। কয়েক বছরের মধ্যেই বৈজ্ঞানিকদের পরিশ্রম ও চেষ্টা তাদের উদ্দেশ্যকে সফল করে তোলে। তারপর হিরোসীমা আর নাগাসাকির ঘটনা যা আজও সারা বিশ্বকে শিহরিত করে দেয়।

তাই যখন আপনি একটা লক্ষ্য গড়ে নেন ও দৃঢ় সংকল্পের সাথে সেই লক্ষ্যের দিকে এগিয়ে যান, তখন আপনার শক্তি আরো কয়েক গুণ বৃদ্ধি পায়।

তারপর যখন আপনার লক্ষ্য আর একটু দৃঢ় হয়ে ওঠে তখন তার সাথে যুক্ত হয় আপনার সমর্পণ, আর লক্ষ্য আপনার মাথায় চেপে বসে। তারপর আপনার শরীরের ভেতরে শক্তি, উর্জা এবং উৎসাহের সঞ্চার ঘটে, যার সাহায্যে আপনি সেই লক্ষ্যকে পেতে পারেন।

একটা প্রাচীন গল্প আছে, এক ব্যক্তি ভগবানের ভক্ত ছিল, একবার তার ধনী হওয়ার ইচ্ছা হয়। তারপর সে প্রতিদিন মন্দিরে গিয়ে ধনী হওয়ার জন্য প্রার্থনা কিরে আসত। বহু বছর কেটে যায়, একদিন ভগবান শ্রীকৃষ্ণ তাঁর সামনে এসে বলেন, **'তুই কি চাস?'**

সে বলে, **'ভগবান এমন কিছু করো, যাতে আমি ধনী হোতে পারি।'**

ভগবান শ্রীকৃষ্ণ বলেন, **'আমি তোর ভক্তিতে অতি প্রসন্ন হয়েছিল, এমনি কিছু করব, কিন্তু তুইও কিছু কর।'**

এই ব্যক্তি অবাক হয়ে বলে, **'আমি কি করব ভগবান? আমি তো আপনাকে ভক্তি করি?'**

ভগবান শ্রীকৃষ্ণ বলেন, **'আমাকে ভক্তি করিস বলেই, তুই নিষ্কর্মা হওয়া সত্ত্বেও এখনও অনাহারে মরিস নি। যদি ধনী হোতে চাস, তাহলে শ্রম কর। কারণ যে আমার ওপর বিশ্বাস রেখে শ্রম করে, তার স্বপ্ন পূরণ হয়, তোর মতো নিষ্কর্মার নয়।'**

এর থেকে সহজেই বোঝা যাচ্ছে যে, কর্ম ছাড়া কোনো দিনই সফলতা লাভ করা সম্ভব না। তাই তো বলা হয় :-

**'যখন কোনো ব্যক্তি কিছু করার প্রতিজ্ঞা করে, তখন সে যেমন চায় সব কিছু তেমনি হোতে থাকে। তাই আমি শুধু ধনী হওয়ার ইচ্ছা ব্যক্ত করুন, তারপর ধনী হওয়ার উপায় আপনি নিজেই খুঁজে পেয়ে যাবেন।'**

**লেবুকে কিভাবে অর্থে রূপান্তরিত করা যায় তা ভাবুন। প্রথমে বোধগম্যতা + জ্ঞান = বুদ্ধিমত্তরা ফর্মূলার প্রয়োগ করুন, তারপর আপনি লেবুর পরিবর্তে অর্থ দেখতে পাবেন।**

আপনি যদি জীবনে সফলতা চান, তাহলে সমস্যাকে বুঝতে হবে, কারণ যে দ্রুত গতিতে দৌড়ায় তার শরীরে ঠান্ডা হাওয়া বেশি লাগে। তাই ইতিবাচক চিন্তার সাথে উদ্দেশ্যের নির্ধারণ করুন, আর সেই উদ্দেশ্য পূরণের জন্য লক্ষ্যের নির্ধারণ করুন।

কোলম্বাস যখন **'নতুন বিশ্ব'** অর্থাৎ ভারতের সন্ধান করতে বেরিয়েছিলেন, তখন তাঁর ক্যাপ্টেন অচেনা সমুদ্রের মধ্যে পশ্চিম দিকে যাচ্ছিল। কিন্তু কোলম্বাস **'ফর ঈস্ট'** -এর শর্টকাট খোঁজার সিদ্ধান্ত নেন। তারপর প্রায় বিশ বছরেরও বেশি সময় তাঁর সমুদ্রতেই কেটে যায়, আর শেষে তিনি **'আমেরিকা ইন্ডিয়ানা'** সন্ধান করেন।

চালর্স লিন্ডবার্গের ঘটনাও অনেকটা একই রকম। তিনি পায়লট ছিলেন, কিন্তু তাঁর আগে অনেক পায়লটই একবারে অটলান্টিক পার করার স্বপ্ন দেখেছিল, কিন্তু তাঁর স্বপ্নের মেশিন ওড়ার মেশিনের তুলনায় অনেক বেশি দ্রুতগামী ছিল। তিনি পৃথিবীতে প্রথম প্লেন তৈরি করে সারা পৃথিবী বিখ্যাত হয়ে উঠেছিলেন।

ওয়ান ব্রান উচ্চ শিক্ষিত রকেট ইঞ্জীনিয়ার না হওয়া সত্ত্বেও নিজের সমর্পণ ও নিষ্ঠার দ্বারা তিনি রকেট ইঞ্জীনিয়ার হয়ে উঠতে পেরেছিলেন। তারপর তিনি চাঁদ জয় করার ব্যাপারে মুখ্য ভূমিকা পালন করেছিলেন। তাঁর এই জয়ের জন্যই আজ আমেরিকার পতাকা চাঁদের মাটিতেও ওড়ে।

বিখ্যাত অভিনেতা কমল হাসান একবার বলেছিলেন, **'আমার ফ্লিম দেখে লোকে আমাকে বিজ্ঞানী বলে মনে করে, কিন্তু আমি স্কুলের গন্ডী অতিক্রম করতে পারিনি।'**

কমল হাসানের কথায় লুকিয়ে আছে একটা বাস্তব সত্যতা, যখনই জীবনে বড়ো কিছু করার সময় আসে, তখন আপনার স্কুলের পারফর্মেন্স কেমন ছিল তা দেখা হয় না।

পৃথিবী বিখ্যাত ক্রিকেটার সচীন তেন্ডুলকারও ভালো ছাত্র ছিলেন না। কিন্তু তাঁর ব্যাট তাঁকে সারা পৃথিবীর কাছে পরিচিত ব্যক্তিত্ব করে তুলেছে।

তাই কখনই ভাববেন না যে, আপনি পড়াশোনা জানেন না বলে, ধনী হোতে পারবেন না। আপনি অবশ্যই ধনী হোতে পারেন, কিন্তু নিম্ন লিখিত সিদ্ধান্ত গুলিকে নিজের মাথায় ঢুকিয়ে নেওয়াটা খুবই জরুরি।

**গীতা শুধুমাত্র ধার্মিক গ্রন্থ নয়। বরং তার ভেতরে ধনী হওয়ার বিজ্ঞান লুকিয়ে আছে। কারণ তা আপনাকে সংকল্প গ্রহণের সিদ্ধান্ত শেখায়। বিরোধীদের সাথে মোকাবিলা করার উপায় ও কর্ম করতে থাকার প্রেরণা শেখায়।**

- নিজের দৃঢ়তার বলে শক্তিশালী ফটো বানিয়ে আপনি কি করতে পারেন তা ভাবুন। কি পেতে পারেন বা কিসের মালিক হোতে পারেন, ভাবুন।
- আপনার জীবন হল বাগানের মতো, আপনি সেখানে নিজের ইচ্ছা মতো গাছ লাগান।
- আপনার ধনী হওয়ার সম্ভাবনা কতটা তা নিজের মনকে জিজ্ঞাসা করুন।
- নিজের স্বপ্ন সার্থক করে তোলার জন্য নিজের মস্তিষ্ক রূপী ক্ষেতকে প্রস্তুত করুন। তারপর তার থেকে ধুলো, ময়লা ও আবর্জনা নির্গত করে দিন।
- কল্পনা ও উৎসাহের জোরে নিজের স্বপ্নকে বাস্তবায়িত করে তুলুন।

এখনও পর্যন্ত যদি আপনি নিজের লক্ষ্য সম্পর্কে কিছু ভেবে না থাকেন, তাহলে নিম্নলিখিত প্রশ্ন গুলি পড়ে সঠিক বিকল্পতে 'টিক্' লাগান, তাহলেই আপনি নিজের লক্ষ্যের কাছে পৌঁছে যাবেন :-

1. **কোন ক্ষেত্রে আপনার আগ্রহ সবচেয়ে বেশি?**
   - a. ফ্লিম জগতে প্রবেশ করার ইচ্ছা। হ্যাঁ ☐
   - b. রাজনীতিতে যাওয়ার ইচ্ছা। হ্যাঁ ☐
   - c. ব্যবসা করার ইচ্ছা। হ্যাঁ ☐
   - d. শিল্প গড়ে তুলতে চান। হ্যাঁ ☐
   - e. প্রশাসনিক সেবায় যেতে চান। হ্যাঁ ☐
   - f. সেনায় ভর্তি হোতে চান। হ্যাঁ ☐
   - g. শিক্ষক হোতে চান। হ্যাঁ ☐
2. **আপনার শিক্ষাগত যোগ্যতা কতখানি?**
   - a. হাই স্কুল। হ্যাঁ ☐
   - b. ইন্টারমীডিয়েট হ্যাঁ ☐
   - c. গ্রেজুয়েট হ্যাঁ ☐
   - d. প্রোফেশানাল কোয়ালিফিকেশান হ্যাঁ ☐
   - e. একবারেই অশিক্ষিত হ্যাঁ ☐
3. **আপনার প্রেরণার উৎস কি?**
   - a. ফ্লিম স্টার। হ্যাঁ ☐
   - b. নেতা। হ্যাঁ ☐
   - c. ব্যবসায়ী। হ্যাঁ ☐
   - d. শিল্পপতি। হ্যাঁ ☐
   - e. কোনো উচ্চ পদস্থ অফিসার। হ্যাঁ ☐

f. সৈনিক। হ্যাঁ ☐

g. শিক্ষক। হ্যাঁ ☐

সেই ব্যক্তির নাম লিখুন, যিনি আপনার প্রেরণার স্রোত।

4. **আপনার নিজের কাজের অভিজ্ঞতা আছে কি?**

a. কয়েক বছর কাজ করেছিলাম। হ্যাঁ ☐

b. শুধুমাত্র আকর্ষণ বোধ করি। হ্যাঁ ☐

c. ট্রেনিং নেওয়ার চেষ্টা করব। হ্যাঁ ☐

d. বই পড়ে শিখব। হ্যাঁ ☐

এবার আপনি বুঝতে পারবেন যে, আপনার লক্ষ্য কি? সেই লক্ষ্য নিচে লিখুন :-

আমার লক্ষ্য হল .......................................................।

(উদাহরণ স্বরূপ ফ্লিম জগতে প্রবেশ করাকে নেওয়া যাক।)

**এবার নিজের লক্ষ্য পরীক্ষা করে দেখুন, তাহলে বুঝতে পারবেন যে, আপনি নিজের লক্ষ্য পূরণের বিষয়ে সফল হোতে পারবেন কিনা?**

1. **এটা কি আপনার জীবনের উদ্দেশ্য পূরণ করতে পারবে?** হ্যাঁ ☐
2. **এটা কি আপনার নৈতিক মূল্যের ওপর নির্ভর করে থাকে?** হ্যাঁ ☐
3. **তা কি আপনার রুচী, যোগ্যতা ও ক্ষমতার মধ্যে?** হ্যাঁ ☐
4. **তা আপনাকে মানসিক শান্তি প্রদান করে কি?** হ্যাঁ ☐
5. **তা আপনার স্বাস্থ্যের অনুকূল কি?** হ্যাঁ ☐
6. **তা কি আপনাকে ভৌতিক সমৃদ্ধি প্রদান করবে?** হ্যাঁ ☐
7. **তা কি আপনার পরিবারের জন্য উচিত হবে?** হ্যাঁ ☐
8. **এর থেকে আপনি খ্যাতি অর্জন করতে পারবেন কি?** হ্যাঁ ☐
9. **তা কি আপনাকে খুশী প্রদান করবে?** হ্যাঁ ☐
10. **আপনি কি তা সম্পূর্ণ করতে চান?** হ্যাঁ ☐

উত্তর জানার জন্য আপনাকে 'হ্যাঁ' -এর পাশে 'টিক্' চিহ্ন দিতে হবে। আপনি যদি দশ থেকে আটটার পাশে 'টিক্' দিয়ে থাকেন তাহলে বুঝতে হবে যে আপানর ধনী হওয়ার ইচ্ছা আছে। যদি আটটার চেয়ে কম বাক্যের পাশে 'টিক্' দিয়ে থাকেন, তাহলে আপনার লক্ষ্য বদলে ফেলাই শ্রেয়। কারণ আপনার লক্ষ্য আপনাকে ধনী হোতে দেবে না। লক্ষ্য নির্বাচন করার ব্যাপারে সর্বদা মহান দার্শনিক সিডনী স্মিথের কথা মনে রাখবেন, **'যে কাজের প্রতি আপনার আগ্রহ আছে, আপনি শুধু সেই কাজ করুন, আগ্রহের বাইরে গিয়ে কাজ করবেন না। কারণ**

**আপনার আগ্রহই আপনাকে শিখরে নিয়ে যেতে পারে।'**

বেঞ্জামিন ডিজরায়লী মহারাণী ভিক্টোরিয়ার জমানায় এই কথাটি প্রমাণ করে দেখিয়েছিলেন। অথচ তাঁর ছোট্টো মস্তিষ্ক দেখে কেউ বুঝতে পর্যন্ত পারিনি যে তাঁর ভেতরে কতটা স্বপ্ন লুকিয়ে আছে। লোকেরা তাঁর সম্পর্কে কি ভাবত তা নিয়ে তাঁর কোনো রকম মাথা ব্যথা ছিল না।

তিনি নিজের লক্ষ্য পূরণের বিষয়ে দৃঢ় প্রতিজ্ঞ ছিলেন। তিনি নিজের জীবনের উদ্দেশ্যের সাথে সাথে নিজের লক্ষ্যের কথাই জানতেন। তাঁর লক্ষ্য ছিল ইংল্যান্ডের প্রধানমন্ত্রী হওয়া। তাঁর দৃঢ় সংকল্প তাঁকে ব্রিটেনের প্রধানমন্ত্রী করে তুলেছিল। এর থেকে বোঝা যায় যে সফল মানুষেরা কখনই চাকরি, পরিবার বা স্বাস্থ্যের দিকে খেয়াল করে না। তার ভিড় থেকে আলাদা হয়ে যায়। কারণ তারা **'আমি জিতবই'** এই সিদ্ধান্ত নিয়ে চলে।

আপনি নিজের লক্ষ্য পূরণের জন্য সময় নির্ধারণ করুন, আর তার মধ্যে কতটা পাওয়া সম্ভব তা ঠিক করে নিন। কারণ আপনি যতটা পাওয়ার পরিকল্পনা করবেন, ঠিক ততটাই পাবেন। তাই সবার আগে নিজের লক্ষ্যের দিকে ধ্যান দিন। কারণ কিভাবে আপনার লক্ষ্য কার্যকারী হবে পরবর্তি ধাপে এই পুস্তক আপনাকে সেই কথা বলে দেবে।

◆

---

**'আপনার মস্তিষ্ক ক্ষেতের মাটির মতো, মাটিতে কোন ফসল রোপন করা হবে তা নিয়ে মাটি মাথা ঘামায় না। কারণ মাটির কাজ হল রোপন করা বীজকে পরিপুষ্ট করে তোলা। তাই আপনি নিজের মস্তিষ্ক রূপী ক্ষেতে ধনী হওয়ার বীজ রোপন করুন।**

---

ধনী হওয়ার জন্য নিজের বিচার শুদ্ধ রাখুন।
কারণ আপনার বিচারই আপনার অভ্যাসে পরিণত হয়।
নিজের কথার দিকে ধ্যান দিন।
কারণ আপনার কথাই আপনার কাজে পরিণত হবে।
নিজের কাজের দিকে ধ্যান দিন।
কারণ আপনার কাজ আপনার অভ্যাসে পরিণত হয়।
নিজের অভ্যাসের দিকে ধ্যান দিন।
কারণ আপনার অভ্যাস হয়ে ওঠে আপনার পরিচয়।
নিজের পরিচয়ের দিকে ধ্যান দিন।
কারণ আপনার পরিচয়ই আপনাকে ধনী করে তুলতে পারে।

পঞ্চম সিদ্ধান্ত

# ধনীদের মতো ইতিবাচকভাবে ভাবতে শিখুন

আমেরিকায় যখন মন্দা দেখা দিয়েছিল, সেই সময়কার কথা। সেই সময় একের পর এক বলিউডের ফ্লিম রিলিজ হচ্ছিল, কিন্তু পুণা স্থিত '**ফিল্ম এন্ড টেলীবিজন ইন্সটিট্যুট অফ ইন্ডিয়া**'-এর ছাত্ররা ছিল উদাস।

কারণ তারা বুঝেছিল যে, আমেরিকার মন্দার প্রভাব কিছুদিন বাদে এই বাজারের ওপরেও পড়তে চলেছে। কারণ এতে করতে ফিল্ম বানানোর কাজ কমে যাবে, আর ফিল্ম কম হওয়ার মানে তাদের রঙিন স্বপ্ন ভেঙে চুরমার হয়ে যাওয়া।

এটাই ছিল তাদের উদাসীনতার কারণ। যার ফলে তাদের ভেতরে ভয় জন্ম নিচ্ছিল আর তাদের চিন্তাধারাও নেতিবাচক হয়ে উঠছিল।

সংস্থার ম্যানেজমেন্ট এই কথা জানার পর ছাত্রদের মনটা মোটিভেট করার জন্য বাইরের থেকে কিছু এক্সপার্টদের ডাকেন, যাদের মধ্যে আমি ছিলাম একজন। বক্তৃতা প্রদানের জন্য আমাকে মাত্র এক ঘন্টা সময় দেওয়া হয়েছিল, আমার বিষয় ছিল, '**ইতিবাচক চিন্তার দ্বারা জীবনের পরিবর্তন**'।

যখন আমার বক্তব্য রাখার পালা আসে, তখন সারা হল জুড়ে একটা নিরবতা নেমে এসেছিল, প্রতিটা ছাত্রের মুখে আমি ভয়ের ছাপ স্পষ্ট দেখতে পারছিলাম। কিন্তু আমি ছাত্রদের মধ্যে একটা জোশ দেখতে চেয়েছিলাম, তাই মাইকটা ধরে উচ্চ স্বরে বলি :-

**'ধনী হওয়ার স্বপ্ন দেখো, তুফান দেখে ভয় পেও না।**
**দৃঢ় করো প্রতিজ্ঞা তোমার, ভেঙে গুড়িয়ে দাও পাহাড়।।**

এই দুটি বাক্য তাদের ভেতরে ইতিবাচকতার জন্ম দিয়েছিল, তাই প্রতিদিন সকালে এই পংক্তি দুটি আওরান। কারণ বলিউডের বাদশাহ শাহরুখ খান বলেছিলেন, '**সফল হোতে গেলে ভয় পেলে চলবে না, যে ভয় পায় সে কখনও সফল হোতে পারবে না।**'

শৈশবে আমার মা আমাকে অনেক গল্প শোনাতেন, তিনি আমাকে একটা শেঠের গল্প শুনিয়েছিলেন। তার কাছে প্রচুর অর্থ ছিল, কিন্তু সে সর্বদাই উদাস থাকত। কারণ সে তার সামনের প্রজন্মের লোকেদের নিয়ে চিন্তিত ছিল।

একবার তার শহরে ভগবান মহাবীর আসেন, শেঠ তাঁর প্রবচন শোনার জন্য গঙ্গার ঘাটে যায়, কিন্তু তার মন ছিল অন্যদিকে। প্রবচনের পর ভগবান মহাবীর তাকে তার উদাসিনতার কারণ জিজ্ঞাসা করেন, তখন শেঠ বল, 'প্রভু, আমার কোনো জিনিসের অভাব নেই। আমার কাছে এত অর্থ আছে যে, আমার সাতটা প্রজন্ম পায়ের ওপর পা দিয়ে বসে খেতে পারে। কিন্তু আমি অষ্টম প্রজন্মের কথা ভাবছি, তাদের কিভাবে চলবে।'

ভগবান মহাবীর বলেন, 'আমি তোমার চিন্তা দূর করে দেব। আমি তোমাকে এত অর্থ দেব যে, তোমার অষ্টম প্রজন্মও সুখে থাকতে পারবে। কিন্তু তার জন্য তোমাকে একটা কাজ করতে হবে। আমার আশ্রমের পিছনে যে বস্তি আছে তাতে একটা দিন-মজুর পরিবার থাকে। তুমি তাদেরকে তাদের প্রয়োজনের আটা টুকু রেখে বাকিটা তোমাকে দিয়ে দিতে বলবে।'

শেঠ সেখানে গিয়ে ভগবানের কথা মতো কাজ করে। মজুরের বৌ ঘরের ভেতর থেকে একটা হাঁড়ি নিয়ে এসে বলে, 'নিয়ে যাও ভাই, আমার কাছে এই টুকুই আছে।'

শেঠ বলে, 'তুমি তোমার প্রয়োজনের আটা রাখার পর, অবশিষ্ঠ টুকু আমাকে দিয়ে দিও।'

মজুরের স্ত্রী বলে, 'আমি যদি নিজের প্রয়োজনের আটা নিয়ে নিই, তাহলে তোমাকে কি দেব, আমাকে আজ যে দিয়েছেন, কালও তিনিই দেবেন।'

মজুরের স্ত্রীর মুখ থেকে এই কথা শুনে শেঠ খালি হাতেই ফিরে যায়, আর ভগবান মহাবীরকে গিয়ে সব কথা বলে।

ভগবান মহাবীর বলেন, 'শেঠ, এক এই মজুরের স্ত্রী, যে কাল কি খাবে তার চিন্তা করছে না, আর তুমি তোমার অষ্টম প্রজন্মের কথা ভাবছো। তোমার অষ্টম প্রজন্মের বাচ্চারা কি নিষ্কর্মা বা পঙ্গু হবে? তুমি কিসের চিন্তা করছো।'

ভগবান মহাবীরের কথা শুনে, শেঠের মন থেকে ভয় গায়েব হয়ে যায়,

> ব্যবসা ধনকে আকর্ষিত করে আর ধন মানুষকে আকর্ষিত করে। কিন্তু ধন হল সারের মতো, সার যতক্ষণ না ছরিয়ে দেওয়া যায় ততক্ষণ পর্যন্ত তা কতটা উপযোগী তা বোঝা যায় না।

তারপর সে নিশ্চিন্তে জীবন কাটাতে থাকে। তাই সবার আগে নিজের মন থেকে ভয় নির্গত করতে হবে, তাহলে আপনি যা হোতে চাইবেন তাই হোতে পারবেন।

কারণ, 'Thinking is The Talking Of The Soul With its Self.' অর্থাৎ আপনার চিন্তাই আপনাকে ধনী করে তুলতে পারে। কিন্তু যে বাধা দেখে ভয় পায়, সে কখনও সফল হোতে পারে না, যে পরাজয়ের কথা ভেবে ভয় পায়, সে কখনও এগাতে পারে না।

যে জেতে, সে বাধাকে লঙ্ঘন করতে জানে। নিজের ইতিবাচক চিন্তার দ্বারা যেকোনো সমস্যার মধ্যে সুযোগের সন্ধান করে নেওয়া যায়।

এই কারণেই দ্বিতীয় বিশ্বযুদ্ধের সময় ব্রিটিশ প্রধানমন্ত্রী উইংস্টন চার্চিল ইতিবাচক বিষয় নিয়ে কথা বলার সময়, মাত্র ঐতিহাসিক ছয়টি কথা বলেছিলেন, 'Never Geve In, Never, Never.' এর অর্থ হল, যে ব্যক্তির ভেতরে ইতিবাচক চিন্তাধারা আছে, সে কখনও অসফলতার কথা ভাবে না, সে দ্বিগুণ উৎসাহের সাথে উঠে দাঁড়ায়, আর যে কোনো ব্যধা অতিক্রম করতে পারে, বাধা তার সামনে মাথা নত করে দেয়।

আমি কিছুদিন আগে একটা বই পড়েছিলাম, যাতে লেখা ছিল -

If You Think You Are Beaten, You Are,
If You Think You Dare Not, You Don't It.
If You To Win, But You Think You Can't,
If is Almost Certain You Won't.
If is Think You Will Lose You Are Lost,
You Have Got To Be Sure Of Yourself
Before You Can Ever Win A Prize,
Life's Battles Don't Always Go
To The Stronger or The Faster man,
But Soon Or Late He Who Wins
Is The Main Who Think He Can.

এর অর্থ হল, যদি তোমার মনে হয় যে, তুমি হেরে যাবে, তাহলে তুমি অবশ্যই পরাজিত হবে। যদি তোমার মনে হয় যে তুমি এই কাজ করতে পারবে না, তাহলে তুমি সেই কাজ করার জন্য কখনও সাহস দেখাতে পারবে না। যদি তুমি

**ক্রোধ এমন এক বিষ যা পান করার পর আপনি উন্নতির পথে চলতে পারেন ও যা হোতে চান তাই হোতে পারেন।**

মনে কর যে, তুমি জিতবে, তাহলে অবশ্যই জয় তোমার হবে।

কিছুদিন আগে অনিল আম্বানী একটা ব্যবসায়িক মিটিং-এ বলেছিলেন, 'Never Say Die.' অর্থাৎ কখনও বলবেন না যে, 'আমি মারা যাব'। উপনিষদেও বলা আছে যে, আমাকে অন্ধকার থেকে আলোর দিকে নিয়ে চলো। কখনও অন্ধকারের সামনে পারজয় স্বীকার করো না। হাতের ওপর হাত রেখে বসে থাকলে কোনো লাভ হবে না। কারণ আপনি পথে না হাঁটলে অদৃশ্য প্রকাশ আপনাকে সাহায্য করবে কোথা থেকে?

প্রবল ঝড় বৃষ্টির সময় যেমন নাবিকদের চারদিক অন্ধকারাচ্ছন্ন হয়ে যায়, তখন দূর দূরান্ত থেকেও কোনো রকম সাহায্য পাওয়ার আশা থাকে না, অথচ তারা সমুদ্রের সাথে লড়াই করে, জাহাজকে গন্তব্যে নিয়ে যায়।

এভারেস্ট জয় করার সময় আরোহিদের চোখের সামনেও অন্ধকার নেমে এসেছিল, কিন্তু তাদের দৃঢ় সংকল্প তাদের জয়ী করেছিল। অসফলতার সময়ে নিরাশা আর অন্ধকার ছাড়া কিছুই চোখে পড়ে না, এই অন্ধকার দেখে ভয় পাওয়ার মানে অসফলতা আপনার ওপর চেপে বসবে। কিন্তু সফল লোকেদের মধ্যে কিছু গুণ থাকে : -

- যারা ইতিবাচক ভাবে ভাবতে পারে, ভবিষ্যতের প্রতি তাদের উৎসাহ থাকে। তারা অতীতের অসফলতা নিয়ে বসে থাকে না। কোনো বাধাই তাদের ভীত করতে পারে না। যেকোনো প্রতিকূল পরিস্থিতিকেই তারা নতুন সুযোগ বলে গ্রহণ করতে জানে।
- যারা ইতিবাচক দৃষ্টিভঙ্গীর মানুষেরা প্রতিকূল পরিস্থিতিতেও ধৈর্য্য চ্যুত হয় না। কারণ তারা জানে যে, সর্বদা অন্ধকার থাকে না। তাই তারা অন্ধকারের মধ্যেও আলোর সন্ধান করতে পারে।

সিকন্দর যখন বিশ্বজয় করতে বেরিয়েছিলেন, তখন তিনি তাঁর সৈন্যদের উদ্দেশ্যে বলেছিলেন যে, **'মনে রাখবে, মনে যে ভাব নিয়ে চলবে, পরিণামও ঠিক তেমনি পাবে। তাই তুমি নিজেকে বিশ্বের সর্বশ্রেষ্ঠ যোদ্ধা বলে মনে কর, তবে অবশ্যই জয় তোমার হবে।'**

> **আনন্দ মানসিক চাপ দূর করে আর মানসিক চাপ আনন্দকে দূর করে দেয়। তাই জীবনকে উপভোগ করুন, কিন্তু এমন কোনো কাজ করবেন না যাতে মানসিক চাপ বৃদ্ধি পায়। কারণ মানসিক চাপ শারীরিক উর্জা নষ্ট করে দেয়, যাতে করে আপনি আর আনন্দ উপভোগ করতে পারেন না।**

এরপর যেই সিকন্দরের সেনাদের দেখত, সেই পরাজয় স্বীকার করে নিত, ফলে সিকন্দর একের পর এক যুদ্ধে জয়লাভ করতে সক্ষম হয়েছিলেন।

তাই আপনাকে নিম্নলিখিত দৃষ্টিভঙ্গী গুলি গ্রহণ করতে হবে :-

- **কঠোর ঐতিহ্যকে আঁকড়ে বাঁচার চেষ্টা করবেন না।**
- **নৈতিক মূল্যবোধকে বুঝতে হবে।**
- **ইচ্ছা-শক্তি প্রবল করে তুলতে হবে।**
- **প্রতিটা বিষয়ের ভালো দিকটা নিয়ে চিন্তা করতে হবে।**
- **মাঝে মধ্যেই নিজের দুর্বলতার সন্ধান করতে হবে।**

একটা বিরাট ইমারত গড়ে তোলার জন্য যেমন দৃঢ় ভিতের প্রয়োজন, তেমনি ধনী হওয়ার জন্য সেই অনুসারে ধনের চিন্তা করতে হবে। এই চিন্তাধারা বিকসিত করে তোলার জন্য ছয়টি গুণ বিকসিত করতে হবে :-

1. **সুস্বাস্থ্য :** এর মূলমন্ত্র হল নিজেকে প্রকৃতির সান্নিধ্যে রাখা। তাই বেশি করে জল পান করুন, সবুজ শাক - সব্জী ও ফল খান। বেশি করে হাঁটুন, জাং ফুডের থেকে দূরে থাকুন। স্বাস্থ্যকর খাদ্য গ্রহণ করুন।

লিফ্ট বা চলন্ত সিঁড়ির ব্যবহার না করাই শ্রেয়। সর্বদা বসে কাজ করুন। পার্কে দ্রুত পায়ে হাঁটুন, নিজের চলার গতি পঁচিশ শতাংশ বৃদ্ধি করার চেষ্টা করুন। প্রতিদিন স্নান করুন ও নিজেকে স্ফূর্তীতে রাখুন।

2. **সীমিত ধন :** অর্থই খুশীর একমাত্র উৎস নয়, কিন্তু জীবনের আনন্দ উপভোগ করার জন্য এর প্রয়োজন সবচেয়ে বেশি। কিন্তু অনৈতিক উপায়ে অর্থ উপার্জন কখনই উচিত না।

আপনি যদি নিজের কাজকে ভালোবাসেন এবং সাধনার দ্বারা ধনোপার্জন করতে চান তাহলে বুঝতে হবে যে, আপনি কোনো রকম মানসিক চাপের মধ্যে দিয়ে জীবন অতিবাহিত করেন না। আপনার পরিবারেও যথেষ্ট সম্মান আছে। কারণ অর্থ যেমন ভালো চাকর, তেমনি খারাপ মালিকও। তাকে নিয়ন্ত্রণে রাখতে পারলে তবেই সুপরিণাম পাওয়া সম্ভব হয়।

3. **পরিবারের সহযোগিতা :** বাচ্চা ছাড়া আপনি যেমন কাউর বাবা হোতে পারবেন না, স্ত্রী ছাড়া যেমন স্বামী হোতে পারবেন না, ঠিক তেমনি নিজের অস্তিত্ব বাঁচিয়ে রাখার জন্য প্রতিটা সম্পর্কই খুবই জরুরি।

আপনি তাদের গুরুত্ব দিলে তারাও আপনাকে গুরুত্ব দেবে, তাই ভালোবাসা পাওয়ার জন্য সময় দিন, অন্যের দোষ খুঁজে সময় নষ্ট করেবেন না।

সামঞ্জস্য বজায় রেখে চলার চেষ্টা করুন।

একটা অর্কেস্ট্রার মতো জীবন যাপন করুন। কারণ তা ভুল পন্থায় চালনা করলে সঙ্গীত নয় চিৎকারের সৃষ্টি হয়, তাই নিজের পরিবারের সমস্যা গুলি বোঝার চেষ্টা করুন।

4. **সমাজের সাথে :** মানুষ একজন সামাজিক প্রাণী। তাই পরস্পরকে সাহায্য করা জীবনের অঙ্গ হয়ে উঠুক। কারণ সমাজ যেকোনো ব্যক্তিকে সফল করতে সাহায্য করে। অন্যের দিকে সাহায্যের হাত প্রসারিত করে, সমাজে উচ্চ স্থান লাভের চেষ্টা করুন।

5. **সামান্য বুদ্ধি :** এই কম্পিটীশানের পৃথিবীতে বুদ্ধি একটা গুরুত্বপূর্ণ ভূমিকা পালন করে। কারণ জ্ঞানের স্তরই হল মানুষের পরিচয়। তাই তাকে কখনও দুর্বল হোতে দেবেন না। ফিল্ম, টীভীর অনুষ্ঠান, বই, পত্রিকা তথা সেমিনারের তথ্য গ্রহণ করুন। পড়ার জন্য হাতে সময় কম থাকলে মোটিভেশান সম্পর্কিত বই পড়ুন।

6. **শুদ্ধ আত্মা :** যে মানুষ ঈশ্বরকে মানেন তার মধ্যে আলাদা ধরণের ইচ্ছার জাগরণ দেখা যায়। যার ফলে আপনি ভালোবাসতে পারেন, কাঁদতে পারেন, হাঁসতে পারেন ও প্রেরণা লাভ করতে পারেন।

কারণ আপনি পশুদের থেকে আলাদা, আপনার কাছে ব্যক্তিত্ব আছে, যার ফলে আপনি সুআচরণ করে থাকেন। ফলে আপনার আত্মা শুদ্ধতার অনুভব করে থাকে। তাই বড়ো হওয়ার জন্য বড়ো হওয়ার কামনা করতে হবে। কারণ আপনি যা ভাবেন, আপনার মস্তিষ্ক তাতে রঙের সঞ্চার ঘটায় এবং শরীর তার ক্রিয়া সম্পূর্ণ করে।

একটা পুরানো গল্প আছে। দিল্লীর একজন শেঠ প্রতিদিন সকালে ইন্ডিয়া গেটে ঘুরতে যেত। একদিন রাস্তায় সে একটা ভিখারী দেখে। এই ভিখারী তার পা ধরে কাঁদতে কাঁদতে বলে, ' **সাহেব আমি দুই দিন ধরে কিছু খেতে পাইনি, খুব খিদে পেয়েছে। আপনি দয়া করে আমাকে কিছু টাকা দিন, আমি যাতে কিছু খেতে পারি।'**

শেঠের এই ভিখারীটাকে দেখে খুবই কষ্ট হয়। সে নিজের পকেট থেকে পঞ্চাশ টাকা বার করে ঝোপের দিকে ফেলে দেয়। নোটটা উড়ে গিয়ে ঝোপের মধ্যে আটকে যায়। তারপর সে সেখান থেকে চলে যায়। ভিখারী ঝোপের মধ্যে

**আপনার অর্থ চুরি হয়ে যেতে পারে। শরীরের শক্তি আপনি হারাতে পারেন। কিন্তু বই পড়ে আপনি যা শিখবেন, তা সর্বদাই আপনার সাথে থাকবে।**

নোটের সন্ধান করতে থাকে। আধা ঘন্টা বাদে নোটটা পেয়ে ভিখারী খুব খুশী হয়। কিছুক্ষণ বাদে শেঠ এই রাস্তা দিয়ে ফিরছিল, সে ভিখারীকে জিজ্ঞাসা করে, **'টাকাটা পেয়ছো?'**

ভিখারী বলে, **'হ্যাঁ, আমি খুঁজে বার করেছি।'**

পরের দিন শেঠ আবার হাঁটতে বেরায়, এই ভিখারী তার কাছ থেকে টাকা চাইলে টাকাটা এমন ভাবে উড়িয়ে দেয় যাতে তা গিয়ে পড়ে গর্তের মধ্যে। প্রায় এক ঘন্টা ধরে পরিশ্রম করার পর ভিখারীটা সেই টাকাটা খুঁজে পায়। শেঠ সেদিনও ফেরার পথে ভিখারীটিকে জিজ্ঞাসা করে, **'টাকাটা পেয়েছো?'**

ভিখারী বলে, **'শেঠ জী টাকা তো পেয়েছি, কিন্তু আপনাকে একটা কথা জিজ্ঞাসা করতে ইচ্ছা করছে।'**

শেঠ হেসে বলে, **'কি জিজ্ঞাসা করতে চাও বল?'**

**'আপনি আমাকে প্রতিদিন টাকা তো দেন, কিন্তু তা এমন ভাবে দেন যাতে তা পাওয়ার জন্য আমাকে পরিশ্রম করতে হয়, এমন কেনো করেন?'**

হেসে শেঠ বলেন, **'আমি তোমাকে পরিশ্রম করার শিক্ষা দিতে চাই। তুমি সুস্থ-সবল মানুষ, পরিশ্রম করে প্রচুর অর্থ উপার্জন করতে পার। বিনা পরিশ্রমেই যদি অর্থ রোজগার করতে থাক, তাহলে তুমি আর পরিশ্রম করতে চাইবে না, আর পরিশ্রম করতে থাকলে একদিন তুমিও আমার মতো ধনী হোতে পারবে।'**

এটা হল শেঠের ইতিবাচক চিন্তার একটা নমুনা, কিন্তু এর সাথে যুক্ত থাকে আশা। কারণ যেখানে আশা থাকে, সেখানেই সফলতা পাওয়া সম্ভব হয়। তাই যখন আপনি ভাবেন যে, **'আমি করতে পারব'** বা **'আমি অবশ্যই নিজের লক্ষ্যে পৌঁছাব'** তাহলে আপনি অবশ্যই সফলতা লাভ করতে পারবেন।

কারণ ইতিবাচক বিচারের মধ্যে থাকে বিশ্বাসের শক্তি আর বিশ্বাসের থেকে আত্মবিশ্বাস জন্ম নেয়। তারপর সেই আত্মবিশ্বাস আপনাকে সফলতা প্রদান করে থাকে।

যে ব্যক্তি হীনমন্যতায় ভোগে সে জীবনর পথে পিছিয়ে যায়। সে জানে যে, বিপদ-সঙ্কুল পথ অতিক্রম না করলে কখনই পর্বতের উচ্চ শিখরে আরোহণ করা যায় না, কিন্তু তা সত্বেও শুধু মেঘের মতো গর্জনই করে কোনো রকম বর্ষণ করতে পারে না।

> **বিরোধ মানসিক চাপের জন্ম দেয়, বিচার পরিণাম পর্যন্ত পৌঁছায়,**
> **কিন্তু প্রতিভা সর্বদা প্রদর্শনের পথ খোঁজে।**

রবার্ট ফুলটন যখন হডসন নদীর তীরে নিজের জাহাজ **'ক্লেরমন্ট'** -এর প্রদর্শন করছিলেন, তখন সেখানে জমায়েত ভিড় তাঁকে নিয়ে উপহাস করে বলেছিল, **'হডসন নদীর এই রকম ঢেউকে কেটে জাহাজ এগাবে কিভাবে?'**

কিন্তু ফুলটনের জাহাজ হডসন নদীর বক্ষ চিরে এগিয়ে গেছিল। তাই ফিল্ম **'লগে রহ মুন্নাভাই'** -তে গান্ধীবাদকে বেশ আকর্ষণীয় ভাবে উপস্থিত করা হয়েছিল। কারণ যদি একবার আপনার মধ্যে পরাজিত না হওয়ার গুণ বিকসিত হয়ে যায় তাহলে আপনি অবশ্যই ধনী হোতে পারবেন।

এই কারণেই পৃথিবীর সমস্ত ধর্ম গ্রন্থ আপনাকে একটা হ্যাঁ-বাচক দৃষ্টিভঙ্গী প্রদান করে থাকে। কিন্তু তা আপনাকে শিক্ষা প্রদানের সাথে সাথে সচেতনও করে দেয়। কারণ তার থেকে আপনি জীবন যাপনের কলা শিখতে পারেন। যেকোনো ইলেক্ট্রিক চালিত বস্তুর ওপর 'সাবধান' কথাটি লেখা থাকে, কিন্তু তার মানে এই নয় যে, আপনি তা ব্যবহার করবেন না। ঠিক তেমনি শাস্ত্রের সচেতন করে দেওয়ার মানে এই নয় যে, আপনি কর্ম করবেন না।

বৈদ্যতিক মেশিন ব্যবহার করার সময় নির্দেশ গুলি মাথায় রাখা খুবই জরুরি, কারণ তার ভুল ব্যবহারের ফলে আপনার শারীরিক ক্ষতি হোতে পারে বা মেশিনটি খারাপ হয়ে যেতে পারে।

ঠিক তেমনি বহু তপস্যা করে ঋষি-মুণিরা আমাদের উদ্দেশ্যে যে জ্ঞান দিয়ে গেছিন তা খুবই গুরুত্বপূর্ণ, তা আমাদের কাছে জীবন যাপনের ফর্মূলা। শাস্ত্রে বলা আছে যে, এই ফর্মূলা জেনে নিন, আর তারপর যেভাবে জীবন যাপন করা উচিত সেইভাবে জীবন যাপন করুন।

সোয়াটার থেকে একটা উল বেরিয়ে গেলে যেমন সম্পূর্ণ সোয়েটারটা নষ্ট হয়ে যায়, তেমনি দুধের মধ্যে এক ফোঁটা দই গেলে পুরো দুধটা ফেটে যায়।

একটা পৌরাণিক গল্প আছে, একবার ভগবান নারদ স্বর্গে যাচ্ছিলেন। রাস্তায় তাঁর সাথে এক বৃদ্ধ সন্ন্যাসীর দেখা হয়। ভগবান নারদ তাঁকে বলেন, **'আমি ভগবানের কাছে যাচ্ছি, তোমার যদি কোনো ইচ্ছা থাকে তাহলে আমাকে জানাতে পার।'**

উত্তরে সন্ন্যাসী বলেন, **'ভগবানকে নিবেদন করো যে, গত তিন জন্ম ধরে আমি সাধনা করছি, উনি কবে আমাকে দেখা দেবেন।'**

**ভয় যখন আপনার ওপর চেপে বসে তখন আপনি নিজেকে দুর্বল বলে মনে করেন। কিন্তু যখন আপনি দৃঢ়তার সাথে ভয়ের মোকাবিলা করেন, তখন ভয় নিজেই গুটিয়ে যায়। ফলে আপনি নিজেকে শক্তিশালী অনুভব করতে পারেন।**

শ্রী নারদ বলেন, **'আমি তোমার কথা তাঁর কাছে পৌঁছে দেব।'**

পাশে একটা অল্প বয়স্ক সন্ন্যাসী বসে গিটার বাজাচ্ছিল। শ্রী নারদ তাকেও বলেন, **'আরে ভাই, তোমার কোনো কথা ভগবানকে গিয়ে বলতে হবে নাকি?'**

উত্তরে সে বলে, **'আমার জন্য ভগবানকে কষ্ট দিও না, কারণ উনি আমাকে যা দিয়েছেন তা আমার জন্য যথেষ্ট।'**

কিছুক্ষণ বাদে নারদকে ফিরতে দেখে বৃদ্ধ সন্ন্যাসী তাঁকে জিজ্ঞাসা করেন, **'ভগবান আমার কথার কি উত্তর দিলেন?'**

শ্রী নারদ বলেন, **'ভগবান বলেছেন যে, সন্ন্যাসী যে বৃক্ষের নীচে বসে তপস্যা করে, সেই বৃক্ষে যতগুলি পাতা আছে, এখনও তাকে তত গুলি জন্ম নিতে হবে, তবেই সে আমার দর্শণ করতে পারবে।'**

বৃদ্ধ সন্ন্যাসী ক্ষুব্ধ হয়ে গিয়ে বলে, **'এটা ঘোরতর অন্যায়, আমি তিনটি জন্ম ধরে তপস্যা করছি, ভগবান বলছেন, আমাকে আরো তপস্যা করতে হবে।'**

কিন্তু একই কথা যখন ভগবান নারদ যুবক সন্ন্যাসীকে বলেন, তখন সে আনন্দে নাচতে শুরু করে, আর বলে, **'আমার কথা ভগবানের কাছে পৌঁছে গেছে এটাই যথেষ্ট, ভগবান আমার সাথে যখনই দেখা করুক না কেনো, আমি খুশি।'**

এই মতভেদের কারণ হল ইতিবাচক চিন্তা ও নেতিবাচক চিন্তা। আপনার দৃষ্টিভঙ্গি যত ইতিবাচক হবে, আপনি তত শীঘ্র নিজের গন্তব্যে পৌঁছাতে সক্ষম হবেন। কারণ সফলতা হল দৃষ্টিভঙ্গীর পরিণাম। তাই সবার আগে এটা বুঝতে হবে যে, আপনি কিভাবে ভাবেন? ইতিবাচক নাকি নেতিবাচক?

| | | |
|---|---|---|
| 1. | আপনি কি নিজের সফলতার ব্যাপারে বিশ্বাস রাখেন? | হ্যাঁ ☐ |
| 2. | আপনি কি বাহানা করেন? | হ্যাঁ ☐ |
| 3. | আপনি কি নিজের স্বাস্থ্য নিয়ে ভাবেন? | হ্যাঁ ☐ |
| 4. | আপনি কি নিজের মস্তিষ্কের প্রয়োগ করেন? | হ্যাঁ ☐ |
| 5. | আপনি কি সমস্যার কথা ভাবেন? | হ্যাঁ ☐ |
| 6. | কোনো কাজ করার সময় আপনি ভয় পান কি? | হ্যাঁ ☐ |
| 7. | আপনি কি নিজের মনের কথা শোনেন? | হ্যাঁ ☐ |
| 8. | আপনি কি নিজের যোগ্যতার ওপর ভরসা রাখেন? | হ্যাঁ ☐ |
| 9. | আপনি কি ভবিষ্যতের কথা ভাবেন? | হ্যাঁ ☐ |
| 10. | আপনি কি কথা কম বলেন? | হ্যাঁ ☐ |

11. আপনি কি পরিশ্রমকে ভয় পান? হ্যাঁ ☐

12. আপনি কি সৃজনশীলতার পথে চলতে চান? হ্যাঁ ☐

13. আপনি কি নতুন বন্ধু পাতান? হ্যাঁ ☐

14. আপনি কি জাদু-টোনায় বিশ্বাস করেন? হ্যাঁ ☐

15. আপনি কি বারংবার ভুল করেন? হ্যাঁ ☐

দশটি প্রশ্নের উত্তর যদি হ্যাঁ হয়, তাহলে আপনাকে নিজের ইতিবাচক চিন্তা বিকসিত করতে হবে। কিন্তু যদি দশটার বেশি প্রশ্নের উত্তর হ্যাঁ হয় তাহলে বুঝতে হবে যে, আপনি নিজের লক্ষ্যে সফল হোতে পারে, কিন্তু সময়ের সঠিক ব্যবহার করতে হবে।

তাই যখনই মনে কোনো নতুন কাজ করার ইচ্ছা জাগ্রত হবে, সঙ্গে সঙ্গে তা করে ফেলুন। প্রতিটা কাজের জন্য শুভ ও অশুভ মুহূর্ত থাকে, কিন্তু প্রথমবার মনে কোনো কথা এলে তা সর্বদাই শুভ হবে।

এই ইতিবাচক চিন্তা আপনাকে সুখী জীবনের দিকে নিয়ে যাবে। তবেই আপনি নিজেকে চাপ মুক্ত ও সতেজ বোধ করবেন। আর নেতিবাচক চিন্তা আপনাকে হতাশ, নিরাশ ও ঢিলাঢালা করে দেবে। তাই সর্বদা ইতিবাচক কথা ভাবুন, আর নিম্নলিখিত নিয়ম গুলি পালন করুন :-

- মন থেকে হীনমন্যতা দূর করুন, নিজের ক্ষমতা ও যোগ্যতার ওপর সম্পূর্ণ বিশ্বাস রাখুন। তবেই আপনার আত্মবিশ্বাস বৃদ্ধি পাবে।
- যা আছে সেই দিকে তাকাবেন না, বরং যা হোতে পারে সেই দিকে নজর দিন।
- 'অসম্ভব' কথাটি মন থেকে বার করে ফেলুন, আর 'সম্ভব' শব্দের প্রয়োগ করুন।
- একজন প্রকৃত সন্ধানী হয়ে উঠুন। কোনো ব্যক্তির মধ্যে ত্রুটির সন্ধান না করে তার গুণটি খুঁজে বার করার চেষ্টা করুন।
- মনে সর্বদা ঠিক বিচার-ধারা নিয়ে আসুন।

দিনের শুরু করার আগে আপনি সংকল্প নিন যে, ভালো কথা শুনবেন, ভালো কথা বলবেন, ভালো কথা ভাববেন ও ভালো কাজ করবেন। তারপর দেখবেন 48 দিন বাদে তা আপনার অভ্যাসে পরিণত হয়ে গেছে। এই অভিজ্ঞতা আপনি নিজে অনুভব করতে পারবেন।

পৃথিবীর যেকোনো অভিজ্ঞতা একটা বিচারের থেকে জন্ম নেয়, তারপর সেই বিচার আর একটা বিচারের সন্ধান করে। নেতিবাচক বিচার নেতিবাচকতারই

**বাসনা যেমন সাধুকে পথভ্রষ্ট করে দেয় তেমনি শক ব্যবসায়ির ব্যবসা নষ্ট করে দেয়।**

সন্ধান করে আর ইতিবাচক বিচার ইতিবাচকতার সন্ধান করে।

আপনি একটা উর্জার সাথে জন্ম নিয়েছেন, সেই কারণে আপনার মস্তিষ্ক একটা কম্পিউটারের মতো কাজ করে আর অন্তরিক্ষ বিজ্ঞান তথা রসায়ন-শাস্ত্রের ক্ষেত্রে আপনার শরীরের **'গ্রে-সেল্স'** পাওয়ার হাউসের মতো কাজ করে। এই কারণেই আপনি যখন কোনো কথা ইতিবাচক ভঙ্গীতে ভাবেন, তখন তার সমাধানও ইতিবাচক হয়। তাই নিম্নলিখিত বিষয় গুলির দিকে ধ্যান দিন : -

- অন্যকে দেওয়ার নিয়ম করুন।
- ক্রোধের থেকে দূরে থাকুন, কারণ তা আপনার আয়ু কম করে দেয় ও আপনার শারীরিক সৌন্দর্য নষ্ট করে।
- অন্যকে সাহায্য করুন, কিন্তু কখনও কৃতজ্ঞতা পাওয়ার আশা করবেন না।
- তাড়াহুড়ো করে কোনো কাজ করবেন না।
- বাজে কথা, বাজে কাজ, বাজে চিন্তা ও বাজে শোনার থেকে দূরে থাকুন।
- কিছু সৃজনশীল চিন্তার পিছনে মাথা খাটান।
- ছোটো-ছোটো বিষয়ের প্রতি ধ্যান দেবেন।
- লোকেদের কখনও নিজের দুর্বলতার কথা বলবেন না।

জীবনের পরিকল্পনায় সফলতা প্রাপ্ত করার জন্য কর্মের প্রতি দৃঢ় সংকল্প হওয়াটা খুবই জরুরি। সেই কারণেই বিখ্যাত দার্শনিক ম্যাক্সবেল বলেছেন, **'আপনার মনে যদি নেতিবাচক চিন্তা চেপে বসে, তাহলে বুঝবেন সফলতা আপনার হাত ছাড়া হয়ে গেছে।'**

কিন্তু আপনি যদি ইতিবাচক ভাবতে পারেন তাহলে আপনার সফলতা নিশ্চিত। কারণ পজিটিভ চিন্তা আপনার পার্সোনালিটিকে আরো উজ্জ্বল করে তোলে। তাই নিজের দুশ্চিন্তা দূর করে নিজের রাগকে নিয়ন্ত্রণ করুন। কারণ নেতিবাচক চিন্তা সমস্যার জন্ম দিয়ে থাকে। অথচ ইতিবাচক চিন্তা আপনার সমস্যার সমাধান খুঁজে দিতে পারে।

অনেক সময় আপনার মনে হোতে পারে যে, আপনার কোনো বন্ধু হঠাৎই ধনী হয়ে গেছে, কিন্তু তার ইতিহাস দেখলে বুঝবেন যে সে আগে থেকেই তার জমি প্রস্তুত করে রেখেছিল।

> **আপনি যদি সকাল বেলা পার্কে দৌড়াতে যান তাহলে প্রতিদিন এক কিলোমিটার বেশি দৌড়ান, কারণ ধনী হওয়ার বিজ্ঞান বলে যে ব্যক্তি বেশি দৌড়ায় সে বেশি সফলতা অর্জন করতে পারে।**

এক লাফে কেউই যেমন পর্বত শিখরে আরোহন করতে পারে না, তেমনি কেউই একলাফে ওপরে উঠতে পারে না, একটা করে ধাপ অতিক্রম করেই ওপরে যেতে হয়।

স্লামডগ মিলিয়নারের রেকর্ডিস্ট রসূল পুকুট্টী যে অস্কার লাভ করেছিলেন, তা তাঁর জীবনের কঠোর পরিশ্রমের ফল। তিনি কেরলের এক গ্রামের মুসলিম পরিবারে জন্ম গ্রহণ করেছিলেন, আট ভাইবোনের মধ্যে তিনি ছিলেন সবচেয়ে ছোটো আর তাঁর পরিবারের আর্থিক অবস্থাও তেমন ভালো ছিল না। তাঁর পিতা ছিলেন প্রাইভেট বাসের কন্ডাক্টার। বাচ্চাদের পড়াশোনা করিয়ে বড়ো করে তোলার জন্য তিনি সারাদিন পরিশ্রম করতেন।

রসূলের ছোটর থেকেই সিনেমার প্রতি বিরাট আকর্ষণ ছিল। কিন্তু তিনি সে কথা কখনও তাঁর পরিবারের কাউকে বলেননি। দুধ বিক্রী করে ও টিউশান পড়িয়ে তিনি নিজের কলেজের গন্ডী অতিক্রম করেন আর তারপর তিনি সেল্যুলাইডের পৃথিবীতে পা রাখেন।

রসূল পদার্থ বিজ্ঞানে প্রথম শ্রেণীতে উত্তীর্ণ হয়েছিলেন। তারপর তিনি এম.এস.সী-র জন্য চেষ্টা করেন। কিন্তু তিনি সেখানে চান্স পান না বলে 1990 সালে তিরুবনন্তপুরম ল কলেজে ভর্তি হন।

ল কলেজে পড়ার সময়তেই তাঁর বন্ধু তাঁকে **'ফিল্ম এণ্ড টেলীভিজান ইনস্টিট্যুট অফ ইন্ডিয়া'**-তে নিয়ে গেছিল, যা পুণায় অবস্থিত। তারপর রসূল এফ.টী. আঈ.আঈ. -তে সাউন্ড ইঞ্জীনিয়ারিং কোর্সের জন্য আবেদন করেন। এন্টার্ন্স পরীক্ষা এবং গ্রুপ ডিশকাশানে সফলতা লাভ করার পর তিনি সাউন্ড ইঞ্জিনিয়ারিং-এর পড়া শেষ করেন। রসূল যখন মুম্বাইতে পা রাখেন তখন টেলীভিশান শিল্প বিরাট আকার ধারণ করে ফেলেছিল। রসূল ভালো সম্ভবনার সন্ধান পেয়ে টেলিভিশানেই কাজ করতে শুরু করেন। তারপর তিনি ভালো নির্দেশকদের কম বাজেটের সিনেমায় কাজ করতে শুরু করেন।

সেই সময় রজৎ কাপুর প্রাইভেট ডিটেক্টিভ ফ্লিম বানাচ্ছিলেন আর বিক্রম ফিল্মের সাউন্ড রেকর্ডিস্ট ছিলেন। রসূল তাঁর সহায়ক হিসাবে কাজের সুযোগ পেয়েছিলেন। কিন্তু সিনেমা তৈরি কাজ শুরু হওয়ার 40 দিন বাদে বিক্রম ইটালী চলে যান।

**আপনার কাছে কম্পিউটারের থেকেও দ্রুতগতি সম্পন্ন মস্তিষ্ক আছে। আপনি যদি রী-প্রোগ্রামিং করে ধনী হওয়ার সফটওয়ার লোড করেন তাহলে অতি সহজেই ধনী হোতে পারবেন।**

ততদিনে রজৎ রসূলকে বিশ্বাস করতে শুরু করে দিয়েছিলেন তাই বিক্রমের পরিবর্তে তিনিই সাউন্ড রেকর্ডিস্টের কাজ করেন। তারপর থেকে তিনি আর পিছনে ঘুরে দেখেননি।

তাই কোনো কাজে অসফল হলে কখনই হতাশ হবেন না, কারণ সাহস ও উৎসাহের সাথে নিজের পা ফেলতে শুরু করলে অবশ্যই আপনি সফল হবেন। বহু বছর আগে হিমালয়কে অজেয় বলে মনে করা হোত, কিন্তু এডমনের দৃঢ় পদক্ষেপ হিমালয়কে লঙ্ঘন করতে সক্ষম হয়েছিল।

পৃথিবীর যেকোনো রেকর্ড গড়ে ওঠে তা অন্য কেউ ভাঙবে বলে। তাই মনে রাখবেন যে, এই পৃথিবীতে অসম্ভব বলে কিছুই নেই, শুধুমাত্র আপনাকে সাহসের সাথে এগিয়ে যেতে হবে।

বিনীত বুচের যখন 21 বছর বয়স তখন তিনি কঠিন রোগে আক্রান্ত হন, এঙ্কীলুজিঙ্গ স্পন্ডিলাইটিস হয়েছিল তাঁর, কলেজে পড়ার সময় তিনি ওয়েট লিফিটিং করতেন, কলেজের শেষ বছরে এসে তিনি এই দীর্ঘমেয়াদী, তীব্র স্বপ্রতিরোধী রোগে আক্রান্ত হন।

অসহ্য যন্ত্রণায় পীড়িত বিনীত এমসের ডাক্তারের কাছ থেকে জানতে পারেন যে, তিনি আর কোনো দিন খেলতে পারবেন না। কারণ এই রোগের কোনো চিকিৎসা ছিল না। ডাক্তারদের মতানুসারে তিনি অনেক বেশি হাঁটতে পারতেন ও অফিসের কাজ করতে পারতেন।

1995 সালে তিনি ভারত ছেড়ে ইউ.এসে. -তে চলে যান, সেখানকার করনেল ইউনিভর্সিটি থেকে এম.এস.-এর ডিগ্রী নেওয়ার জন্য। কিন্তু জায়গা বদলালেই সমস্যা শেষ হয়ে যায় না, বিনা লড়াইয়ে যুদ্ধের ভূমি ত্যাগ করে দেওয়ার মতো মানুষ বিনীত ছিলেন না। তিনি চাকরি নিয়ে সানফ্রান্সিকোতে চলে যান। নিজেকে সাধারণ করে রাখার জন্য তিনি কাজে মন দেন, 1998 সালে বাজারে আসা একটা নতুন ঔষধ তাঁকে খানকাটি স্বস্তি দিয়েছিল, নিজের গুটিয়ে যাওয়া নার্ভ গুলিকে সতেজ করার জন্য তিনি বেশি করে হাঁটতেন ও সাইকেল চালাতেন।

এরপর বিনীত আলট্রাম্যারথন রোড বাইকিঙ্গে অংশ গ্রহণ করেন আর জুলাই 2001 -এ সংগঠিত 129 মাইলের দূরত্ব অতিক্রম করতে পারেন। কিন্তু বিনীতের রোগ পুনরায় তাঁকে চেপে ধরে, বাধ্য হয়ে তাঁকে বাইক রাইডিংও

**যারা স্বপ্ন দেখতে ভালোবাসে তারা মেঘের ওপর বাড়ি বানায়। কিন্তু যারা বাস্তব বাদি তারা ইতিহাসের পাতায় স্থান করে নেয়।**

ছেড়ে দিতে হয়। তাই তখন বিনীতকে এমন একটা খেলার সন্ধান করতে হয়েছিল, যাতে পায়ের ব্যবহার না করতে হয়। তারপর তাঁর সেই সন্ধান শেষ হয় স্কীইঙ্গে এসে।

**'কুনূ এন্ড ক্যাক'** -এর প্রোগ্রাম ডায়রেক্টর কেত্রী হবেল বিনীতের চেষ্টার কথা জানতেন, **'আমি বিনীতের মতন এমন কোনো মানুষকে খেলার অংশ হোতে দেখিনি। প্রশিক্ষণের প্রতি ওর উৎসাহ দেখে আমি অবাক হয়ে যেতাম। ওর এই উৎসাহই আমাকে প্রেরণা প্রদান করত, ইতিবাচক চিন্তা যে কিভাবে জীবনকে এগিয়ে নিয়ে যেতে পারে তা বুঝেছিলাম।'**

কারণ হাওয়া যেদিকে প্রবাহিত হবে, সেদিকে গেলে কিছুই পাওয়া যাবে না। হাওয়ার সাথে সংঘর্ষ করে এগানোতেই আসল মজা।

হাওয়ার অনুকূলে চলাটা ভগৎ সিং কিছুতেই মানতে পারতেন না। তিনি সর্বদা প্রতিকূলতার সাথে সংঘর্ষ করেই এগিয়ে গেছেন। তিনি নিজের দৃঢ় বিশ্বাসের জোরে হাওয়ার গতিও বদলে দিয়েছিলেন।

জলের গতি কতটা তীব্র যারা তার পরোয়া করে না তারাই জলের প্রতিকূলে সাঁতার কাটার সাহস দেখাতে পারে। তারা সাঁতার কেটে যায়, আর শেষে একটা রেকর্ড গরতে সক্ষম হয়। সেই কারণেই কোনো এক কবি বলেছেন —

**যে খেলেছে তুফানের সাথে, সফল সেই হয়েছে।**
**যে সময়ের গতি বদলেছে, দুনিয়াতে সেই ধনী হয়েছে।।**

সময় তাদেরই সঙ্গ দেয়, যারা পরিশ্রম করতে জানে। কিন্তু স্বপ্ন সর্বদা মানুষকে মদের সমুদ্রে নিমজ্জিত করে। তাই সবসময় খোলা চোখে স্বপ্ন দেখুন। কারণ রাতের স্বপ্ন কখনই সত্যি হয় না।

কিন্তু স্বপ্নকে বাস্তবায়িত করে তোলার জন্য ইতিবাচক চিন্তা করাটা খুবই জরুরি। চিন্তা আপনার মস্তিষ্কে নতুন-নতুন বিচারের সঞ্চার ঘটায়, যা আপনার লক্ষ্য নির্ধারিণ করতে সাহায্য করে।

কিছু লোক বলে, **'আমরা নিজেদের লক্ষ্য কি তা জানি।'** কিন্তু এমনও কিছু লক্ষ্য থাকে যা নিয়ে তারা কখনও ভেবে পর্যন্ত দেখেনি। সেই লক্ষ্য চলার পথে বাধা হয়ে দাঁড়ায়।

এমন সময়ে আপনাকে বিকল্পের সন্ধান করতে হবে, তার থেকে একটু সরে গিয়ে ভাবার জন্য আপনাকে তিনটি বিষয়ের দিকে ধ্যান দিতে হবে :-

**আপনি যদি নতুন কিছু করতে না পারেন, তাহলে স্বপ্নের তাজমহল নির্মাণ করবেন না। কারণ রেজারে ধার না থাকলে আপনার শেভিংক্রীম স্মূথ বলে মনে হবে না।**

- নির্ভয়ে চিন্তা করতে শিখুন, যেকোনো সম্ভাবনার প্রতি লক্ষ্য রাখুন।
- মস্তিষ্ক উন্মুক্ত করে দিন, সামনের বিকল্প গুলির দিকে ধ্যান দিন।
- বিবেকের সাথে কাজ করুন, হীনমন্যতাবোধ ত্যাগ করুন।

কোনো একটা সময়ে ক্যালিফোর্নিয়া ছিল শূণ্য মরুভূমি। কিন্তু কিছু স্বপ্ন প্রবন মানুষ এই **'বেকার'** জমিতে **'সোনা'** ফলিয়ে দেখিয়েছিল। যেখানে মানুষের প্রয়োজনিয় শস্য ফলতে শুরু করেছিল। যারা এই জমি কিনে রেখেছিল, তারা সেখানে চাষ করে ধনী হয়ে যায়।

কিন্তু তাদের এই সফলতার পিছনে ছিল ইতিবাচক দৃষ্টিভঙ্গী। কারণ এর অর্থ হল, নিজের বক্তব্য সঠিক ভাবে অন্যের কাছে পৌঁছে দেওয়া। একেপজেটিভ কমিউনিকেশান বলা হয়। তাই ইতিবাচক ভাবে নিজের বক্তব্য উপস্থিত করার চেষ্টা করুন। নিম্ন লিখিত বিষয় গুলি মন দিয়ে পড়লে আপনি অতি সহজেই তা শিখে নিতে পারবেন :-

- কখনও নেতিবাচক কথা বলবেন না। কারণ এমন শব্দ কখনও ইতিবাচক প্রভাব ফেলে না। তাই কখনও **'করতে পারব না'**, **'করব না'**, **'হবে না'** এমন শব্দের ব্যবহার করবেন না।
- কোনো আইডিয়া যতই নেগেটিভ হোক না কেনো, তার মধ্যে কোনো না কোনো পজেটিভ দিক অবশ্যই আছে। আপনাকে তার মধ্যে পজেটিভ দিকটা খুঁজে বার করতে হবে।
- কাউকে **'না'** বলবেন না। কিন্তু তার জন্য আপনাকে সঠিক পন্থায় বিশ্লেষণ করতে শিখতে হবে। তাতে করে আপনি নিজেকে আরো ভালো করে প্রতিষ্ঠা করতে পারবেন।
- কাউকে ধমক দিয়ে চুপ করানোর চেষ্টা করবেন না, সর্বদা বিনম্রতার সাথে কথা বলুন। এতে সামনের লোক অপমানিত বোধ করে না।
- আপনার কথা ও ব্যবহার যেন পজেটিভ হয়। তাতে করে লোকে বুঝবে যে, আপনি সাহায্য করতে জানেন, আপনি আক্রমক রিঙ্গমাস্টার নন। কারণ 'না' কথাটি বলার সাথে সাথে আপনি যদি এটা বুঝিয়ে দিতে পারেন যে, আপনি সাহায্যের হাত প্রসারিত করে রেখেছেন, তাহলে তা অতি সহজে স্বীকার করে নেওয়া যায়।

**আপনার ভেতরে যখন নতুন কিছু শেখার ইচ্ছা শেষ হয়ে যাবে, তখন আপনি নিজেকে বৃদ্ধ বলে ধরে নিতে পারেন।**

যারা এই বিষয় গুলি মাথায় রাখে না, তারাই পরাজিত হয়। যারা তা গ্রহণ করতে পারে তারা জিতে যায়। তাই যে স্মৃতি আপনাকে পিছিয়ে দেয়, তা ধুয়ে মুছে পরিষ্কার করে ফেলুন।

জন লেজী বেয়র্ড ছিলেন একজন ব্যবসায়ি। তাঁকে কিছু সময়ের জন্য খুবিই সংকটের মধ্যে দিয়ে জীবন অতিবাহিত করতে হয়েছিল। তিনি অসুস্থ হয়ে পড়েছিলেন, যার ফলে তাঁর ব্যবসা ডুবে যায়। সময় তাঁকে দরিদ্রতা ও অভাবের সামনে এনে দাঁড় করিয়েছিল।

এত কিছু ঘটার পরেও নিজের মন ঠিক রাখার জন্য তাঁর মধ্যে একটা শখের জন্ম হয়, আর তা ছিল নতুন কিছু আবিষ্কার করা। তিনি ইংল্যান্ডে চলে যান, সেখানে গিয়ে একটা ল্যাবোরেট্রি বানিয়ে গবেষণা করতে শুরু করেন, তাঁর অক্লান্ত পরিশ্রমের ফলে চোদ্দো বছর বাদে টী.ভী. আবিষ্কার করতে সফল হন।

শ্রী হনুমানের সাথে এমনি কিছু ঘটনা ঘটেছিল, যখন বহু বাধা অতিক্রম করে সীতা মাকে খোঁজার প্রশ্ন এসে দাঁড়ায় তখন তিনি মনে মনে সংকল্প করেছিলেন যে, **'রাজ কার্য শেষ না করে আমি বিশ্রাম নেব না।'**

শ্রী হনুমানকে দেখে মৈনাক পর্বত বলেছিল যে, **'একটু বিশ্রাম নিয়ে নাও।'**

শ্রী হনুমান হেসে বলেছিলেন, **'আমার কাছে আরাম হারাম। কারণ আমি যে কাজের জন্য বেরিয়েছি, তা আমাকে অতি শীঘ্র সম্পন্ন করতে হবে।'**

পরে সুরসার সাথে দেখা হয়, সে বলে **'আমি তোমাকে খেয়ে নেব।'**

শ্রী হনুমান বলেন, **'আমি যখন ফিরব, তখন খেয়ে নিও, এখন আমাকে যেতে দাও।'**

কিন্তু সুরসা তাঁর কথা মানে না, আর শ্রী হনুমানকে গেলার জন্য বিরাট আকার ধারণ করতে শুরু করে, কিন্তু তখন শ্রী হনুমানও নিজের আকার এতটাই বড়ো করে নেন যাতে তার মুখে না আসেন।

শেষে শ্রী হনুমান নিজের লঘু রূপ ধারণ করে সীতা মাকে খুঁজে বার করতে সফল হন।

**পর্বত যত উঁচু হবে, ঠান্ডা সেখানে তত বেশি হবে, মানুষ যত বড়ো হবে সে তত বেশি শান্ত ও উদার হবে। কারণ মানুষ যত বেশী সফলতার উচ্চ শিখরে আরোহন করে তার অন্তর তত শীতল হয়ে যায়।**

কিছু দিন আগে আমি গাজিয়াবাদের ম্যানেজমেন্ট কলেজে ব্যবসার অতি সূক্ষ্ম বিষয় নিয়ে আলোচনা করছিলাম, সেই সময়তে আমার সাথেও একটা ঘটনা ঘটেছিল। সেখানে উপস্থিত এক এম.বী.এ.-র ছাত্র আমাকে বলে, **'মিস্টার ইঞ্জীনিয়ার! আপনার লেখা পুস্তক 'Think Big!Become Big' পড়ে কোনো ব্যবসা করা যায় কি?'**

আমি তখন বলি, **'কেনো করা যাবে না, করা যাবে। কিন্তু তার জন্য আপানকে এই বই খুব ভালো করে পড়তে হবে আর তার গুরুমন্ত্র বুঝতে হবে। যদি আপনি তা না করেন, তাহলে ব্যবসায়ি হলেও সফল ব্যবসায়ি হোতে পারবেন না।'**

সেখানকার আর একজন ম্যানেজমেন্টের ছাত্র আমাকে সমর্থন করে।

আমি বলি, **'ভারতে এমন বহু সফল ব্যবসায়ি আছেন, যারা কোনো রকম ম্যানেজমেন্টের কোর্স করেননি। শুধুমাত্র এই বই পড়ে পৃথিবীর অন্যতম ব্যবসায়ি হয়ে উঠতে পেরেছেন।'**

তাই বলা যেতে পারে যে, বারংবার নিজের লক্ষ্য সম্পর্কে ইতিবাচক চিন্তা রাখলে আপনি সফলতা অর্জন করতে পারবেন। কারণ আপনার চিন্তা অনুসারেই আপনি সফলতা অর্জন করতে সক্ষম হন।

আপনি যদি সফলতা অর্জন করার জন্য এই বই পড়েন তাহলে অবশ্যই সফল হবেন। তাই সর্বদা নিজের সফলতাকে নিজের চোখে দেখুন, মনকে ইতিবাচক রাখুন ও তারপর **'এ. বী. সী.'**- ফর্মূলার প্রয়োগ করুন।

যাতে **এ** -এর অর্থ হল **এটিট্যুড** অর্থাৎ **মনভাব**। কিন্তু আপনার মস্তিষ্ক যেন সর্বদা নতুন কিছু শিখতে চায়।

**বী** হল **বিলিভ** অর্থাৎ আস্থার প্রতীক। তাই নিজের আস্থা দৃঢ় রাখুন, তা যেন কোনো মতেই নড়তে না পারে।

**সী** অর্থাৎ **কেয়ারিঙ্গ এনার্জী**। এর অর্থ হল আপনি যা করবেন, ভেবে চিন্তে করবেন, আর বাজে কাজ করে নিজের উর্জা নষ্ট করবেন না। কারণ ধীরু ভাই আম্বানী এটা প্রমাণ করে দিয়েছেন যে, ব্যবসায়ি হওয়ার জন্য গ্রেজুয়েট বা এম.বী.এ. হওয়ার প্রয়োজন নেই।

ঘনশ্যাম বিড়লাও স্কুলের গন্ডী পার করেছিলেন, কিন্তু তাঁর মনে ছিল শিল্পপতি হওয়ার স্বপ্ন। তিনি বেরিয়ে পিলানী থেকে মুম্বাই পৌঁছে গেছিলেন।

তাঁর কাছে পয়সা ছিল না, কিন্তু তাঁর দাদা তাঁর মনের অবস্থা দেখে বলেছিলেন, '**তোমার যদি নিজের ওপরে বিশ্বাস থাকে, তাহলে আমি আমার পুঁজী তোমার হাতে তুলে দিতে পারি।**' সেই টাকা দিয়ে তিনি পাটশিল্পের শুরু করেছিলেন, আর তারপর থেকে তাঁকে পিছনে ঘুরে দেখতে হয়নি।

থমস অলভা এডীসন স্কুলের গন্ডী অতিক্রম করতে পারেননি। ট্রেনে খবরের কাগজ বিক্রী করতেন তিনি। কিন্তু তিনি যে কাজই করতেন, সেটাই খুব মন দিয়ে করতেন, এটাই ছিল তাঁর সবচেয়ে বড়ো গুণ। আর এই কারণেই তিনি ধনী হোতে পেরেছিলেন।

তাই বলা হয় যে, যেকোনো লক্ষ্য পূরণ করার জন্য ইতিবাচক চিন্তা হল সবচেয়ে বড়ো কথা। আজকের যুবক বৃন্দও এটা বিশ্বাস করে যে, সেই সময়ে পজেটিভ মেন্টল এটীট্যুডের কবিতার যথেষ্ট চাহিদা ছিল। তাই এই বই মন দিয়ে পড়ুন, কারণ এরপর আপনাকে নিয়ে বই লেখার সময় এসে গেছে।

◆

---

**'তুফান যেমনি হোক না কেনো, আপনি ধনী হওয়ার বাসনা ত্যাগ করবেন না। কারণ যে পায়লট নিজের লক্ষ্যে উপনিত হোতে চায়, সে তুফান যত প্রবলই হোক না কেনো, নিজের গন্তব্যে অবশ্যই উপস্থিত হয়।**

---

**দরিদ্রের মানে যাই হোক না কেনো,**
তা সর্বদাই অদেখা করা উচিত। তাই
আমি আপনাদের বলতে চাই
**লগে রহো মুন্নাভাঈ**
**কারণ কথায় বলে যে বারো বছর বাদে তো**
**আবর্জনারও ভাগ্য ঝলমল করে ওঠে।**

ষষ্ঠ সিদ্ধান্ত

# নিজেকে ধনী দেখানোর অভ্যাস গড়ে তুলুন

গত বছর আমি একটা এয়ারলাইন্স কম্পানীর বার্ষিক উৎসবে যাওয়ার সুযোগ পেয়েছিলাম। এই কম্পানীর টার্নওভার ছিল প্রায় এক হাজার কোটি টাকার, কিন্তু সেখানকার কোনো কর্মচারীকে দেখে এত বড়ো একটা এয়ারলাইন্স কম্পানীতে কাজ করে বলে মনে হচ্ছিল না।

আমি মঞ্চে কম্পানীর সীনিয়ার ম্যানেজমেন্টের সাথে বসেছিলাম। আমার ডানদিকে কম্পানীর মালিক বসেছিল, তার মধ্যে ছিল যথেষ্ট ব্যক্তিত্বের ঝলক, তাকে দেখে বেশ ধনী বলে মনে হচ্ছিল।

আমি আগে তাঁকে নিজের পরিচয় দিই, **'আপনার কম্পানী এতই বড়ো যে, যে কেউ এর নাম শুনেই প্রভাবিত হবে, কিন্তু আপনার কর্মচারীদের দেখে গরিব বলে মনে হয়। আপনি তাদের ধনী দেখানোর অভ্যাস করতে বলুন।'**

তখন তিনি বলেন, **'মিস্টার ইঞ্জীনিয়ার! আমি ওদের যথেষ্ট ভালো সেলারি দিই, কিন্তু ওরা নিজেদের বদলানোর চেষ্টা করে না।'**

**'আপনি আমাকে একটা সুযোগ দিন, আমি এদের বদলানোর চেষ্টা করব।'** আমি খুবই উৎসাহের সাথে কথাটি বলেছিলাম।

**'তাহলে আর দেরি কিসের মি. ইঞ্জীনিয়ার!'** ফাংশান শুরু হোতেই আমি স্পীচ দেওয়ার সুযোগ পেয়ে যাই।

তিনি নিজেই আমার দিকে মাইক প্রসারিত করে দেন, আমি এই কক্ষে উপস্থিত কর্মচারীদের দিকে চোখ বুলিয়ে বলি, 'বন্ধুগণ আপনারা আপনাদের কম্পানীর বার্ষিক উৎসব পালন করছেন, তা দেখে খুবই ভালো লাগছে, কিন্তু আমি আপনাদের একটা কথাই বলতে চাই যে, নিজেদের ধনী কম্পানীর ধনী কর্মচারী হিসাবে দেখানোর চেষ্টা করুন। কারণ কিঙ্গফিশার কম্পানীর মালিক বিজয় মালিয়া বলেছিলেন :-

**প্রভাবশালী লোকেরা সংঘর্ষের দিনে নিজেকে ধনী দেখানোর চেষ্টা করে। যারা সফল হয়ে যায় তারা তারার মতো যেকোনো আসরে ঝলমল করে।।**

এর অর্থ হল যখন কোনো ব্যক্তি সংঘর্ষের শিখরে পৌঁছিয়ে নিজের সফলতার ইতিহাস লেখে, তখন সমাজ তার সফলতার গীত গায়। আর আগামী প্রজন্মের কাছে তিনি হয়ে ওঠেন রোল মডেল।

কারণ বিশ্বের প্রত্যেক ব্যক্তি জীবনে অনেক উঁচুতে উঠতে চায়। কিন্তু আপনাদের দেখে মনে হচ্ছে যে, আপনাদের মধ্যে আরো উন্নতি করার ইচ্ছা মরে গেছে।

**'না শ্যার!'** হঠাৎ করে কক্ষে উপস্থিত সমস্ত কর্মচারী সমস্বরে বলে, **'আমাদের অনেক আগা যাওয়ার ইচ্ছা আছে।'**

তাহলে আপনাদের নিজেদের ধনী দেখানোর অভ্যাস করতে হবে। আপনাদের নিজেদের রোল মডেল নির্বাচন করতে হবে। যাতে আপনারা তার পদাঙ্ক অনুসরণ করে চলতে পারেন।

আমার ছোটোবেলার একটা ঘটনা মনে পড়ে যাচ্ছে। আমি যখন ষষ্ঠ শ্রেণীতে পড়তাম, তখন সারা ক্লাসের মধ্যে আমাকে আলাদা ভাবে চোখে পড়ত। সেই সময় ক্লাসের অন্য ছাত্ররা বলত, **'বাহ! তরুণের কি পার্সোনালিটি, একদম অমিতাভ বচ্চনের মতো লাগে।'**

কারণ সেই সময় অমিতাভের ব্যক্তিত্ব আমাকে প্রচন্ড ভাবে প্রভাবিত করত, আর আমি নিজেকে অমিতাভের ছাঁচে ঢালতে চাইতাম। যার ফলে সারা কলেজ আমাকে ধনী বলে মনে করত। অথচ আমি ছিলাম মধ্যবিত্ত পরিবারের ছেলে। আমার বাবার দোকান ছিল, আমাদের সম্পূর্ণ পরিবার তাঁর ওপরেই ভরসা করে থাকত, কিন্তু ছোটোর থেকে আমার ভেতরে ধনী হওয়ার স্বপ্ন ছিল।

কিন্তু কলেজের ছাত্ররা যখন আমাকে বিশেষ নজরে দেখত, তখন আমি ভাবতাম, **'আমার ভেতরে এমন কি আছে, সকলে আমার ব্যক্তিত্ব দেখে এত প্রভাবিত কেন?'**

আমি নিজেকে অনেক ভালো করে দেখার পর বুঝতে পারি যে, অন্যদের তুলনায় আমার আত্মবিশ্বাস অনেক বেশি আর আমার মধ্যে কিছু করে দেখানোর ইচ্ছা আছে।

**আপনি যদি ধনী হোতে চান, তাহলে প্রচুর রোমান্স করুন, কারণ রোমান্স আপনার মধ্যে উৎসাহের সঞ্চার করে আর নিজের লক্ষ্য পর্যন্ত পৌঁছানোর জন্য সতেজ থাকাটা খুবই জরুরি।**

আপনাকেও যেন ঠিক তেমনি দেখতে লাগে। কারণ একজন গরিব ও ধনীর মধ্যে বিস্তর পার্থক্য দেখা যায়, তাদের ভেতরে আত্মবিশ্বাসের পার্থক্য থাকে সবচেয়ে বেশি। মনোবৈজ্ঞানিকেরাও মনে করেন যে, একজন সাধারণ মানুষের আই.কিউ. হয় 70 থেকে 110, এমন মানুষদের সফল ও বুদ্ধিমান বলে আখ্যা দেওয়া যায়। কিন্তু ধনী ব্যক্তিদের আই.কিউ. হয় 120।

এখন আপনি ভেবে দেখুন, দুজনের মধ্যে কতটুকুই বা পার্থক্য আছে। মাত্র দশ নম্বরের। আর যারা মহান হিসাবে পরিচিত তাদের আঈ.কিউ. হয় 140। তাঁরা হলেন বরাক হুসেন ওবামা, সোনিয়া গান্ধী, অমিতাভ বচ্চন এবং মনমোহন সিং। আপনার আঈ.কিউ. বৃদ্ধি করতে পারেন। আসলে সবচেয়ে বড়ো সমস্যা হল, সাধারণ মানুষ নিজেদের যোগ্যতা কতটা তাই বুঝতে পারেন না। আর যখন নিজের যোগ্যতা প্রদর্শনের সময় আসে তখন সে হীনমন্যতায় ভোগে। এই হীনমন্যতা তার মানসিক চাপ আরো বৃদ্ধি করে দেয়।

এই বিষয়টা আরো ভালো করে বোঝার জন্য আমি আপনাকে একটা উদাহরণ দিচ্ছি। মনে করুন আপনি ইঞ্জীনিয়ারিং-এর ছাত্র, আর আপনার পাঠক্রমের পঞ্চম বিষয় হল গণিত, আর গণিতের বইতে পাঁচটা অধ্যায় আছে।

আপনি কিভাবে এর অধ্যয়ন করবেন, পাঁচটার মধ্যে তিনটি অধ্যায় এমন ভাবে পড়ুন যাতে যদি ঘুমের মধ্যে আপনাকে কেউ প্রশ্ন করে তাহলেও যাতে আপনি তার সঠিক উত্তর দিতে পারেন। এক্ষেত্রে আত্মবিশ্বাস হল সবচেয়ে বড়ো গুণ, যা ব্যক্তিকে আরো প্রভাবশালী করে তোলে। তাই সবার আগে নিজের মূল্যাঙ্কন করে দেখুন যে, আপনার ব্যক্তিত্ব প্রভাবশালী কিনা?

1. **আপনি নিজের ব্যক্তিত্ব সম্পর্কে কতটা উপলব্ধি করতে পেরেছেন?**

a. লোকেরা আমার দিকে আকর্ষিত হয়। হ্যাঁ ☐

b. মেয়েরা আমার সান্নিধ্যে আসতে চায়। হ্যাঁ ☐

c.আমার কথা শুনে লোকেরা প্রভাবিত হয়। হ্যাঁ ☐

d. আমার হাঁটার ভঙ্গী অদ্বিতীয়। হ্যাঁ ☐

2. **আপনার ভেতরে কি যোগ্যতা আছে?**

a. আমাকে দেখতে সুন্দর লাগে। হ্যাঁ ☐

b. আমি যেকোনো কাজ সহজভাবে করতে পারি। হ্যাঁ ☐

**যে সফলতার সেতু আপনি অতিক্রম করে এসেছেন, আপনাকে সর্বদা তাকে কৃতজ্ঞতা জানাতে হবে। কারণ সফলতা সর্বদা বিনম্রতা ও শালীনতা চায়।**

c. আমি নিজের ব্যক্তিত্ব অনুসারে কাজ করি। হ্যাঁ ☐

d. আমি কাজ করার সময় সন্তুষ্টি অনুভব করি। হ্যাঁ ☐

3. **সমস্যার সময় আপনি কি করেন?**

a. আমি পরিব্যারের লোকেদের পরামর্শ গ্রহণ করি। হ্যাঁ ☐

b. আমি নিজে উপায়ের সন্ধান করি। হ্যাঁ ☐

c. আমি বন্ধুদের কথা শুনি। হ্যাঁ ☐

d. আমি জ্যোতিষির কাছে যাই। হ্যাঁ ☐

4. **আপনি নিজেকে কিভাবে নিয়ন্ত্রণ করেন?**

a. রাগ দমন করে। হ্যাঁ ☐

b. যোগাসনের সাহয্যে হ্যাঁ ☐

c. সময়ের ওপর ছেড়ে দিই। হ্যাঁ ☐

d. একা বসে ভাবি। হ্যাঁ ☐

5. **আপনার ব্যবহার কেমন?**

a. আমি ধৈর্য্যের সাথে কাজ করি। হ্যাঁ ☐

b. আমি সকলকে সাহায্য করি। হ্যাঁ ☐

c.আমি অতি দ্রুত রেগে যাই না। হ্যাঁ ☐

d. রাগ হলে যা মুখে আসে বলে দিই। হ্যাঁ ☐

6. **আপনি কিভাবে নিজেকে ব্যবস্থিত রাখেন?**

a. সমস্ত কাজ সময়ে করি। হ্যাঁ ☐

b. টাইম ম্যানেজমেন্টের সাহায্য নিই। হ্যাঁ ☐

c. পরিবারের সদস্যদের সাহায্য নিই। হ্যাঁ ☐

d. নিজেকে সময়ের ওপর ছেড়ে দেন। হ্যাঁ ☐

7. **ফিট্ থাকার জন্য আপনি কি করেনব?**

a. মর্নিং ওয়াক করি। হ্যাঁ ☐

b. জিমে যাই। হ্যাঁ ☐

c.হাল্কা খাদ্য গ্রহণ করি। হ্যাঁ ☐

d. কিছুই করি না। হ্যাঁ ☐

8. **আপনি কি ধরণের পোশাক পরিধান করেন?**

a. ফ্যাশান করার মতো।
b. নিজের শরীরের অনুসারে।
c. সাধারণ দেখায় এমন পোশাক।
d. ম্যাচিঙ্গ করে পরি।

9. **আপনি কেমন পরিবেশ পছন্দ করেন?**
a. যেখানে কোনো রকম বাধা থাকে না। হ্যাঁ ☐
b. যেখানে সম্মান পাওয়া যায়। হ্যাঁ ☐
c. যেখানে পরিবারের সদস্যরা খুশীতে থাকে। হ্যাঁ ☐
d. যেখানে কথা বলা যায়। হ্যাঁ ☐

10. **আপনার কি করতে ইচ্ছা করে?**
a. নতুন পরিচয় গড়ে তুলতে। হ্যাঁ ☐
b. অধিক অর্থ রোজগার করতে। হ্যাঁ ☐
c. নতুন কাজ করতে। হ্যাঁ ☐
d. শুধু পেট ভরাতে চান। হ্যাঁ ☐

11. **আপনার জীবনে সবচেয়ে গুরুত্বপূর্ণ কোনটি?**
a. নতুন প্রতিযোগিতা। হ্যাঁ ☐
b. সফলতার জন্য পরিকল্পনা গড়ে তোলা। হ্যাঁ
c. অন্যদের সাহায্য করে সন্তুষ্টি লাভ করা। হ্যাঁ ☐
d. মান-সম্মান লাভ করা। হ্যাঁ ☐

12. **নিজের সহযোগিদের সাথে আপনি কেমন ব্যবহার করেন?**
a. তাদের উৎসাহিত করে। হ্যাঁ ☐
b. তাদের নেতৃত্ব প্রদান করে। হ্যাঁ ☐
c. তাদের প্রেরণা প্রদান করে। হ্যাঁ ☐
d. তাদের সাহায্য করে। হ্যাঁ ☐

এবার আপনি নিজেই জেনে নিন যে, আপনার ব্যক্তিত্ব কতখানি প্রভাবশালী। আপনাকে শুধুমাত্র a. b. c. বা d. তে টিক্ চিহ্ন দিতে হবে।

- আপনি যদি 8 -র বেশী প্রশ্নের উত্তরের ক্ষেত্রে a -তে টিক্ দিয়ে থাকেন তাহলে বুঝতে হবে আপনার ব্যক্তিত্ব খুবই প্রভাবশালী। আর আপনি পরিকল্পনা মাফিক কাজ করতে পারেন। তাই একজন ভালো ব্যবসায়ী

হয়ে ওঠার গুণ আছে আপনার মধ্যে।

- কিন্তু যদি আটটার বেশী প্রশ্নের ক্ষেত্রে আপনার উত্তর b হয় তাহলে বুঝতে হবে যে, আপনি প্রতিযোগিতা স্বীকার করার ক্ষমতা রাখেন, কিন্তু তা মাঝপথেই ছেড়ে দিয়ে সামনে যাওয়ার রাস্তা উন্মুক্ত রেখে দেন। তাই আপনিও ভালো ব্যবসায়ি হয়ে উঠতে পারেন।
- আটটার বেশী প্রশ্নের ক্ষেত্রে আপনার উত্তর c হলে আপনি সর্বদা অন্যের সাহায্য করতে চান ও আর সমস্যার সমাধান করার ইচ্ছা রাখেন। কিন্তু আপনি নিজের পরিবারকে সবচেয়ে বেশী গুরুত্ব দেন, তাই আপনি সফলতার খুব কাছে আছেন।
- কিন্তু যদি আটটার বেশী প্রশ্নের ক্ষেত্রে আপনার উত্তর d হয় তাহলে বুঝতে হবে আপনার ব্যক্তিত্ব একেবারে আলাদা। কিভাবে লোকেদের থেকে কাজ আদায় করা যায়, আপনি তা জানেন কিন্তু সফলতা প্রাপ্ত করতে পারেন না। তাই আপনি কার দ্বারা প্রভাবিত সবার আগে সেটা বোঝার চেষ্টা করুন। কোন সেলিব্রেটিকে আপনি নিজের আইডল বলে ভাবেন, আপনি এমন করতে পারলে আপনার আত্ম বিশ্বাস কয়েক গুণ বৃদ্ধি পাবে।

কারণ '**নিউইয়ার্ক বিশ্ববিদ্যালয়**'-এর গবেষকরা গবেষণা করে দেখেছেন যে, যাদের ভেতরে আত্মবিশ্বাস বেশী থাকা তারা কোনো সেলিব্রেটিকে স্ক্রীনে দেখে বা তার সম্পর্কে পড়ে এতটাই পছন্দ করতে শুরু করে যে, সে তার মতো হয়ে ওঠার চেষ্টা করে এবং ধীরে ধীরে সেই ব্যক্তির মতো হয়ে ওঠে। সে নিজের ব্যক্তিত্বের মধ্যে সেলিব্রেটির ঝলক দেখতে পায় আর তার সঙ্গে এক অজানা সম্পর্ক গড়ে ওঠে।

এই ধরণের সম্পর্ক গড়ে তোলাকে প্যারাসোশাল রিলেশান বলা হয়। যার ফলে সাধারণ মানুষের আত্মবিশ্বাস বৃদ্ধি পায় আর সে নিজের জীবনকে পজেটিভ দৃষ্টিতে দেখতে পারে।

যারা লজ্জা পায়, বা শীঘ্র কাউর সাথে মিশতে পারে না, তাদের ক্ষেত্রে এই ধরণের সম্পর্ক খুবই কার্যকারী বলে প্রামণিত হয়ে থাকে। গবেষকরা প্রায় একশোটি আন্ডারগ্রেজুয়েট ছাত্রদের নিয়ে গবেষণা করেছিল, তারা জানার চেষ্টা

**ধনী হওয়ার জন্য চিন্তা, ইচ্ছা এবং বিশ্বাসের প্রয়োজন হয় আর বিশ্বাস হল সেই মুরগীর মতো যে সকাল হওয়ার আগেই অন্ধকারের মধ্যেই আলোর আভাস পেয়ে আওয়াজ দিতে শুরু করে।**

করেছিল যে, আত্মবিশ্বাস ও কোনো সেলিব্রেটিকে আইডল করার মধ্যে কি সম্পর্ক বিদ্যমান। তখন ছাত্ররা তাদের আইডলের কোণ গুণ তাদের সবচেয়ে পছন্দের তা বলতে থাকে। তারপর জানা গেছে যে, প্রতিটা ব্যক্তিই সেলিব্রেটিদের সেই গুণটা পছন্দ করে, যা তাদের মধ্যে নেই। অনেক সময় এই সম্পর্ক পারিবারিক সম্পর্কের থেকেও গভীর হয়ে যায়। কোনো দুর্বল চিত্তের মানুষকে তা এমন ভাবে প্রভাবিত করে যে, তাতে করে তার আত্মবিশ্বাস বৃদ্ধি পেতে থাকে।

মনোবৈজ্ঞানিক জিতেন্দ্র নাগপাল বলেন যে, **'আজকালকার যুবকরা কাউকে না কাউকে নিজেদের আইডল বলে ভেবে থাকে। কারণ সে এই ব্যক্তিকে নিজের আবেগ ও বিচারের দ্বারা দেখে থাকে।'** আইডল হিসাবে যুবকেরা সবচেয়ে বেশি পছন্দ করে, অমিতাভ বচ্চন, শাহরুখ খান ও ক্রিকেটার্সদের। কারণ এঁদের জীবনে সফলতা, অর্থ, নাম-যশ সবই আছে। জীবনের লক্ষ্য খোঁজার জন্য বা মনোবল বৃদ্ধির জন্য এমন ব্যক্তিরা তাদের প্রেরণা প্রদান করে থাকে। এরপর তারা নিজেদের গন্তব্যে পৌঁছানোর জন্য কঠোর পরিশ্রম করতে থাকে।

তারা এটাও ভাবে যে, এই ব্যক্তিরা যখন জীবনে এত উপরে উঠতে পেরেছে, তাহলে আমি কেনো উঠতে পারব না? ইংরেজিতে একটা শব্দ আছে **'কালচার'**। এর অর্থ হল সভ্যতা, জীবন-যাপনের ভঙ্গী এবং চিন্তা-ভাবনা করার পদ্ধতি। তাদের আইডিয়ালের নাম, রূপ, ধন, পরিবার, ক্ষেত্র, ভাষা, ধর্ম এবং জীবন যাপনের পদ্ধতিও ভালো লাগে। তারপর সে এই ভাবে নিজেকে গড়ে তোলে। তাই ম্যানেজমেন্ট গুরু প্রমোদ বাত্রা বলেছেন যে, **'চিন্তা, ভয় ও মানসিক চাপের মতো শব্দ আপনার জন্য কোনো রকম ভাবেই গুরুত্বপূর্ণ নয়। এই ব্যাপারে আপনি বেশি ভাববেন না।'**

কারণ আপনি যে রকম ভাবে ভাবেন আপনার প্রবৃত্তিও সেই অনুসারেই গড়ে ওঠে। আপনি যদি ধরে নেন যে, আপনি **'সৃজনশীল'** নন, তাহলে এটা ধরে নিতে পারেন যে, আপনি ভ্যবিষতে **'সৃজনশীল'** হয়ে উঠতে পারবেন না। আপনি যদি ক্রমাগত বলতে থাকেন যে, আপনি **'সৃজনশীল'** তাহলে একদিন অবশ্যই **'সৃজনশীল'** হয়ে উঠবেন।

যে কথা আপনি বারংবার বলতে থাকেন, সেই কথার ওপর আপনার

> **আপনার বিচার আপনার ভাগ্যের ভিত প্রস্তুত করে, কারণ ধীরুভাই আম্বানী পলীস্টার বানানোর কথা ভেবেছিলেন, যাতে করে তাঁর ভাগ্যের দরজা খুলে গেছিল।**

একটা বিশ্বাস গড়ে ওঠে। তাই সর্বদা ভেবে চিন্তে ইতিবাচক ও নেতিবাচক কথার প্রয়োগ করে থাকবেন। কারণ শব্দের মধ্যে এমন শক্তি থাকে যা আপনার ব্যক্তিত্বকে প্রস্ফুটিত করে তুলতে পারে।

এক বৃদ্ধা এক বিরাট পোঁটলা নিয়ে যাচ্ছিল। কিছুক্ষণ বাদে সে হাঁটতে হাঁটতে ক্লান্ত হয়ে যায়। তখন সে দেখে যে একজন ব্যক্তি ঘোড়ার পিঠে বসে সেদিকে আসছে। কাছে আসতে বৃদ্ধা চিৎকার করে বলে, **'আরে বাবা! একটু এদিকে শোনো তো।'**

ঘোড়ায় চাপা ব্যক্তি দাঁড়িয়ে গিয়ে বলে, **'কি হয়েছে বল?'**

বৃদ্ধা বলে, **'বাবা! আমি খুব ক্লান্ত হয়ে গেছি, এই পোঁটলা নিয়ে আর চলতে পাচ্ছিনা, তুমিও বোধহয় এই গ্রামেই যাচ্ছো, আমার পোঁটলাটা ঘোড়ার পিঠে চাপিয়ে নেবে? তাহলে আমার হাঁটতে সুবিধা হবে।'**

এই ব্যক্তি বলে, **'আমি তো ঘোড়ায় চেপে যাচ্ছি, এক্ষুণি পৌঁছে যাব, আর তুমি হেঁটে যাচ্ছো, কখন পৌঁছাবে কোনো ঠিক নেই, আমি ওখানে পৌঁছে কি তোমার জন্য অপেক্ষা করব?'**

এই কথা বলে সে চলে যায়, কিন্তু কিছু দূর যাওয়ার পর তার মনে হয়, **'আরে আমি তো মূর্খের মতো কাজ করেছি। ও বৃদ্ধা, ঠিক মতো চলতে পারছিল না। ও ঠিক মতো দেখতে পায় কি না তাই বা কে জানে। ও পোঁটলাটা দিচ্ছিল, তাতে কোনো মূল্যবান জিনিসও তো থাকতে পারে, আমি তো নিয়ে পালাতে পারতাম, কে জানত? যাই পোঁটলাটা নিয়ে আসি।'**

ফিরে এসে বৃদ্ধাকে বলে, **'দাও তোমার পোঁটলাটা, গ্রামে পৌঁছে তোমার জন্য অপেক্ষা করব।'**

বৃদ্ধা বলে, **'না বাবা! এখন তুমি যাও, আমি আমার পোঁটলা দেব না।'**

এই ব্যক্তি বলে, **'একটু আগে তো, তুমি পোঁটলাটা দিতে চাইছিলে, আর এখন আমি রাজী হওয়ার পর তুমি মানা করছো, কেনো?'**

বৃদ্ধা হেসে বলে, **'এখন যে তোকে পোঁটলা নিয়ে পালিয়ে যাওয়ার পরামর্শ দিয়েছে, সেই আমাকে বলেছে যে, তুই আমার পোঁটলাটা নিয়ে পালিয়ে যেতে পারিস, তাই সে আমাকে পোঁটলা দিতে মানা করেছে। তুইও নিজের মনের কথা শুনেছিস আর আমিও নিজের মনের কথা শুনেছি।'**

> **দিনের পরে যেমন রাত আসে তেমনি দরিদ্রতার পরেই ধনী হওয়া সম্ভব। কিন্তু শর্ত হল, আপনাকে সময়ের সাথে চলতে হবে।**

এই গল্পের থেকে আমরা এটা বুঝতে পারি যে, প্রথমে নিজে কোনো মূল্যাঙ্কন করলে তা সঠিক হয়। তাই আপনাকে নিজের আত্মবিশ্বাস দৃঢ় করতে হবে, আত্মবিশ্বাস দৃঢ় করে তোলার জন্য পোশাকের দিকে বিশেষ ধ্যান দেওয়াটা খুবই জরুরি। কিন্তু সর্বদা নিজের ব্যক্তিত্ব অনুসারেই পোশাক পরুন।

কারণ শেক্সপিয়ার বলেছিলেন **'মানুষের পোশাক তার অভিব্যক্তি প্রকাশের কাজ করে।'**

আপনি কোনো ব্যক্তির চাল-চলন দেখেও তার সম্পর্কে ধারণা করতে পারেন, আর উর্জা সম্পন্ন ব্যক্তির চাল চলনের মধ্যে দিয়েই আত্মবিশ্বাসের ঝলক দেখা যায়। তাই সর্বদা আপনাকে দেখে যেন উৎসাহিত, গুরুত্বপূর্ণ ও উদ্দেশ্যপূর্ণ বলে মনে হয়।

কিন্তু এই সবই সম্ভব গভীর আত্মচিন্তনের দ্বারা, তাহলে আপনি নিজের মনেই আরো বেশি বিকল্পের সন্ধান পাবেন। যতক্ষণ না আপনি ধুলো-মাটির নিচে লোকানো সোনার সন্ধান পাচ্ছেন ততক্ষণ পর্যন্ত এমনটাই করুন।

কারণ পৃথিবীতে এমন কোনো কাজ নেই, যা করা অসম্ভব। তাই কবীরদাস কথা অনুসারে বলা যায় যে, **'যখন আপনার মনে সংকল্প-বিকল্পের কথা আসে, তখন আপনি দ্বিধায় পড়ে যান। কিন্তু যখনই আপনি নিজের লক্ষ্যে পৌঁছে যান তখনই আপনার মন থেকে সমস্ত দ্বিধা গায়েব হয়ে যায়।'**

আপনি অবশ্যই সন্ত রামদাসের নাম শুনেছেন, তিনি ছিলেন মহারাজ শিবাজীর গুরু। একদিন গুরুর মনে হয়েছিল যে, তাঁর শিষ্যরা কতটা বীর তা পরীক্ষা করে দেখা জরুরি। তাই তিনি অসুস্থতার বাহানা দিয়ে ফিরে যান।

তাঁর সমস্ত শিষ্য তাঁর সেবায় মনোনিবেশ করে। শিষ্যরা যখন জানতে পারে যে, তাঁর পেটে ব্যথা করছে তখন তারাও চিন্তায় পড়ে যায়।একজন শিষ্য জিজ্ঞাসা করে, **'আপনার এই ব্যথা কিভাবে ঠিক হবে?'**

গুরুদেব বলেন, **'বাঘের দুধ পান করতে পারলে আমার ব্যথা কমে যাবে।'**

এই কথা শুনে সমস্ত শিষ্য চুপ করে যায়। কারণ তারা প্রথম এমন বিচিত্র ঔষধের নাম শুনেছিল। তাদের মনে হয়েছিল যে, এই ঔষধ আনতে যাওয়ার মানে সোজা মৃত্যুর মুখে যাওয়া। কক্ষের নিরবতা দূর করে শিবাজী বিনম্রতার সাথে বলেন, **'গুরুদেব! আপনি আজ্ঞা করলে আমি আপনার জন্য বাঘের দুধ আনতে যাব।'**

গুরুদেব বলেন, **'খুব ভালো! যাও আর শীঘ্র ফিরে এসো।'**

মাঝ রাতে শিবাজী মনে মনে গুরুর নাম স্মরণ করে জঙ্গলে ঘুরে বেরাচ্ছিলেন, সেই সময় হঠাৎ বৃষ্টি হোতে শুরু করে। ফলে জঙ্গল আরো ভয়াবহ হয়ে যায়। তিনি একটা বড়ো গাছের নিচে গিয়ে দাঁড়িয়ে পড়েন। বিদ্যুৎ চমকাচ্ছিল, হঠাৎই শিবাজী এই বিদ্যুতের আলোয় একটা বাঘিনীকে গাছের নিচে আসতে দেখেন।

প্রথমে তিনি একটু ভয় পেলেও, পরে দেখেন যে, বৃষ্টির হাত থেকে বাঁচার জন্য বাঘিনী শান্ত ভাবে গাছের নিচে দাঁড়িয়েছিল। সে হুঁ-হুঁ-হুঁ করে আওয়াজ করে নিজের বাচ্চাদের ডাকছিল। শিবাজী ভাবেন যে, তিনি গুরুর সেবা করতে সফল হবেন, আওয়াজ শুনে দুটি বাচ্চা এসে যায়।

সে আরামে শুয়ে বাচ্চাদের দুধ পান করাচ্ছিল, শিবাজী অপেক্ষা করে যাচ্ছিলেন, এই ভাবে অনেকটা সময় কেটে যায়। শিবাজী ভাবেন যে, বাঘিনী ও তার বাচ্চারা নিশ্চিন্তে আছে, দুধ দহনের জন্য এর চেয়ে ভালো সময় আর পাওয়া যাবে না। তিনি গুরুর নাম স্মরণ করে, বিনম্রতার সাথে ধীরে বাঘিনীকে ডাকেন আর বলেন, **'হে জঙ্গলের মহারানী, আমার গুরুদেবের পেটে খুব ব্যথা। আপনার দুধ পান করলে তবেই তিনি সুস্থ হবেন, আপনি যদি আমাকে নিজের পুত্র সমান মনে করে সামান্য দুধ দেন, আমার তাহলে বড়ো উপকার হয়।'**

বাঘিনী ধীরে আওয়াজ করে, কিন্তু কোনো রকম বিরক্তি প্রকাশ করেনি। সে আরামে পা ছড়িয়ে শুয়ে পড়ে। শিবাজী গুরুদেবের নাম স্মরণ করে তার পাশে বসে দুধ নির্গত করতে শুরু করেন। দুধের পাত্র আধা ভরে যাওয়ার পর ধীরে উঠে গাছের নীচে গিয়ে দাঁড়ান। তিনি সরে যেতেই বৃষ্টি বন্ধ হয়ে যায় ও বাঘিনী নিজের বাচ্চাদের নিয়ে সেখান থেকে চলে যায়।

শিবাজী মনে মনে গুরুদেবকে প্রণাম জানিয়ে কুটীরে ফিরে আসেন এবং গুরুদেবকে বলেন, **'আমি বাঘিনীর দুধ নিয়ে এসেছি।'**

গুরুদেব উঠে বসে অবাক হয়ে বলেন, **'বাঘের দুধ দহন করতে তোমার ভয় লাগেনি?'**

শিবাজী বলেন, **'গুরুদেব আপনি সর্বদা আমার সাথে ছিলেন, তাহলে আমি কেনো ভয় পাব?'**

তখন গুরু রামদাস বলেন, **'সফলতা প্রাপ্ত করার এটাই সবচেয়ে ভালো**

> **সাধারণ মানুষ ভাগ্যের ওপর ভরসা রাখে। কিন্তু বুদ্ধিমান মানুষ নিজের ভাগ্য নিজেই রচনা করে। কারণ তারা মনে করে তারাই নিজেদের ভাগ্যের বিধাতা।**

উপায়।'

কিন্তু সেই বিধিকে Fortune বলা হয়, আপনি এই শব্দটিকে বিশ্লেষণ করলে পাবেন :-

**F. Fidelity in work - সম্পূর্ণ নিষ্ঠার সাথে কাজ করা।**

**O. Obeisane towards objective - উদ্দেশ্যের প্রতি সমর্পিত হওয়া।**

**R. Run for the rank - শ্রেষ্ঠতার দিকে ধাবিত হওয়া।**

**T. Tackle the goal tactfully - কুশলতার সাথে লক্ষ্যভেদ করা।**

**U. Utilize the knowledge - জ্ঞানের প্রয়োগ করা।**

**N. Necessitate the nobleness - উৎকৃষ্টতাকে আবশ্যক বলে মনে করা।**

**E. Earnest efforts with enthusiasm - উৎসাহের সাথে নিরন্তন প্রয়াস করা।**

কিন্তু **Fortune** আপনাকে তখনই সাহায্য করবে, যখন আপনি নিজের প্রতিভার সম্পূর্ণ ব্যবহার করবেন। সেই কারণেই বিদ্বান রব্বী ডেভীড রোসেনফীল্ড বলেছিলেন, '**মানুষ চার প্রকৃতির হয়। কিছু লোক হয় স্পঞ্জের মতো, তো কিছু লোক হয় তৈলের পাত্রের মতো, কিছু হয় ছানার মতো তো কিছু হয় ছাকনির মতো।**'

স্পঞ্জ সবকিছু শুষে নিতে পারে, তাই সে ভালো মন্দের মধ্যে ভেদ করতে পারে না। কিন্তু যারা তৈল রাখার পাত্রের মতো তারা স্পঞ্জের ঠিক বিপরীত হয়। তাই তাদের কিছুই গ্রহণ করার ক্ষমতা থাকে না। এমন মানুষেরা এক কান দিয়ে শোনে আর অপর কান দিয়ে বার করে দেয়।

তৃতীয় শ্রেণীতে তারা আসে যারা ভালো জিনিসটা ফেলে দেয়, আর চতুর্থ শ্রেণীতে আসে তারা যারা প্রয়োজনিয় জিনিস রেখে বেকার জিনিস নির্গত করে দেয়। তাই তো বেদে লেখা আছে, '**শোনো, বোঝো, জানো এবং করো।**'

গৌতম বুদ্ধও বলেছিলেন, '**যদি কোনো মানুষ সফলতা প্রাপ্ত করতে চায়, তাহলে কিছু শোনার সময় নিজের নিজেকে তিনটি প্রশ্ন করা উচিত। যা বলছে তা কি সত্যি ? তা ভবিষ্যতে আমার জন্য উপযোগী হবে কি ? এর সাহায্যে কাউর উপকার হবে কি ? যদি তিনটি প্রশ্নের উত্তর হ্যাঁ হয়, তাহলে সে সফল হবে।**'

অনেক প্রশ্নের উত্তর আপনার মধ্যেই লোকানো থাকে। তাই বিচারক হ্যানরিক হবসন বলেছিলেন, '**What's a man's first duty? The an-**

**swer is brief-to be himself.'** অর্থাৎ মানুষের প্রথম কর্তব্য কি? এর একদম সোজা উত্তর হল, নিজের বাস্তবিক রূপ চিনতে পারা। কারণ একটা প্রাচীন প্রবাদ আছে :-

**If Wealth is lost, Nothing is Lost,**
**If Health is Lost, Something is Lost,**
**If Character is Lost, Everthing is Lost.**

আপনার যদি আর্থিক হানী ঘটে তাহলে বুঝবেন কোনো ক্ষতিই হয়নি। যদি আপনার স্বাস্থ্য খারাপ হয়ে যায়, তাহলে বুঝবেন সামান্য ক্ষতি হয়েছে, আর যদি আচরণ খারাপ হয়ে যায় তাহলে বুঝবেন আপনি সব হারিয়েছেন।

আমি আপনাকে আমার জীবনের একটা ঘটনা শোনাচ্ছি। কোনো একটা সময়ে আমার গাড়ির টায়ার বদলাতে খুবই সমস্যা হতো। কিন্তু এখন বহু দূরে যাওয়ার পথেও যদি আমার টায়ার পাংচার হয়ে যায়, তাহলেও আমার কোনো অসুবিধা হয় না। আগে আমার শরীরে শক্তি বেশী থাকলেও ইচ্ছার অভাব ছিল, আজ যদি কোনো অপরিচিত ব্যক্তি আমার কাছ থেকে কোনো রাস্তা জানতে চায় তাহলে আমি তাকে পুরো ম্যাপ বুঝিয়ে দিই। এটা আমার উদারতা ও মনুষত্বের প্রমাণ।

তাই বিখ্যাত দার্শনিক ওশো বলেছেন, **'আপনার মুখে আপনার মনের দর্পণ। কারণ ক্রুর বিচার আপনার মুখকে শুকিয়ে দেয় আর মনে প্রেম থাকলে আপনার মুখ কোমল হয়ে যায়।'**

আমার একটা গল্প মনে পড়ে যাচ্ছে। এক ব্যক্তি একজন মহাত্মার কাছে গিয়ে বলে, **'মহাত্মা অর্থের অভাবের কারণে আমার মন চঞ্চল থাকে। তাই আমাকে এমন কোনো উপায়ের সন্ধান দিন যাতে আমি ধনী হয়ে যেতে পারি।'**

এই মহাত্মার কাছে একটা পরশমণি ছিল, যা দিয়ে বলেন, **'এর সাহায্য যত খুশী সোনা বানিয়ে নিস, দেখবি তোর অর্থের কষ্ট দূর হয়ে যাবে।'**

ব্যক্তি পরশ মণি নিয়ে বাড়ি ফিরে যায়, প্রচুর সোনা বানিয়ে ধনী হয়ে যায়। তার অভাব দুর হয়ে যায়, কিন্তু ধনী হওয়ার পরে তার ভেতরে ভয় সঞ্চারিত হয়, কেউ তাকে গুলি না মেরে দেয় বা কেউ তাকে কিডন্যাপ না করে নেয়, এই নিয়েই চিন্তায় থাকত। মনের মধ্যে এই ভয় সঞ্চারের কারণ কি জানেন, তার মধ্যে ধনী হয়ে ওঠার গুণ ছিল না।

তাই বিখ্যাত অভিনেতা শাহরুখ খান বলেছিলেন, **'আপনার চিন্তাধারা সর্বদা ইতিবাচক হওয়াটা খুবই জরুরি, ব্যক্তিত্ব আকর্ষক হোতে হবে। কারণ**

**এই পৃথিবীতে এমন কোনো কাজ নেই, যা আপনি করতে পারেন না।'**

এই ধরণের কিছু কথা বলেছিলেন সুপারস্টার অমিতাভ বচ্চন, **'সমস্যার মধ্যে দিয়ে দিন অতিবাহিত করার সময় কখনও হুশ হারাতে নেই আর মনোবল সর্বদা দৃঢ় রাখতে হবে। তাহলে সমস্যার মধ্যে দিয়ে যেতে সুবিধা হয়। ফিল্ম কুলীর শুটিং-এর সময় যখন আমি প্রচন্ড ভাবে আহত হয়েছিলাম, সেই খবর পেয়ে আমার পিতা রামায়ণ পড়তে শুরু করেছিলেন। কিন্তু তিনি আমার জন্য ঈশ্বরের কাছ থেকে আর্শীবাদ প্রার্থণা করেননি, বরং তিনি অগ্নিপরীক্ষা দেওয়ার জন্য মানসিক দৃঢ়তা চেয়েছিলেন। এক্ষেত্রে মানসিক দৃঢ়তা চাওয়ার অর্থ হল পীড়াকে সহ্য করার মতো ক্ষমতা দেওয়া।'**

কিন্তু অনেক সময় এমন দেখা গেছে যে, মানুষ নিজের মনের কথা বলতে পারে না, আর নিজের ইচ্ছার বিরুদ্ধে গিয়ে কাজ করতে হয় তাকে, যার ফলে তাতে মন বসে না। যার ফলে তার ব্যক্তিত্ব বিকসিত হোতে পারে না। সেই সাথে তার কাজ কাউকে সন্তুষ্টও করতে পারে না। যার ফলে কমিউনিকেশান গ্যাপের সৃষ্টি হয়। তাই কথা বলার সময় কিভাবে সঠিক পন্থায় কথা বলা যায় তা দেখাটা খুবই জরুরি।

কোনো কথা বলার সময় একটা জিনিস মাথায় রাখতে হবে যে, সর্বদা সময়ানুসারে কথা বলা উচিত। তা না হলে গ্রাম থেকে আসা নবঢ়া বধূর মতো সমস্যায় পড়তে হবে। কারণ তাকে দেখতে সুন্দর লাগলেও তার কথার মধ্যে দিয়ে গ্রাম্যতা দোষ স্পষ্ট বোঝা যায়।

তাই কমিউনিকেশান গ্যাপ শেষ করার জন্য একটা কথা অবশ্যই মাথায় রাখতে হবে যা, আপনাকে সঠিক শব্দের চয়ন করতে হবে। এই কথা মাথায় রেখে কবির দাস যা বলেছিলেন সেই অনুসারে বলা যায় :-

**'শব্দের ব্যবহার করতে হয় বুঝে সুঝে, কারণ শব্দের হাত-পা হয় না। কারণ আপনার বলা কথা কাউকে সুখ দিতে পারে, আবার কাউকে দুঃখও দিতে পারে।'**

এই প্রসঙ্গে একটা ঘটনার কথা মনে পড়ে যাচ্ছে। একবার এক ধনী মহিলা এক পন্ডিতকে নিজের ঠিকুজী বিচার করে দেখতে দেন, আর বলেন, **'পন্ডিত জী! একটু দেখে বলুন তো আমার আয়ু কত।'**

**আস্থা হল এমন শক্তি যা বিচারধারাকে অর্থে রূপান্তরিত করে। কারণ আস্থায় আধ্যাত্মিক রসায়ন থাকে, যা প্রার্থনা দ্বারা লক্ষ্য পর্যন্ত পৌঁছাতে পারে।**

পন্ডিত ঠিকুজী দেখে বলে, **'মাতা আপনার ঠিকুজীতে সর্প যোগ আছে, তাই আপনার সন্তান আপনার সামনে প্রাণ ত্যাগ করবে।'**

পন্ডিতের কথা শুনে এই মহিলা ভয়ংকর রেগে যায়, সে বলে, **'তোমাকে পন্ডিত কে করেছে, একটা ঠিকুজী পর্যন্ত তুমি ঠিক ভাবে দেখতে পার না? আমি অন্য কোনো জ্যোতিষীকে নিজের ঠিকুজী দেখাব।'**

এই কথা বলে সে চলে যায়, আর একজন জ্যোতিষীর কাছে গিয়ে নিজের ঠিকুজী দেখায়। এই জ্যোতিষী একটু বুদ্ধিমান ছিল, সে ঠিকুজীটা মন দিয়ে দেখে বলে, **'আপনার আয়ুতো খুব লম্বা, আপনি 100 বছর বাঁচবেন। আপনার পরিবার সুখে থাকবে, কিন্তু আপনি তাদের থেকে বেশী দিন বাঁচবেন।'**

এই মহিলা জ্যোতিষের কথা শুনে খুবই খুশী হয়ে যায়। দুই জনে একই কথা বলেছিল, কিন্তু শুধুমাত্র বলার ভঙ্গী ছিল আলাদা।

তাই কোনো কথা বলার সময় আপনাকে সাবধানতা অবলম্বন করতে হবে। কারণ কথার মাধ্যমেই কমিউনিকেশান গ্যাপ দূর করা যায়।

হেথভে কর্পোরেশানের ম্যানেজিং ডায়রেক্টর ভারেন বফে পৃথিবীর সবচেয়ে ধনী মানুষ। তিনি নিজের বায়োগ্রাফি **'দ্যা স্নোবল ভারেন বফে এন্ড দ্যা বিজনেস অফ লাইফ'** -এ লিখেছিলেন, **'আমি নিজের সমালোচনা শুনতে ভয় পাই। আমার মা যখন মারা গেছিলেন, তখন আমি খুবই দুঃখ পেয়েছিলাম। কিন্তু আমার চোখ থেকে এক ফোঁটা জল নির্গত হয়নি। আমার মা খুব ভালো ছিলেন, কিন্তু তিনি এতটাই রাগী প্রকৃতির ছিলেন যে, আমি কোনো দিন তাঁর কাছে যেতে পারি নি। তাই সর্বদাই আমার জীবনে একটা শূন্যতা রয়ে গেছে।**

**কিন্তু তিনিই আমাকে উচ্চ বর্গের মানুষদের সাথে মেলামেশা করার আদপ-কায়দা শিখিয়েছিলেন, ব্যবসা করার পদ্ধতি শিখিয়েছিলেন ও আমার জীবন থেকে অসম্ভব কথাটা নির্গত করে দিয়েছিলেন।'**

তাই নিজের মাথা থেকে অসম্ভব কথাটা নির্গত করে দিয়ে নতুন বিচার গ্রহণ করতে শিখুন, নতুন শৈলী স্বীকার করে নিন। কারণ এই নীতি অনুসরণ করেই বলিউডের নিতিন দেশাই আজ পৃথিবীর সবচেয়ে বড়ো কলা নির্দেশকের স্থান দখল করতে পেরেছেন। তিনি একটা মধ্যবিত্ত মারাঠা পরিবারে জন্ম গ্রহণ করেছিলেন। সিনেমা জগতের সাথে তাঁর পরিবারের কোনো সম্পর্ক ছিল না।

নিতিন বলিউডের একমাত্র এমন কলা নির্দেশক, যাঁর ফিল্ম **'স্লামডগ মিলিয়নেয়র'** অস্কার এয়ার্ড লাভ করেছিল। এখন তিনি ভারতের 1000 জন

ধনীদের মধ্যে 850 নম্বরে নিজের নাম করে নিয়েছেন।

তাই সর্বদা আপনি নিজের কাজকে কিভাবে আরো ভালো করে তুলবেন তা ভাবুন। আপনি নিজের থেকেই সঠিক জবাব পেয়ে যাবেন। কারণ কাজ করার ক্ষমতা একটা মানসিক অবস্থা।

তাই এই পৃথিবীতে যত জন ব্যক্তি সফলতা অর্জন করেছে, তারা সকলেই কঠোর পরিশ্রম করতে জানে বা জানত। তাই মাস্টার ব্লাস্টার সচিন তেন্ডুলেকার একবার বলেছিলেন, **'যে ব্যক্তি এটা ভাবে যে, অন্য কেউ তার জন্য কাজ করে দেবে, সে কখনই নিজের লক্ষ্যে সফলতা লাভ করতে পারে না।'**

লুঈ ফিলিপ বলতেন যে, **'আমিই একমাত্র এমন একজন মানুষ, যে কিনা ইউরোপের শাসনভার সামলানোর ক্ষমতা রাখি। কারণ আমি সমস্ত ছোটো খাট কাজ গুলি নিজের হাতে করে থাকি, বুট পালিশ করার কাজও আমি নিজে করি।**

অস্ট্রেলিয়া নিবাসী বিশপ ল্যাডবীটর বিচারের রূপ, রঙ্গ এবং প্রভাবের কথা মাথায় রেখে একটি পুস্তক লিখেছিলেন, 'Thought Forms'। তাতে তিনি এটা লিখেছিলেন যে, কোন বিচার মানুষের সূক্ষ্ম শরীরকে প্রভাবিত করে।

কারণ আপনার সান্নিধ্যে যারা আসে তারা কোনো কথা না বলেও আপনার ওপরে প্রভাব বিস্তার করে থাকে। তারপর সেই বিচারের দ্বারা আপনি অতি শীঘ্র এটা বুঝতে পারেন যে, সামনের মানুষটি আপনার মিত্র নাকি শত্রু।

আপনার চরিত্র কিন্তু স্থায়ী, আপনাকে নিজের সেই স্থায়ী চরিত্রটিকে রক্ষা করতে হবে। তা না করতে পারলে পরিণাম বদলে যায়।

এই বিষয়টা বোঝার জন্য আমি আপনাকে একটা ঘটনা শোনাচ্ছি। কিছু দিন আগে প্যারিসের রাস্তায় একটা হোর্ডিঙ্গ দেখা গেছিল। তা ছিল একটা বড়ো কম্পানীর বিজ্ঞাপন। সেই বিজ্ঞাপনে একটা উত্তেজিতকর পোশাকে একটা সুন্দর মেয়ে দাঁড়িয়েছিল, যে প্রতিশ্রুতি দিয়েছিল যে, সে পরের দিন পোশাকের ওপরের অংশ ত্যাগ করবে।

এই ধরণের বিজ্ঞাপন দেখে প্যারিসের বাসিন্দারা অবাক হয়ে যায়। কিন্তু পরের দিন লোকেরা হোর্ডিঙ্গে লাগানো বিজ্ঞাপনে, মেয়েটি টপলেস চিত্র

**বিচারে যে নমনিয়তা, উদারতা এবং সময়ের সাথে তাল মিলিয়ে চলার ভাব থাকে তা ফলতার দিকে নিয়ে যায়। কিন্তু আপনি কে ন তা একটু ভেবে নিন।**

দেখে। আর সে কথা দিয়েছিল যে, দশ দিন বাদে সে পোশাকের নিম্নাংশও খুলে ফেলবে।

এরপর সারা প্যারিস যেন নড়ে বসে। এই মেয়েটি **'টপ অফ দ্যা টাউন'** হয়ে যায়। কেউ বলছিল যে, সে নিজের কথা ঠিক রাখবে। কেউ বলছিল যে, নিজের কথা রাখতে পারবে না। কারণ এই কাজ করলে তার ওপর অশ্লীলতা ছড়ানোর কেস হোতে পারে।

দিন যত কাছে আসতে থাকে লোকেদের উৎসুকতা তত বৃদ্ধি পায়। শেষ পর্যন্ত এই দশম দিন এসে যায়। এই বিজ্ঞাপনে মেয়েটি কোনো রকম পোশাক ছাড়া প্যারিসের দিকে পিছন করে দাঁড়িয়ে ছিল।

অর্থাৎ সে নিজের প্রতিশ্রুতি বজায় রাখার সাথে সাথে সারা প্যারিসের লোকের মনোরঞ্জনও করেছিল। কিন্তু এই ড্রামার পিছনে যে মূল উদ্দেশ্য ছিল তা হল প্রোডাক্ট, যার জন্য এই বিজ্ঞাপন তৈরি করা হয়েছিল।

এই ধরনের সুপার হিট ক্যাম্পেনের পরেও মার্কেটে এই প্রোডাক্টের অবস্থা যেমন ছিল তেমনি রয়ে গেলো। ফলে বিজ্ঞাপন দাতারা নিজের চুল ছিঁড়তে শুরু করে। কারণ তাদের এই বিজ্ঞাপন ফ্লপ শো হয়ে গেছিল। তখন তারা বুঝতে পারে যে, প্রোডাক্টের ওপর যদি মডেলের প্রভাব পড়ে তাহলে তার পরিণাম কি হয়।

অন্যদিকে মেয়েটির ব্যক্তিত্বতেও নেতিবাচক প্রভাব পড়ে। প্যারিসের লোকেরা তাকে অশ্লীল চোখে দেখতে শুরু করে। কারণ সে পয়সার লোভে নিজের মস্তিষ্কের সমস্ত জানলা বন্ধ করে দিয়েছিল যার ফলে তার স্থায়ী চরিত্র খুব বেশি করে আহত হয়েছিল।

তাই এই কারণেই মহাত্মা গান্ধী বলেছিলেন, **'আপনাকে নিজের মস্তিষ্কের জানলা গুলিকে উন্মুক্ত রাখতে হবে। কারণ জালনা খোলা থাকলে তবেই আপনি আরো ভালো করে ভাবতে পারবেন।'**

যোগবশিষ্ঠ পুরাণে এই একই কথা অন্য ভাবে বলা হয়েছে :-

**ধৈর্যই সমৃদ্ধির মূলমন্ত্র, আর যে মানুষ ধৈর্য্য ধরতে পারে না, সে কখনই নিজের লক্ষ্যে সফল হোতে পারে না।**

এই বিষয়ে মহাভারতের একটা প্রসঙ্গ উল্লেখ করা যেতে পারে। পান্ডবরা যখন বনে বনে ঘুরে বেরাচ্ছিলেন, তখন একবার তাঁদের খুবই পিপাসা পায়। প্রচন্ড ক্লান্ত হয়ে যাওয়ার কারণে সকলে বনের মধ্যে বসে পড়ে।

যুধিষ্ঠির জলের সন্ধান করার জন্য প্রথমে নকুল, তারপর সহদেব , অর্জুন

ও ভীম এই ভাবে একে একে সকলকে পাঠান। কেউই ফিরে আসছেনা দেখে তিনি নিজেই তাঁদের সন্ধান করতে বেরিয়ে যান।

কিছুদুর যাওয়ার পরে তিনি একটা সরোবর দেখতে পান, সেখানে তাঁর চার ভাই মৃত পড়েছিলেন। যুধিষ্ঠিত তাঁদের দেখে খুবই হতাশ হন।তিনি ভাবেন যে, তাঁদের দেহে আঘাতের কোনো চিহ্ন ছিল না, তাহলে তাঁদের মতো বীররা কিভাবে প্রাণ হারালেন?

কিন্তু তিনি নিজের ধৈর্য্য হারাননি। তিনি কিছুক্ষণ ভাবার পর সরোবরে নামেন জল পান করার উদ্দেশ্যে। জলে হাত দিতেই কোথা থেকে একটা আওয়াজ আসে, '**এত সহজে আপনি জল পান করতে পারবেন না। জল পান করার জন্য আমার জিজ্ঞাসা করা কিছু প্রশ্নের উত্তর আপনাকে দিতে হবে। আর উত্তর দিতে না পারলে আপনারও আপনার ভাইদের মতোই অবস্থা হবে।**'

যুধিষ্ঠির মাথা তুলতেই সামনে যক্ষ প্রকট হন। তিনি যুধিষ্ঠিরকে প্রশ্ন করতে শুরু করেন, যার মধ্যে একটা ছিল, **এই পৃথিবীতে সবচেয়ে সুখী কে?**

উত্তরে যুধিষ্ঠির বলেন, '**পৃথিবীতে সেই ব্যক্তিই সবচেয়ে সুখী, যার ভেতরে ধৈর্য্য আছে।**' তাই আপনাকে ধৈর্য্য ধরতে হবে, কারণ ধৈর্য্য থাকলে নিম্নলিখিত গুণ গুলির বিকাস ঘটে :-

- আপনার আত্মবিশ্বাস বৃদ্ধি পায়।
- আপনার সংকল্প ও বিশ্বাস দৃঢ় হয়।
- আপনার ইচ্ছা-শক্তি দৃঢ় হয়।
- আপনার ভেতরে আশাবাদী দৃষ্টিভঙ্গীর বিকাস ঘটে।
- আপনার ব্যবহার ও আচরণে সংশোধন দেখা যায়।
- আপনার যোগ্যতা বৃদ্ধি পায়।
- আপনি উচ্চাকাঙ্ক্ষী হয়ে ওঠেন।
- আপনার ভেতর থেকে হীনমন্যতা দূর হয়।
- আপনি নতুন সুযোগ মেনে নেওয়ার ব্যাপারে উৎসাহিত থাকেন।
- কার্য করার বিষয়ে আপনার ঝুঁকি নেওয়ার প্রবনতা বৃদ্ধি পায়।
- আপনি অন্যদের প্রতি সংবেদনশীল হয়ে যান।

তখন আপনার ভেতরে ইতিবাচক চিন্তা বিকসিত হোতে শুরু করে আর আপনি সঠিক সিদ্ধান্ত গ্রহণ করতে সক্ষম হন। সেই কারণেই লাল বাহাদুর শাস্ত্রী বলেছিলেন, '**God helps those who help themselves.**" অর্থাৎ ঈশ্বর

তাদেরই সাহায্য করেন, যারা নিজেদের সাহায্য করে।

এই একই কথা পেস্টালজী অন্য ভাবে বলেছিলেন, **'ঈশ্বর দ্বারা সৃষ্ট এই পৃথিবীতে কেউ কাউকে সাহায্য করতে পারে না আর কেউ কাউকে সাহায্য করার চেষ্টাও করতে পারে না।'**

তাই নিজেই নিজের সাহায্য করুন, আর নিজের ভেতরে নিম্ন লিখিত গুণ গুলির সন্ধান করুন :-

- সংযোজন ক্ষমতা
- বৌদ্ধিক স্তর
- ক্রিয়াশীলতা
- সামাজিকতা
- প্রভাব শক্তি
- অনুপ্রেরক শক্তি

ইংরেজিতে একটা প্রবাদ আছে যার অর্থ হল, প্রতিকূল পরিস্থিতিতেও আশার কিরণ লুকিয়ে থাকে। তবেই আপনি নিজের নেতিবাচক মনোভাবকে ইতিবাচক করতে সক্ষম হন।

**'ফেসবুক'**- এর উদ্ভাবক 25 বছর বয়সের মার্ক জুকরবার্গের সাথেও এমনি কিছু ঘটেছিল। 1984 সালের 14 ই মে নিউইয়ার্কের ডক্টর দম্পতির ঘরে জন্ম নিয়েছিলেন মার্ক, শৈশব থেকেই কম্পিউটারের প্রতি তাঁর আলাদা টান ছিল। মিডিল স্কুলে পড়ার সময়তেই তিনি কম্পিউটার প্রোগ্রামিং শুরু করে দিয়েছিলেন, তখন থেকেই তিনি নিত্য নতুন প্রোগ্রাম, কমিউনিকেশান টুল্স ও গেমস বানাতে পছন্দ করতেন।

হাই স্কুলে পড়ার সময় মার্ক পিতার অফিসের সমস্ত কর্মচারীদের সাথে কথা বলে তাদের সুবিধার কথা ভেবে কমিউনিকেশান পোগ্রাম তৈরি করেছিলেন। তারপর তিনি **'সিন্যাপ্স'** নামক মিউজিক প্লেয়ার বানান, যা ব্যবহারকারীদের অভ্যাসকে ট্র্যাক করে নিত।

তাঁর এই প্রতিভা দেখে মাইক্রোসফট আর এ.ও.এল. তাঁর সিন্যাপ্স কিনে নেয় আর মার্ককে চাকরি দেওয়ার চেষ্টা করে। কিন্তু ইতিমধ্যে তিনি হার্বর্ড ইউনিভার্সিটিতে প্রবেশ করে গেছিলেন।

| |
|---|
| **আপনি যখন নিয়মের মধ্যে চলতে শিখে যাবেন, তখন আপনি ভিড়ের মধ্যেও নিজেকে আলাদা করে দেখতে পারবেন।** |

তারপর মার্ক ফেসবুকের শুরু করেন 2004 সালের 4 ঠা ফেব্রুয়ারী নিজের হোস্টেলের ঘর থেকে এই কাজ শুরু হয়েছিল, আর অতি শীঘ্র তা হার্বার্ডে খ্যাতি অর্জন করেছিল। দুই সপ্তাহের মধ্যেই কলেজের দুই-তৃতীয়াংশ ছাত্র এতে অন্তর্ভুক্ত হয়ে গেছিল।

হার্বর্ডে খ্যাতি অর্জন করার পর মার্ক অন্যান্য বিদ্যা প্রতিষ্ঠানেও এটি ছড়িয়ে দিতে চেয়েছিলেন। প্রায় 45 টি শিক্ষা সংস্থার সাথে এই প্রোগ্রাম যুক্ত হয়ে গেছিল। আজ সারা বিশ্বের ছাত্র সমাজ ও মানুষেরা ফেসবুক ব্যবহার করছে। 2008 সালে টাইম ম্যাগাজিং মার্ককে সবচেয়ে ধনীর শেরোপা দিয়েছিল। এরফলে তিনি খ্যাতির সেই তালিকায় যুক্ত হয়ে গেছিলেন যেখানে বারাক ওবামা, দলাই লামা ও মাইকেল ফি লিপ্সের নাম ছিল। আজ তাঁরাই সারা বিশ্বের লোকেদের সামনে আইডল হয়ে উঠেছেন। হয়তো সেই কারণেই এন.সী.ঈ.আর.টী. একটা নতুন পাঠ্যক্রম তৈরি করেছে, যাতে হিট্ ফিল্মের উদাহরণ দিয়ে বাচ্চাদের জ্ঞান বৃদ্ধি করার চেষ্টা করা হয়। তাতে 1973 সালে মুক্তিপ্রাপ্ত সিনেমা **'গরম হাওয়া'** গুরুত্বপূর্ণ স্থান অধিকার করেছে। দেশ বিভাগের সময় কি ধরণের নোংরা রাজনীতির জন্য সাধারণ মানুষেরা সমস্যা ভোগ করেছিল তাই পড়ানো হয়ে থাকে।

সিস্টেমের সাথে সম্পর্কযুক্ত একটি অধ্যায়ে **'জঞ্জীর'** সিনেমার উদাহরণ দেওয়া হয়েছে, এর দ্বারা এটাই বোঝানোর চেষ্টা করা হয়েছিল যে, যেখানে সিস্টেম থাকে সেখানে কোনো কাজই সুচারু ভাবে হোতে পারে না। এই সিনেমার উদাহরণ গুলি পাঠ্যক্রমের অন্তর্ভুক্ত করার কারণ হল, আগামী প্রজন্ম যেন জীবনে সংঘর্ষ করে ধনী হওয়ার চেষ্টা করতে পারে।

কারণ সফলতার পিছনে আশার ভূমিকা থাকে সবচেয়ে বেশি। কখনও হয়তো আপনিও অনুভব করে থাকবেন যে, জীবনে যখন কোনো সাহারা থাকে না, তখন আশাই সবচেয়ে বড়ো সাহারা হয়ে ওঠে। সেই কারণেই তো বলিউডের সম্রাট দিলীপ কুমার বলেছিলেন, **'আপনার মনে যদি আশা থাকে, তাহলে আপনার জন্য কোনো কিছুই অসম্ভব নয়।'**

তাই আপনার মনের মধ্যে ধনী হওয়ার আশা রাখতে হবে কারণ আশা ছাড়া আপনি কিছুই করতে পারবেন না। আপনার যদি সব ধ্বংস হয়ে যায় তাহলেও

**সফলতা কোনো গন্তব্য নয়, তাহল এমন এক যাত্রা যা আপনাকে আনন্দ, ঐশ্বর্য এবং ধনাঢ্যতার দিকে নিয়ে যায়।**

আশা ত্যাগ করবেন না। কারণ এতে আছে সেই শক্তি যা অসম্ভব কেও সম্ভব করতে পারে। এর সবচেয়ে ভালো উদাহরণ হল '**বিগ বাজার**'-এর প্রতিষ্ঠাতা কিশোর বিয়ানী। আজ থেকে কয়েক বছর আগে বোধ হয় ভারতের কোনো ব্যক্তিই ভাবতে পারত না যে, ভারতে এমন রিটেল আউটলেট চলতে পারে। কিন্তু তাঁর পরিশ্রম সফল হয়, আজ সারা বিশ্বে তিনি রিটেল কিঙ্গ হিসাবে পরিচিত।

মহান সিকেন্দর যখন বিশ্বজয়ের উদ্দেশ্যে নির্গত হয়েছিলেন তখন কেউ তাঁকে জিজ্ঞাসা করেছিল, '**এত বড়ো অভিযান আপনি কিসের সাহায্যে করতে চলেছেন?**'

তখন সিকেন্দর বলেছিলেন, '**আশার সাহায্যে, কারণ আমি জানি যে, কেউ আমার সাথে থাকুক বা নাই থাকুক, আমার আশা শেষ পর্যন্ত আমার সাথেই থাকবে।**' কারণ যে বিচারের মধ্যে আশা থাকে, তার দ্বারা আপনি নিজের আকাঙ্ক্ষীত বাসনার দিকে এগিয়ে যান।

আপনার আশা যত দৃঢ় হবে, আপনার লক্ষ্য লাভের বাসনা ততই তীব্র হবে। তাই যেকোনো আশা সঞ্চারিত হওয়ার সময় অবশ্যই এটা ভাববেন যে, আপনার ইচ্ছা নিশ্চই পূরণ হবে, ঈশ্বর ঠিকই আপনার আশা পূরণ করবেন।

তারপর মন দিয়ে নিজের স্বপ্ন পূরণের চেষ্টা করুন। কিন্তু এটা মনে রাখবেন যে, আশাপূর্ণ মানেই তা সফলতা লাভের প্রথম সিঁড়ি, এর পরের পরিস্থিতি আপনাকে ধনী করে তুলতে সাহায্য করবে। প্রশিক্ষণ দেওয়ার সময় আমি সর্বদা একটা প্রশ্ন করে থাকি? আপনাদের মধ্যে কতজন আগামী পাঁচ বছরের মধ্যে ধনী হয়ে উঠতে চান? তখন এক হাজারের মধ্যে মাত্র পাঁচটা হাত ওপরে ওঠে। কিন্তু যারা হাত ওপরে তোলে তাদের মুখ খুশিতে চকচক করে ওঠে, আর তারাই ধনী হোতে পারে।

পৃথিবীর কোনো মোটিভেটর আপনাকে ধনী করতে পারবে না, কারণ প্রত্যেক ব্যক্তিই নিজের অভিজ্ঞতার জোরে ধনী হয়ে উঠতে পারে। নিজের চিন্তা ধারার সাহায্যে ধনী হয়। কিন্তু আপনি কিভাবে অভিজ্ঞতা সঞ্চয় করবেন তা জানার জন্য একটা গল্প শুনতে হবে।

বংশ পরম্পরায় চৌর্যবৃত্তি অবলম্বনকারী একটা ছেলে তার বাবাকে জিজ্ঞাসা করে, '**বাবা, আপনি আর দাদু তো পৃথিবীর সবচেয়ে বড়ো চোর ছিলেন। অথচ আপনারা কোনো দিন ধরা পরেননি, আপনারা কত বড়ো বড়ো চুরি করেও বাঁচলেন কিভাবে? আমি এখন বড়ো হয়ে গেছি, তাই এবার আমাকেও এই যোগ্যতা অর্জন করতে হবে।**'

চোর বলে, '**ঠিক আছে।**'

রাতে চোর তার ছেলেকে নিয়ে বেরায়, দুজনে একটা বাড়িতে ঢোকার পর চোর তার ছেলেকে বলে, **'তুমি পোশাকের আলমারিতে ঢুকে পোশাক বেছে নাও।'** ছেলেকে ভারি বড়ো আলমারির মধ্যে ঢুকিয়ে চোর বাইরে দিয়ে দরজা বন্ধ করে দেয়, আর বাইরে গিয়ে চোর চোর বলে চিৎকার করতে থাকে। যতক্ষণে সবাই দরজা খুলে বাইরে আসে ততক্ষণে চোর সেখান থেকে হাওয়া।

সকাল বেলা চোরের ছেলে চোখ লাল করে বিধ্বস্ত অবস্থায় বাড়ি ফিরে আসে আর বাবাকে বলে, **'এর মানে টা কি? আপনি তো আমাকে মেরে ফেলতে চাইছিলেন, আমি আপনার ছেলে, আপনার শত্রু নই। মরে যাওয়ার ভয়ে নিজের মাথা খাটিয়ে কত রকম বুদ্ধি বার করে তারপর নিজের প্রাণ বাঁচিয়েছিল। মাথায় বুদ্ধি না খাটাতে পারলে আপনি তো আমাকে মেরে ফেলার সমস্ত ব্যবস্থা পাকা করে ফেলেছিলেন।'**

এই কথা শুনে চোর খুশী হয়ে ছেলেকে আলিঙ্গন করে বলে, **'মাথায় বুদ্ধি খেলানই চুরির প্রথম শিক্ষা।'**

তাই যেকোনো কাজ করার জন্য সবার আগে বিশ্বাস জাগাতে হবে, যে আপনি এই কাজ করতে পারবেন। একবার যদি আপনি বুঝে জান যে, এই কাজ করা সম্ভব তাহলে কিভাবে তা করবেন তা নিজের থেকেই বুঝে যাবেন।

◆

---

**'সারা বিশ্ব যখন বলে যে, আপনি ধনী হোতে পারবেন না, তখন আপনার মন নিশ্চই বলবে যে, আপনি ধনী হোতে পারবেন। এর অর্থ হল আপনার দৃষ্টিভঙ্গী আশাবাদী এবং আপনি শেষ পর্যন্ত চেষ্টা করার ব্যাপারে বিশ্বাস রাখেন।**

---

**মাতা বৈষ্ণব দেবীর দর্শন করার জন্য যে ব্যক্তি পায়ে হেঁটে ওপরে পৌঁছায় সে, সেই ব্যক্তির থেকে অনেক বেশী পুণ্য সঞ্চয় করে যে হেলিকাপ্টারে চেপে সেখানে গিয়ে পৌঁছায়। তাই বড়ো সফলতা পাওয়ার জন্য শর্টকাটের প্রয়োগ করবেন না। একের পর এক ধাপ অতিক্রম করে আপনি অবশ্যই গন্তব্যে পৌঁছে যাবেন, সেখান থেকেই শুরু হবে আপনার ধনী হয়ে ওঠা।**

## সপ্তম সিদ্ধান্ত

# ধনীদের মতো সময়ের সঠিক প্রয়োগ করতে শিখুন

গত বছর আগের কথা, আমি দিল্লীর মুখ্যমন্ত্রী শ্রীমতি শীলা দীক্ষিতের বাঙ্গলতে গেছিলাম। তখন লোকসভার নির্বাচনের সময় এসে গেছিল, যে কারণে সেখানে স্থানীয় নেতাদের ভিড় ছিল খুব বেশি। তাদের হাতে ছিল পার্টির ঝান্ডা আর তারা স্লোগান দিয়ে যাচ্ছিল। আমি শীলা দিক্ষীত আসার অপেক্ষা করছিলাম। কারণ আমি নিজের পুস্তক **'শীলা দীক্ষিত : বিকাসের প্রতীক'** -এর বিমোচনের তারিখ নির্ধারণ করতে গেছিলাম।

কিন্তু শীলা দিক্ষীত নির্ধারিত সময়ের আগেই এসে যান। তখন আমি বুঝেছিলাম যে, উঁচু তলার মানুষদের কাছে সময় গুরুত্বপূর্ণ, তারা কিভাবে সময় ম্যানেজ করে থাকেন। সেই কারণেই হয়তো বলা হয় যে -

**'যে সময়ের সম্মান করে, সময় তার সম্মান করে।**
**যে সময়কে ভুলে যায়, সময়ও তাকে ভুলে যায়।।'**

সেই কারণে ধীরুভাই আম্বানী সর্বদা বলতেন, **'সময়কে অর্থে বদলানোর বিজ্ঞান আয়ত্ত করো। কারণ এই পৃথিবীতে সময়ই হল এমন একটা জিনিস, যাকে সরাসরি অর্থে রূপান্তরিত কার যায়। কিন্তু তার জন্য আপনাকে সময়ের সঠিক ব্যবহার করতে জানতে হবে, তবেই আপনি ধনী হয়ে উঠতে পারবেন।'**

**পৃথিবীর সমস্ত মহান ব্যক্তিরা সময়ের সদ্ব্যবহারের ব্যাপারে প্রচন্ড সচেতন থাকতেন, সেই কারণেই মহাত্মা গান্ধী প্রতিটা প্রার্থণা সভায় বলতেন যে, 'আমি প্রতিটা ক্ষণের হিসাব করে থাকি। তাই কাজ যাই হোক না কেনো, এত টুকু দেরি না করে তা শুরু করে দাও।'**

বিবেকানন্দ বেশির ভাগ কথা বলে ফেলতেন হাঁটার সময়, তিনি বলতেন, **'বসে কথা বলে সময় নষ্ট করার মতো সময় নেই।'**

টাইম ম্যানেজাররা বলে যে, যদি কোনো বাচ্চাকে দশ বছর বয়সে সময়ের

গুরুত্ব বুঝিয়ে দেওয়া যায়, তাহলে সে পঁচিশ বছর বয়সে সফলতার উচ্চ শিখরে আরোহন করতে সক্ষম হবে।

সেই কারণেই পৃথিবীর বড়ো বড়ো রাজনৈতিক সফলতা গুলি কৌশলের পরিবর্তে সময়ের সদ্ব্যবহারের দ্বারাই প্রাপ্ত করা সম্ভব হয়। শীলা দীক্ষিত সময়ের কদর করতে জানতেন, সেই কারণেই তিনি পরপর তিনবার দিল্লীর মুখ্যমন্ত্রী হিসাবে নির্বাচিত হয়েছিলেন। সময় সীমিত হলেও তা অমূল্য। আপনি যদি ধরে নেন যে, আপনি 70 বছর বয়স পর্যন্ত বাঁচবেন, তাহলে আপনি মোট 25550 দিন বাঁচছেন। আপনি যদি আমার কথা বিশ্বাস করতে না পারেন, তাহলে নিজে হিসাব করে দেখতে পারেন, এখন হিসাব করে দেখুন যে নিজের লক্ষ্য পূরণের জন্য আপনার হাতে আর কতগুলি দিন আছে।

জীবনের মোট দিন = 25,550

অতিবাহিত হয়ে যাওয়া দিন = ............

(আপনার বয়স x 365)

অবশিষ্ট থাকা দিন =...................

এখন আপনাকে অবশিষ্ট দিনের মধ্যেই নিজের লক্ষ্য পূরণ করতে হবে। সময়ের গণনা করার জন্য এটিই একমাত্র বৈজ্ঞানিক পদ্ধতি। এই কারণেই কিছু লোক একে সময়ের বিজ্ঞান বলে।

কিন্তু এই বিজ্ঞান শেখার জন্য অনুশাসন মেনে চলাটা খুবই জরুরি। নিজের ক্রোধকে নিয়ন্ত্রণ করতে হবে। এই কারণেই গীতার মতো মহান ধর্ম গ্রন্থও দ্বন্দ্ব, ক্রোধ ও মানসিক চাপের বর্ণনা দিয়েই শুরু করা হয়েছে।

কারণ দ্বন্দ্ব হল একটা সমস্যা। যে ব্যক্তির মনে দ্বন্দ্ব থাকে, সে কখনও স্থির থাকতে পারে না। তাই সে ঠিক-ভুলের বিচার পর্যন্ত করতে পারে না। কিসে তার ও সমাজের ভালো হবে তা বুঝতে পারে না বলেই অর্জুনের মতো জীবনের থেকে পালিয়ে বাঁচার চেষ্টা করে। শাস্ত্র আমাদের বলে দেয় যে, অর্জুন ছিলেন মহান যোদ্ধা। তিনি মহাভারতের যুদ্ধের আগেও বহু যুদ্ধ করেছিলেন, জয়লাভও করেছিলেন কিন্তু মহাভারতের যুদ্ধের সময় হতাশায় তাঁর হাত থেকে ধনুক পড়ে গেছিল।

কারণ সেই সময় তিনি মোহাচ্ছন্ন হয়ে পড়েছিলেন। তাই তাঁর মস্তিষ্কে সম্পর্ক ও কর্তব্য নিয়ে দ্বন্দ্ব শুরু হয়েছিল। তার ফলে যে মানসিক চাপ তিনি সহ্য করছিলেন, তাতে তিনি কিভাবে যুদ্ধ করবেন তা বুঝে উঠতে পারছিলেন না।

হয়তো সেই কারণেই মহান দার্শনিক ওশো বলেছিলেন, **'মানুষ একটা সেতুর ওপর দাঁড়িয়ে আছে।'**

উপনিষদে বলা আছে যে, সেতুর একদিকে আছে পশু আর অপর প্রান্তে আছেন দেবতা। আর মানুষ দাঁড়িয়ে আছে সেতুর ওপরে, যতদিন মানুষ সেতুর ওপর দাঁড়িয়ে থাকবে ততদিন পর্যন্ত তাকে বিভিন্ন মানসিক চাপ সহ্য করতে হবে। যেদিন মানুষ পশুর মতো আচরণ করতে শুরু করবে, সেদিন থেকে সে আর কোনো রকম মানসিক চাপের মধ্যে থাকবে না। কিন্তু যখন ভগবান শ্রীকৃষ্ণ অর্জুনকে যুদ্ধ করার জন্য মোটিভেট করেছিলেন তখন কিন্তু তিনি অনুশাসনের বন্ধন চূর্ণ করে যুদ্ধ করেননি। কারণ তিনি জানতেন যে, অনুশাসন ছাড়া পৃথিবীর কোনো যুদ্ধ জয় করা সম্ভব না।

তাই টাইম ম্যানেজমেন্টে অনুশাসন গুরুত্বপূর্ণ ভূমিকা পালন করে থাকে। তবেই বোঝা যায় যে, কতটা কাজ হয়েছে, কতটা এখনও করতে হবে, কোন ব্যক্তিদের সাথে দেখা করাটা জরুরি এবং কোন কাজ সবচেয়ে বেশি গুরুত্বপূর্ণ।

কারণ অনুশাসনের মধ্যে এমন কিছু ক্ষমতা আছে, যা ব্যক্তিকে শারীরিকও আবেগপ্রবন সমস্যার মধ্যে দাঁড়িয়ে থাকার সাহস দেয়। সেই কারণেই তো বলা হয়

**যে চেষ্টা করে, সে কখনও পরাজিত হয় না।**
**কিছু না করলে জয়-জয়কার শোনা যায় না।।**

কিন্তু আমি মনে করি :-

**অসফলতা একটা প্রতিযোগিতা, তা স্বীকার কর।**
**টাইম ম্যানেজমেন্টকে মেনে নিয়ে, তা সংশোধন কর।।**

তাই চিন্তা ও কাজের মধ্যে নিয়ন্ত্রণ রাখাটা খুবই জরুরি। কিন্তু তা এতটা সহজ নয়। কতবার কোনো কাজ আপনার কাছে বোঝা হয়ে উঠেছে, আর আপনি বলেছেন, **'আমার দ্বারা এ কাজ করা সম্ভব না।'**

তখন আপনার ভেতরের সমস্ত শক্তি, কোনো কাজ শুরু করার ইচ্ছা এবং সিদ্ধান্ত গ্রহণের ক্ষমতা একদম শেষ হয়ে যায়। কিন্তু আপনি ইচ্ছা করলে এই শক্তি জাগিয়ে তুলতে পারেন। কিন্তু তা শুরু করার জন্য নিম্নলিখিত সিদ্ধান্ত গুলিকে মন দিয়ে পড়ুন।

- কিছু বলার আগে কি বলবেন তা ভেবে নিনি, প্রয়োজন না হলে বলবেন না, নিজেকে আটকাতে শিখুন।
- আপনার যদি মনে হয় যে, আপনি যা ভাবছেন তা ততটা গুরুত্বপূর্ণ নয়, তাহলে তা ত্যাগ করার চেষ্টা করুন।

- নিজের অলসতা দূর করে, নতুন কাজ করার চেষ্টা করুন। তাতে আপনার ক্লান্তি দূরে সরে যাবে, ভেতরে অদ্ভুত শক্তির সৃষ্টি হবে।
- যদি মনে হয় আপনি করতে পারবেন না, তাহলে ভাবুন যে আপনি কি করতে পারবেন। যাই ঘটুক না কেনো, চেষ্টা করতে থাকুন।
- সমস্যা জনক কাজ শুরু করার আগে, সহজ কাজ করে নিন। অনুশাসনের মধ্যে থাকার জন্য ইচ্ছাশক্তিকে দৃঢ় করে তুলুন।
- কুঅভ্যাস দূর করে, সুঅভ্যাস গ্রহণ করার চেষ্টা করুন।

কারণ রবীন্দ্রনাথ ঠাকুর বলেছিলেন, **'সুঅভ্যাস মানুষকে অতি শীঘ্র সফলতা প্রদান করে থাকে আর তার জীবন আনন্দে ভরে যায়।'**

কিন্তু যখন আপনি অসৎ সঙ্গ থেকে দূরে থাকবেন তখনই আপনার ভেতরে সুঅভ্যাসের সৃষ্টি হবে, কারণ সৎ সঙ্গই সৎ ভাবনার জন্ম দেয়। তা ধীরে ধীরে অভ্যাসে পরিণত হয়, আর এই অভ্যাসই সময় বাঁচানোর সবচেয়ে বড়ো যন্ত্র। তাই সুঅভ্যাস গড়ে তোলার জন্য ক্রমাগত চেষ্টা চালিয়ে যান। কারণ তুলসীদাসের কথা অনুসারে বলা যায় :-

**'নিজের কথার ওপর নিয়ন্ত্রণ রাখুন, তা সময়ানুসারে বদলানোর প্রয়াস গড়ে তুলুন। সময় কাউর জন্য অপেক্ষা করে না, আর চলে যাওয়া সময় কখনও ফিরে আসে না। তাই সময় হল সবচেয়ে বড়ো ডাক্তার, ঔষধ এবং চিকিৎসা।'**

কিন্তু পৃথিবীর বেশির ভাগ লোকই নিজের মূল্যবান সময় বাজে কথা বলেই নষ্ট করে ফেলে। অনুশাসনের মধ্যে থাকলে, এই বয়ে যাওয়া সময়ে আপনি অনেক মূল্যবান কাজ সেরে ফেলতে পারবেন।

আপনার কাছে কাজ করার জন্য মাত্র 24 ঘন্টা আছে। তার মধ্যে ছয় ঘন্টা কেটে যায় ঘুমাতে, ছয় ঘন্টা খাওয়া দাওয়া ও দৈনিক কার্য করতে অতিবাহিত হয়। আর তারপর আপনার হাতে থাকে বারো ঘন্টা। এবার দেখুন যে আপনি একমাসে মাত্র 12 x 30 = 360 ঘন্টা পান কাজ করার জন্য।

তাই এই 360 ঘন্টার মধ্যে আপনাকে সমস্ত গুরুত্বপূর্ণ কাজ সেরে ফেলতে হবে। ধনী ব্যক্তিরা এই ফর্মূলা অনুসারে কাজ করে না, তারা নিজেদের মতো আলাদা ফর্মূলায় কাজ করে থাকে যা **'টাইম টু মনী কনভর্টর'** নামে পরিচিত ;—

$$\text{ইনকাম} = \frac{\text{সেল / উৎপাদন}}{\text{ঘন্টা}}$$

কারণ ধনী ব্যক্তিরা মাত্র ছয় ঘন্টা ঘুমায় আর দুই ঘন্টার মধ্যে নিজেদের যাবতীয় দৈনন্দিন কাজ শেষ করে। এবার হিসাব করে দেখুন যে তারা মাসের 420 ঘন্টা পায় নিজেদের জরুরি কাজ শেষ করার জন্য। অর্থাৎ সাধারণ মানুষের তুলনায় 60 ঘন্টা বেশি।

কারণ তাদের কাছে সময় খুবই মূল্যবান। তাই তারা স্টার পারফর্মারদের মতো কাজ করতে চায়। অথচ 80 শতাংশ লোক সাধারণ মানুষের মতোই কাজ করে। **'হাউ টু বী স্টার এট এ ওয়ার্ক : নাইন ব্রেকথ্রো স্ট্রেটেজীজ ইউ নীড টু সক্সীড'** এর মতো জনপ্রিয় গ্রন্থের লেখক এবং **'স্টেনফোর্ড রিসার্চ ইন্‌স্টীট্যুট'** এর ম্যানেজার কন্সলটেন্ট পরৌফেসার রবার্ট ঈ কেলী নিজের এই বইতে **'স্টার পারফর্মার'** - কি তা পরিভাষিত করার চেষ্টা করেছিলেন।

1. **নিজের ক্রোধের ওপর নিয়ন্ত্রণ রাখতে শিখুন :** ক্রোধ শব্দটি দুটি অক্ষর দিয়ে তৈরি হয়েছে। 'ক্র' অর্থাৎ কর্ম আর 'রোধ' অর্থাৎ বাধা। কিন্তু এই 'রোধ' কেনো আসে? এর কারণ হল আপনি নিজের মস্তিষ্কে কোনো কিছু পরিকল্পনা করেন। কিন্তু যখন তা সম্পূর্ণ হয় না, তখনই ক্রোধের সৃষ্টি হয়। অর্থাৎ আপনার চাহিদাই আপনার ক্রোধের জননী। আপনি যদি ক্রোধের হাত থেকে মুক্তি পেতে চান তাহলে সবার আবে নিজের কামনা-বাসনাকে দূর করতে হবে। কারণ যখন কোনো কাজ করার ক্ষেত্রে বাধার সৃষ্টি হয়, তখন সবার আগে আমাদের মনে ক্রোধের সঞ্চার ঘটে। তার থেকে জন্ম নেয় অশান্তি। সেই সময় শরীরের ভেতরে যে স্রাবের সৃষ্টি হয়, তা ক্ষতি সাধন করে থাকে। সেই কারণেই ওশোর বক্তব্য অনুসারে বলা যায়: -

**'যে ক্রোধকে নিয়ন্ত্রণ করা যায়, তা ভালো, কিন্তু তা নিয়ন্ত্রণের বাইরে চলে গেলে ক্ষতিসাধন করে থাকে।'**

কারণ রাগ এক ধরণের বিদ্যুৎ। তাই রাগান্বিত ব্যক্তিকে কখনও ওসকানো উচিত না, তাতে করে যে বৈদ্যতিক প্রবাহের সৃষ্টি হয়, তা আপনাকে অবশ্যই ঝটকা মারবে।

গান্ধী, লেলিন বা স্টলিনের মতো ক্রোধী লোকেদের মধ্যে ক্রোধ রূপ আগুন ছিল না তা নয়। তাঁদের মধ্যেও ছিল, কিন্তু তাঁদের এই ক্রোধের আগুন কাউকে দগ্ধ করেনি, বরং তা অহিংসায় পরিবর্তিত হয়েছিল।

এই কারণেই মনোবৈজ্ঞানিক গণ বলে থাকেন, **'ক্রোধ না করলে মস্তিষ্ক নিষ্ক্রিয় হয়ে যায়, তাই পৃথিবীর এমন কোনো মানুষ নেই যে, রেগে যায় না। এমন কোনো মানুষ থাকলে তাকে অসাধারণ মানুষ বলা যায়।'**

তাই রাগ হওয়া খারাপ নয়। কারণ ক্রোধ মানুষের মনের বিকার দূর করে। এই ক্রোধই বলে দেয় যে, কোনটা ঠিক আর কোনটা ভুল। ক্রোধ আপনাকে তর্ক করতে শেখায়। তাতে করে আপনি নিজের মনের কথা প্রকাশ করতে পারেন। তখন আপনার মন শান্ত হয়ে যায়।

মহাভারতের একটা ঘটনার বর্ণনা করা যাক। যুদ্ধের একদিন আগে যুধিষ্ঠির খুবই সমস্যাগ্রস্থ ছিলেন। তিনি নিজের আত্মীয়দের সাথে যুদ্ধ করতে চাইছিলেন না। তখন অর্জুন তাঁকে জ্ঞান দিয়েছিলেন, কিন্তু পরবর্তি কালে অর্জুন যুদ্ধক্ষেত্রতে গিয়ে পীড়িত হয়ে যান। তখন তিনি নিজেকে জ্ঞান দিতে পারেননি। তাহলে এমন জ্ঞান কোন কাজের? সংকটের সময় ইতিবাচক চিন্তার বিকাস ঘটানোর কিছু উপায় আছে :-

- আপনি যখন অশান্ত থাকবেন তখন কোনো রকম প্রতিক্রিয়া ব্যক্ত করবেন না। আপনার মন শান্ত আছে নাকি অশান্ত যদি তা বুঝতে না পারেন, তাহলে চুপ থাকুন।
- নিজেকে শান্ত করার জন্য গভীর ও দীর্ঘ শ্বাস নিন।
- যা বলতে চান, তা ধীরে বলুন, যেন মানসিক চাপ বৃদ্ধি না পায়।
- আপনার সামনে যে ব্যক্তি আছে, তার নেতিবাচক কথায় ইতিবাচকতার সন্ধান করুন।

এতটা বোঝার পর আপনি জীবনে কতটা সময়ের সাথে চলার চেষ্টা করেন, তা বোঝার চেষ্টা করুন। তা জানাটা খুবই সহজ, নিম্ন লিখিত প্রশ্ন গুলির ক্ষেত্রে যে বিকল্প গুলি দেওয়া আছে, তাতে 'টিক্' চিহ্ন দিন।

1. **আপনি দিনে কতক্ষণ কাজ করেন?**

   a. 8 ঘন্টা হ্যাঁ ☐
   b. 10 ঘন্টা হ্যাঁ ☐
   c. 12 ঘন্টা হ্যাঁ ☐
   d. 14 ঘন্টা হ্যাঁ ☐

2. **সময়কে আপনি কতটা গুরুত্বপূর্ণ বলে মনে করেন?**

   a. বিশেষ নয় হ্যাঁ ☐
   b. সম্পর্কের থেকে বেশি হ্যাঁ ☐
   c. জীবনের থেকে বেশি হ্যাঁ ☐
   d. অর্থের থেকে বেশি হ্যাঁ ☐

3. **সময়ের সদ্ব্যবহার করার জন্য আপনি কি করেন?**

   a. কিছু না হ্যাঁ ☐
   b. সামান্য কিছু কাজ হ্যাঁ ☐
   c. কঠোর পরিশ্রম হ্যাঁ ☐
   d. মস্তিষ্কের ব্যবহার হ্যাঁ ☐

4. **কাজ করার সময় আপনি কোন বিষয়ের ওপর বিশেষ ধ্যান দেন?**

   a. ম্যান পাওয়ারের হ্যাঁ ☐

b. নিজের শক্তির হ্যাঁ ☐

c. নিজের সুরক্ষার হ্যাঁ ☐

d. গাইড লাইন্সের হ্যাঁ ☐

**5. কম সময়ে অধিক কাজ কিভাবে করা যায়?**

a. ওয়ার্কার বৃদ্ধি করে হ্যাঁ ☐

b. বেশি কাজ নিয়ে হ্যাঁ ☐

c. মেশিনের বৃদ্ধি করে হ্যাঁ ☐

d. পরিকল্পনা করে হ্যাঁ ☐

**6. কোন কাজটা আপনি সবার আগে করেন?**

a. যেটা সহজ হয় হ্যাঁ ☐

b. যা শীঘ্র করা সম্ভব হয় হ্যাঁ ☐

c. রুটিং মাফিক হ্যাঁ ☐

d. যা গুরুত্বপূর্ণ হয় হ্যাঁ ☐

**7. আপনি কিভাবে কাজ ম্যানেজ করেন?**

a. ম্যান পাওয়ারের কথা মাথায় রেখে হ্যাঁ ☐

b. সময়ের কথা মাথায় রেখে হ্যাঁ ☐

c. কাজকে গুরুত্ব প্রদান করে হ্যাঁ ☐

d. টাইম টেবিল বানিয়ে হ্যাঁ ☐

**8. একই সময়ে আপনি কত গুলি কাজ করেন?**

a. অনেক গুলি কাজ একত্রে হ্যাঁ ☐

b. তিনটি কাজ একত্রে হ্যাঁ ☐

c. দুটি কাজ একসাথে হ্যাঁ ☐

d. কেবল একটা মাত্র কাজ হ্যাঁ ☐

**9. আপনি কিভাবে আরো ভালো কাজ করার চেষ্টা করেন?**

a. অন্যদের পরামর্শ অনুসারে হ্যাঁ ☐

b. বই পড়ে হ্যাঁ ☐

c. মন একাগ্র করে হ্যাঁ ☐

d. মানসিক চাপ থেকে দূরে সরে হ্যাঁ ☐

**10. কাজকে আপনি কিভাবে অর্থে রূপান্তরিত করেন?**

a. উপাদানের গুণগত মান বৃদ্ধি করে হ্যাঁ ☐

b. ডিমান্ডের কথা মাথায় রেখে হ্যাঁ ☐

c. অধিক উপাদান তৈরি করে হ্যাঁ ☐

d. টিকনিকে নতুনত্ব এনে হ্যাঁ ☐

পরিস্থিতি জানার জন্য আপনি যে বিকল্প গুলি সঠিক বলে মনে করছেন সেগুলিতে 'টিক্' লাগান।

- যদি আপনি আট বা আটের থেকে বেশি প্রশ্নের ক্ষেত্রে a তে টিক্ দেন তাহলে বুঝবেন যে আপনি টাইম ম্যানেজমেন্টের ব্যাপারে জিরো। তাই পুস্তকের এই অধ্যায় মন দিয়ে পড়ুন। তাহলেই আপনি টাইম ম্যানেজমেন্টের গুরুত্ব বুঝতে পারবেন।
- কিন্তু যদি আপনি আটের থেকে বেশি প্রশ্নের ক্ষেত্রে b তে টিক্ দেন তাহলে বুঝবেন টাইম ম্যানেজমেন্টের ব্যাপারে আপনার সামান্য জ্ঞান আছে। কিন্তু আপনি তাতে গুরুত্ব আরোপ করেন না। তাই আপনাকেও মন দিয়ে এই অধ্যায় পড়তে হবে।
- কিন্তু যদি আটটির বেশি প্রশ্নের ক্ষেত্রে আপনার উত্তর যদি c হয়, তাহলে বুঝবেন আপনি টাইম ম্যানেজমেন্ট সম্পর্কে অনেক কিছু জানেন, তাতে গুরুত্ব দেন, কিন্তু সফল হোতে পারছেন না।
- কিন্তু আটটের থেকে বেশি প্রশ্নের ক্ষেত্রে আপনার উত্তর যদি d হয়, তাহলে চিন্তা করার কোনো প্রয়োজন নেই, কিন্তু নিজের ক্রোধকে সংযত করার অভ্যাস করতে হবে।

2. **নিজেস্ব বড়ো নেটওয়ার্ক তৈরি করুন :** টাইম ম্যানেজমেন্টের ক্ষেত্রে নেট ওয়ার্কের গুরুত্ব অপরিসীম। কারণ এর সাহায্যে আপনার ভবিষ্যতের বীজ রোপিত হয় ও সফলতার দ্বার খুলে যায়।

নেটওয়ার্কের দ্বারা সঠিক লোকেদের সাথে সম্পর্ক গড়ে তোলার বিষয়ে যে সময় ও উর্জার প্রয়োজন হয় পরে তা আপনার শেয়ারের মতো ডিবিডেন্ট দেয়। কিন্তু নেটওয়ার্কের কিছু নিয়ম আছে :-

- কাউকে নিজের মনের কথা বলবেন না।
- শুধুমাত্র কাজের কথা বলুন।
- পারিবারিক সম্পর্ক তৈরি করবেন না।

তবেই আপনার স্বপ্ন পূরণ হোতে পারে। এই নেটওয়ার্ক আপনাকে এগিয়ে নিয়ে যাবে। নেতাদের মধ্যে আপনার থেকেই নেটওয়ার্কের গুণ এসে যায়, তাই

তারা এই রকম ব্যাপক পর্যায়ে কাজ করতে পারে। কিন্তু অন্যদের এই টেকনিক নিজেদের মধ্যে বিকসিত করতে হয়। তাই নিম্ন লিখিত বিষয় গুলি মন দিয়ে পড়ুন, তাতে করে আপনি নেটওয়ার্কে বৃদ্ধি ঘটাতে পারবেন।

- নিজের বন্ধুকে এটা বুঝিয়ে দিন যে, আপনি সর্বদা তার সাহায্যের জন্য প্রস্তুত।
- আপনার চিন্তাধারা যেন ইতিবাচক হয়, কারণ সমস্ত ব্যক্তি ইতিবাচক চিন্তাকারীদের পছন্দ করে।
- নিজের পছন্দের গন্তব্য পাওয়ার পরেও নিজের নেটওয়ার্কের বিস্তার করতে থাকুন, যাতে আপনাকে কখনই একাকীত্বের যন্ত্রণা ভোগ করতে না হয়।

কারণ ড্রেক বিং মৌরিন নিজের বইতে লিখেছিলেন, **'নেটওয়ার্কের বিস্তারের ক্ষেত্রে সততা বজায় রাখাটা খুবই জরুরি, তবেই আপনি কম সময়ে অনেক বেশি কিছু পেতে পারেন।'**

3. **ধৈর্য্যের সাথে নিজের কাজ করুন :** ধৈর্য্যবান ব্যক্তিকে সারা পৃথিবীর লোক দুর্বল বলে মনে করে, কিন্তু প্রতিকূল পরিস্থিতিতে ধৈর্য্যই মানুষকে নতুন পথের সন্ধান দেয়। তাতে করে আপনি অন্যদের নিজেকে বোঝানোর চেষ্টা করতে পারেন।

কিন্তু ধৈর্য্য মানে পরিস্থিতির সামনে পরাজয় স্বীকার করা নয়, বরং সেই বিষয়ে আরো ভালো করে ভাবা, তাতে করে আপনি নতুন উপায়ের সন্ধান লাভ করে থাকেন। প্রসিদ্ধ দার্শনিক সুকরাত দেখতে ছিলেন খুবই খারাপ, কিন্তু তিনি ঘন ঘন আয়না দেখতেন, একদিন তাঁর শিষ্যরা তাঁকে এর কারণ জিজ্ঞাসা করলে তিনি হেসে বলেন, **'তোমার কি জানো না যে, সুন্দর ব্যক্তিদের আয়নার প্রয়োজন হয় সবচেয়ে কম। যে স্বয়ং সুন্দর, সে কিসের জন্য আয়না দেখবে ? কিন্তু আমাদের মতো কুৎসিত লোকেদের আয়নার প্রয়োজন হয় খুব বেশি, কারণ আমাদের এমন কোনো কাজ করা উচিত না যাতে আমাদের দেখতে আরো খারাপ লাগে। তাই নিজেকে বারংবার সাবধান করার জন্য আয়না দেখি, তাতে করে আমার ভেতরে ধৈর্য্যের সৃষ্টি হয়।'**

তাতে করে নির্ণয় নেওয়ার শক্তি কয়েক গুণ বৃদ্ধি পায়। কিন্তু তার জন্য কিছু সিদ্ধান্তের পালন করাটা খুবই জরুরি।

- কোন বিষয় আপনাকে ধৈর্য্যচ্যুত করে তা জানার চেষ্টা করুন।
- নেতিবাচক চিন্তাধারা গুলিকে মন থেকে নির্গত করার চেষ্টা করুন।
- পরিস্থিতি বোঝার জন্য কিছুক্ষণ চুপ করে বসে থাকুন, এই থমকে যাওয়া সময়ে আপনি আরো ভালো করে ভাবার সময় পাবেন।

- নিজের কথা অতি শীঘ্র ব্যক্ত করবেন না, আগে ভাবুন তারপর বলুন।

একটা অনেক পুরানো গল্প আছে, এক কুঁজী ছিল লোকেরা তাকে কুঁজী-কুঁজী বলে খুবই বিব্রত করত। একদিন তার সাথে নারদ মুণির দেখা হলে, তাঁর তাকে দেখে খুব খারাপ লাগে আর তিনি বলেন, **'মা আমার কাছে আসো, আমি নিজের মন্ত্রবলে তোমাকে ঠিক করে দেব।'**

মহিলা বলে, **'নারদ মহাশয়! আপনি তো অন্তরযামী, লোকেরা আমাকে নিয়ে কত উপহাস করে আপনি তাও জানেন, আমাকে কুঁজী বুড়ি বলে ডাকে। কিন্তু আমার তাতে কিছু যায় আসে না, আমি অনেকটা জীবন অতিবাহিত করে ফেলেছি, বাকি জীবনটাও কাটিয়ে দেব। কিন্তু যারা আমাকে নিয়ে উপহাস করে আপনি তাদের কুঁজী করে দিন। তাতে আমার মন খানিকটা শান্তি পাবে।'**

বুড়ির কথা শুনে নারদ মুণি অবাক হয়ে যান, তিনি বলেন, **'মাতা অন্যদের কুঁজো বানিয়ে তোমার কি লাভ হবে?'**

মহিলা খুশি হয়ে বলে, **'কারণ আমি ওদেরকেও আমার মতো করে হাঁটতে দেখতে চাই, আর উপহাসের পাত্র হিসাবে দেখতে চাই।'**

এটা ছিল একটা হিংসার উদাহরণ, সে যদি ধৈর্য্য বজায় রেখে নিজের ক্রোধকে সংযত করতে পারত তাহলে লোকেরাও তাকে নিয়ে উপহাস করত না।

4. **দায়িত্বের সাথে নিজের কাজ করতে শিখুন :** প্রতিটা সকাল একটা নতুন দায়িত্ব ও কাজ নিয়ে আসে। তারপরেও আপনি আনন্দ অনুভব করে থাকেন। কারণ আপনি কি ভুল করে ফেলেছেন তা আপনি জানেন, তাই আপনাকে আরো ভালো করে কি কাজ করতে হবে সেই সম্পর্কেও আপনি ওয়াকিবহাল থাকেন।

এই বিষয়টা বোঝার জন্য আপনি এই ঘটনার দিকে লক্ষ্য করুন। একটা মেয়ে সন্ধ্যার সময় প্রেম করার জন্য নিজের বাড়ি থেকে বেরায়। ইন্ডিয়া গেটে পৌঁছানোর পর সে নিজের প্রেমিকের সাথে দেখা করার জন্য এতটাই ব্যাকুল হয়ে যায় যে, আশেপাশে কি হচ্ছে সেই দিকে তার ততটা ধ্যান ছিল না। সেখানে আরো কত লোক আছে, শুক্রবার ছিল তাই বহু লোক নামাজ পড়ছিল, সেদিকেও তার কোনো ধ্যান ছিল না।

মেয়েটা যেখানে দাঁড়িয়ে তার প্রেমিকের জন্য অপেক্ষা করছিল তার পাশে এক মৌলবি সাহেব বসে নামাজ পড়ছিল। হঠাৎই মেয়েটা দেখে তার

> **তিনটি জিনিস কখনও ফিরে আসে না। মুখ থেকে নির্গত কথা, ফেলে আসা সময় এবং আপনার হারিয়ে যাওয়া সুযোগ।**

প্রেমিক আসছে, সে দৌড়ে মৌলবীর হাত মাড়িয়ে চলে যায়।

মৌলবীর খুব রাগ হয়ে, কিন্তু সে সেই সময় কিছু বলে না। কারণ কিছু বলতে গেলে তার নামাজ পড়ায় ভঙ্গ ঘটত। নামাজ পড়া শেষ হলে সেই মেয়েটার ফেরা জন্য অপেক্ষা করতে থাকে সে। কিন্তু তার জন্য বেশিক্ষণ অপেক্ষা করতে হয় না, দশ মিনিট বাদেই মেয়েটা ফিরে আসে। প্রেমিক সঙ্গে থাকার জন্য তার আনন্দের সীমা ছিল না।

মৌলবী তাদের পথ রোধ করে বলে, '**এই মেয়ে তুমি দেখে চলতে পারনা? আমি আল্লার স্মরণে মাথা নত করেছিলাম আর তুমি আমার হাতের ওপর পা দিয়ে চলে গেলে, চোখ নেই তোমার?**'

মেয়েটা হেসে বলে, '**অপরাধ মার্জনা করবেন, কিন্তু একটা কথা বলুন তো, কথায় বলে যে, যে আল্লার স্মরণ করে সে নাকি নিজের হুশ হারিয়ে ফেলে, তাহলে আপনি বুঝলেন কিভাবে যে কে আপনার হাত মারিয়েছে।**'

মেয়েটার কথা শুনে মৌলবী আর কিছু বলতে পারে না। তাই চিন্তাধারা বদলান, তাতে করে কোনো রকম নেতিবাচক পরিস্থিতি আপনাকে অস্থির করতে পারবে না। তা আসলেও গ্রহণ করবেন না। এরপর আপনার ইতিবাচক বিচারের সাথে থাকার অভ্যাস হয়ে যাবে।

বলা হয় যে, আমেরিকার রাষ্ট্রপতি আব্রাহাম লিংকন দেখতে খুব খারাপ ছিলেন। কিন্তু তিনি নিজের গুণের জন্য সারা দেশ বাসীর কাছে খুবই জনপ্রিয় ছিলেন। জনতা তাঁকে খুব ভালোবাসত।

একবার একটা ছোটো বাচ্চা কাউর মুখ থেকে লিংকনের নামে প্রশংসা শুনে, খুবই উৎসাহিত হয়েছিল। সে তার বাবাকে বলেছিল, '**বাবা, আমি রাষ্ট্রপতিকে দেখতে চাই। কারণ সকলেই তার প্রশংসা করে। তাই আমি দেখতে চাই তিনি কেমন।**'

বাবা বলে, '**বাবা, দেখতে ভালো নয়, খুবই কালো ও কুৎসিত। তাঁকে দেখে তোমার ভয় লাগতে পারে। তাই আমি তোমাকে তাঁর কাছে নিয়ে যেতে চাই না।**'

কিন্তু ছেলেটা লিংকনের সাথে দেখা করার জন্য বারংবার জেদ করছিল।

**আপনার শরীর সেই মেশিনের মতো, যাতে পয়সা দিতেই আপনি নিজের ওজন জানতে পারেন। তাই শরীর রূপী মেশিনে আনন্দ রূপ পয়সা দিন, যাতে করে আপনি ধনী হওয়ার ফর্মূলা রপ্ত করতে পারবেন।**

বাবা বহু বাহানা করে কথা ঘোরানোর চেষ্টা করেছিল, কিন্তু ছেলের জেদের সামনে তাকে ছোটো হোতে হয়।

তারা যখন রাষ্ট্রপতি ভবনে পৌঁছায় লিংকন তখন কাজ নিয়ে ব্যস্ত ছিলেন। তিনি তাদের মন থেকে স্বাগত জানান, আর তাদের আগমনের কারণ জিজ্ঞাসা করেন।

তখন সেই ব্যক্তি বলে, **'আমার ছেলে আপনার খুব বড়ো প্রশংসক। ও আপনার সাথে দেখা করার জন্য খুব জেদ করছিল। তাই ওকে আপনার সাথে দেখা করানোর জন্য এনেছি।'**

এই কথা শুনে লিংকন উঠে দাঁড়িয়ে পড়েন, আর বাচ্চাটিকে নিজের কোলে তুলে নিয়ে ছোট্টো বাগানে ঘুরতে থাকেন। তার সাথে হেসে হেসে অনেক কথা বলেন এবং তার মনোরঞ্জন করার চেষ্টা করেন। বাচ্চাটির মুখে হাসি দেখে লিংকনও খুব খুশী হন।

ফেরার পথে বাচ্চাটি তার বাবাকে বলে, **'বাবা আমাদের রাষ্ট্রপতি তো খুব সুন্দর। তুমি তো বলছিলে উনি কুৎসিত, আমি ওনাকে দেখে ভয় পেতে পারি। আমার ওনাকে দেখে ভয় লাগেনি বরং আমার খুব ভালো লেগেছে।'** লিংকন এইভাবেই নিজের দায়িত্ব পালন করতেন, কিন্তু তার জন্য তিনি সর্বদা পরিস্থিতির সাথে মানিয়ে চলার চেষ্টা করতেন।

**5. সময়ের আগে নিজের কাজ সম্পূর্ণ করার অভ্যাস গড়ে তুলুন :** আমি যখন স্কুলে পড়তাম তখন একদিন আমার অঙ্ক পরীক্ষা ছিল। প্রশ্ন খুব সহজ হয়েছিল, আর আমি সব উত্তরও জানতাম। কিন্তু প্রশ্ন পত্র নিয়ে এতই মগ্ন ছিলাম যে, চারটে প্রশ্নের উত্তর দেওয়ার পর পঞ্চম প্রশ্নের অর্ধেক হওয়ার আগেই ঘন্টা পড়ে যায়।

আমি ষষ্ঠ প্রশ্নের উত্তরই দিতে পারি নি। আমি উত্তরটা দেওয়ার জন্য একটু সময় চেয়েছিলাম, কিন্তু আমার থেকে উত্তর পত্র কেড়ে নেওয়া হয়েছিল।

আমি মন খারাপ করে বাড়ি ফিরি। আমার দাদা প্রশ্নপত্র দেখে বলেন যে, তোমাকে তিন ঘন্টায় ছয়টা প্রশ্নের উত্তর দিতে হোত, তোমার প্রতিটা প্রশ্নের জন্য আধা ঘন্টা করে নির্ধারিত করে নেওয়া উচিত ছিল।

> **বিগত সময়ের থেকে জীবনকে বোঝা যেতে পারে। কিন্তু ভবিষ্যতের দিকে নজর রেখে জীবন অতিবাহিত করা যায়। কারণ ইতিহাস অতীতের কথা বলে আর আগত সময় সেই ইতিহাসকে বদলে দেয়।**

এটা ছিল আমার কাছে টাইম ম্যানেজমেন্টের প্রথম পাঠ। হয়তো সেই কারণেই মহান দার্শনিক কনফুসিয়াস বলেছিলেন, 'The longest journey must begin with the first step.' অর্থাৎ কিভাবে কম সময়ে দীর্ঘ পথ অতিক্রম করা যায় তার উপায় খুঁজুন।

বর্তমান যুগ পরিবর্তনের যুগ, সময় অতি দ্রুত বদলাচ্ছে। তাই সফলতা অর্জনের জন্য সময়ের সাথে তাল মিলিয়ে চলাটা খুবই জরুরি। কারণ এটাই হল ধনী ব্যক্তিদের জয়ের রহস্য।

যে ব্যক্তিরা আজকের কাজ কালকের জন্য রেখে দেয়, সেই কাজ কখনও সম্পূর্ণ হয় না। কারণ তাকে পরের দিন অন্য কোনো কাজ করতে হয়, তখন পুরানো কাজটা তার কাছে বোঝা হয়ে দাঁড়ায়।

সেই কারণেই হ্যামর্স টাল এডওয়ার্ড বলেছেন যে, **'আপনি যদি নির্ধারিত সময়ের মধ্যে কোনো কাজ সম্পূর্ণ করতে না পারেন, তাহলে তা সম্পূর্ণ হওয়ার আশা অনেকটাই কমে যায়।'**

শ্যার ওয়াল্টর রেলেকে কোনো এক ব্যক্তি জিজ্ঞাসা করেছিলেন যে, **'আপনি এত কম সময়ে অত কাজ কিভাবে করেন?'**

তিনি বলেছিলেন, **'আমার হাতে যে কাজ থাকে তা আমি শীঘ্র শেষ করে ফেলি।'**

এই একই প্রশ্ন যখন দিল্লীর প্রাক্তন মুখ্যমন্ত্রী শ্রীমতি শীলা দিক্ষীতকে জিজ্ঞাসা করা হয়েছিল, তখন তিনি বলেছিলেন, **'আমি আজকের কাজ আজিই করে ফেলি, তাই কম সময়ে অনেক বেশি কাজ করা সম্ভব হয়।'**

সময়ের সদ্ব্যবহার করার জন্য আপনাকে সকালে উঠে সিদ্ধান্ত নিতে হবে আর অটল ভাবে সেই সিদ্ধান্ত পালন করতে হবে।

6. **নিজের স্মার্ট ওয়ার্ক পরিকল্পনা বানান :** বর্তমান যুগ **'স্মার্ট ওয়ার্ক প্লান'** করার যুগ। তাই প্রথম কাজ প্রথমেই করুন, সেটাই সবচেয়ে বেশী গুরুত্বপূর্ণ, আপনার কাছে যেটা সবচেয়ে গুরুত্বপূর্ণ কাজ সেটাই আপনাকে সফলতার শিখরে নিয়ে যায়। তাই সেদিকে সবচেয়ে বেশী ধ্যান দেওয়াটা খুবই জরুরি। তবেই আপনি বুঝতে পারবেন যে, কখন, কেনো এবং কোনটা আপনার কাছে সবচেয়ে বেশী প্রয়োজনিয়।

7. **ক্রমাগত শেখার জন্য প্রস্তুত থাকা উচিত :** এর অর্থ হল, আপনাকে পুনঃনিরীক্ষণ এবং নিজের স্মার্ট ওয়ার্ক প্লানকে আরো উন্নততর করতে হবে।

তারপর তা বজায় রাখার জন্য আপনাকে নিজের মনকে প্রশ্ন করতে হবে।

1. **এই লক্ষ্য পূরণের জন্য আপনি নিজের সময়ের যথাযথ ব্যবহার করেছেন কি?**
2. **যে লক্ষ্য আপনি পূরণ করতে পারেননি, আগামী সপ্তাহে তা করা উচিত কি?**
3. **লক্ষ্য নির্ধারিত করা এবং তা পূরণের বিষয়ে সফলতা ও অসফলতার প্যাটার্ন কি?**
4. **লক্ষ্য পূরণের ব্যাপারে ক্রমাগত কি সমস্যা দেখা গেছে?**
5. **আপনি কি আনএক্সপেক্টেড আশা করে বসে আছেন?**

কারণ সময়ের সদ্ব্যবহার আপনাকে আরো বেশি দক্ষ, ভরসার যোগ্য ও বিশ্বাসযোগ্য করে তোলে। আর এটাও বলে দেয় যে, আপনি নিজের সময়ের মূল্য জানেন, এতে করে আপনি আরাম করার জন্যও সময় বার করতে পারেন ফলে আপনার জীবন একটা ভারসাম্য বজায় রেখে চলতে সক্ষম হয়। তাই এই চেষ্টা চালিয়ে যাওয়াটা খুবই জরুরি।

কচ্ছপ আর খরগোশের গল্প কে না জানে। দ্রুতগতি সম্পন্ন খরগোশকে ধীমে গতি সম্পন্ন কচ্ছপ পরাজিত করতে সক্ষম হয়েছিল। কিন্তু এখন সবাইকেই দৌড়াতে হয়, সময়ের সাথে ভারসাম্য বজায় রেখে চলার জন্য লোকেদের বিভিন্ন উপায় অবলম্বন করে চলতে হয়।

মহাভারতের যযাতি ছিল নহুষের পুত্র। তার দুই স্ত্রী ছিল দেবযানী ও শর্মিষ্ঠা। দেবযানী ছিল গুরু শুক্রাচার্যের একমাত্র কন্যা। যযাতি যখন দেবযানীকে কুয়া থেকে নির্গত করেছিল তখন দেবযানী তাকে বিবাহ করতে চেয়েছিল। তারপর দুই জনের বিবাহ হয়ে যায়। কিন্তু সে স্ত্রীর সাথে সাথে দাসী শর্মিষ্ঠাকেও প্রণয় করত।

শর্মিষ্ঠার সন্তান হয়। কিন্তু যখন দেবযানী জানতে পারে যে, দাসী শর্মিষ্ঠার বাচ্চা আসলে তার স্বামীর তখন সে সংসার ছেড়ে পিতার কাছে ফিরে যায়। দেবযানীর পিতা রাগের মাথায় জামাতেকে অভিশাপ দেয়, 'তুমি এক্ষুণি বৃদ্ধ হয়ে যাবে।' যযাতি সঙ্গে সঙ্গে বৃদ্ধ হয়ে যায়। তারপর সে নিজের ভুল বুঝতে পরে ক্ষমা চায়।

তাকে দেখে গুরু শুক্রাচার্যের মন আর্দ্র হয়ে যায়, সে শাপ মুক্তির পথ বলে দেয়, **'যদি তোমার কোনো পুত্র তোমাকে নিজের যৌবন দিয়ে দেয়, তাহলে তুমি পুনরায় নিজের যৌবন লাভ করবে।'**

যযাতি নিজের পুত্রদের কাছ থেকে যৌবন চায়। শর্মিষ্ঠার পুত্র তাকে

নিজের যৌবন দিয়ে দেয়, সে হাজার বছর ধরে নিজের যৌবনের ভোগ করতে থাকে। কিন্তু তা সত্ত্বেও তার কামনা শেষ হয় না।

ধনী ব্যক্তিদের কামনারও তেমন শেষ নেই, তারা সর্বদা **'ওয়েট এন্ড ওয়াচ'** পদ্ধতি মেনে চলে। প্রতিদিন নতুন কিছু ভাবে, নতুন কিছু করে দেখায়।

তাই আপনিও যযাতির পদাঙ্ক অনুসরণ করে চলুন, আর ধৈর্য্য ধরে ভাবুন যে, কিভাবে পরবর্তি পদক্ষেপ আরো দৃঢ় হয়ে উঠতে পারে,

কখনও কোনো কাজ বিগড়ে গেলে হতাশ হওয়ার কিছু নেই, পুনরায় নিজেকে প্রস্তুত করুন। কারণ প্রস্তুতির অর্থ হল নিজের দুর্বলতার সন্ধান করে অপেক্ষা করা। তাতে করে আপনার সফলতা নতুন পথের সন্ধান পাবে।

কারণ ধীরুভাই সর্বদা বলতেন যে, **'নক্ষত্র অনুকূলে না থাকলে, বসে সুদিন আসার অপেক্ষা কর।'**

চাণক্য নীতিও এই একই কথা বলে, **'কোয়েল ততক্ষণ চুপচাপ দিন অতিবাহিত করে, যতদিন না সে সকলকে আনন্দ প্রদান করার মতো বাণী শিখে যায়।'** তাই তো চাণক্যের মতানুসারে বলা যায়, নিজের লক্ষ্য পূরণ করার জন্য ধৈর্য্য ধরাটাই সবচেয়ে বড়ো কথা, কিন্তু যদি মনের সন্তুষ্টি নিয়ে বসে থাকেন তাহলে অনুতাপ করতে হবে। কারণ বিচার বিবেচনা না করে তাড়াহুড়োর মাথায় কোনো কাজ করলে তা খারাপ হওয়ার আশঙ্কা থেকে যায়। এমন পরিস্থিতিতে কবীর দাসের কথা স্মরণ করে বলা যায় :-

চিন্তা ভাবনা না করে কাজ করলে অনুতাপ করতেই হয়, নিজে বিগরে গেলে জগতের লোকেরা উপহাস করে।

তাই যদি **'ওয়েট এন্ড ওয়াচ'**- এর নীতি গ্রহণ করে সঠিক সময়ে সঠিক কাজ করা যায়, তবে অবশ্যই সফলতা লাভ করা সম্ভব হবে।

আসলে **'ওয়েট এন্ড ওয়াচ'** কথাটি প্রকৃত অর্থে যুদ্ধ কৌশল, শেয়ার বাজার, প্রপার্টী মার্কেট, সার্ভিস সেক্টর, অর্থব্যবস্থার ওঠা-নামা, রাজনীতির মারপ্যাঁচ প্রভৃতি ক্ষেত্রে ব্যবহার করা হয়। কারণ **'অপেক্ষা'** অর্থাৎ **'ওয়েট'** করলে কোনো ক্ষতি হয় না, বরং তাতে লাভই হয়।

এই তথ্য বোঝার জন্য আমি আপনাকে একটি সম্প্রতি ঘটে যাওয়া ঘটনার কথা বলছি। আমার এক বন্ধু দিল্লী দূরদর্শনের সংবাদ সম্পাদক ছিল। তার স্ত্রীর ডেলিভারীর সময়ে সে তাকে রাম মোনহর হাসপাতালে নিয়ে যায়। লেডী ডাক্তার তাকে লাইনে বসিয়ে দেয়।

প্রায় এক ঘন্টা বাদে লেবার পেন নিয়ে এক মহিলা সেখানে আসে।

লেডি ডাক্তার তাকে সঙ্গে সঙ্গে ভেতরে নিয়ে চলে যায়। তা দেখে আমার সম্পাদক বন্ধু খুব রেগে গিয়ে বলে, **'উনি কি কোনো ভি.আই.পি. লেডী ছিলেন যে, এসেই ভেতরে ঢুকে গেল। লাইনে আমার স্ত্রী ছিল, ওকে এখনও নিয়ে যাওয়া হল না। আমি সাধারণ লোক নই, দূরদর্শনের এডীটর আমি।'**

লেডী ডাক্তার তার কথার দিকে বিশেষ ধ্যান দেয় না। কারণ সে বুঝেছিল যে সম্পাদক মহাশয়ের স্ত্রীর বাচ্চা হোতে তখনও একটু দেরি ছিল। কিন্তু দ্বিতীয় মহিলা লেবার রুম থেকে বেরতেই সম্পাদকের স্ত্রীর লেবার পেন বেড়ে যায়, তাকে লেবার রুমে নিয়ে যাওয়া হয়, ও সঙ্গে সঙ্গে বাচ্চা হয়ে যায়।

এক্ষেত্রে **'ওয়েট এন্ড ওয়াচ'** নীতির জন্যই সম্পাদক লাভবান হয়েছিল। কারণ অপারেশান ছাড়াই বাচ্চা হয়ে গেছিল। তাতে করে অপারেশানের পয়সাও বেঁচে যায়। তাই যুদ্ধক্ষেত্র, শেয়ার বাজার প্রভৃতি ক্ষেত্রেও অপেক্ষা করতে হয়। কারণ সেখানে সমস্ত কাজ লোকহিতের কথা মাথায় রেখেই করা হয়।

তাই তুলসী দাসের কথার অনুবাদ করে বলা যায়, **'এক মুহূর্তের সঠিক কাজ যেমন আপনাকে জয়ের শিরোপা পরাতে পারে, তেমনি এক মুহূর্তের ভুলও আপনার ওপর পরাজয়ের কালিমা লেপন করতে পারে।'**

কারণ পাঁচ মিনিটের মূল্য সম্পর্কে ওয়াকিবহাল অস্ট্রিয়ন যেমন একদিকে নেপোলিয়ানের কাছে পরাজিত হয়েছিলো তেমনি অপরাজেয় নেপোলিয়ান নিজের সাথী গ্রুশীকে পাঁচ মিনিট দেরি করার জন্য বন্দী করে মৃত্যু দন্ডে দন্ডিত করেছিলেন।

মহাত্মা গান্ধী, জওহরলাল নেহেরু ও মাদার টেরিজাও চব্বিশ ঘন্টা করেই সময় পেতেন, কিন্তু এইটুকু সময়তেই তাঁরা মানব সমাজ, দেশ ও সমাজের জন্য এত কিছু করেছিলেন যে, ইতিহাস তাঁদের মনে রেখেছেন।

কারণ সময় গতিশীল। আপনি যত এর ব্যবহার করবেন তত বেশী আপনি সফল হোতে পারবেন।

এখনও পর্যন্ত আপনি মাত্র 10 - 15 শতাংশ সময়ের ব্যবহার করে থাকেন, কিন্তু আপনাকে 40 -50 শতাংশ সময়ের সদ্ব্যবহার করতে হবে। কিন্তু তার জন্য আপনাকে নিজের অভ্যাস বদলাতে হবে। যেমন ধরুন অফিসে যাওয়ার সময় গাড়িতেই খবরের কাগজ পড়ে ফেলতে পারেন। সন্ধ্যা বেলা অফিস থেকে ফেরার পথে জরুরি জিনিস কিনে নিয়ে আসতে পারেন। লাঞ্চের সময় পোস্টে আসা জরুরি কাগজ গুলি দেখতে পারেন। তাতে করে ছোটোখাট কাজের সময় গুলি বাঁচিয়ে ফেলতে পারবেন।

আমার ছোটো মেয়ে তার পছন্দের সমস্ত বাচ্চাদের পত্রিকা পড়ে খাবার

খেতে খেতে। বড়ো মেয়ে গাড়ি ড্রাইভ করার সময় জরুরি ফোন কল গুলি সেরে ফেলে। সেই সাথে ফোনে নিজের জুনিয়ারের সমস্যার কথাও শুনে নেয়।

কাউর কথা শোনা বড়ো কলা, তার জন্য কাজ ও ধ্যান দুটিই জরুরি। কিন্তু শোনার জন্যও শুনতে হয়। তাই প্রকৃতির নিয়মানুসারে যারা জন্মগত বোবা তারা বধিরও হয়ে থাকে। কারণ যদি শুধু শোনে, কিছু বলতে না পারে তাহলে মানসিক ভাবে ভারসাম্য হারাবে।

তাই আপনি শোনার সাথে সাথে শোনানও, কিছু লোক একে **'টকিঙ্গ মার্শাল আর্ট'** বলে থাকে। কারণ মার্শাল আর্টে শেখানো হয় যে, যখন সামনের ব্যক্তি আপনাকে আঘাত করবে, তখন সেখান থেকে সরে যাওয়া উচিত, ফিরে আঘাত করা উচিত না। তাতে আপনার শক্তি সঞ্চিত থাকে, কিন্তু বাজে কথার থেকে নিজেকে সরিয়ে রাখার গুরুমন্ত্র নিম্নে দেওয়া হল :-

1. একসাথে অনেক গুলি কাজ হাতে নেবেন না, এতে করে একাগ্রতা নষ্ট হয়, আর তাতে কিছু না কিছু ভুল হয়ে যায়। ফলে তা আপনার স্মরণ শক্তির ওপর হামলা করে থাকে।
2. ঘুমের সময়ের ব্যাঘাত ঘটাবেন না। কারণ ছয় ঘন্টা ঘুম আপনার শরীরের জন্য খুবই জরুরি।
3. যেকোনো কাজ নিয়মের মধ্যে করার চেষ্টা করুন। প্রথমে কি করতে হবে তার তালিকা বানান, পরিকল্পনা করে ফেলুন, প্রতিটা জিনিস রাখার স্থান নির্ধারিত করুন।
4. মানসিক চাপ নেবেন না, কারণ মানসিক চাপ আপনার স্মরণ শক্তির শত্রু। সকালে হাঁটা, ধ্যানের সময় গভীর শ্বাস নেওয়া, প্রভৃতি আপনার মানসিক চাপ দূর করতে পারে।
5. তথ্য-বিস্ফোরণের শিকার ও গ্যাজেটের দাস হবেন না। এগুলি আপনার কাজের জন্য প্রয়োজন কিন্তু এগুলি আপনার কাজ নয়। এই গুলির পিছনে বেশি মাতলে আপনার মস্তিষ্কের ভারসাম্য নষ্ট হোতে পারে। তাতে করে আপনার স্মরণ শক্তির ওপর বিপরীত প্রভাব পড়তে পারে।
6. নিজের আবেগকে নিয়ন্ত্রণ করতে শিখুন ও ব্যর্থ স্মৃতি নিয়ে পড়ে থাকবেন না। এতে করে মানসিক চাপ দূর হবে ও আপনার স্মরণ শক্তি বৃদ্ধি পাবে।
7. মস্তিষ্কের চালনা করুন। প্রশ্ন করুন। পড়ুন, লিখুন, দাবা খেলুন, অতীতের স্মৃতি সতেজ করার চেষ্টা করুন। তাতে করে আপনার মস্তিষ্ক শক্তিশালী হয়ে উঠবে। মাথা ঠান্ডা রাখার জন্য গান শুনুন, রমণীয় প্রকৃতিতে ঘুরে

বেরান। কারণ এই সবই আপনার মস্তিষ্ককে সতেজ করে।

8. মস্তিষ্কের 85 শতাংশ তরল, যা শুকিয়ে গেলে আপনার স্মরণশক্তি প্রভাবিত হোতে পারে। তাই মাঝে মাঝেই জল পান করুন। কারণ আমাদের শরীর ও মস্তিষ্কের জন্য জল পান করাটা খুবই জরুরি।
9. কিছুক্ষণ বাদে বাদে অবশ্যই কিছু না কিছু খান, কিন্তু কম খান। ফল, দই, অঙ্কুরিত ছোলা, বাদাম, আখরোট, চিনাবাদম, ডিম প্রভৃতি মস্তিষ্ককে রসদ প্রদান করে থাকে।
10. আপনার চিন্তাধারা যেন ইতিবাচক হয়। তাতে মস্তিষ্ক সর্বদা সতেজ থাকবে। আর আপনার ভুলে যাওয়ার রোগ দূর হবে।

ফিল্ম অভিনেতা অনুপম খের মনে করেন, 'মহান ও সফল লোকেদের অবশ্যই খুব কাছ থেকে দেখার চেষ্টা করুন, কারণ আমি অনেক ছোটো বয়সে ফিল্মের তারকাদের দেখেই অভিনয় করব বলে ঠিক করেছিলাম। আমি যখন শিমলায় থাকতাম তখন সেখানে বহু তারকা শুটিং-এর জন্য আসত। তাদের খুব কাছ থেকে দেখেই আমি প্রেরণা লাভ করতে সক্ষম হয়েছিলাম।

যখন সুনীল দত্ত, জিতেন্দ্র, ওম শিবপুরী ও আসরানি শিমলায় **'উমর কয়েদ'** এর শুটিং করছিলেন, তখন আমি প্রথমবার শুটিং দেখতে যাই। তারপরই আমি মনে মনে অভিনেতা হওয়ার স্বপ্ন দেখতে থাকি।

1981 সালের 3 শরা জুন, আমি মুম্বাইয়ের সেন্ট্রাল স্টেশানে পৌঁছাই। তখন পকেটে মাত্র 37 টাকা পড়েছিল। কোথায় যাব জানা ছিল না, বেশ কয়েক রাত খালি পেটে রাস্তায় শুয়ে ছিলাম। সব জায়গায় ধাক্কা খেতে খেতে ক্লান্ত হয়ে যাওয়ার পর নিজের ঠাকুরদাদাকে একটা চিঠি লিখেছিলাম, **'এখানকার লোকেরা কিভাবে কথা বলতে হয় তা জানে না। লোকে ধাক্কা মেরে অফিস থেকে বাইরে বার করে দেয়। অথচ আমি এন.এস.ডী.-র গোল্ড মেডেলিস্ট।'**

উত্তরে ঠাকুরদাদা লিখেছিলেন, **'তোমার বাবা-মা তোমাকে পড়ানোর জন্য বাড়ির বাসন পর্যন্ত বিক্রী করে দিয়েছিল। ঘড়ি বিক্রী করেছে, তুমি ফিরে আসবে বলে? তুমি দুই বছর ধরে মুম্বাইতে সংঘর্ষ করে পরিপক্ক হয়ে গেছো। তাই পরাজয় স্বীকার করো না, যার শরীর ভেজা সে কখনও বৃষ্টিকে ভয় পায় না।'**

আমার দাদুর চিঠি আমার চোখ খুলে দিয়েছিল, আমি দৃঢ়তার সাথে নিজের স্বপ্নের দিকে এগাতে থাকি। সেদিন থেকে আমি অসফলতার মধ্যে দিয়েও কিছু শেখার চেষ্টা করতে থাকি। আমি কেনো অমিতাভ বচ্চন হোতে পারলাম

না, তা ভেবে কখনও কষ্ট পাই না। কিছু লোক অনুপম খেরও হোতে চায় সেটা ভেবেই আমি খুশি হই। আমার কাছে কোটি কোটি টাকা নেই তা ভেবে দুঃখ পাই না, এটা ভেবে আনন্দ পাই যে, 37 টাকার হিসাবে আমি সর্বদাই কোটিপতি।

মুম্বাইতে কেবল এক শতাংশ লোকই সফলতার শিখরে পৌঁছাতে পারে। লোকেরা আমাকে পছন্দ করে সেটা আমার কাছে প্রচন্ড আনন্দের। আমি আমার সিনেমা খুব মন দিয়ে দেখি। আজ আমার কাছে গাড়ি আছে, বাঙলো আছে, মোবাইল ও একটা স্কুল আছে। এই সবের জন্য আমি ভগবানকে কৃতজ্ঞতা জানাই। কিন্তু যবে থেকে অভিনয়ের স্কুল খুলেছি, তবে থেকে মনে হচ্ছে দায়িত্ব অনেক বেড়ে গেছে। আজ আমি একজন প্রশিক্ষক ও নির্দেশক হিসাবে এমন কাজ করতে চাই যাতে পৃথিবীর মানুষ আমাকে সম্মান করে।

আমি স্কুলের বাচ্চাদের নিজের জীবনের থেকে শেখার পরামর্শ দিই, আমি তাদের বলি, মিথ্যে বল, কিন্তু নিজেকে কখনও মিথ্যে বল না। ফিল্ম জগত আমাকে এটা শিখিয়েছে যে, পরিশ্রম ও সততার কোনো বিকল্প হয় না। যদি আপনি সমস্যা অতিক্রম করার শক্তি রাখেন, তাহলে অবশ্যই অর্থবান হোতে পারবেন।'

অনুপম খেরের সংঘর্ষ থেকে আপনি প্রেরণা লাভ করতে পারেন, যেকোনো ক্ষেত্রে সফলতা লাভ করার জন্য আপনাকে অবশ্যই ছয়টা বিষয়ের দিকে ধ্যান দিতে হবে :-

1. **পরিণামের দিকে ধ্যান দিন :** যেকোনো কাজের জন্য পরিকল্পনা করাটা খুবই জরুরি। কিন্তু তার চেয়ে বেশি পরিণামের দিকে নজর দেওয়াটা জরুরি, যাতে পরিকল্পনা অনুসারে পরিণাম পাওয়া যায়। কারণ সময়ের আগে পরিণাম পাওয়া তখনই সম্ভব হয়, যদি আপনি আসাধারণ টাইম ম্যানেজ করতে পারেন।

2. **পারফেক্শনিস্ক হবেন না :** সমস্ত জিনিস পারফেক্ট হবে তার কোনো মানে নেই। ঠিক পরিণাম না পাওয়া গেলে যদি আপনি কোনো কাজ নিয়ে টালমাটাল করতে থাকেন, তাহলে তাতে হাত না দেওয়াই ভালো।

3. **সিদ্ধান্তের ডেডলাইনের দিকে ধ্যান দিন :** কাজের ডেললাইন তৈরি করাটা খুবই জরুরি, কিন্তু সিদ্ধান্ত গ্রহণের জন্যও ডেডলাইন তৈরি করতে হয়। তা না করলে আপনার প্রয়োজনিয় কাজ করতে দেরি হয়ে যেতে পারে।

4. **সময় বাঁচানোর চেষ্টা করুন :** এক ঘন্টায় 200 টি চিঠি ভাঁজ করে খাম বন্ধ করতে পারলে সময়ের সঠিক ব্যবহার হয়েছে বলে ধরা হয়। কিন্তু মেশিনের দ্বারা পাঁচ মিনিটে এই কাজ হলে সময়ের সদ্ব্যবহার হয়েছে বলা ধরা যেতে পারে। তাই সময় বাঁচানোর জন্য বিভিন্ন বিকল্পের সাহারা নিতে পারেন।

**5. সংগঠিত থাকার অভ্যাস করুন :** আপনি কিভাবে নিজের সময় অতিবাহিত করছেন তা জানাটা খুবই জরুরি। প্রতিদিনের রুটিং আপনার জীবনকে সংগঠিত করে তুলতে পারে। আপনি ভাবুন যে, আপনি সারাদিনে কি কি পেতে চান?

**6. আইডিয়া গুলিকে নোট করে রাখুন :** নিজের লক্ষ্য সম্পর্কে জ্ঞান আরোহন করার সময় আপনার মাথায় নতুন নতুন আইডিয়া আসতে পারে, যা পরবর্তিকালে গুরুত্বপূর্ণ বলে বিবেচিত হোতে পারে। এই ধরণের আইডিয়া গুলিকে নোট করে রাখুন, এতে আপনার অনেকটা সময় বাঁচবে।

সার্কাসে যারা বারের খেলা দেখায় তারা সর্বদা সময়ের সাথে তাল মিলিয়ে চলে। এর থেকে বোঝা যায় আমরা সকলেই সময়ের সাথে চলতে জানি, কিন্তু শুধুমাত্র তার সঠিক ব্যবহার করতে পারি না।

সেই কারণেই স্ট্যান্ডার্ড চার্টর্ড ব্যাঙ্কের সী.ঈ.ও. পীটার স্যাড্স বলেছেন যে, 'Punctuality is a sign of great men.' অর্থাৎ সময়ই মানুষকে মহান করে তোলে, যে সময়ের সাথে চলতে জানে, সেই সফল হয়।

◆

---

**'যে কাজ করতে গরিব মানুষদের আট ঘন্টা সময় লাগে, ধনীরা চার ঘন্টায় সেই কাজ করে ফেলে। কারণ তারা সময়ের সাথে চলে আর গরিবরা সময় অতিবাহিত করে।**

---

**আলাদীনের গুপ্তধনের মতো**
এই পৃথিবীতে আরো গুপ্তধন আছে
তা আপনি **নিজের আইডিয়ার** জোরে খুঁজতে পারেন। তাই
**আপনি নিজের চেষ্টা চালিয়ে যান**
**আর সেই**
**আইডিয়ার কথা ভাবুন**
**যা আপনাকে আপনার গুপ্তধনের সন্ধান দেবে।**
কারণ আপনি সেই গুপ্তধনের থেকে মাত্র কয়েক পা
পিছিয়ে আছেন।

অষ্টম সিদ্ধান্ত

# নেতৃত্ব প্রদানের শক্তি গড়ে তুলুন

কয়েক বছর আগে আমি মুম্বাইয়ের সদ্য ব্যবসায় আসা শিল্পপতিদের কাছে '**নেতৃত্ব প্রদানের অসাধারণ ক্ষমতা**' নিয়ে কিছু বক্তব্য উপস্থিত করেছিলাম। প্রায় 500 জন লোক মন দিয়ে আমার কথা শুনেছিল। কিন্তু তার মধ্যে একজনের শরীর সেখানে থাকলেও মন ছিল অন্য কোথাও।

তা দেখে আমি একটু অবাক হয়েছিলাম, কারণ এই সেমিনারটা ছিল সম্পূর্ণ রূপে মানী ব্যাক সিদ্ধান্তের ওপর, বেশির ভাগ লোকই নিজেদের পয়সা ওসুল করার জন্য মন ও মাথা দিয়ে সমস্ত কথা গুলি শুনছিল। কিছু লোক আমার কথা গুলি লিখেও রাখছিল।

এই ব্যক্তির অবস্থা দেখে আমি মাঝপথে কথা থামিয়ে দিয়ে বলি, '**মি. শর্মা! আপনি কি কোনো সমস্যা বোধ করছেন?**'

এই ব্যক্তি ঘাবরে গিয়ে দাঁড়িয়ে পড়ে আর নিজের চোখ রগরে বলে, '**শ্যার! আসলে আমি কম সময়ে কিভাবে ধনী হওয়া যায় তা জানার জন্য এই সেমিনারে এসেছিলাম। আমাকে সেই ফর্মূলা বলে দিন, তাহলে আমি বুঝব আপনি সত্যিকরের 'বিজনেস গুরু'**।

আমি এই ব্যক্তির কথা শুনে চিন্তায় পড়ে যাই। কারণ এই সেমিনারের আয়োজকেরা শুধুমাত্র নেতৃত্ব প্রদানের ক্ষমতা নিয়ে বক্তব্য রাখতে বলেছিল। কিন্তু এই ব্যক্তি সম্পূর্ণ বিষয়টাই বদলে দিয়েছিল।

কিন্তু তার প্রশ্নের উত্তর দেওয়াটাও আমার কাছে জরুরি ছিল। তাই পরিস্থিতি দেখে আমি উল্টে তাকে প্রশ্ন করি যে, '**মিস্টার শর্মা! আপনি আমাকে বলতে পারবেন কি, আপনি এখনও পর্যন্ত কেনো ধনী হোতে পারেননি?**

আমার কথা শুনে এই ব্যক্তি একটু চুপসে যায়। আমি এমন কোনো প্রশ্ন করতে পারি, তা বোধ হয় সে কল্পনাও করতে পারেনি। সে নিজেকে একটু ধাতস্ত

করে, বেপরোয়া ভাবে বলে, **'আমি যদি তা জানতাম তাহলে আজ আপনার জায়গায় আমি দাঁড়িয়ে থাকতাম, আর আপনি আমার জায়গায় বসে থাকতেন। তাই আমি কেনো এখনও ধনী হোতে পারিনি সেই কারণ আপনিই বলে দিন।'**

'কারণ আপনার ধনী হওয়ার পথে কি বাধার সৃষ্টি করছে, তা আপনি জানেন না। তাই আমার মতে আজ আপনি বাড়িতে গিয়ে সবার আগে তার একটা তালিকা বালিয়ে ফেলুন। তাতে সবার আগে এটা লিখুন যে, আপনি নিজের আইডিয়া অনুসারে কাজ করেন নাকি, অন্যের দেওয়া পরামর্শ অনুসারে চলেন। কাল আমাকে তা দেখাবেন , আর আমি আপনাকে বলে দেব যে, আপনি কেনো এখনও পর্যন্ত ধনী হোতে পারেননি।'

আমার কথা শেষ হোতেই এই ব্যক্তি নিজের নোটপ্যাড ও পেন নিয়ে বাইরে চলে যায়। আমিও আর কোনো বক্তৃতা না দিয়ে, লোকেদের আগামি কাল আসার প্রতিশ্রুতি দিয়ে হোটেলে ফিরে যাই। আমি আগামি কাল এই ব্যক্তিকে কি জবাব দেব, সেই নিয়ে একটু অশান্তির মধ্যে ছিলাম।

কিন্তু কিছুক্ষণ বাদে আমার থমাস অল্‌ভা এডীসনের ঘটনা মনে পড়ে যায়। তিনি যখন বিদ্যুতের আবিষ্কার করার চেষ্টা করেছিলেন, তখন প্রথমে তিনি কিছুতেই সফল হোতে পারছিলেন না। তাঁর সমস্ত সহযোগীরা হার স্বীকার করে নিয়েছিলেন, কিন্তু তাঁর উৎসাহ এতটুকুও ক্ষুণ্ণ হয়নি। একদিন নিজের সহযোগীদের সাথে পরামর্শ করার সময় এডীসনের এক সহযোগী বলেছিল,

'আপনি বেকার বিদ্যুতের সন্ধান করার চেষ্টা করছেন। গত তিন বছর ধরে কঠোর পরিশ্রম করা সত্ত্বেও এখনও পর্যন্ত কোনো আশার কিরণ দেখা যাচ্ছে না, সাতশোবার অসফলতার মুখ দেখতে হয়েছে, অর্থাৎ আমাদের পরিশ্রম ও সময় জলে গেছে।'

তখন এডীসন বলেছিলেন, **'আমি জানি আমরা সাতশোবার অসফল হয়েছি, সেই কারণেই প্রতিদিন আমার উৎসাহ আরো বৃদ্ধি পেয়েছে। আরো তিনশোবার চেষ্টা করতে পারলে আমরা অবশ্যই গন্তব্যের খুব কাছে পৌঁছে যাব। তাই ঘাবরানোর কিছু নেই, সাহসের সাথে কাজ করতে হবে। আমরা অবশ্যই সফল হব।'**

এই ঘটনার ঠিক ছয়মাস বাদে এডীসন ও তাঁর সহযোগীরা সফলতা

**ভুল করুন, কিন্তু তা স্বীকার করুন ও তা সংশোধন করার চেষ্টা করুন। কারণ ঝড় গাছ ধ্বংস করে দিলেও তার শিকড়কে কখনও নষ্ট করতে পারে না।**

অর্জন করতে সক্ষম হয়েছিলেন। এই ঘটনার পর এডীসন হয়ে যান বিশ্বের পরিচিত মুখ এবং তাঁর নেতৃত্ব প্রদানের ক্ষমতা আরো কয়েক গুণ বৃদ্ধি পায়।

সমাজের নেতাদের ওপরেই প্রায় সময়তে নেতৃত্ব প্রদানের ক্ষমতা থাকে। এই নেতা রাজনৈতিক, বৈচারিক, সামাজিক বা যেকোনো স্তরের হোতে পারে। কিন্তু জনতাই তাদের প্রেরণার উৎস, যার ফলে তাদের ভেতরে যশ থাকে ভরপুর।

আজকাল ম্যানেজমেন্টের শিক্ষা দেওয়ার সময় নেতৃত্ব সম্পর্কে বিভিন্ন সজ্ঞা দেওয়া হয়ে থাকে। কারণ নেতৃত্ব প্রদানের ক্ষমতা এমন একটা গুণ, যা একজন মূর্খকেও রাষ্ট্রপতির আসনে বসিয়ে দিতে পারে।

কিন্তু তুলসীদাস এই নেতৃত্বের সজ্ঞা একটু অন্যরকম ভাবে দিয়েছিলেন। আজকের নেতারা তার ওপর আমল করতে পারবে না। কারণ তিনি রামায়ণে বলেছিলেন, '**যে রাজা বা রাজত্বের জনতা দুঃখে থাকে, সে নরকে যায়।**' হয়তো সবাইকে খুশি রাখা সম্ভব হয় না।

কারণ ভারতীয় দর্শন স্বীকার করেছে যে, কোনো নেতা কখনও কোনো ভুল করতে পারে না, সে অপরাধ করে, কারণ তার ভুলের মাষুল সারা রাষ্ট্র বাসীকে দিতে হয়।

তাই বলা হয় যে, দূরদর্শীতা এবং বুঝেসুঝে কাজ করাই হল প্রকৃত নেতৃত্ব। কারণ আপনারা সকলেই কল্পনাশীল ও ভবিষ্যতের স্বপ্ন দেখেন। কিন্তু কখনও কখনও আপনার সেই স্বপ্ন কল্পনার ক্ষেত্র অতিক্রম করে যায়।

আপনার দামী গাড়ি চাই, সিনেমা জগতের তারকাদের সঙ্গ চাই, কোনো সুন্দর দ্বীপে বড়ো একটা বাংলো চাই, এইগুলি হল ব্যক্তিগত সুখের কল্পনা, নেতৃত্বের সাথে এর কোনো রকম সম্পর্ক নেই।

নেতৃত্বের তিনটি দিক থাকে। যার প্রথম দিকটা হল দল, রাষ্ট্র বা সংস্থার দুর্বলতা সম্পর্কে প্রকৃত জ্ঞান। তারপর তা শোধরানোর সঠিক তারিখ। তারপর সম্পূর্ণ সমুদয়কে এমনভাবে প্রেরিত করতে হবে, যাতে তা সরকারের প্রেরণার উৎস হয়ে ওঠে। এটাই নেতৃত্ব প্রদানের সঠিক পদ্ধতি। তাবেই নেতৃত্ব জনতার মধ্যেও প্রেরণার আলো জ্বালাতে পারে।

এই বিষয়টা বোঝানোর জন্য আমি আপনাকে একটা গল্প শোনাচ্ছি। একটা রাজা এক বিরাট মহল বানিয়েছিল। কিন্তু সে নিজের মহল সবদিক দিয়ে সুরক্ষিত রাখতে চেয়েছিল। তাই সে এই মহলে একটা মাত্র দরজা বানিয়েছিল, তাতে আর কোনো জানালা বা দরজা ছিল না। তাতে করে সেই মহলে কোনো

চোর বা শত্রু প্রবেশের জায়গা ছিল না। কারণ এই একটা মাত্র দরজায় প্রায় হাজার খানিক সৈন্য বসে থাকত।

প্রতিবেশী সম্রাটের কানে এই খবর যেতে সে তা দেখার জন্য উপস্থিত হয়। এই মহল দেখে সে বলে, **'আমিও এমনই মহল বানাব, যেখানে কোনো রকম বিপদের সম্ভাবনা থাকবে না। কারণ এটাই সর্বাধিক সুরক্ষিত মহল।'**

প্রতিবেশী সম্রাটের কথা শুনে রাস্তায় বসে থাকা এক ভিখারী খুব জোরে জোরে হাসতে শুরু করে। সম্রাট জিজ্ঞাসা করে, **'কি হয়েছে, তুমি এত হাসছো কেনো।'**

ভিখারী বলে, **'আমি হাসছি, কারণ আমি এই মহলেও বিপদের সম্ভাবনা দেখতে পাচ্ছি। কারণ এই মহল বানানোর সময় একটা ভুল করা হয়েছিল।'**

সম্রাট বলে, **'ভুল, কি ভুল?'**

তখন ভিখারী বলে, **'এই মহলে একটা দরজা আছে, রাজা যদি তাও বন্ধ করে দেন, তাহলে কোনো চোর বা শত্রু এর ভেতরে প্রবেশ করতে পারবে না, কিন্তু মৃত্যু অবশ্যই প্রবেশ করতে পারবে।'**

সম্রাট বলে, **'তুই পাগল, রাজা যদি এই দরজাও বন্ধ করে দেন, তাহলে উনি মারা যাবেন না।'**

এই কথা শুনে ভিখারী বলে, **'এখন তো আধ-মরা হয়েই গেছে। কারণ বিপদের দরজা যত কম হয়ে যায়, জীবনও ততটাই কমে আসে।'**

কিন্তু মহল বানানোর সময় রাজা সেই কথা জানত না। কারণ তার ভেতরে নেতৃত্ব প্রদানের ক্ষমতা কম ছিল, সেই সময় নেতৃত্ব সম্পর্কে শিক্ষা প্রদানের স্কুলও ছিল না।

কিন্তু বর্তমান দিনে আর সেই সমস্যা নেই, এখন বিভিন্ন উপায়ে নেতৃত্ব প্রদানের ক্ষমতা বিকসিত করার চেষ্টা করা হয় :-

- প্রথমত, নিজের ব্যক্তিগত প্রভাবের দ্বারা অন্যকে লীড করা।
- দ্বিতীয়ত, যে অন্যদের গুণ দেখে লীড করে থাকে।

প্রথম ধরণের লিডার অতি সহজে অন্যদের বুঝিয়ে দিতে পারে যে, তার কি চাই। তার চৌম্বকীয় ব্যক্তিত্ব অন্যদের অতি সহজেই আকর্ষিত করে থাকে। আর অন্যরা তার আদেশের অবহেলা করতে পারে না।

| |
|---|
| **আপনি দরজা বন্ধ করার আওয়াজ পান, আর আমি দরজা খোলার। আমাদের মধ্যে শুধুমাত্র এতটুকুই পার্থক্য।** |

কিন্তু দ্বিতীয় ধরণের লিডার লোকেদের ওপর নিজের প্রভাব বিস্তার করতে পারে না, বরং সে বিশেষত্বের প্রয়োগ করে থাকে। এমন নেতা অন্যদের বিচার ও ব্যক্তিত্বের কদর করে থাকে, কখনই নিজের ইচ্ছা অন্যদের ওপর চাপিয়ে দেওয়ার চেষ্টা করে না।

**ভালো লিডারকে কিভাবে চিনবেন :** লিডারের পরিচয় পাওয়া যায় তার ব্যবহার থেকে। একজন প্রকৃত লিডার অন্যের কাছে অনুকরণ যোগ্য হয়ে ওঠে। সে নিজের সদস্যদের আবেগ ও চেতনাকে আশ্বস্ত করতে সক্ষম হবে। তাদের কাজের প্রতি উৎসাহ বৃদ্ধি করে এবং সেই সাথে এটাও বুঝিয়ে দেয় যে, তাদের দেওয়া পরামর্শ উপযুক্ত।

এই ধরণের লিডারশিপের দ্বারা তার ব্যক্তিত্বের পরিচয় গড়ে ওঠে। যদি তার ব্যক্তিত্ব প্রভাশালী হয়, তাহলে তার সদস্য সম্পূর্ণ টিমের আবেগের কথা মাথায় রেখেই টিম-ওয়ার্ক করবে আর সময়ের মধ্যে নির্ধারিত লক্ষ্য পূরণের চেষ্টা করবে।

আপনি নিশ্চই দেখে থাকবেন যে, যখন ক্রিকেটে আমাদের দেশ জয়লাভ করে, তখন সকলেই দলের কথা বলে, কারণ যেকোনো মিশন তখনই সফলতা লাভ করে যখন প্রতিটা সদস্য দলের কথা মাথায় রেখে কাজ করে।

কিন্তু যখন কোনো মিশন অসফল হয়, তখন দলের প্রত্যেকেই দলের মধ্যে একাত্বতার অভাব ছিল না এমন কথাই বলে থাকে।

**এই টিম-ভাবান কি (TEAM-SPIRIT) :** টিম-ভাবনা হল এমন একটা একাত্বতা বোধ, যাতে কোনো দলের সদস্য নিজের জন্য নয়, বরং একত্রিত হয়ে কোনো লক্ষ্য পূরণের চেষ্টা করে। তাতে দলের একাত্বতা ও সক্ষমতার পরিচয় পাওয়া যায়।

অর্থাৎ কোথাও কিছু মানুষ একসাথে একত্রিত হলে, তাকেই আমরা দল বলতে পারি। তাদের এই একত্রিত হওয়ার উদ্দেশ্য যাই হোক না কেনো। যেকোনো দল কোনো একটা লক্ষ্য পূরণের জন্য একত্রে চেষ্টা চালিয়ে যায়।

দলের আবেগ বজায় রাখার জন্য **'আমি'** কথাটি ভুলে গিয়ে **'আমরা'** কথাটি মনে রাখতে হবে। কিন্তু তার জন্য আপনার ভেতরে নেতৃত্ব প্রদানের ক্ষমতা কতটা আছে তা বোঝার জন্য আপনাকে নিম্নলিখিত বিষয় গুলির দিকে ধ্যান দিতে হবে :-

1. আপনি কি অন্যের পিছনে লাগেন? হ্যাঁ ☐

2. আপনি কি অন্যকে ছোটো করতে চান? হ্যাঁ ☐

3. আপনি কিঅন্যদের সামনে নিজের উপস্থিতি বোঝাতে সক্ষম হন? হ্যাঁ ☐

4. আপনি কি আগের উপলব্ধির নজির দিতে চান? হ্যাঁ ☐

5. আপনি নিজের রাগকে নিয়ন্ত্রণ করতে পারেন? হ্যাঁ ☐

6. আপনি কি ইতিবাচকতা ও তৎপরতা দেখাতে সক্ষম? হ্যাঁ ☐

7. প্রয়োজন না থাকলেও আপনি নিজের পরামর্শ জানান কি? হ্যাঁ ☐

8. অন্যের প্রাপ্তি দেখে আপনার হিংসা হয় কি? হ্যাঁ ☐

9. অন্য কেউ ভালো কাজ করলে তার মূল্যাঙ্কন করেন কি? হ্যাঁ ☐

10. আপনি নিজের পারিবারিক চিন্তার জাহির করেন কি? হ্যাঁ ☐

11. কেউ নেতিবাচক প্রতিক্রিয়া ব্যক্ত করলে আপনি রেগে যান কি? হ্যাঁ ☐

12. গান্ধীজীর তিনটি সিদ্ধান্ত, খারাপ বলবনা, খারাপ শুনব না এবং খারাপ দেখব না, এই তিনটি বিষয়ে আমল দেন কি? হ্যাঁ ☐

এবার আপনি নিজের উত্তর জানার জন্য কত গুলি প্রশ্নের পাশে টিক্ চিহ্ন দিয়েছেন, তা গণনা করুন।

- যদি দশটার থেকে বেশি প্রশ্নের ক্ষেত্রে আপনার উত্তর 'হ্যাঁ' হয়, তাহলে বুঝবেন যে, আপনার ভেতরে নেতৃত্ব দেওয়ার ক্ষমতা আছে। আর এই বই একবার পড়ার পর আপনি তার ওপর আমল করতে পারবেন।
- যদি দশটার থেকে কম প্রশ্নের ক্ষেত্রে উত্তর 'হ্যাঁ' হয়, তাহলে আপনাকে এই অধ্যায় মন দিয়ে পড়তে হবে, যতক্ষণ না আপনি দশটার থেকে বেশি প্রশ্নের ক্ষেত্রে 'হ্যাঁ' -তে জবাব দিতে পারছেন।
- কিন্তু আটটার থেকে কম প্রশ্নের ক্ষেত্রে আপনার উত্তর 'হ্যাঁ' হলে এই পুস্তক আপনাকে দুই থেকে তিনবার পড়তে হবে। একটা কথা মাথায় রাখবেন যে, সামগ্রিক প্রয়াসের দ্বারাই লিডারশিপ জন্ম নিতে পারে।

কারণ টিম ভাবনা আপনার ভেতরে এই বোধের জন্ম দেয় যে, আপনি যা পেয়েছেন, তা আপনার একার নয়, সকলের সহযোগিতার ফলেই তা পাওয়া সম্ভব হয়েছে। তাই খেলার মাঠ থেকে শুরু করে সমস্ত কাজেই টিম-ভাবনা থাকাটা খুবই জরুরি।

**টিম-ভাবনা গুরুত্বপূর্ণ কেনো :** একা কোনো বড়ো সফলতা পাওয়া সম্ভব হয় না। দলের সকলে মিলে সমান ভাবে সাহায্য করলে তবেই বড়ো সফলতা লাভ করা সম্ভব হয়। দলকে স[illegible]ন্য বারংবার প্রয়াস করতে হয়। 'একাল

চলো রে' - এই ভাবনা দলের উন্নতি ঘটাতে পারে না, সামগ্রিক কার্যই কোনো দলকে সফল করে তুলতে পারে।

**বিভিন্ন রকম বুদ্ধি কিভাবে আরো ফল দেয় :** একই লক্ষ্যের পিছনে যখন সকলে মিলে একত্রিত হয়ে হাঁটে, তখন থেকেই টিম-ভাবনার শুরু হয়। কোনো একটা বিষয়ে বিভিন্ন বক্তব্য আরো ভালো পরিণাম দিয়ে থাকে। দল যত বড়ো হবে, বিচার তত বড়ো হবে, তাতে দলের ক্ষমতা আরো বৃদ্ধি পাবে।

এই জ্ঞান নিয়ে দলের সাথে যুক্ত হোতে পারলে, আরো ভালো পরিণাম পাওয়ার রাস্তা খুলে যায়। দলের সাথে কাজ করতে পারলে প্রতিটা সদস্য আরো ভালো আইডিয়া লাভ করে, যার ফলে তার কার্য ক্ষমতা বৃদ্ধি পায়।

**টিম ভাবনায় নেতৃত্বের ভূমিকা কতখানি :** দলের অর্থ হল কোনো একজন লিডারের নেতৃত্ব স্বীকার করে নিয়ে কাজ করা। কারণ সেই কাজের মধ্যে ভারসাম্য বজায় রাখে। সে প্রত্যেকের দুর্বলতা বুঝে নিয়ে দলকে এমন একটা রূপ দান করে যাতে করে আরো ভালো পরিণাম লাভ করা সম্ভব হয়।

কিন্তু লিডার ছাড়াও দলের মধ্যে ইতিবাচক ভঙ্গীতে কাজ করাটা খুবই জরুরি। তার জন্য নিম্নলিখিত বিষয় গুলির দিকে ধ্যান দিতে হবে :-

১ দলের প্রত্যেক সদস্যের একসাথে সময় কাটানো উচিত, তাতে করে তারা ব্যক্তিগত ভাবে নিজেদের আরো ভালো ভাবে জানতে পারবে।

১ বিভিন্নতার মধ্যে কিভাবে দলের সাথে সঙ্ঘবদ্ধ হয়ে কাজ করতে হয়, তাও জানুন।

১ দলের মধ্যে কাজ করার সময় বিভিন্ন রকমের চাপ থাকে। তাই অন্যের কাজকে কখনই ছোটো করে দেখা উচিত না। সকলে মিলে করে বলেই যেকোনো কাজ ভালো হোতে পারে।

দলের মধ্যে এমন চিন্তাধারা না থাকলে তাকে কখনই সফল দল বলা যেতে পারে না। কিন্তু নেতৃত্ব দুর্বল হলে তবেই এমন অবস্থার সৃষ্টি হয়।

**আপনার দৃঢ়তা যেন হিমালয়ের থেকেও উঁচু হয় :** আজ থেকে প্রায় নব্বই বছর আগে একজন সাংবাদিক পর্বতারোহী ম্যালোরীকে একটা প্রশ্ন করেছিল, **'আপনি মাউন্ট এভারেস্টে কেনো উঠতে চাইছেন?'**

এই প্রশ্ন শুনে ম্যালোরী খুবই উত্তেজিত হয়ে বলেছিলেন, **'কারণ ওটা এভারেস্ট।'**

কিন্তু জর্জ ম্যালোরীর স্বপ্ন পূরণ হয়নি। তৃতীয়বার এভারেস্টঅভিযানের

সময় তিনি নিখোঁজ হয়ে গেছিলেন। প্রায় 75 বছর বাদে তাঁর শবদেহে পাওয়া গেছিল। পর্বতারোহী হিসাবে শুধুমাত্র যে তারই স্বপ্ন ভঙ্গ হয়েছিল তা নয়, জর্জ ম্যালোরীর পর পৃথিবীর শতাধিক পর্বতারোহী হিমালয় জয় করার চেষ্টা করেছিলেন কিন্তু কেউই সফল হননি।

কারণ এভারেস্ট জয় করা ছিল অগ্নিপরীক্ষার সমান। এই পথে কোন স্থানটা সবচেয়ে বিপদ জনক তা বলা কঠিন। বরফের ঝড়, গ্ল্যাসিয়ার আর হাই এল্টীট্যুয়ুড সিকনেসের মতো বিপদ জনক পরিস্থিতির থেকে বাঁচা খুবই কষ্টকর।

তার সাথে আছে আইসফল, যাতে অনেক সময় বড়ো বড়ো টুকরোও পড়ে থাকে। পর্বতারোহিরা অনেক সময় এই বরফের টুকরোরও স্বীকার হয়ে যায়, আর এটাই তাদের কাছে সবচেয়ে বড়ো ভয়ের।

বহুলোক এভারেস্টকে একটা বড়ো কবরখানা বলে আখ্যা দিয়ে থাকে। কারণ সেখানে প্রায় 250 জন লোক প্রাণ হারিয়েছিল। কিন্তু যাদের মনোবল হিমালয়ের থেকে উঁচু, তারাই এভারেস্টের শিখরে পতাকা উত্তোলন করতে সক্ষম হয়েছে, এর মধ্যে সবার আগে তেনজিঙ্গ নোরগে ও এডমন্ড হিলারীর নাম আসে। তারা নিজেদের সফল নেতৃত্বের বলে 1953 সালে এভারেস্ট জয় করতে সক্ষম হয়েছিলেন। তারপর থেকেই একের পর এক আরোহী এভারেস্ট জয় করতে সক্ষম হয়েছে।

1965 : এম.এস কোহলীর নেতৃত্বে নয়জন সদস্যের একটা দল এভারেস্ট জয় করতে সক্ষম হয়েছিল।

1975 : জাপানের জুনকো দক্ষীণ পূর্ব রিজ থেকে শিখরে উঠেছিলেন আর তিনি ছিলেন প্রথম মহিলা যিনি এভারেস্ট জয় পরতে সক্ষম হয়েছিলেন।

1984 : বরফের ঝড় অতিক্রম করেও ভারতের প্রথম মহিলা বচ্ছেন্দ্রী পাল এভারেস্ট জয় করতে সক্ষম হয়েছিলেন।

1993 : ভারতের 19 বছরের ডিকী ডোলমা শিখর পর্যন্ত পৌঁছাতে সক্ষম হয়েছিলেন, তিনি হলেন ভারতের সবচেয়ে কম বয়সী এভারেস্ট বিজয়ী মহিলা।

2009 : অপা শেরফা 21 শে মে উনিশতম বার শিখরে চড়তে সক্ষম হয়েছিলেন। আর সফলতাও লাভ করেন।

তাই তাদের সফলতা আপনাকেও শিক্ষা প্রদান করতে পারে, কারণ এই গুলি সফলতার উদাহরণ। বৈজ্ঞানিক ফ্যাডরিক কুলের গল্পও অনেকটা এই রকমই।

তিনি যখন অণুর গঠন জানার জন্য সংঘর্ষ করছিলেন, তখন একটা রাতে আগুনের সামনে তাঁর চোখ লেগে আসে।

তারপর তিনি স্বপ্নের মধ্যে অণুদের নাচতে দেখেন। অণু গুলি সাপের রূপ ধারণ করে নেয়, তিনি কিছু বুঝতে পারেন না। সাপ নিজের লেজ ও মুখ দিয়ে চেপে ধরার আগেই তা আংটির রূপ ধারণ করে নেয়।

তখন তিনি নিজের স্বপ্নের থেকে প্রেরণা লাভ করে বলেন যে, বেঞ্জীন অণুর একটা মন্ডল। তারপর এই অনুসন্ধান রসায়ণের ক্ষেত্রে একটা বিরাট প্রাপ্তি হয়ে ওঠে।

তাই মস্তিষ্ককে কখনই বন্ধ রাখবেন না, কারণ এলবার্ট আইনস্টাইন î öö‡Sÿb‡ö –**'আপনি যখন নতুন কিছু শেখেন, তখন আপনার সেই অভিজ্ঞতা ইতিহাসের পাতায় লেখা হয়ে যায়।'**

এই কারণেই মহান নেতৃত্ব প্রদানকারী, আবিষ্কারক, সফল শিল্পপতি এবং সুপারস্টার প্রমুখদের মনে বিশেষ কিছু করে দেখানোর ইচ্ছা লুকিয়ে থাকে, তারা নতুন কিছু করে দেখাতে চায়। তারা যেটাকে সঠিক বলে মনে করে, সেই কথাতেই বিশ্বাস করে। তা বাস্তবায়িত করে তোলার জন্য নিজের সম্পূর্ণ উর্জার ব্যবহার করে থাকে।

এই কথাটি আরো ভালো করে বোঝার জন্য এই গল্পটি খুব ভালো করে পড়ুন। এক রাজা তার সদ্য বিবাহিত স্ত্রীকে নিয়ে ঘোরার জন্য সন্ধ্যা বেলায় রথে করে বেরান। রথ তিনি নিজেই চালাচ্ছিলেন। হঠাৎ করে আকাশটা কালো মেঘে ছেয়ে যায়। তারপর ঝড়-জলের পরিবেশের সৃষ্টি হয়। তা দেখে রানী ভয় পেয়ে গেলেও রাজা বেপরোয়ার মতো রথ চালাচ্ছিল।

রানী জিজ্ঞাসা করে, **'ঝড়-জলের সম্ভাবনা দেখেও আপনি এমন বেপরোয়া ভাবে কিভাবে রথ চালাচ্ছেন?'**

উত্তরে রাজা বলেন, **'এটা বিশেষ কোনো বিষয় নয়।'**

রানী বলে, **'কিছুক্ষণ বাদে আমাদের প্রাণ সংকট হোতে পারে, আর আপনি বলছেন এটা বিশেষ কোনো ঘটনা নয়।'**

এই কথা শুনে রাজা তলোয়ার বার করে রানীর বুকের কাছে রাখে, তা

**সফলতা নির্ভর করে আপনার চিন্তাধারার ওপর, আপনার দৃষ্টিকোণের ওপর, আপনার কাজ করার পদ্ধতির ওপর, আপনার ব্যবহারের ওপর, আর সঠিক সময়ে সঠিক সিদ্ধান্ত নেওয়ার ওপর।**

দেখে রানী হেসে বলে, **'এটা কি হচ্ছে?'**

রাজা বলে, **'তোমার বুকের কাছে তলোয়ার দেখেও তুমি ভয় পেলে না?'**

উত্তরে রানী বলে,**'আপনার মতো স্বামী আমার সাথে আছে, ভয় কিসের?'**

এই কথা শুনে রাজা বলে, **'তুমি যেমন নিজের স্বামীকে বিশ্বাস কর, তেমনি আমার নিজের নেতৃত্বের ওপর ভরসা আছে। তাহলে আমি ঝড়-জলকে ভয় পাব কেনো?'**

হয়তো এই গল্পের কথা মনে রেখেই প্রাক্তন রাষ্ট্রপতি এ.পী.জে. আব্দুল কালাম বলেছিলেন, **'যে মানুষ নিজের সফলতার শ্রেয় অন্য কাউকে দিয়ে দেয় আর নিজের সাথীদের উৎসাহিত করার চেষ্টা করে, সেই প্রকৃত অর্থে লিডার।'**

তার সম্প্রতিক উদাহরণ হল, ভারতীয় বংশ উদ্ভুত আমেরিকান অর্থনীতি বিদ্ সোনল শাহ। আমেরিকার রাষ্ট্রপতি বরাক ওবামা তাঁকে নিজের **'ট্রান্জিশান বোর্ড'** -এর পরামর্শ দাতা হিসাবে নিযুক্ত করে রেখেছেন।

সোনল শাহ 1968 সালের 20 শে মে মুম্বাইতে জন্মগ্রহণ করেছিলেন। তাঁর বাবা রমেশ পুনমচন্দ শাহ 1970 সালে গুজরাট থেকে নিউইয়ার্কে আসেন। তিনি নিজের কেরিয়ার শুরু করেছিলেন কেমিক্যাল ইঞ্জীনিয়ার হিসাবে। আজ তিনি 'মর্গন স্টেলে'-র পরামর্শ দাতা হিসাবে কাজ করছেন।

কিন্তু 1972 সালে চার বছর বয়সে সোনল নিজের মা কোকিলা ও বোন রূপলের সাথে আমেরিকায় চলে যান। 1990 সালে শিকাগো বিশ্ববিদ্যালয় থেকে তিনি অর্থশাস্ত্রে বী.এ. করেন। তারপর ড্যুক বিশ্ববিদ্যালয় থেকে এম.এম. এর ডিগ্রী লাভ করেন।

1995 - 2000 সাল পর্যন্ত সোনল শাহ আমেরিকার ট্রেজরীতে বিভিন্ন পদে কাজ করেছেন আর এশিয়ার আর্থিক সংকটের সময় তিনি উল্লেখযোগ্য ভূমিকা পালন করেছিলেন। আজ তিনি ওবামা প্রশাসনের পরামর্শদাতা।

সেই কারণেই বিরলা ইন্সটিটিউট অফ ম্যানেজমেন্টের টেকনোজলীর নির্দেশক হরিবংশ চতুর্বেদী বলেছিলেন, **'ভালো নেতা হওয়ার জন্য ভালো ম্যানেজার হওয়াটা খুবই জরুরি। কিন্তু লিডারের মধ্যে কর্মচারীকে চেনার গুণ**

> **আপনি যখন কোনো মিথ্যা কথা বলেন, তখন আপনি কত বড়ো সমস্যায় জরিয়ে পড়ছেন তা নিজেও বুঝতে পারেন না। কারণ আপনার এই একটা মিথ্যাকে সত্যি করার জন্য আপনাকে আরো কুড়িটা সত্যিকে মিথ্যা করে দিতে হয়।**

**থাকা উচিত আর কার কত ক্ষমতা আছে, তা জানাটা খুবই জরুরি।'**

কিছু দিন আগে আমি হিন্দি কমিডি ফিল্ম **'নো এন্ট্রী'** দেখছিলাম। তার মুখ্য অভিনেতা অনিল কাপুর সমস্ত ক্ষেত্রে একটাই ডায়লগ দিচ্ছিল, **'বী পজেটিভ'**। সিনেমা চলা কালীন তার এই ডায়লগ শুনে হাসি পাচ্ছিল, কিন্তু বাস্তব জীবনে এই কথাটি খুবই গুরুত্বপূর্ণ।

কারণ এগিয়ে যাওয়ার নামই হল জীবন, এতে কোনো রিভার্স গিয়ার থাকে না। কিন্তু ব্রেক অবশ্যই থাকে। কিন্তু ব্রেকের পরে রেস দেওয়াটাও জরুরি। কারণ মানুষের জীবন সর্বদা বিকাসের দিকে এগিয়ে যায়, যা প্রমাণ করে দেয় যে, আপনার জীবন পজেটিভ।

সেই কারণেই সিনেমায় অনিল কাপুর **'বী পজেটিভ'** কথাটি বারংবার ব্যবহার করছিল। কারণ যার মনোভাব ইতিবাচক হবে সেই যেকোনো সমস্যার থেকে বাইরে বেরাতে পারবে।

মনোভাব হল এক ধরনের মানসিকতা, যা কোনো ব্যক্তির চিন্তাধারাকে বদলে দিতে পারে। এমন ব্যক্তিই সফল লিডার বলে প্রমাণিত হয় ও আর তার নেতৃত্বে কম্পানী বিকসিত হয়।

আঈ.এ.এস. একাডেমির প্রাক্তন প্রশাসনিক অধিকারী ড. কে.কে. সাকশেনা মনে করেন, **'নেতা হওয়ার জন্য পেশাদার হওয়ার সাথে সাথে সংবেদনশীল হওয়াটাও খুব জরুরি।'**

তাই তো বলা হয়, এটা আমার, ওটা তোমার, এমন কথা ছোটো মানসিকতার লোকেরা বলে থাকে। কিন্তু একজন প্রকৃত নেতার কাছে সারা বিশ্ব নিজের পরিবার হয়ে ওঠে। কোনো রাষ্ট্রের নেতৃত্ব করা কতটা কঠিন কাজ তা বোঝার জন্য একটা ঘটনার কথা বলছি।

একবার রোমের রাজা ডেমোক্লীজকে কেউ বলেছিল, **'তোমার কাছে কি কাজ আছে, সারাদিন ধরে তো রাজ সিংহাসনে বসে থাক।'**

ডেমোক্লীজ চুপ করে থাকেন আর রাজমহলের পরবর্তি জলসার আগে এই ব্যক্তিকে রাজসিংহাসনে বসিয়ে দেন। আর তার মাথার ওপর তলোয়ার ঝুলিয়ে দেন।

সারা সন্ধ্যা ধরে জলসা চলতে থাকে। সমস্ত লোক আনন্দ করতে থাকে, কিন্তু এই ব্যক্তির প্রাণ যেন গলায় আটকে ছিল। রাত্রি বেলায় তাকে সিংহাসন থেকে নামিয়ে বলেন, **'নেতৃত্ব করার চাপ এমনি, প্রতিটা মুহূর্তে সমস্ত লোকের**

**আশার ভার থাকে আমার মাথার ওপর আর অন্যের চোখে ছোট হয়ে যাওয়ার ভয় সর্বদাই আমাকে ভীত করে তোলে।'**

আপনার জীবনেও এমন কিছু মুহূর্ত আসতে পারে, যখন আপনার নিজেকে চক্রব্যূহের মধ্যে মনে হোতে পারে। শুধু সেই কারণেই মহাভারতের যুদ্ধের সময় ভগবান শ্রীকৃষ্ণ কৌরবদের বিপক্ষে গিয়ে যুদ্ধে অংশ গ্রহণ করেছিলেন।

রবার্ট এইচ. শুলরের পুস্তক, **'বিকাম দ্যা পার্সন ইউ ওয়ান্ট টু বী'** -তে এই একই কথা অন্যভাবে বলার চেষ্টা করেছিলেন, **'কোনো কিছু নিয়ে বিরোধের সময়, যে মানসিকতার সৃষ্টি হয়, তা নিয়ে বিচার করুন। কারণ যখন আপনি এই ভাবে ভাবতে পারেন যে, এগুলি শুধুমাত্র একধরণের মানসিকতা, তখন আপনি ভাবনাত্মক দিক থেকে মুক্ত হোতে পারেন।'**

একটা প্রাচীন গল্প আছে। একটা কৃষকের গাধা একবার শুকনো কুয়ায় পড়ে গেছিল। কৃষক কি করবে বুঝতে পারছিল না, এদিকে গাধাটা ব্যথায় চিৎকার করছিল। তখন কৃষকের মনে হয় যে, গাধাটার বয়স হয়েছে, আর সে ঠিক মতন নিজের কাজও করতে পারে না। তাই ওকে আর কুয়া থেকে বার করার কোনো প্রয়োজন নেই। তাই কুয়ায় মাটি ভরার জন্য প্রতিবেশী কৃষকদের কাছ থেকে সাহায্য চায়। তারা সকলে মিলে মাটি ফেলতে শুরু করে। এদিকে কি হচ্ছে, গাধা তা বুঝে উঠতে পারছিল না। সে নিজেকে বাঁচানোর চেষ্টা করছিল, কিন্তু একটু বাদে তার গলার আওয়াজ আসা বন্ধ হয়ে যায়। কিছুক্ষণ বাদে কৃষকেরা কুয়ার দিকে তাকিয়ে অবাক হয়ে যায়। কারণ গাধাটা মাটি ঝেড়ে ওপরে উঠে পড়েছিল। কুয়া মাটিতে পূর্ণ হয়ে গেলে গাধা খুশি মনে লাফ মেরে ওপরে উঠে আসে।

এই গল্পের থেকে এটা বোঝা যাচ্ছে যে, আপনি যখন সম্পূর্ণ নির্ভয়ে থাকবেন, তখনই শুধু মাত্র জীবনের যুদ্ধ লড়তে সক্ষম হবেন।

কিন্তু তার জন্য আপনার নিজেকে বদলাতে হবে, নিজের দুর্বলতাকে জয় করতে হবে। নিজের শক্তি জাগ্রত করতে হবে, নতুন পন্থায় চেষ্টা চালিয়ে যেতে হবে। কারণ নিজের দুর্বলতা জানার পরেই আপনি নিজেকে বদলাতে পারবেন।

এটা একটা বৈজ্ঞানিক পদ্ধতি, যা গ্রহণের পর পৃথিবীর বহু বিখ্যাত নেতা নিজের দেশের জনতাদের সফল নেতৃত্ব প্রদানে সক্ষম হয়েছিলেন -

জোসেফ কবিলা মাত্র 29 বছর বয়সেই কাঙ্গোর সত্তা সামলেছিলেন, সেই সময় কাঙ্গো গৃহযুদ্ধের আগুনে জ্বলছিল, অন্যদিকে ছিল বিদেশী সৈন্যদের উৎপীড়ন। জোসেফের প্রেসিডেন্ট পিতাকে খুন করা হয়েছিল। কিন্তু নিজের ক্ষমতা

ও অভিজ্ঞতার জোরে কবিলা কাঙ্গোর সত্তা সামলাতে সক্ষম হয়েছিলেন।

তঞ্জানিয়া ও চীন থেকে সৈনিক প্রশিক্ষণ নেওয়ার পরে কবিলা কাঙ্গোর রাজধানীতে বেশ কয়েকটা গুরুত্বপূর্ণ যুদ্ধে নেতৃত্ব প্রদান করেছিলেন। কিন্তু অভিজ্ঞতা হীন কবিলার জন্য কাঙ্গোর অবস্থা আরো খারাপ না হয়ে যায়, এই ভেবে লোকেরা ভয় পেত।

এই যুবক ফৌজ সৈন্যদের চালিত করার সাথে সাথে তাঁর যে চাণক্য নীতি দেখাতে সক্ষম হয়েছিলেন, তাতে করে সত্তায় বসে থাকা লোকেরা অবাক হয়ে যায়। সত্তা হাতে পেয়ে তিনি সবার আগে কাঙ্গোর গৃহযুদ্ধ শেষ করতে চেয়েছিলেন, তারপর সফল নেতৃত্বের জোরে দেশকে বিদেশী ফৌজদের হাত থেকে রেহাই দেন। কবিলার চেষ্টার জন্যই 2002 সালে দক্ষিণ আফ্রীকার সন সিটিতে শান্তি চুক্তিতে হস্তাক্ষর হওয়া সম্ভব হয়েছিল।

পৃথিবীর সবচেয়ে কম বয়সী শাসক জিগ্মে বাঙ্গচুক দেশ সামলানোর অধিকার পেয়েছিলেন বাবার কাছ থেকে। কিন্তু এই শাসন ভারের সাথে সাথে তাঁর কাঁধে এক বিরাট দায়িত্ব এসে পড়েছিল, হিমালয়ের পাদদেশে অবস্থিত ভূটানে প্রজাতন্ত্র নিয়ে আসার কাজকে এগিয়ে নিয়ে যাওয়া।

সাধারণ মানুষের সম্মতি না থাকা সত্ত্বেও জিগ্ম প্রজাতন্ত্র গড়ে তোলার কাজটি এগিয়ে নিয়ে যাওয়ার চেষ্টা করে। 2005 সালে রাজা জিগ্মে বাঙ্গচুক ঘোষণা করেন যে, 2008 সালে প্রজাতন্ত্র সরকার গঠিত হওয়ার পর তিনি এই পদ ছেড়ে দেবেন। রাজার এই ঘোষণার পর ভুটান জুড়ে শোকের ছায়া নেবে আসে, অনেক ঘরে উনুন পর্যন্ত জ্বলে না। কারণ তারা প্রজাতন্ত্রের জন্য রাজশাহী ছাড়তে চাইছিল না। কিন্তু রাজা সময়ের আগেই 2006 সালে পদত্যাগ করেন আর যুবক রাজকুমারকে দেশে প্রজাতন্ত্র স্থাপনের দায়িত্ব দিয়ে দেন।

অক্সফোর্ড ইউনিভার্সিটি থেকে রাজনীতি নিয়ে পড়াশোনা করা যুবক রাজকুমার রাজ পরিবার এবং নিজেদের জনপ্রিয়তাকে প্রজাতন্ত্রের অস্ত্র করে তোলানে। 2008 সালে ভোটের আগে তিনি সারা দেশ ঘুরে বেরান, আর জনতাদের ভোট প্রদানের জন্য রাজী করান।

যুবক রাজকুমারের এই চেষ্টায় তিনি সফল হন, তারপর ভুটানের সংখ্যা

**আশা মানুষের জীবনের এমন একটা ভিত, যার ওপর মাল্টি স্টোরিজ বিল্ডিং দাঁড়িয়ে যেতে পারে। তাই কখনই আশাহত হোতে নেই। কারণ তা আপনার মধ্যে আত্মবিশ্বাসের জন্ম দেয়। আর তারপর আপনাকে কেউ ধনী হওয়ার থেকে আটকাতে পারবে না।**

গোরিষ্ঠ লোক ভুটানে প্রজাতন্ত্র সরকার গঠন করার জন্য ভোট দেয়। তারপর ভুটানে সংসদিয় প্রজাতন্ত্র স্থাপিত হয়, তা ছিল রাজকুমারের সফল নেতৃত্বের ফল।

কিন্তু যুবক মোহম্মদ নাশীদ ইতিহাস গড়ে তুলতে সক্ষম হয়েছিলেন। মালদীপে তিরিশ বছর ধরে একনায়কতন্ত্রের অধিকারী ছিলেন মৌমুন আব্দুল গ্যুম, তিনি তাঁকে উচ্ছেদ করতে সক্ষম হয়েছিলেন।

সেই সময় মোহম্মদ নাশীদের বয়স ছিল মাত্র 11 বছর, তিনি সাংবাদিক হোতে চেয়েছিলেন তাই শ্রীলঙ্কা ও ইউ.কে.-তে পড়াশোনা করেন। সেখান থেকে ফিরে এসে তিনি রাজনৈতিক পত্রিকায় গ্যুমের বিরূদ্ধে লিখতে শুরু করেন, যার ফলে তাঁকে জেল পর্যন্ত যেতে হয়েছিল।

তারপর মোহম্মদ নাশীদ সংসদের পথ ধরেন, আর মালদীপের জনতা তাঁকে মালা পরিয়ে সংসদে পাঠায়। মালদীপে মোহম্মদ নাশীদের কণ্ঠ স্বরই প্রজাতন্ত্রের আওয়াজ হয়ে ওঠে।

রাজনীতিতে মাত্র আট বছরের অভিজ্ঞতা সম্পন্ন নাশীদ পাঁচ বছর আগে গঠিত মালদীপ ডেমোক্রেটিভ পার্টির রাষ্ট্রপতি হোতে সক্ষম হয়েছিলেন। জনতার তাঁর নেতৃত্বের প্রতি আস্থা গড়ে উঠতে শুরু করে।

বশর-আল-অসদ হলেন পৃথিবীর কয়েকজন বিখ্যাত নেতার মধ্যে অন্যতম, তিনি নিজের মতের বিরূদ্ধে গিয়েই রাজনীতিতে নেমেছিলেন। কারণ যখন বশরের বাবা ইফীজ-আল-অসদ সীরিয়ার রাষ্ট্রপতি ছিলেন, তখন 1994 সালে বশরের ভাই মারা যায়, সেই সময় বশর ব্রিটেনে ডাক্তারি পড়ছিলেন, তিনি দেশে ফিরে আসতে বাধ্য হন। তারপর বাবার ইচ্ছায় ও নিজের অনিচ্ছায় তাঁকে রাজনীতির পথ ধরে হাঁটতে হয়। প্রথমে তিনি সীরিয়ান সেনার কমান্ডোর হন, আর তারপর সীরিয়ার সাধারণ মানুষ তাঁকে জিতিয়ে দেয়।

রাষ্ট্রপতি হওয়ার পর বশর সীরিয়ায় নতুন টেকনোলজি আনেন। দেশের লোকেদের ইন্টারনেটের সাথে পরিচয় করান, যা যুবা নেতৃত্বের প্রতীক হয়ে আছে।

দিমিত্রী মেদভেদেবকে রাশিয়ার রাষ্ট্রপতি ব্লাদিমীর পুতিনের খুব কাছের লোক বলে মানা হোত। প্রফেসারের ছেলে ও নিজে এসিস্টেন্ট প্রফেসার থাকা দিমিত্রী ও পুতিনের সম্পর্ক ছিল 17 বছরের পুরানো, কারণ দুইজনেই ছিলেন সেন্ট পীটার্সবার্গের লোক।

কিন্তু রাষ্ট্রপতির পদে বসার আগে তিনি রাশিয়ার উপপ্রধানমন্ত্রী হয়েছিলেন। সেটা ছিল সোভিয়েত সংঘ ভেঙে যাওয়ার পর রাশিয়ার পুনঃগঠনের

সময়, যার জন্য পুতিনের প্রয়োজন ছিল যুবা শক্তির।

এই দলের মুখ্য খেলোয়াড় ছিলেন দিমিত্রী মেদভেদেব। তিনি রাশিয়ার কোটিপতি ব্যক্তিদের সাথে রাষ্ট্রপতির সাক্ষাৎ করানোর কাজ করতেন। এরপর 2002 সালে মেদভেদেব রাশিয়ার সবচেয়ে বড়ো পেট্রোলিয়াম কম্পানী **'গ্যাজপ্রোম'** -এর দায়িত্ব সামলান,আর নিজের সঠিক নেতৃত্বের জোরে তাকে বিশ্বের সবচেয়ে বেশি উপার্জনকারী কম্পানীতে পরিণত করে।

এবার আসা যাক রাষ্ট্রপতি বরাক হুসেন ওবামার কথায়। তিনি পৃথিবীর সবচেয়ে শক্তিশালী দেশের প্রতিনিধি হওয়ার জন্য লড়াই করেছিলেন। তাঁর প্রতিপক্ষ ছিলেন 72 বছর বয়সী অভিজ্ঞতা সম্পন্ন ম্যাক্কেন। কিন্তু আমেরিকার জনতা অভিজ্ঞতার ওপর বিশ্বাস হারিয়ে যুবকের জোশের প্রতি আস্থা রেখেছিল, আর স্লোগান **'উই ক্যান'** -এর ওপর জন্মেছিল গভীর আস্থা।

200 বছরের আমেরিকার ইতিহাসে ওবামা হলেন পঞ্চম যুবক রাষ্ট্রপতি। রাষ্ট্রপতি হওয়ার পাঁচ বছর আগে পর্যন্ত ওবামা ছিলেন ইলিনয় প্রান্তের সীনেটের অচেনা সীনেটর। কিন্তু সকলকে পিছনে ফেলে ওবামা অস্বাভাবিক জয় প্রাপ্ত করতে সক্ষম হয়েছিলেন।

ওবামার অসাধারণ বক্তৃতা মানুষদের সম্মোহিত করেছিল। পরে তাঁর পুস্তক **'অডেসিটী অফ দ্যা হোপ'** আমেরিকার বেস্ট সেলার পুস্তকে পরিণত হয়। ততদিনে অবশ্য ওবামা আমেরিকায় জনপ্রিয় হয়ে উঠেছিলেন।

2007 সালে ওবামা রাষ্ট্রপতি পদের প্রার্থী হিসাবে ঘোষিত হন, আর পরিবর্তনের জোয়ার আনার কথা বলে তিনি আমেরিকার মসনদে গিয়ে বসেন। আজও এই জনতা ওবামার পারদর্শিতা ও নেতৃত্বের গুণমুগ্ধ। তাই তো বলা হয়-

**ছোট্টো পিঁপড়ে যখন মুখে খাবার নিয়ে যায়।**
**তখন সামনের উঁচু দেওয়ালে শতবার ধাক্কা খায়।।**
**তার মনে থাকে কিছু করে দেখানোর বিশ্বাস।**
**তাই পড়ে যাওয়া ভাঙতে পারে না তার বিশ্বাস।।**
**শেষে মিশনে সফলতা লাভ করে।**
**ফলে আরো বড়ো সফলতা পাওয়ার আশায় ছোটে।।**

যে ব্যক্তি সফল নেতৃত্ব প্রদান করতে চায় তার জন্যও এই ধরণের কথা গুলি প্রযোজ্য। তাই যে নেতৃত্ব করতে চায়, তাকে এই গুণ গুলি ক্রমাগত বিকসিত করতে হবে। তারপর জটিলতা কাটিয়ে ওঠার জন্য নিম্নে দেওয়া গুরুমন্ত্র গুলি মাথায় রাখতে হবে।

**সংযম বজায় রাখুন :** মনে বিশ্বাস না থাকলে লক্ষ্য পর্যন্ত পৌঁছানো কঠিন হয়ে যায়। কারণ অনেক সময়তেই তাড়াহুড়ো করতে গিয়ে পা ভুল পথে চলে যায়। তাই সফলতা পাওয়ার জন্য মনে সংযম আনুন। কারণ সংযমের দ্বারা করা কাজ সর্বদাই সফলতা এনে দেয়।

**সমালোচনাকে স্বীকার করে নিন :** সমালোচনা মানুষের জীবনের অনিবার্য অংশ, কিন্তু কিছু সমালোচনা আপনাকে নিজের সংকল্পে টিঁকে থাকতে দেয় না। আবার কিছু সমালোচনা আপনার সফলতার পথ খুলে দেয়, তাই যে কোন সমালোচনা শুনে নিজের বিশ্বাসকে আরো দৃঢ় করে তুলুন, কারণ সমালোচনাই মানুষকে শিখরে পৌঁছে দিতে পারে।

**সকলের সম্মান করুন :** সফলতার মানে হল নিরন্তর আনন্দ ছড়িয়ে দেওয়া ও অন্যদের সম্মান দেওয়া। কারণ যখন আপনি অন্যদের খুশী করার জন্য কোনো কাজ করেন তখন তার ফল ইতিবাচক হয়। যার ফলে আপনার ভেতরেও একটা প্রসন্নতা বোধ সঞ্চারিত হয়। কারণ নিষ্কাম ভাব থেকে করা কাজে যদি অসফলও হল তা সফলতার থেকে অনেক বড়ো। এতে করে মনে শক্তির ভাব জন্মায়।

এই প্রসঙ্গে আমার একটা অতি পুরানো গল্প মনে পড়ে যাচ্ছে

একজন ধার্মিক রাজা ছিল, সে সর্বদা লিডারদের মতো কথা বলত। একবার সে নিজের রাজ্যের এক বাজারে গিয়ে বলে, যদি কাউর জিনিস-পত্র বিক্রী না হয়, তাহলে সে যেন সন্ধ্যার সময় রাজার কাছে চলে যায়, রাজা তার সমস্ত জিনিস কিনে নেবে।

এক দেহাতি শিল্পীর একটা অলক্ষ্মীর মূর্তী বিক্রয় হয় না, শিল্পী সন্ধ্যার সময় রাজার কাছে পৌঁছে যায়। রাজা নিজের কথা অনুসারে এই মূর্তী কিনে নেয়। কিন্তু সেই রাতে রাজা হঠাৎ এক মহিলার কান্নার আওয়াজ পায়। রাজা দেখে যে, একটা মহিলা কাঁদতে কাঁদতে রাজ মহল ছেড়ে বাইরে বেরিয়ে যাচ্ছে। রাজা জিজ্ঞাসা করে, **'তুমি কে?'**

তখন সেই মহিলা বলে, **'আমি রাজ লক্ষ্মী, এই ঘরে তুমি অলক্ষ্মী ঢুকিয়েছো, তাই আমি আর কিভাবে এখানে থাকব?'**

রাজা কেনো অলক্ষ্মীকে ঘরে রেখেছে সেই কারণ জানায়। কিন্তু লক্ষ্মী বলেন, **'না আমি থাকব না।'**

তারপর রাজা বলে, **'ঠিক আছে, তোমার যেটা ঠিক বলে মনে হয়, তুমি সেটা কর, কিন্তু আমি নিজের ধর্মের পথ ছাড়তে পারব না।'**

এই কথা শুনে লক্ষ্মী চলে যান, তাঁর যাওয়ার কিছুক্ষণ বাদে খট্ খট্ আওয়াজ শোনা যায়, রাজা দেখেন যে, এক দিব্য পুরুষ রাজমহল ত্যাগ করে বেরিয়ে যাচ্ছেন। রাজা তাঁকে জিজ্ঞাসা করে, '**আপনি কে?**'

তিনি বলেন, '**আমি নারায়ণ, লক্ষ্মী যখন চলে গেছেন, তখন আমি আর কিভাবে থাকব। তাই আমিও চলে যাচ্ছি।**'

রাজা বলেন, '**ঠিক আছে, আপনি যেটা ভালো মনে করবেন, কিন্তু আমি প্রতিজ্ঞাবদ্ধ।**'

নারায়ণও চলে যান। তাঁর পিছন পিছন অন্য সমস্ত দেবতারাও চলে যান। রাজা চুপচাপ দাঁড়িয়ে থাকে, বেশ খানিকক্ষণ বাদে একজন দেবতা আসেন, রাজা তাঁকে জিজ্ঞাসা করে, '**আপনি কে?**'

তিনি বলেন, '**আমি ধর্মরাজ।**' রাজা বলে, '**কিন্তু আপনি কেনো চলে যাচ্ছেন।**' তিনি বলেন, '**যখন সব দেবতারা চলে গেছেন, তখন আমাকেও যেতে হবে।**' তখন রাজা বলে, '**কিন্তু আপনি যেতে পারবেন না। কারণ ধর্মের কারণেই আমি অলক্ষ্মীকে এখানে রাখতে বাধ্য হয়েছি।**'

ধর্মরাজ একটু ভেবে বলেন, '**ঠিক আছে, তুমিই ঠিকই বলছো, তাই আমাকে এখানেই থাকতে হবে।**'

শেষপর্যন্ত ধর্মেরই জয় হয়। এই গল্প থেকে এটাই বোঝা যাচ্ছে যে, যে ব্যক্তিরা নিজের প্রতিজ্ঞা পালন করে, তারা অবশ্যই জয়লাভ করতে পারে। তাই দৃঢ় প্রত্যয়ি হয়ে উঠুন, নিজের লক্ষ্যে অটল থাকুন। নেতৃত্ব প্রদানের গুণ শিখতে থাকুন, লক্ষ্মী আপনার পিছনে দৌড়াবে।

কারণ 'গীতা'-তে লেখা আছে যে, সাধারণ মানুষের ধনী হয়ে ওঠার জন্য 36 টি গুণ পালন করা জরুরি। অর্থাৎ ধর্মের আচরণ করুন, কিন্তু তিক্ততা আনতে দেবেন না। ক্রুরতার আশ্রয় নেবেন না, কিন্তু সৎ পথে থেকে অর্থোপার্জন করুন। মর্যাদার পালন করুন। অহংকার ত্যাগ করে কথা বলুন। শূরবীর হয়ে উঠুন, দান করুন। দুষ্টোদের সাথে সম্পর্ক রাখবেন না, নিজের লোকেদের সাথে ঝগড়া করবেন না। লোভী হবেন না। যাকে বিশ্বাস করতে পারবেন না, তার কাছ থেকে কোনো কাজ নেবেন না। সাধুদের ধন হরণ করবেন না। নীচদের আশ্রয় দেবেন না, ভালো করে অনুসন্ধান না করে দন্ড দেবেন না। গুপ্ত কথা প্রকট করবেন না। যে কখনও কোনো উপকার করেনি, তাকে বিশ্বাস করবেন না। কাউকে হিংসা করবেন না, স্ত্রীদের রক্ষা করুন। শুদ্ধ থাকুন, কাউকে ঘৃণা করবেন না। সুস্বাদু খাবারও বেশি খাবেন না। দম্ভহীন হয়ে দেবতার পূজা করুন। সদুপায়ে লক্ষ্মীকে উপার্জন করতে চান। স্নেহের

সাথে বড়োদের সেবা করুন। কখনই কোনো সুযোগ হাতছাড়া করবেন না। কাউকে কোনো উপকার করে সময়ে তা ফিরে পাওয়ার চেষ্টা করবেন না। কাউকে উতক্তো করবেন না, শত্রুদের মেরে তার জন্য শোক করবেন না। হঠাৎ রেগে যাবেন না। যে আপনার ক্ষতি করেছে তার প্রতি কঠোর থাকুন।

আপনি এইভাবে চলতে পারলে, নিশ্চই নিজের কাজে সফলতা লাভ করতে পারবেন। কারণ এই গুলিই লিডারশিপ বিকসিত করার উপায়। 36 গুণ বিকসিত করতে না পারলে আপনি লিডার হোতে পারবেন না, শুধুমাত্র ম্যানেজার হোতে পারবেন। একটা ম্যানেজারের কাজের সীমা ও দায়িত্ব কম থাকে, কিন্তু লিডারের দায়িত্ব থাকে অনেক বেশি। ম্যানেজার শীঘ্র সফলতা লাভ করে, কিন্তু দীর্ঘ কালিন সফলতার ক্ষেত্রে লিডারের নামই আগে আসে। তাই নিজেকে কিছু প্রশ্ন করে দেখে নিন যে, আপনার মধ্যে লিডার হওয়ার নাকি ম্যানেজার হওয়ার গুণ আছে?

| | | |
|---|---|---|
| ⊃ | আপনি কি প্রতিদিন একই সময়ে ঘুম থেকে ওঠেন? | হ্যাঁ ☐ |
| ⊃ | আপনার ওজন কি খুব বেশি? | হ্যাঁ ☐ |
| ⊃ | আপনি কি মদ্যপান করেন? | হ্যাঁ ☐ |
| ⊃ | আপনার অফিস কি ব্যবস্থিত? | হ্যাঁ ☐ |
| ⊃ | আপনার ঘর কি ব্যবস্থিত? | হ্যাঁ ☐ |
| ⊃ | আপনি কি নিজের সময় নষ্ট করেন? | হ্যাঁ ☐ |
| ⊃ | কাউকে কোনো প্রতিশ্রুতি দিয়ে আপনি তা পালন করেন কি? | হ্যাঁ ☐ |
| ⊃ | আপনি কি কোনো দিন না খেয়ে থাকতে পারেন? | হ্যাঁ ☐ |
| ⊃ | আপনি কি একাগ্র চিত্তে কাজ করেন? | হ্যাঁ ☐ |
| ⊃ | কাজের তালিকা বানিয়ে আপনি তা সম্পূর্ণ করতে পারেন কি? | হ্যাঁ ☐ |
| ⊃ | আপনি কি কাজ করার উপায় খুঁজতে থাকেন? | হ্যাঁ ☐ |
| ⊃ | আপনি কি খুব বেশি টিভি দেখেন? | হ্যাঁ ☐ |
| ⊃ | আপনি কি খাওয়ার সময় শরীরের কথা মাথায় রাখেন? | হ্যাঁ ☐ |
| ⊃ | আপনি কি কোনো কুঅভ্যাস ত্যাগ করেছেন? | হ্যাঁ ☐ |
| ⊃ | আপনি কাল কি করবেন, তা আপনি জানেন কি? | হ্যাঁ ☐ |
| ⊃ | আপনি নিজেকে পছন্দ করেন কি? | হ্যাঁ ☐ |
| ⊃ | আপনি কি একজন ভালো মানুষ? | হ্যাঁ ☐ |
| ⊃ | আপনি কি খুশীতে থাকেন? | হ্যাঁ ☐ |
| ⊃ | আপনি মাথা ও শরীরের দিক থেকে ফিট কি? | হ্যাঁ ☐ |

এই প্রশ্নের উত্তর গুলি আপনাকেই দিতে হবে, কিন্তু যাদের মধ্যে আত্ম সম্মানের অভাব থাকে তারা অতিকষ্টে এই প্রশ্ন গুলির উত্তর **হ্যাঁ** তে দেয়। হয়তো আপনি তাদেরই মধ্যে একজন।

আসলে সবচেয়ে বড়ো সত্য হল, প্রতিটা জিনিসের প্রভাব শেষ পর্যন্ত থাকে। আপনি যখন কোনো একটা সুন্দর মহিলাকে দেখবেন, তখন তাকে **'হ্যালো'** না বলে থাকতে পারবেন না। কিন্তু **'হ্যালো'**-র বদলে কোনো মহিলা **'হাল্লু'** বললে তখন আপনি কি করবেন? আসলে জীবনের শুরু আর শেষটা খুব ভালো হওয়া উচিত, মধ্যের জীবনটা গড়ে কাটলেও আপনি স্থায়ী প্রভাব সৃষ্টি করতে সক্ষম হবেন।

তাই সবার আগে কোনো ব্যক্তির চেহারা দেখতে হয়, আর তারপর বডি ল্যাঙ্গুয়েজ। তারপর জামা কাপড় পরার স্টাইল ও শেষে কথাবার্তা বলার ঢং। তার ভেতরে কিছু বিশেষত্ব থাকলেও যদি ব্যবহার কুশলতা না জানে তবে কোনো দিনই লিডার হোতে পারবে না।

লিডার হওয়ার জন্য দুটি গুণ থাকা খুবই আবশ্যক। লিডার শিপের অর্থ হল বড়ো নির্ণয় নেওয়া আর ম্যানেজারের অর্থ হল ছোটো সিদ্ধান্ত নেওয়া। লিডার শিপ হল দীর্ঘ কালীন বিষয় আর ম্যানেজারের কাজ হল প্রতিদিনের কাজ ম্যানেজ করা। যেমন ধরুন, আমার ড্রাইভার আমাকে ম্যানেজ করে, তার কাজ হল প্রতিদিন আমাকে সেমিনারের জায়গায় ছেড়ে দেওয়া। আজও সে আমাকে সময়ের আগেই পৌঁছে দিয়েছিল।

কিন্তু পেক্ষাগৃহে পৌঁছাতেই আমার সাথে মি. সাভরকারের সাক্ষাৎ হয়, আজও তিনি আমার সামনে বসেছিলেন, আমি স্পীচ শুরু করার আগেই তাঁকে জিজ্ঞাসা করি, **'আচ্ছা মি. সাভরকার, আপনি আমার কালকের প্রশ্নের উত্তরটা দিতে পারবেন, আপনি এখনও কেনো ধনী হোতে পারেননি?'**

সাভরকার নিজের সীট্ ছেড়ে উঠে দাঁড়িয়ে বলেন, **'দেখুন মি. ইঞ্জিনিয়ার, আমার ভেতরে নেতৃত্ব প্রদানের শক্তি কম, আমি অনেক ভেবে দেখেছি যে, আমি ম্যানেজ করার ব্যাপারে ওস্তাদ হলেও লিডার হওয়ার ক্ষমতা আমার নেই।'**

তখন আমি বলি, **'আপনি আমার কথা মন দিয়ে শুনুন, আমি আপনাকে**

> **ততদিন পর্যন্ত আপনি সফল নন, যতদিন না, আপনার কোনো শৈশবের বন্ধু তার বাচ্চাকে আপনার অতীতের কথা শোনাবে, আর বলবে যে, কোনো একটা সময় ও আমার সাথে পড়ত।**

বলে দেব যে, কিভাবে নেতৃত্ব করতে হয়। নেতৃত্ব সেইভাবে দিতে হয়, যেভাবে আমি আপনাদের দিচ্ছি, আর প্রতিটা বিষয়কে ব্যবস্থিত করতে হয়, যেমন আমার ড্রাইভার প্রতিদিন আমাকে পৌঁছে দেয়।'

এই পার্থক্য টুকু ভালো করে বোঝার জন্য মাইক্রোসফটের বর্তমান সী.ঈ.ও. স্টীভ উলমার ও বিল গেটসের প্রথম বিজনেস মিটিং-এর কথাটা জানা খুবই প্রয়োজন। তখন তিনি পী.এন্ড.জী.-তে সামান্য কিছু দিন চাকরি করার পর একটা ভালো কেরিয়ারের সন্ধান করছিলেন, কিন্তু এই ছোট্ট কেরিয়ারের পর তিনি বিল গেটসকে কম্প্যুটারের যে গোপনীয়তার কথা বলেছিলেন, তা শুনে বিল গেটস্ অবাক হয়ে গেছিলেন। তারপর বিল স্টীভের চোখের দিকে তাকিয়ে বলেছিলেন, 'আমার আশা যে, আপনি ভালো ম্যানেজারের সাথে সাথে ভালো লিডারও হোতে পারবেন।'

এর থেকে বোঝা যায় যে, লিডারের মাথা ও মন দুটিই কার্য করে। কারণ ভ্যারন ভেনিস বলেছিলেন, 'যে লিডার লোকেদের সামর্থ্যকে কাজে লাগাতে পারে, সে ম্যানেজারের থেকে অনেক বেশি সফল। লোকেদের থেকে জরুরি কাজ করিয়ে নেওয়া ম্যানেজমেন্ট, আর লোকেদের মধ্যে প্রয়োজনিয় কাজ করার ইচ্ছা জাগিয়ে তোলা লিডারশিপ। ম্যানেজার নিয়ন্ত্রণ ও চাপ দিয়ে কাজ করায়, আর লিডার লোকেদের মন জয় করে প্রতিজ্ঞাবদ্ধ করিয়ে কাজ করার জন্য প্রেরিত করে।'

এই বিষয় বিস্তারিত ভাবে বোঝার জন্য আমি একটা ঘটনার উল্লেখ করছি। রিলায়েন্স ইন্ডাস্ট্রীজের জামনগর রিফাইনার যখন বন্যায় জলের তলায় চলে গেছিল, তখন 'বেস্টেল এন্ড শ্যাল'-এর ব্যবস্থাপক গণ জানিয়েছিল যে, দুই মাসের মধ্যে রিফাইরানীকে পুনরায় চালু করা খুবই কঠিন। কিন্তু ধীরুভাই আম্বানী তা মানতে পারেননি, কারণ তিনি জানতেন যে, যদি কর্মচারীরা মন ও মস্তিষ্ক দিয়ে কাজ করে তাহলে সব কিছুই সম্ভব।

তারপর তিনি বিদেশী কন্সাল্টেন্ট নিযুক্ত করেন, আর কর্মচারীরা রাতদিন জুড়ে এক সপ্তাহের মধ্যে রিফাইনারীকে পুনরায় দাঁড় করিয়ে ফেলে। তাই বলা যায়, ম্যানেজমেন্ট হল বর্তমানের জন্য আর লিডারশিপ হল ভবিষ্যতের জন্য। একজন প্রভাবশালী ম্যানেজার প্রকল্প গড়তে জানে, আর তার কোন কর্মচারী

**আপনি যদি সেটা পেতে চান, যা আপনার প্রতিবেশীর কাছে নেই,<br>তাহলে আপনাকে সেটা করতে হবে, যেটা আপনার প্রতিবেশী করতে ভয় পায়।**

কোন কাজের জন্য উপযুক্ত তাও সে জানে। সেই সাথে মাঝে মাঝেই বুদ্ধি ও সিদ্ধান্ত নেওয়ার ক্ষমতাকে পরীক্ষা করে দেখে নেয়। সে কর্মচারীর থেকে নিশ্চিত সময়ের মধ্যে পরিণাম চায়।

কারণ প্রভাবশালী ম্যানেজার একজন ভালো মনোবৈজ্ঞানিকও বটে। সে তার ডিপার্টমেন্টের লোকেদের সর্বদা উৎসাহিত করে থাকে। কখন কোন কর্মচারীর বিশ্বাস কমে যেতে পারে, তা সে জানে। কর্মচারীর পারিবারিক পরিস্থিতি অনুকূল না হলে তার বিশ্বাস বৃদ্ধির জন্য কি করা উচিত তা সে জানে।

কর্মচারীর মনোবল বৃদ্ধির জন্য তার প্রদর্শনে সংশোধন আনার চেষ্টা করে। তারপর প্রভাবশালী ম্যানেজার নিজের কর্মচারীকে তার যোগ্যতা ও ক্ষমতা অনুসারে পুরস্কার দেয়।

সে এটা জানে যে, যদি কোনো কর্মচারী মনের আনন্দে কাজ করে, তাহলে তার কাজের দিকে লক্ষ্য রাখার কোনো প্রয়োজন হয় না। জন কোটক্কর বলেছেন যে, **'ম্যানেজমেন্টের মুখ্য উদ্দেশ্য বর্তমান ব্যবস্থাকে সুচারু পন্থায় চালানো, অথচ লিডারশিপের কাজ হল উপযোগী পরিবর্তন আনা। বর্তমানে কোনো সমস্যার সৃষ্টি হলে, ম্যানেজমেন্ট তা কাটিয়ে ওঠার চেষ্টা করে, কিন্তু লিডারশিপের কাজ হল পরিবর্তনের সাথে পায়ে পা রেখে এগিয়ে যাওয়া।'**

আমেরিকার প্রাক্তন রাষ্ট্রপতি বিল ক্লিন্টনের মতো। বাজপেয়ী সরকারের আমলে তিনি নিজের শাশুরি ও মেয়েকে নিয়ে ভারতে এসেছিলেন, তখন তিনি রাজস্থানে গিয়ে হাতির পিঠে উঠেছিলেন, আর ভারত থেকে বেশ কিছু স্মৃতি ও অভিজ্ঞতা নিয়ে আমেরিকায় চলে গেছিলেন। আমেরিকায় গিয়ে তিনি তাঁর সংসদদের ভারতের বহু ঘটনা শোনানা, **'ইন্ডিয়াতে আমি এই দেখেছি, সেই দেখেছি, ইন্ডিয়ার লোক এমন, তেমন।'**

তখন তাঁর এক বন্ধু ব্যঙ্গ করে বলেছিলেন **'ইন্ডিয়া সম্পর্কে সবাই যা জানে তুমি তাই কেনো বলছো, নতুন কিছু দেখে থাকলে বল।'**

বন্ধুর কথা শুনে ক্লিন্টন একটু চুপ করে যান আর তারপর বলেন, **'হ্যাঁ, আমি ওখানে একটা নতুন জিনিস দেখেছি।'**

তাঁর কথা শুনে তাঁর বন্ধু উৎসাহের সাথে বলে, **'কি?'**

তখন ক্লিন্টন হেসে বলেছিলেন, **'আমি ইন্ডিয়ার লোকেদের কাছে একটা অদ্ভুত জিনিস দেখেছি। সেই অদ্ভুত জিনিসের সাহায্যে তারা যা ইচ্ছা করতে পারে। তারা সেটাকে 'জুগার' বলে। বাচ্চাদের এডমিশান করানোর জন্য**

'জুগার'- এর ব্যবহার করে। পুলিশের হাত থেকে পরিত্রাণ পাওয়ার জন্য 'জুগার'-এর ব্যবহার করে। সেখানকার লোক এই 'জুগার' নামক জিনিসটির সাহায্যেই সব কাজ করে থাকে।'

তাঁর কথার মধ্যেই তাঁর বন্ধু বলে ওঠে, 'তুমিও কি নিজের সাথে সামান্য কিছু 'জুগার' এনেছো?'

বিল ক্লিনটন একটু হতাশ হয়ে বলেন, 'আমি নিজের সাথে জুগার আনিনি, কিন্তু তুমি চিন্তা করো না, আমি অটল জীকে ফোন করে তোমার জন্যও সামান্য জুগার পাঠিয়ে দিতে বলছি।'

তারপর বিল ক্লিনটন অটল জীকে ফোন করে বলেন, 'হ্যালো, অটল জী নমস্কার আপনি কেমন আছেন? অটল জী আমি ইন্ডিয়ায় একটা জিনিস দেখেছি, যাকে আপনারা 'জুগার' বলেন, আমার জন্য একটু 'জুগার' পাঠিয়ে দিতে পারেন।'

তখন অটল বিহারী বাজপেয়ী হেসে বলেন, 'ক্লিনটন সাহেব, আমি আপনার জন্য 'জুগার' পাঠাবো কিভাবে, আমার নিজের সরকার এই 'জুগারের' ওপর টিঁকে আছে।'

এরপর বিল ক্লিনটন একটা সভায় বলেছিলেন, 'ভারতে নেতৃত্ব প্রদানের অদ্ভুত উপায় আছে, যা সম্পূর্ণ রূপে 'জুগার'-এর ওপর টিঁকে আছে।'

এমনি অবস্থা ভর্গীজ কুরিএনের হয়েছিল। তিনি যখন নিজের ইচ্ছা পূরণের জন্য দৌড়াতে শুরু করেছিলেন তখন পশ্চিমী দেশে ভারতীয় দুধের নল জলের নলের থেকেও বেশী সংক্রামিত ছিল, আর দুধ উৎপাদকদের অবস্থা ছিল খুব খারাপ। এরপর কুরিএন গুজরাট কো-অপারেটিভ মিল্ক মার্কেটিং ফেডারেশানের স্থাপনা করেন।

এখন এই দুধ সারা বিশ্বে বিখ্যাত, সর্বত্র তার ঝলক দেখতে পাওয়া যায়। তাঁর এই চেষ্টার জন্যই আজ সারা বিশ্বের মধ্যে ভারত সবচেয়ে বড়ো দুধ উৎপাদক দেশে পরিণত হয়েছে। তাই হয়তো ইউনাইটেড টেকনোলজি লিখেছিল যে, 'লোকেরা চায় না তাদের ব্যবস্থিত করা হোক, তারা শুধু মাত্র নেতৃত্ব চায়।'

কারণ নেতৃত্ব কর্তার উৎসাহ ব্যবস্থাপকদের শক্তির থেকে অনেক বেশি প্রভাবশালী হয়। আপনি নিজে[illegible] জল পর্যন্ত নিয়ে যেতে পারেন, কিন্তু তাকে জল পান করার জন্য বাধ্য [illegible]ন না।

তাই ব্যবস্থিত ভাবে কোনো কাজ করতে চাইলে সবার আগে নিজেকে ব্যবস্থিত করুন। কিন্তু বিকল্পের সন্ধান রাখতে ভুলবেন না।এই বিষয়টা আরো ভালো করে বোঝার জন্য একটা গল্প শুনুন।

এক পরিবারের প্রধানের মনে হয় যে, তাকে ছাড়া বাড়ির কোনো কাজ হবে না, আর সেটাই হয়ে যায় তার অহংকারের কারণ। তার একটা ছোট্টো দোকান ছিল। সেখান থেকে যে, আয় হোত সেই আয়ের ভরসাতেই তার সংসার চলত। কারণ সে একাই উপার্জন করত, তাই তার মনে হোতে তাকে ছাড়া কিছুই হবে না। সে সবার সামনে বলে বেড়াত যে, সে সংসার চালায়। একদিন সে একটা সন্তের সঙ্ঘে গিয়ে পৌঁছায়। সেই সন্ত বলছিল যে, **'এই পৃথিবীতে কেউ থাকুক বা না থাকুক, তার জন্য কাউর কোনো কিছু আটকে থাকে না। তাই আমি ছাড়া আমার পরিবার চলতে পারবে না, এমন অহংকার করে কোনো লাভ নেই। সকলেই নিজের ভাগ্য অনুসারে প্রাপ্ত করে থাকে।'**

তখন এই ব্যক্তি সন্তকে বলে, **'আমি সারাদিন ধরে যে উপার্জন করি, তাতেই আমার সংসার চেল। আমি না থাকলে আমার সংসারের লোকেরা না খেতে পেয়ে মরে যাবে।'**

সন্ত বলে, **'এটা তোমার ভুল ধারণা, যেকোনো মানুষ নিজের ভাগ্যে খায়।'** সেই শুনে এই ব্যক্তি বলে, **'আপনি এই কথা প্রমাণ করে দেখান।'**

সন্ত বলে, **'ঠিক আছে, তুমি কাউকে কিছু না বলে বাড়ি থেকে একমাসের জন্য কোথাও চলে যাও।'** সে তাই করে, এদিকে সন্ত রটিয়ে দেয় যে, তাকে বাঘে খেয়ে নিয়েছে। এই পরিবারের লোকেরা কিছু দিন শোকের মধ্যে দিয়ে অতিবাহিত করে, এদিকে এই পরিবারকে গ্রামের লোকেরা সাহায্য করতে এগিয়ে আসে।

এক শেঠ তার বড়ো ছেলেকে তার কাছে চাকরিতে রেখে দেয়। গ্রামের লোকেরা মিলিত হয়ে মেয়ের বিয়ে দিয়ে দেয়। এক ব্যক্তি ছোটো ছেলের পড়াশোনার খরচ দিতে শুরু করে। একমাস বাদে রাতের বেলায় সকলের চোখের আড়ালে এই ব্যক্তি বাড়িতে আসে, বাড়ির লোকেরা ভূত মনে করে দরজা খোলে না। তখন সে খুব কাকুতি মিনতি করে, সমস্ত সত্যি কথা বলার পর তার স্ত্রী ভেতর থেকে উত্তর দেয়, **'আমাদের তোমাকে প্রয়োজন নেই, এখন আমরা আগের চেয়ে অনেক সুখে আছি।'** তাই কখনও এমন অহংকার করা উচিত না। আপনি যখন রাস্তায় বেরান, আর রাস্তা র মধ্যে খানে সাইনবোর্ডে লেখা দেখেন

যে, রাস্তা বন্ধ, তখন আপনি বাড়ি ফিরে আসেন না, কারণ এই রাস্তা বন্ধ মানে অন্য কোনো রাস্তা নিশ্চই খোলা আছে। তাই নিজের লক্ষ্যের পথে যদি কখনও কোনো বাধা আসে তাহলে অন্য কোনো পথ দিয়ে নিজের গন্তব্যে পৌঁছানোর চেষ্টা করুন।

এই কারণেই যখন কোনো সেনাধ্যক্ষ নিজের লক্ষ্যে উপনিত হওয়ার জন্য কোনো মাস্টার প্ল্যান তৈরি করে, তখন সে নিজের প্রকল্পকে সার্থক করার জন্য আর একটা বিকল্প পরিকল্পনাও করে রাখে। কারণ যদি কোনো অপ্রত্যাশিত ঘটনা ঘটে তাহলে বৈকল্পিক প্ল্যান কাজে লাগবে ।

যারা নিজের প্রয়োজনের কথা জানে, তারা অবশ্যই সফলতা লাভ করে থাকে। তারা যেকোনো ঝুঁকি নিতে প্রস্তুত থাকে, যার ফলে মনের মতো সফলতা অর্জন করতে সক্ষম হয়।

যখন আমি পৃথিবী বদলে দেওয়ার মতো পুস্তক, ‘বড়া, সোচো! বড়া বানো! স্বপ্নো কো সাকার করো’ লিখেছিলাম তখন আমার ইম্পোর্ট - এক্সপোর্টের ব্যবসায় সেল কম হচ্ছিল, আর সেই ঝুঁকি আমাকে মেনে নিতে হয়েছিল। কিন্তু বই বুক স্টলে পৌঁছাতেই সেল এত বেড়ে যায় যে, ব্যবসায় কি ক্ষতি হয়েছিল তা আমার মালুমই হয়নি।

লিডারশিপ খুবই গুরুত্বপূর্ণ বিষয়। যে মানুষ ঝুঁকি নিতে জানে, সেই ব্যবসা শুরু করতে পারে। কোনো নতুন ব্যবসাকে সফল করে তোলার জন্য বেশি ঝুঁকি নিতে হয়।

◆

**লিডার হওয়ার জন্য ভালো ম্যানেজার হওয়াটা খুবই জরুরি কারণ লিডার তার অধিনস্ত কর্মচারীদের ক্ষমতা তখনই বুঝতে পারে, যখন সে তাদের ম্যানেজ করে, আর কর্মচারীরা তার অনুকরণ করে।**

আপনি যদি বাস্তবিক

ধনী

হোতে চান, তাহলে

সবার আগে নিজের বাড়িতে সফল হোন।

ঈশ্বরের প্রতি শ্রদ্ধা রাখুন।

সততা নিয়ে কখনও কোনো সামঝোতা করবেন না।

অসময়ের সঙ্গীকে কখনও ভুলবেন না।

বন্ধুদের পরামর্শ নিন।

মস্তিষ্ক দিয়ে সিদ্ধান্ত নিন।

নিজের যোগ্যতা বৃদ্ধি করতে থাকুন।

প্রতিদিনেঁর কাজ প্রতিদিন শেষ করুন।

হাঁসুন ও হাঁসান।

ইতিবাচক দৃষ্টিভঙ্গী বজায় রাখুন।

নিজেকে ব্যবস্থিত রাখার চেষ্টা করুন।

শরীর সুস্থ রাখুন।

বেশী শুনু, কম শোনান।

তাহলে অবশ্যই মনের মতো সফলতা অর্জন করতে পারবেন।

নবম সিদ্ধান্ত

# নিজের হাসিটুকুকে ধনী করে তুলুন

সেই দিনটা ছিল সোমবার, লক্ষ্ণৌর অবধ হোটেলে তিল ধরানোর জায়গা ছিল না। আমি আমার নির্ধারিত সময়ে হোটেলে পৌঁছে যাই, কারণ আমাকে 'বিজনসে কিভাবে বৃদ্ধি করা যায়?' সেই বিষয়ে কিছু বলার জন্য আহ্বান করা হয়েছিল। কিন্তু কন্ফারেন্সে যারা এসেছিল তাদের মুখে একটা হাসি দেখতে পেয়েছিলাম।

আমি তাদের হঠাৎই জিজ্ঞাসা করি যে, **'আপনারা কখনও ভেবে দেখেছেন কি, যখন আপনাদের মুখে হাসি থাকে তখন আপনারা কেমন বোধ করেন।'**

প্রশ্ন শুনে সকলেই শান্ত হয়ে যায়, কারণ তারা বুঝতে পারিনি যে, তাদের হাসির ওপর আমি এইভাবে অ্যাটাক করব?

বেশ কিছুক্ষণ কোনো উত্তর না পায়ার পর, আমি তাদের বলি যে, **'আপনাদের মুখে যখন হাসি থাকে তখন আপনাদের মনে থাকে ভরপুর উৎসাহ, আর আপনারা এক অসাধারণ সুখ ভোগ করেন।'**

কারণ ধনী হওয়ার বিজ্ঞান বলে যে, আপনার সংগতি ও আপনার আশেপাশের পরিবেশ আপনার খুশি নির্ধারিত করে দেয়। এই সময় আপনাদের আশাপাশের মহল সুন্দর তাই আপনারা খুশীতে আছেন। কিন্তু যদি আপনারা জানয়ারী মাসে অন্ধকার ধোঁয়াশায় পূর্ণ কাশ্মীরের এই ঠান্ডায় গিয়ে বসেন তাহলে কখনই ভালো বোধ করবেন না, তখন আপনারা কখন পরিত্রাণ পাবেন সেই চিন্তাই করতে থাকবেন।

এমন পরিবেশ আপনার মুড একেবারে বদলে দেবে, তখন আপনি সিগারেটের ধোঁয়া আর মদের বোতলের মধ্যে নিজের আনন্দকে খোঁজার চেষ্টা করবেন। অনলাইন চ্যাটিং করবেন, স্যেক্স হয়ে উঠবে আনন্দ খোঁজার একটা মাধ্যম। সেই কারণেই হার্বর্ড মেডিকেল স্কুলের মনোবৈজ্ঞানিক নিকোলস

ক্রিস্টকিস বলেছেন যে, **'আশেপাশের নেটওয়ার্ক আমাদের আবেগকে ছরিয়ে দেয়, একটা পুকুরে ছোটো একটা পাথর ফেললে যেমন হয়, এটা অনেকটা সেই রকম।'**

তাই প্রথম দৃষ্টিতেই আপনি নিজের আশেপাশের অভ্যাস, মুড, সুস্থতা প্রভৃতি গ্রহণ করার চেষ্টা করেন। এমন অভ্যাস আপনার ধ্যান আকর্ষণ করার চেষ্টা করে, যে সম্পর্কে আপনি বুঝতে পর্যন্ত পারেন না।

জীবনের এই পর্যায়টা অনেকটা গাড়ি চালানোর মতো, পিছনের সিটে বসে থাকলে সমানে কি হচ্ছে তার আঁচ পর্যন্ত করা যায় না। তখন আপনার চেতনার স্তর জাগ্রত হয় না।

সেই কারণেই কলোম্বিয়া বিশ্ববিদ্যালয়ের মনোবৈজ্ঞানিক ডঙ্কন ওয়াট বলেছিলেন, **'আপনি কি? কি করেন? তা আপনার আশেপাশের পরিবেশ ঠিক করে দেয়। কিন্তু যদি সমাজিক ভাবে ছরিয়ে পড়া এই ভায়রাসের মনোবিজ্ঞান সম্পর্কে আপনি জানেন, তাহলে আপনি তার থেকে আরো ভালো ফল লাভ করতে পারেন।'**

কারণ আপনার আশেপাশের পরিবেশ আপনার আবেগকে প্রভাবিত করে। কিন্তু কোনো ব্যক্তির সাথে আপনার কেমন সম্পর্ক, সেই বিষয়টাও আপনার মেজাজকে প্রভাবিত করে থাকে। আপনার খুব কাছের কিছু বন্ধু খানিকটা সময় যদি হেসে আপনার সাথে অতিবাহিত করে, তাহলে আপনার খুশী হওয়ার সম্ভাবনা অনেকটাই বৃদ্ধি পায়। কারণ খুশী ভাইরাসের মতো ছরিয়ে পড়ে।

গবেষণা থেকে জানা গেছে যে, প্রায় সময়তেই অনিচ্ছা সত্ত্বে কথা বলা বা বডি ল্যাঙ্গুয়েজের ক্ষেত্রে আশেপাশের লোকেদের নকল করার প্রবনতা বৃদ্ধি পায়। কারণ আপনার শরীরে যে মিরর নিউরন গুলো থাকে তার কোষ গুলি কিছু দেখার সাথে সাথে কাজ করতে শুরু করে দেয়। এই কারণেই ক্রিকেটারদের খুশির স্তর আর হকির খেলোয়াড়দের খুশীর স্তর এক হয় না, তাতে ম্যাচ যেদিকেই যাক না কেনো। কিন্তু খুশী দুটি ভাগে বিভক্ত থাকে, অর্থাৎ সামাজিক সম্পর্ক গড়ে তোলার প্রবৃত্তি ও তার অভ্যন্তরের দৃঢ়তা। আপনি যত বেশী খুশী অনুভব করবেন, আপনার সম্পর্ক ততই মজবুত হয়ে যাবে।

**অভিজ্ঞতাই আপনাকে সঠিক নির্ণয় নিতে সাহায্য করে, আর ভুল সিদ্ধান্ত নিলে তবেই আপনি অভিজ্ঞতা সঞ্চয় করতে পারবেন। তাই ধ্যান দিয়ে নিজের ভবিষ্যৎ সামলানোর কাজ করুন। কারণ অভিজ্ঞতা হল বিচারের সন্তান আর বিচার ক্রিয়ার।**

কিন্তু এই বিষয়ে আপনার জিন্স বিরাট ভূমিকা পালন করে। মানুষের শরীর অদ্ভুত ক্ষমতার অধিকারী। তার সদ্ব্যবহার করে, সাধারণ মানুষও অসাধারণত্বের খ্যাতি অর্জন করতে পারে।

এটা ঠিক যে সফলতা পাওয়ার জন্য পরিস্থিতি, সহযোগিতা ও প্রয়োজনিয় জিনিসের প্রয়োজন সবচেয়ে বেশি। কিন্তু যে ব্যক্তি নিজের ক্ষমতাকে সময়ের সাথে সাথে বৃদ্ধি করতে পারে, শুধুমাত্র সেইই এই সমস্ত কিছু জোটাতে সক্ষম হয়।

এই বিষয়টি আরো ভালো করে বোঝানোর জন্য আপনাকে একটা গল্প শোনাচ্ছি। এক কৃষক জম্মুর একটা গ্রামে থাকত। সে মাতা বৈষ্ণব দেবীর পাহাড়ে চড়ার স্বপ্ন দেখত। একদিন সে সকাল চারটেয় উঠে পাহাড়ের ওপর উঠার জন্য তৈরি হয়ে যায়। কিন্তু ভাবতে থাকে যে, এত অন্ধকারে চোখে দেখবে কিভাবে? সেই কারণে সে নিজের সাথে একটা লন্ঠন নিয়ে নেয়।

গ্রাম থেকে বেরানোর সময় তার মনে কিছু ভাবনা আসে, আর সে পাহাড়ে না গিয়ে বাড়ি রাস্তা ধরে, সেখান থেকে একটা সাধুর দল যাচ্ছিল। তাদের মধ্যে থেকে একজন সাধু কৃষককে জিজ্ঞাসা করে, **'কোথায় যাচ্ছিলে ভাই, আর এখন ফিরেই বা আসছো কেনো?'**

কৃষকটি বলে, **'বহু বছর ধরে সামনের পাহাড়ের মায়ের দর্শণ করার ইচ্ছা আছে, কিন্তু এই অন্ধাকরে লন্ঠনে দশ পায়ের চেয়ে বেশি দেখতে পাচ্ছি না, তাই ফিরে যাচ্ছি।'**

সেই কথা শুনে হেসে সাধু বলে, **'ফিরে কেনো যাচ্ছো, আগে দশ পা তো চলো, এই দশ পা যাওয়ার পর পরবর্তি দশ পা দেখতে পাবে। এই ভাবে দশ পা করে করে তুমি পাহাড়ে উঠে পড়বে আর বহু বছর ধরে যে মাকে দেখার বাসনা তাকেও দেখতে পাবে।'**

নিজের সমস্যাকে বড়ো মনে করে কৃষক ফিরে যাচ্ছিল, কিন্তু সাধু তাকে সমাধান পথ দেখাতেই সে ভোরের আলো ফোটার আগেই পাহাড়ের ওপর পৌঁছে যায়। সেখানে মায়ের দর্শণ করার জন্য লোকেরা লাইন দিয়ে দাঁড়িয়েছিল।

সমস্যা আর সমাধানের সাথে সম্পর্কিত এই গল্প আপনাকে বলে দেয় যে, **'দশ পা চলার'** লাভ কতখানি। তাই জন্য পৃথিবীর বৈজ্ঞানিক গণ সর্বদা, **'দশ পা আগে চলে।'**

> **আপনি যখন হাসেন, তখন দুনিয়া আপনার সাথে হাসে। কিন্তু আপনি যখন কাঁদেন তখন কে কাঁদে? এই নিয়ে গভীর ভাবে ভেবে দেখবেন।**

ইউনানের মহান দার্শনিক অরস্তুও 'দশ পা' আগে চলতেন। সেই কারণেই তিনি বলেছিলেন, **'পৃথিবী ব্রহ্মান্ডের স্থির কেন্দ্র, আর সূর্য, চাঁদ, তারা সব তার আশেপাশে ঘোরে।'** তখন লোকেরা তাঁর কথায় বিশ্বাস করেনি, তারপর নিকোলাস কোপারনিকাস আকাশের নিরীক্ষণ করে বলেন যে, **'সূর্য এই ব্রহ্মান্ডের কেন্দ্র আর পৃথিবী তার চারদিকে গোলাকার পথে ঘুরছে।'**

কিন্তু কোপারনিকাস ছিলেন পাদ্রী, তাই তিনি খোলাখুলি এই কথা বলতে পারেননি, এবং মৃত্যুদন্ডের ভয়ে জীবনের শেষ দিন পর্যন্ত এই কথা জানাতে পারেন নি তিনি। কিন্তু কোপারনিকাসের মৃত্যুর পর তাঁর গবেষণার বই খুঁজে পাওয়া যায়। কোপারনিসাকের পর গ্যালিলিও অরস্তু ও কোপারনিকাসের গবেষণা নিয়ে গভীর অধ্যয়ণ করেন, আর ব্রহ্মান্ড ও নক্ষত্র সম্পর্কে তিনি একটা সিদ্ধান্তে আসতে সক্ষম হন। গ্যালিলিও কোপারনিকাসের সিদ্ধান্ত মেনে নিয়েছিলেন। তিনি বলেছিলেন **'সূর্য'** কেন্দ্রে স্থির থাকে। অরস্তুবাদীরা তাঁর এই মত মেনে নিতে পারেনি, তারা গ্যালিলিওর কথার বিরোধীতা করে। তারা তার নামে ধর্মগুরু কার্ডিনল রবার্ট বেলারমাই -এর কাছে নালিশ জানায়, তখন গ্যালিলিও বলেছিলেন, **'আমি যা দেখছি, যার ওপর বিশ্বাস করছি, তাই ঠিক, বাকি সব ভুল।'**

ধর্মগুরু গ্যালিলিওকে সাবধান করে ছেড়ে দেয়, কিন্তু তারপর তাঁর বই 'দোলমী আর কোপারনিকাস' প্রকাশিত হয়। তখন অরস্তুবাদীরা পোপের কাছে গিয়ে বলে যে, তিনি ধর্মের বিরুদ্ধে কথা বলছেন।

পোপ গ্যালিলিও-র বিরুদ্ধে মামলা করার আদেশ দেয়, তারপর তাঁকে অপরাধী বলে ঘোষণা করা হয়।

তখন গ্যালিলিও বলেছিলেন, **'আমি দশ পা এগিয়ে চলি, আর দশ বছর আগের ভাবি। তাই পৃথিবী ঘুরছে ও সূর্যকে পরিক্রম করছে এটাই সত্যি। আপনারা ইচ্ছা করলে আমাকে ফাঁসি দিতে পারেন।'**

তাই আপনিও দশ পা এগিয়ে চলার সাহস দেখান। কারণ এগিয়ে যাওয়ার মধ্যেই লুকিয়ে থাকে সফলতার রহস্য। কিন্তু যারা **'দশ পা এগিয়ে'** চলতে পারে না, তাদের অবস্থা চীনের এক গ্রামে থাকা এই ব্যক্তির মতোই হয়।

তার গল্প খুবই মজার। তার বাড়ি ছিল পুকুরের পাশে, যার জন্য সে

**বিশ্বের সমস্ত সৈন্য মিলিত হয়েও তত লোককে মারতে পারবে না, যত লোক নিজেদের মধ্যে বিবাদ করে মারা যায়। তাই ঝগড়ার সময় চুপ থাকুন ও অন্যদের শান্ত করার চেষ্টা করুন।**

খুবই সমস্যার মধ্যে থাকত। রাতে ব্যাঙের আওয়াজে ঘুমাতে পারত না, ব্যাঙের হাত থেকে কিভাবে রেহাই পাবে সর্বদা তাই ভাবত।

একদিন সে একটা উপায় খুঁজে পায়। তাঁর মনে হয় যে, এই ব্যাঙ গুলিকে বিক্রী করে কোনো হোটেলের লোকের কাছে বিক্রী করে দিই। কারণ চীনের লোকেরা ব্যাঙ খায়, এই ভাবে ধীরে ধীরে সমস্ত ব্যাঙ শেষ হয়ে যাবে আর সে শান্তিতে ঘুমাতে পারবে। পরের দিন সে হোটেলের মালিকের সাথে কথা বলে, আর প্রতিদিন এক হাজার করে ব্যাঙ সাপ্লাই করার কথা হয়ে যায়। কিন্তু যেদিন হোটেলে ব্যাঙ সাপ্লাই করার ছিল, সেদিন সে শুধুমাত্র দুটি ব্যাঙ নিয়ে পৌঁছায়। তা দেখে হোটেলের মালিক বলে, **'আমাদের কথা হয়েছিল যে, প্রতিদিন এক হাজার ব্যাঙ দেবেন, আপনি তো শুধুমাত্র দুটি নিয়ে এসেছেন।'**

সেই সময় ব্যক্তিটি বলে, **'ব্যাঙের আওয়াজ শুনে আমার মনে হয়েছিল যে, এই পুকুরে হাজার-হাজার ব্যাঙ আছে, কিন্তু যখন ধরতে গেলাম তখন দেখলাম শুধুমাত্র দুটিই ব্যাঙ আছে, আর এরা রাতে এমন চিৎকার করত যে, আমি সারা রাত ঘুমাতে পারতাম না।'**

শুধুমাত্র দুটি ব্যাঙের জন্য তার কত রাতের ঘুম নষ্ট হয়েছিল কে জানে, অথচ এটা ছিল ছোট্টো একটা সমস্যা। যদি সে **'দশ পা এগিয়ে'** ভাবতে পারত তাহলে অতি সহজেই সমস্যার সমাধান করতে পারত। কারণ ইতিবাচক চিন্তা সম্পন্ন ব্যক্তির মধ্যে প্রচুর আত্মবিশ্বাস থাকে। তাই পরিস্থিতি যত গম্ভীরই হোক না কেনো, তারা সমাধানের পথ খুঁজে পেয়ে যায়। সেই কারণেই কোনো একজন কবি বলেছিলেন -

**তারা মন্ডলের ওপরেও আছে একটা জগত।**
**সফলতার জন্যও আরো পরীক্ষা দিতে হবে।।**

তাই নিজের আত্মবিশ্বাস সেই কাঁচের মতো দৃঢ় করে তুলুন, যা ভেঙে যাওয়ার পরও নিজের প্রতিবিম্বি গঠন করার গুণ হারায় না।

কিছু বছর আগে আমাকে একটা গ্রামে যেতে হয়েছিল। তখন গ্রামে একজন সিদ্ধ মহাত্মা এসেছিলেন। গ্রামের লোকেরা তাঁকে নিজের তপস্যা ও বলের দ্বারা তাদের দুঃখ দূর করার জন্য মিনতি জানায়।

তা শুনে মহাত্মা বলেন, **'আজ অর্ধেক রাতে নিজেদের চাদর পেতে দিয়ে চিন্তা-ভাবনা করে নিজেদের দুঃখের কথা তাতে রেখে দিও, তারপর তা বেঁধে কুঁয়াতে ফেলে দিও। তারপর সকলের সমস্যা দূর হয়ে যাবে।'**

এই কথা শুনে গ্রামের লোকেরা খুবই প্রসন্ন হয়। রাত হোতেই সকলে মহাত্মার কথা মতো কাজ করে। সকাল হোতেই সকলের ঘরে পরিবর্তন এসে যায়। সকলেই দুঃখের হাত থেকে মুক্তি পায়, কাউর আর কোনো সমস্যা ছিল না।

মহাত্মা চলে যান। তিনি যাওয়ার পর লোকেদের মনে হয় যে, তারা তাড়াহুড়ো করে কিছু জিনিস ছেড়ে দিয়েছে। তাই তারা পুনরায় অন্যদের সুখ দেখে দুঃখে থাকতে শুরু করে। কিছুদিন বাদে, গ্রামের অবস্থা পুনরায় আগের মতো হয়ে যায়।

সকলে ভাবতে শুরু করে যে, যদি পুনরায় মহাত্মা এসে তেমনি কোনো চমৎকার করতেন, তাহলে কি ভালোই না হোত। তারপর তাঁকে খোঁজা শুরু হয়। সৌভাগ্য বশত একদিন মহাত্মা এসে পৌঁছান। লোকেরা তাদের সমস্ত সমস্যার কথা বলে। তা শুনে মহাত্মা বলেন, **'তোমরা কি সমস্ত দুঃখ ফেলতে পারনি?'**

লোকেরা বলে, **'ফেলেতো ছিলাম, কিন্তু এখন দুঃখ আরো বেড়ে গেছে।'**

মহাত্মা বলেন, **'এইবার চাদরে দুঃখ নয়, প্রত্যেককে নিজের লোভ রাখতে হবে। মোহ আর ক্রোধ রাখতে হবে। সকলকে নিজের কোনো একটা খারাপ বিষয় রাখতে হবে। আপনারা রাজী আছেন তো?'**

গ্রামের লোকেরা মাথা নিচু করে নেয়। মহাত্মা বলেন, **'মনে হচ্ছে আপনারা রাজী নন।'**

লোকেরা বলে, **'আপনি কি বলতে চাইছেন, আমরা তা বুঝতে পেরেছি। আমাদের আর কোনো কিছু করার প্রয়োজন নেই। কারণ আমরা যদি নিজেদের দুর্বলতা ত্যাগ করতে না পারি তাহলে কখনই দুঃখ দূর হবে না।'**

তাই নিজের দুর্বলতা দূর করুন, সর্বদা কিছু করে দেখানোর বাসনা রাখুন। কারণ প্রাচীন ইরানের ধর্মগ্রন্থ **'য়ন্স'** -এ তিনটি বিষয়ের ওপর সবচেয়ে বেশি জোর দেওয়া হয়েছে, **'হুমত'** অর্থাৎ ভালো বিচার, **'হুখ্ত'** অর্থাৎ ভালো কথা আর **'হুভর্শত'** অর্থাৎ ভালো আচরণ।

তাই সেখানকার ধর্ম হাসি মুখে থাকা। এটাই পৃথিবীর একমাত্র ধর্ম। সেখানে হাসি মুখে ঈশ্বরকে পাওয়ার চেষ্টা করা হয়।

**ভালোবাসা হল এমন একটা খেলা, যাতে স্ত্রী ও পুরুষ উভয়ই সমান ভাবে জয়লাভ করে। আর ক্রোধের খেলায় দুইজনই সমান ভাবে পরাজিত হয়। কারণ কাজ করে মানুষ ততটা ক্লান্ত হয় না, যতটা হয় ক্রোধ করলে। তাই আপনি কোন খেলা খেলতে পছন্দ করবেন তা উন্মুক্ত মনে চিন্তা করুন।**

তাতে বলা আছে যে, যখন জরাথুস্ত্রের জন্ম হয়েছিল, তখন তিনি খিলখিল করে হেসেছিলেন। তিনি বলতেন যে, হাসি মুখে পরমাত্মাকে পাওয়া যেতে পারে, তাহলে কান্নার দরকার কি? তিনি মনে করতেন যে, এই জীবন আনন্দ আর উৎসবের স্রোত। তাই শরীরকে কষ্ট দেওয়া, দন্ড দেওয়া বা ঈশ্বরের নামে অন্যকে শূলে চড়ানো, এই গুলি ঈশ্বরের প্রতি প্রেম হোতে পারে না।

জরাথুস্ত্রের ধর্ম ছিল একেবারে আলাদা। তিনি যেমন সকলের থেকে আলাদা ছিলেন, তেমনি তাঁর দর্শণও ছিল সকলের থেকে ভিন্ন। তিনি বলতেন যে, এই বিশ্ব সংসারে সর্বদা দুটি শক্তি কাজ করে, ভালো এবং মন্দ, কিন্তু শেষ পর্যন্ত জয় ভালোরই হয়।

তাই আপনিও নিজের মনে একটা কথা গেঁথে নিন যে, শেষে জয় আপনারই হবে। কারণ আপনিও ভগবানের প্রতি আস্থা রাখেন, আর ভগবান শব্দটির সৃষ্টি হয়েছে পাঁচটি অক্ষর দিয়ে। অর্থাৎ জল, আকাশ, ভূমি, বায়ু এবং অগ্নি। এই বিষয়টি নিম্নে পরিভাষিত করা হল :-

**ভ :** ভূমির থেকে এই 'ভ' অক্ষরটি এসেছে, আর এর অর্থ হল সহ্য ক্ষমতা। তাকে যখন কেউ খনন করে তখন সে মানা করে না, বরং উল্টে জল ও সোনা দেয়। মানুষ এই ভূমিকে খনন করে, তার ওপর দিয়ে চলে, কিন্তু সে নিজের সহ্য ক্ষমতা হারায় না। আপনারও নিজের সহ্য ক্ষমতা কখনই ত্যাগ করা উচিত না।

**গ :** গগন শব্দটি থেকে 'গ' শব্দটি নেওয়া হয়েছে, গগন অর্থাৎ আকাশের মতো বড়ো।

**ব :** এই অক্ষরটি এসেছে 'বায়ু'-র থেকে। আর বায়ুর গুণ হল স্পর্শ করা। তাই স্পর্শ থেকেই সুখের অনুভূতি হয়ে থাকে। স্পর্শ দ্বারা সুখ-শান্তি ও আনন্দ পাওয়া যেতে পারে। তাই নিজের মনকে বায়ুর মতো করুন।

**আ :** এই অক্ষরটি এসেছে 'অনল' অর্থাৎ অগ্নির থেকে। আগুন সবকিছু জ্বালিয়ে ভস্ম করে দেয়। আগুন আপনার ভেতরের দোষ পুড়িয়ে ছাই করে আপনার গুণের প্রকাশ ঘটায়।

**ন :** এই অক্ষরটি এসেছে, 'নীর' অর্থাৎ জলের থেকে। যাতে আপনার মধ্যেও জলের মতো তরলতা, শীতলতা ও বিনম্রতা আসে। এই পাঁচটি গুণ আপনার ভেতরে এসে গেলে আপনি মহান হয়ে যান।

**উপহাস করা বা কথা শোনানো মূর্খদের ভাষা। তাই এই ধরণের অভ্যাস শীঘ্র ত্যাগ করতে হবে, আর ধনীদের মতো কথা কম বলুন, কিন্তু শোনার অভ্যাস অবশ্যই রাখুন।**

**তাই মহান লোকেদের নিজের প্রেরণার উৎস করে তুলুন, তাদের কাছ থেকে প্রেরণা লাভ করুন:**

কারণ প্রেরণা বলতে এমন মন-প্রাণ দিয়ে কাজ করাকে বোঝায়, যা উৎসাহ বৃদ্ধি করে। আপনার চিন্তা-ধারার দৃষ্টিভঙ্গী বদলে দেয়।

তারপর আপনি যেকোনো মূল্যে নিজের লক্ষ্য পূরণ করার চেষ্টা করেন। যেভাবে জাপানের শিল্পী নাগচী করেছিলেন, তিনি একদিন গাছের ছায়ায় ঘাসের ওপর বসেছিলেন এমন সময় তার সামনে একটা ফকির এসে বলে, **'আমি দু-দিন ধরে কিছু খেতে পাইনি, আমাকে কিছু খাওয়ার জন্য দিন।'**

নাগচী তাকে একটা সিকি দেন, সেটা পেয়ে ভিখারী খুব খুশি হয়। তার এই খুশী দেখে নাগচী অবাক হয়ে ভিখারীটিকে বলেন যে, **'এই একটা সিকি পেয়েই তুমি এত খুশী হয়ে গেলে?'**

তখন এই ব্যক্তি হেসে বলে, **'আমি অর্থোপার্জনের কলা শিখে গেছি, তাই আমি মন খুলে হাসতে পাচ্ছি।'**

এর থেকে বোঝা যায় যে, হাসা এমন একটা শক্তি যা মানুষকে বলশালী করে তোলে ও তার ভেতরে ইতিবাচক শক্তি ভরে দেয়। এই কারণেই যে মানুষ হাসতে জানে সে **'নো থট স্টেটস'** -এর অবস্থা প্রাপ্ত করে, যা খুশীর চরমাবস্থা।

কারণ হাসার সাথে প্রসন্নতার সম্পর্ক আছে। আপনি যখন প্রসন্ন হন তখনই হাসেন। আপনি যদি অকারণেও হাসেন তাহলেও প্রসন্নতা প্রাপ্ত করবেন। প্রসন্নতার মনোদশায় শরীরের রাসয়নিক সংরচনাতেও পরিবর্তন আসে।

তাই আপনি যখন হাসেন তখন আপনি ধ্যানের পর্যায় পৌঁছে যান, কিন্তু আজকের দ্রুতগামী জীবনে মানুষের কাছে সময়ের বড়ো অভাব। এই রকম অবস্থায় মানুষের কাছে খুশীর সময় খুব কম থাকে, তখন লোকেদের খুশী লাভ করার জন্য কৃত্রিম উপায়ের সন্ধান করতে হয়।

কিন্তু এই ব্যস্ত জীবন থেকেও আপনি নিজের জন্য খানিকটা খুশীর সময় নির্গত করে নিতে পারেন। এমন কিছু টিপ্স আমি আপনাদের দেব, যা শুনে আপনাদের জীবন খুশীতে ভরে যাবে :-

১ **নিজের দৃষ্টিভঙ্গী বদলে ফেলার চেষ্টা করুন, সর্বদা কাজের ইতিবাচক দিক দেখার চেষ্টা করুন।**

**প্রতিশ্রুতি ভঙ্গ করার থেকে বিনম্রতার সাথে মানা করে দেওয়া শ্রেয়। কিন্তু সর্বদা বুদ্ধিমান মানুষই প্রতিশ্রুতি ভঙ্গ করে, অথচ সাধারণ লোক ক্ষমা চেয়ে নেয়।**

- **কোনো হাসির ফিল্ম দেখুন, যাতে করে আপনি কিছুক্ষণের জন্য নিজের চিন্তা ভুলে থাকতে পারেন। তাহলে আপনি কিছুক্ষণের জন্য হাসতে পারবেন।**
- **প্রতিদিন এমন একটা পুস্তকের কয়েকটা পৃষ্ঠা অবশ্যই পড়ুন যা আপনার জীবনে ইতিবাচকতার সঞ্চার ঘটাতে পারে।**
- **আপনি যখন সমস্যায় থাকবেন তখন আপনার হাতে করার কতো কি কাজ আছে সেগুলি খুঁজে বার করুন।**
- **প্রতিদিন নিজের জন্য ভালো কিছু করুন, আর টি.ভি.-তে নিজের পছন্দের প্রোগ্রাম দেখুন।**
- **যারা খুশীতে থাকে, যাদের বিচারধারা ইতিবাচক তাদের সাথে থাকুন, তাতে করে আপনার জীবনেও খুশী আসবে।**
- **নিজের শরীর ঠিক রাখুন, ফাস্ট ফুড খাবেন না। কারণ তার প্রভাব পড়ে আপনার মেজাজের ওপর।**
- **ঠান্ডা মাথায় আরামে যেকোনো সমস্যার সমাধান করুন।**

আপনি যখন এই বিষয় গুলির প্রতি ধ্যান দেবেন, তখন আপনি নিজেকে এই পৃথিবীর সবচেয়ে সৌভাগ্যবান মানুষ বলে ভাবতে পারবেন। আপনি যদি আকাশকে নিজের গন্তব্য বলে মনে করেন তাহলে ডানার সাহায্যে উড়লে হবে না, আপনাকে নিজের মনোবলের সাহায্যে উড়তে হবে।

একটা পুরোনো গল্প আছে, এক দেশে একজন ব্রাহ্মণ তার স্ত্রীর সাথে বসবাস করত। কিন্তু তারা দুইজনেই দুঃখী ছিল, আর তাদের দুঃখের কারণ ছিল সন্তান না হওয়া। তাদের বিয়ের পর বহু বছর কেটে গেছিল, তাদের বয়সও হয়েছিল যথেষ্ট কিন্তু তাদের কোনো সন্তান হচ্ছিল না।

তাই ব্রাহ্মণ ঠিক করে যে, স্ত্রীর সাথে তপস্যা করবে। দুজনেই পর্বতের উচ্চ শিখরে গিয়ে কঠোর তপস্যা শুরু করে। কিছুদিন বাদে ভগবান শিব প্রসন্ন হয়ে প্রকটিত হন আর বলেন, **'তোমাদের যা ইচ্ছা তাই চাইতে পার।'**

তখন ব্রাহ্মণ দম্পতি বলে, **'ভগবান আমরা সন্তানহীন। আপনি আমাদের পুত্র রত্ন পাওয়ার আশীর্বাদ করুন।'**

সময় কেটে যায়, কিছুদিন বাদে ব্রাহ্মণ দম্পতির অপেক্ষার পালা শেষ হয়, ব্রাহ্মণের ঘরে এক পুত্র সন্তানের জন্ম হয়, কিন্তু তাও তাদের মনে আনন্দ ছিল না, কারণ পুত্র ছিল অন্ধ। তারা ভাবে যে, সারা জীবন পূজা করেছি, তপস্যা

করেছি, তীর্থে ঘুরে বেরিয়েছি, একটা পুত্রের জন্য, বৃদ্ধ বয়সে একটা পুত্র হল, কিন্তু সে হল অন্ধ। কি পেলাম আমরা?

কিন্তু ব্রাহ্মণ দম্পতি খুবই স্নেহের সাথে তাদের পুত্রকে বড়ো করে তোলে, আর বড়ো হওয়ার পর তাকে গুরুর আশ্রমে পাঠিয়ে দেয় তারা।

পুত্র নিজের শিক্ষা সমাপ্ত করে গুরুর আশ্রম থেকে ফিরে আসে, সেখান থেকে ফিরে এসে বাবাকে জিজ্ঞাসা করে যে, **'বাবা আপনিও কি আমার মতো অন্ধ?'**

বাবা বলে, **'না।'**

তখন ছেলে জিজ্ঞাসা করে, **'তাহলে কি আমার মা অন্ধ?'**

তখন পিতা বলে, **'না, তোমার মাও অন্ধ নয়। এতো তোমার গত জন্মের কর্মের ফল, যার জন্য তুমি অন্ধ হয়েই জন্মেছো।'**

পুত্র খুব শান্ত ভাবে উত্তর দেয়, **'আপনি তো জপ করেছিলেন, তপস্যা করেছিলেন, পূজা-পাঠ, তীর্থ যাত্রা কিছুই বাদ দেননি। ভগবান শিবকে প্রসন্ন করার পর চাইলেন তো কি চাইলেন? যদি ভগবানের কাছ থেকে খুশী চাইতেন তাহলে হয়তো আমি জন্মান্ধ হোতাম না।'**

এই গল্পের মধ্যে সফলতার এক বিরাট রহস্য লুকিয়ে আছে, আর তা হল সর্বদা ভগবানের কাছ থেকে খুশী চান। কারণ খুশীই মানুষের সমস্ত দুঃখ দূর করে দেয়। হয়তো এই কথা মাথায় রেখেই শিল্প ও বাণিজ্য মন্ত্রী কমলনাথ ফিক্কীর এক সেমীনারে বলেছিলেন যে, **'আমি সর্বদা খুশীতে থাকার চেষ্টা করি, যেদিন হাসতে ভুলে যাই সেদিন মনে হয় যে, এই পৃথিবীতে আমার কোনো অস্তিত্ব নেই।'**

তাই আপনিও হাঁসুন, হাসান ও আনন্দে থাকার চেষ্টা করুন। কারণ যারা সর্বদা খুশিতে থাকে তাদের পার্সোনালিটিকে বোল্ড ও ড্যাসিং বলে ধরা হয়।

সেই কারণেই রিলায়েন্স ইন্ডাস্ট্রীজের মালিক মুকেশ আম্বানী বলেছিলেন, **'আগত সময়ে সারা পৃথিবী জুড়ে বয়স্ক লোকেদের ভিড় দেখা যাবে। শুধুমাত্র ভারতেই দেখা যাবে যুবকদের সক্রিয়তা, তারা সারা পৃথিবী জুড়ে নিজেদের যোগ্যতার পতাকা ওড়াবে, যা ভারতের জন্য বিরাট শক্তিতে পরিণত হবে।'**

কারণ চারটে ট্রেন্ড বিশ্বকে এগিয়ে নিয়ে যাবে, তার মধ্যে ভারতের পদক্ষেপ থাকবে সবার আগে :-

**প্রথম ট্রেন্ড :** ভারতে জনসংখ্যার স্বরূপ আজ যা আমেরিকাতে তা ছিল 1910 - 20 -র মধ্যে।

**দ্বিতীয় ট্রেন্ড :** গণতন্ত্র। ভারতে বিভিন্নতার সমাবেশ দেখা যায়, ভারতীয়রা গণতন্ত্রে বিশ্বাস করে।

**তৃতীয় ট্রেন্ড :** টেকনোলজী। আর্থিক সংকট থাকলেও টেকনোলজির গতি কখনও স্তব্ধ হওয়ার নয়। অন্য দেশের তুলনায় ভারত অনেক ভালো ভাবে টেকনোলজিতে গ্রহণ করতে শিখিছে।

**চতুর্থ ট্রেন্ড :** গ্লোবালাইজেশান এবং গ্রোথ সারা বিশ্বে যাই হোক না কেনো, ভারত ছয় থেকে সাত শতাংশ গ্রোথ রেট বানিয়ে রাখবে। কারণ আমরা ভারতীয়রা খুশীতে থাকতে জানি। এমনিতেই ভারত একটা সুন্দর দেশ, তার কাছে সমৃদ্ধ হয়ে ওঠার ইতিহাস আছে, কিন্তু সিদ্ধান্ত কেন্দ্রিক জীবন থেকে আমরা ব্যক্তিগত, পারিবারিক, ব্যবসায়িকরবং সামাজিক জীবনের শক্তি লাভ করি। কিন্তু এখন আমাদের ভারতকে বিশ্বের মধ্যে সর্বশ্রেষ্ঠ করে তোলার জন্য তিনটি সিদ্ধান্ত মেনে চলতে হবে।

1. **পরিবর্তন :** পরিবারে পরিবর্তন আনে স্বামী-স্ত্রী, তা পরিবারের অন্য কোনো সদস্য আনতে পারে না। কিন্তু আত্ম-সচেতনতার মাধ্যমে নিজের মধ্যে চলা গতিবিধির দ্বারা আপনাকে নিজের পরিবারে পরিবর্তন আনতে হবে।
2. **কল্পনা :** নিজের কল্পনার সাহায্যে আপনি এটা ঠিক করতে পারেন যে, আপনি কি হোতে পারবেন ও কি করতে পারবেন?
3. **বিবেক :** আপনাকে নিজের অন্তরাত্মার আওয়াজ শুনতে হবে। কারণ তা আপনাকে বিশেষ দিকে যাওয়ার জন্য প্রেরণা দেবে। তাই সর্বদা নিজের বিবেক কে বিকসিত করার চেষ্টা করুন।

কারণ কনফ্যুশিয়াস বলেছিলেন, **'যতক্ষণ কোনো পক্ষী নিজের ডানা ঝাপটাতে থাকবে, নিজের ঠোঁট ক্ষতবিক্ষত করবে, ততক্ষণ পর্যন্ত সে আকাশে উড়ে শিকার করার চেষ্টা করবে।'**

কিছুদিন আগে বোর্ডের পরীক্ষার ফল ঘোষিত হওয়ার সময় আমি আমার এক বন্ধুর বাড়িতে গেছিলাম। তার মেয়ের বারো ক্লাসের ফলাফল এসে গেছিল। কিন্তু কাউর মুখেই হাসি ছিল না। কারণ তারা আশা করেছিল যে, মেয়ে কমপক্ষে 95 শতাংশ পাবে কিন্তু সে পেয়েছিল 92 শতাংশ।

পরিবারের সকল সদস্য তার অসফলতার জন্য দুঃখ পাচ্ছিল। কিন্তু আমি বাড়ি ফিরে দেখলাম যে, আমার প্রতিবেশিরা খুব আনন্দ-উৎসব করছে। তাদের ঘরের ছেলে 45 শতাংশ নিয়ে পাশ করেছিল, তাই তাদের আনন্দের সীমা ছিল না।

এর থেকে বোঝা যায় যে, সফলতা লাভের মানদন্ড সকলের কাছে আলাদা। সফলতা আর প্রসন্নতা মনের একটা অবস্থা মাত্র, কিন্তু তা বদলানোর জন্য আপনাকে নিজের দৃষ্টিভঙ্গী বদলাতে হবে। মানুষ যখন আনন্দে থাকে তখন সে হাসে, খেলে, গান গায়, হাসে, হাত মেলায় ও অপরকে আলিঙ্গন বদ্ধ করে। এক নেতার ছেলে ফেল করার পরেও সে সকলকে মিষ্টিমুখ করাচ্ছিল, তখন এক সাংবাদিক জিজ্ঞাসা করে যে, **'আপনার ছেলে তো ফেল করেছে, তা সত্ত্বেও আপনি সবাইকে মিষ্টি খাওয়াচ্ছেন কেনো?'**

নেতাজী বলে, **'ষাট শতাংশ বাচ্চা ফেল করেছে। এর অর্থ হল জন মত আমার ছেলের সাথে আছে। তাই আমি সবাইকে মিষ্টিমুখ করাচ্ছি।'**

হাসিমুখ স্বভাব এবং হাস্যবোধ আপনার জীবনের যেকেনো ক্ষেত্রে আপনাকে সফলতা প্রদান করবে। কারণ বলা হয় যে, মানুষ যদি খুশী মনে থাকে তাহলে কোনো রকম নেতিবাচক বিচার তার আশেপাশে আসতে পর্যন্ত পারে না। তবেই সে সঠিক সিদ্ধান্ত নিয়ে এগিয়ে যাওয়ার সুযোগ পায়।

**হাস্যবোধের লাভ :**

যে মানুষের মধ্যে হাস্যবোধের গুণ থাকে, তা তার জন্য লাভ জনক বলে প্রমাণিত হয়। কারণ মন খুলে হাসতে পারলে আপনার মাংসপেশী গুলি রিলাক্স হয়ে যায় এবং সমস্ত চাপ দুরে চলে যায়।

এই কারণেই যারা হাসতে পারে বা হাসাতে পারে তারা যেকোনো পরিবেশকে চাপ মুক্ত করতে সক্ষম হয়। এরফলে মানসিক চাপ ও হতাশাও দূর হয়। তাই কাজের সময় যদি কোনো কারণে চিন্তা বা মানসিক চাপের সৃষ্টি হয় তাহলে একটা হাসি এক লহমায় তা দূর করে দিতে পারে। তাতে করে ইম্যুন সিস্টেমও অনেকটা দৃঢ় হয়ে যায়।

**সেন্স অফ হিউমার -এর কামাল :**

সঠিক সেন্স অফ হিউমার যুক্ত লোক বিপরীত পরিস্থিতিতেও সর্বশ্রেষ্ঠ প্রদর্শন করে সকলকে অবাক করে দিতে পারে। এই ধরণের লোকেরা সাধারণের থেকে অনেক বেশী সতর্ক, সক্রিয় ও উর্জাবান হয়ে থাকে। সফলতার জন্য এই গুণ গুলির প্রয়োজন সবচেয়ে বেশী।

তা সত্ত্বেও এই ধরণের লোকেরা সমস্যার সময় অন্যদের কাছ থেকে নিজেদের পক্ষে ডীল করিয়ে নিতে সক্ষম হয়। ঠিক তেমন, যেমন আপনি ভাবেন যে, যখন ঈশ্বর চাইবেন তখনই কোনো গাছে ফল আসবে। কিন্তু যদি বিজ্ঞানের

চোখে দেখেন তাহলে বুঝবেন যে, প্রকৃতির সক্রিয়তায় আবহাওয়া অনুসারে গাছে ফল হয়।

আপনি কিসে খুশী হবেন তা জানার জন্য আপনাকে নিজের ভেতরে উঁকি দিতে হবে। সেই কারণেই ওশো বলেছিলেন, **'আমি চাই না যে, তোমরা গম্ভীর থাকো, কারণ এটা একটা আধ্যাত্মিক অসুখ। আর হাসি হল আধ্যাত্মিক সুস্থতা। তাই যখন তুমি হাস, তখন নিজের মনকে অতি সহজে আলাদা করে রাখতে পার। কিন্তু যখন হাসবে না, তখন আমার দরজা বন্ধ হয়ে যায়।'**

তাই হাসতে শিখুন, আর হাসির কথাটা হেসে উড়িয়ে দেবেন না। কোনো কারণ ছাড়াই হাসার চেষ্টা করুন। এই হাসিই আপনার জীবনকে হাসিতে ভরিয়ে দেবে। আমার একটা চুটকী মনে পড়ে গেল, একবার 80 বছরের এক বৃদ্ধ লটারীতে দুই কোটি টাকা পায়। এই খবর পেয়ে তার হার্ট এট্যাক না হয়ে যায়, তা ভেবে বাড়ির লোকেরা ঠিক করে যে, ডাক্তারের মাধ্যমে তাকে এই কথা জানাবে, কারণ যদি হার্ট এট্যাক হয় তাহলে সে পরিস্থিতি সামলে নিতে পারবে।

তারপর শহরের বিখ্যাত হার্টের ডাক্তারের সাথে যোগাযোগ করা হয়। ডাক্তার তার পরিবারের লোকেদের আশ্বস্ত করে বলে যে, **'আপনারা বেশি চিন্তা করবেন না, আমি এমন ভাবে ওনাকে এই আনন্দের খবর যাতে উনি বেশি উত্তেজিত না হন।'** তারপর ডাক্তার এই বয়স্ক ব্যক্তির কাছে যায়, প্রথমে কিছুক্ষণ এদিক-সেদিকের কথা বলে আর তারপর বলে, **'আমি আপনাকে একটা আনন্দের সংবাদ দিতে চাই।'**

**'এই বয়সে আর কি খুশীর খবর শুনব।'** বৃদ্ধ ব্যক্তি উত্তর দেয়।

**'আপনি লটারীতে দুই কোটি টাকা জিতেছেন।'**

এই কথা শুনে বয়স্ক ব্যক্তি বলে, **'এই আনন্দের খবর সবার আগে আপনি আমাকে দিলেন, তাই আমি এর অর্ধেকাংশ আপনাকে দিতে চাই।'** এই কথা শুনে ডাক্তার ধম করে মাটিতে পড়ে যায়, আর তার প্রাণ উড়ে যায়। কারণ এই বয়স্ক ব্যক্তি তাকে এত গুলি টাকা দেবে ডাক্তার তা আশা করতে পারেনি।

এটাও খুশী হওয়ার একটা উপায়, কিন্তু তার মধ্যে স্বার্থ লুকিয়ে ছিল। কারণ এই পৃথিবীতে মানুষ, **'প্রাপ্তি'** ও **'আনন্দের'** ভাবের সাথে বেঁচে থাকে। সে নিজের সমস্ত চাহিদা পূরণ করতে চায়। কিন্তু যখন সে চাওয়ার অতিরিক্ত পেয়ে যায় তখন মৃত্যু তাকে নিজের [illegible] নেয়।

কল্পনা করুন যে, এ[illegible]র একটা নামি-দামি শোরুমে গিয়ে

ঢোকে আর সেখানে রাখা শ্বেত পাথরের একটা ইঁদুরের মূর্তী দেখে সে উদ্গ্রীব হয়ে পড়ে। তখন সে দোকানদারকে এই মূর্তীর দাম জিজ্ঞাসা করে, দোকানদার বলে যে, **'মূর্তীর দাম 1000 টাকা কিন্তু আপনি যদি এর গল্প শুনতে চান তাহলে আপনাকে 20,000 টাকা দিতে হবে।'**

এই ব্যক্তি দোকানদারকে 1000 টাকা দিয়ে বলে, **'আমার এই মূর্তীটা চাই, এর গল্পের সাথে আমার কোনো মতলব নেই।'**

এই ব্যক্তি যখন মূর্তীটা নিয়ে বাইরে বেরায় তখন আশেপাশের সমস্ত ইঁদুর তার পিছনে পিছনে চলতে শুরু করে। বাড়ি ফিরেও একই ঘটনা ঘটে, বাড়িতে যত ইঁদুর ছিল সকলে এই মূর্তীর কাছে চলে আসে।

পরের দিন সকালে সে এই মূর্তী নিয়ে বাইরে বেরাতেই শহরের সমস্ত ইঁদুর তার পাশে এসে চিৎকার করতে শুরু করে। এই ব্যক্তি ঘাবরে গিয়ে শ্বেত পাথরের এই মূর্তী নদীর জলে ফেলে দেয়। তারপর আশেপাশে যত ইঁদুর ছিল সকলে এই নদীর জলে গিয়ে ঝাঁপ মারে।

তখন এই ব্যক্তি আবার শোরুমে যায়, তাকে দেখে দোকানদার বল যে, **'আমি জানতাম যে, আপনি অবশ্যই আসবেন, আর এসে ইঁদুরের গল্প শুনতে চাইবেন।'**

সে বলে, **'আমি গল্প শুনতে আসিনি, আমি আপনাকে জিজ্ঞাসা করতে এসেছি যে, মা লক্ষ্মীর এমন কোনো শ্বেত পাথরের মূর্তী আপনার কাছে আছে কি?'** এটা হল শর্টকাটে সফলতা চাওয়ার একটা উদাহরণ, কিন্তু সফলতা শুধুমাত্র তারাই পায় যাদের ভেতরে ধৈর্য্য থাকে, সাহস থাকে এবং খুশীতে থাকার মনোভাব থাকে।

বুল্লেশাহ ছিলেন এই ধরণেরই মানুষ। একদিন তিনি যখন বাজার থেকে ফিরছিলেন তখন এক জায়গায় বেশ ভিড় দেখেন। তার মনে হয় যে, এখানে এতগুলো লোক আছে কিন্তু এরা আল্লার সম্পর্কে কিছুই জানে না। কারণ সকলে নিজেদের মতো করে আনন্দ-মস্তিতে ডুবে ছিল। তাঁর মনে হল যে, তিনিই আল্লার সম্পর্কে এদের বলবেন।

হঠাৎ তিনি একটা সোনার দোকান দেখতে পান। সেই দোকানে গিয়ে তিনি বলেন, **'আমার একটা আংটি চাই।'**

সঙ্গে সঙ্গে সোনার দোকানের লোকটা বলে, **'বানিয়ে দেব, কিন্তু মাপ কি হবে?'** বুল্লেশাহ বলেন, **'আল্লাহের আঙুলের মাপে বানিয়ে দাও।'**

দোকানদার জিজ্ঞাসা করে, **'আল্লাহর আঙুলের মাপে?'**

তখন বুল্লেশাহ নিজের আঙুল এগিয়ে দিয়ে বলেন, **'এই মাপে বানাও।'**

দোকান দার রেগে গিয়ে বলে, **'তুমি পাগল, তুমি আল্লাহ নাকি?'**

বুল্লেশাহ বলেন, **'আমার এই আঙুলই আল্লাহর আঙুল।'**

এই কথা শুনে দোকানদারের মনে হয়, তিনি সত্যিই পাগল, নিজেকে খুদা বলে মনে করছে। তারপর সে মৌলবীকে ডেকে বলে, **'এই ব্যক্তি নিজেকে আল্লাহ বলছে, একে মসজিদে নিয়ে যাও।'**

তখন মৌলবী বুল্লেশাহকে নিজের আঙুল দেখিয়ে বলে, **'এটা কি?'**

বুল্লেশাহ বলেন, **'আল্লাহর আঙুল।'** তখন মৌলবী রেগে গিয়ে বলে, **'এটা আমার আঙুল।'** বুল্লেশাহ নিজের কথার ওপর জোর দিয়ে বলেন, **'না, এটা খুদার আঙুল।'**

মৌলবীর মনে হয়, এ নিজের ধর্মভ্রষ্ট করে ফেলেছে, নিজেকে খুদা বলছে। তাই সে বুল্লেশাহকে মৃত্যুর শাস্তি শুনিয়ে দেয়। কিন্তু বুল্লেশাহ তা শুনেও খুবই আনন্দে ছিলেন। তাঁকে যখন ধরে নিয়ে যাওয়া হচ্ছিল তখন চারদিকে হাহাকার পড়ে যায়, সকলে তাঁর সাথে কি হোতে চলেছে তা দেখার জন্য মসজিদের দিকে দৌড়াতে শুরু করে।

কিন্তু যখন বুল্লেশাহের নেশা কাটে তখন তিনি নিজেকে মসজিদের মধ্যে পান। তখন তিনি মৌলবীকে জিজ্ঞাসা করেন, **'আপনি এখানে আমাকে কেনো নিয়ে এসেছেন?'**

মৌলবী বলে, **'তুমি কাফিরদের মতন কথা বলছিলে, তাই তোমাকে শাস্তি দেওয়ার জন্য এখানে নিয়ে এসেছি।'**

তখন বুল্লেশাহ বলেন, **'কিন্তু এখানে এত ভিড় কেনো, এরা কারা?'**

মৌলবী বলে, **'এরা আল্লাহর সন্তান।'**

তখন বুল্লেশাহ জিজ্ঞাসা করেন, **'আমি কে?'**

মৌলবী বলে, **'তুমিও আল্লার সন্তান।'**

তখন বুল্লেশাহ নিজের আঙুল দেখিয়ে বলেন যে, **'তাহলে এই আঙুলটা কার?'**

> **আপনি কিভাবে ধনী হোতে পারবেন? তার ব্লুপ্রিন্ট আপনার মস্তিষ্কের একটা কোষের মধ্যে লোকানো আছে। কিন্তু তা নির্গত করার জন্য আপনাকে কল্পনা রূপী প্রিন্টারের ব্যবহার করতে হবে।**

'এটাও আল্লাহর।' এই কথা বলে মৌলবী হাসতে শুরু করে।

এর থেকে বোঝা যায় যে, বুল্লেশাহ ছিলেন হাস্যপ্রিয় মানুষ। আপনি কি জানেন যে, আপনি কিধরণের মানুষ? যদি না, তাহলে নিজেকে জানার চেষ্টা করুন। তার জন্য আপনাকে মাত্র পাঁচটা প্রশ্নের উত্তর দিতে হবে :-

1. **আপনি কি ধরণের ব্যবসায়িক ক্ষেত্র চান?**
   - a. যেখানে আমি প্রচুর অর্থ উপার্জন করতে পারব। হ্যাঁ ☐
   - b. যেখানে আমি সফলতা অর্জন করতে পারব। হ্যাঁ ☐
   - c. যেখানে আমি নিজের ভাগের কাজ করতে পারব। হ্যাঁ ☐
   - d. যেখানে লোকেরা আমার উপলব্ধি বুঝতে পারবে। হ্যাঁ ☐
2. **আপনি কিভাবে নিজের পরিচয় গড়ে তুলতে চান?**
   - a. আবেগের দ্বারা হ্যাঁ ☐
   - b. কোয়ালিটি প্রোডাক্ট বানিয়ে হ্যাঁ ☐
   - c. বিজনেস প্ল্যানের দ্বারা হ্যাঁ ☐
   - d. অন্যের অভিজ্ঞতা থেকে লাভ গ্রহণ হ্যাঁ ☐
3. **আপনার প্রফেশানাল লাইফে সবচেয়ে গুরুত্বপূর্ণ কি?**
   - a. নতুন প্রতিযোগিতায় জয়লাভ করা। হ্যাঁ ☐
   - b. সফলতার জন্য প্ল্যান তৈরি করা। হ্যাঁ ☐
   - c. অন্যদের সাহায্য করে সন্তুষ্টি লাভ করা। হ্যাঁ ☐
   - d. মান-সম্মান ও জনপ্রিয়তা গড়ে তোলা। হ্যাঁ ☐
4. **আপনার আজ পর্যন্ত ব্যবসার অভিজ্ঞতা কেমন?**
   - a. লক্ষ্য প্রাপ্তির। হ্যাঁ ☐
   - b. বিজনেস সঞ্চালনার হ্যাঁ ☐
   - c. পরিচয় গড়ে তোলার। হ্যাঁ ☐
   - d. লোকেদের সাহায্য করার। হ্যাঁ ☐
5. **আপনি আপনার স্টাফদের সাথে কেমন ব্যবহার করেন?**
   - a. তাদের কাজ করার জন্য প্রেরণা দিই। হ্যাঁ ☐
   - b. তাদের আশ্বস্ত করি। হ্যাঁ ☐
   - c. সফলতার জন্য যোগদান দিই। হ্যাঁ ☐
   - d. এগিয়ে গিয়ে প্রেরণা দিই। হ্যাঁ ☐

**নিজের বিশেষত্ব বোঝার জন্য নিম্নে প্রদত্ত উত্তর গুলি দেখুন :-**

আপনার উত্তর যদি 'a' হয়, তাহলে বুঝতে হবে আপনি প্রতিযোগিতা স্বীকার করতে জানেন এবং সফল হওয়ার মতন আবশ্যক বিশেষত্ব আপনার মধ্যে আছে। আপনি একজন ভালো বিজনেস ম্যান হওয়ার ক্ষমতা রাখেন। আপনি দায়িত্ব সামলাতে জানেন। আপনি এগিয়ে যাওয়ার রাস্তা নির্বাচন করতে পারবেন। কোনো এক্সাইটিং অনুভব এঞ্জয় করতে জানেন।

যদি আপনার জবাব 'b' হয় তাহলে বুঝতে হবে আপনি খুবই পরিকল্পিত ভাবে কাজ করেন। আপনি সবকিছু প্রাপ্ত করতে পারবেন। আপনার কাছে যদি বিজনেস শুরু করার মতো প্রয়োজনীয় সামগ্রী ও ভালো প্রোজেক্ট থাকে, তাহলে আপনি নিজের উদ্যমের জোরে অনেক কিছু প্রাপ্ত করার ক্ষমতা রাখেন।

আপনার জবাব যদি 'c' হয়, তাহলে আপনি অন্যদের সাহায্য করেন ও সমস্যার সমাধান করার চেষ্টা করেন। আপনি নিজের পরিবারকে প্রাথমিকতা দেন। কিন্তু নমনীয় শিডিউল চান এবং কুশল লোকেদের যোগ্যতা চেনেন।

আপনরা উত্তর যদি 'd' হয় আপনার ব্যক্তিত্ব একেবারেই আলাদা। আপনি লোকেদের কিভাবে উৎসাহিত করতে হয় তা জানেন। তাই আপনি একজন পারফেক্ট ব্যবসায়ি হোতে পারবেন। কারণ আপনার মধ্যে সম্পর্ক বজায় রাখা ও ক্রিয়েটেভিটি অভিব্যক্ত করার যোগ্যতা আছে। কিন্তু আপনাকে রাগের থেকে দূরে থাকতে হবে। কারণ রাগে মানুষ যা করে তার ফল ভালো হয় না। ক্রোধ যে শুধু আপনার সামনের মানুষকেই দুঃখ দেয় তাই নয়, বরং যে ক্রোধ করে সে নিজেও অনুতপ্ত হয়। কিন্তু আপনি যদি নিজের রাগকে নিয়ন্ত্রণ করতে পারেন, তাহলে দুনিয়া আপনার মুঠোয় থাকবে।

কারণ ক্রোধে মানুষ নিজের এত ক্ষতি করে ফেলে যে, সে তার কল্পনা পর্যন্ত করতে পারে না। যার ফলে নিজের লোক পর হয়ে যায়, বন্ধু শত্রুতে পরিণত হয়। তাই আপনি সমম্পর্কের মর্যাদায় থাকার অভ্যাস করুন।

ডার্বিন বলেছিলেন, **'বারংবার মুখ বেঁকালে মুখশ্রী নষ্ট হয়ে যায় এবং মুখের চিহ্ন পরিবর্তিত হয়ে যায়। কারণ আপনার মুখ থেকে আপনার সংকল্পের পরিচয় পাওয়া যায়। কিন্তু যে ব্যক্তি হাসতে থাকে, সেই সফলতা লাভ করে।'**

আপনি কোথায় কিভাবে খুশীর সন্ধান করবেন, তা নির্ভর করে আপনার ওপর। মনে খুশী থাকলে আপনি অনেক বড়ো সমস্যা ও ক্ষতির হাত থেকে বাঁচতে পারবেন। প্রসিদ্ধ মূর্তীশিল্পী মাইকেল এঞ্জেলো নিজের আত্মকথায় লিখেছিলেন, **'যখন আমার মনে রাগ সঞ্চারিত হয় তখনই আমি ছেনি নিয়ে মূর্তী গড়ার কাজে**

লেগে পড়ি। একটু বাদে রাগ নিজের থেকেই কোথায় লুপ্ত হয়ে যায়।'

মনোবৈজ্ঞানিকগণদের মতে, **'যখনই আপনার রাগ হবে তখনই আপনি নিজের হাতের মুঠো চার-পাঁচ বার খুলুন ও বন্ধ করুন। আপনার রাগ কোথায় পালিয়ে যাবে। জাপানের বাচ্চারাও জানে যে, রাগ হলে গভীর শ্বাস নিতে ও ছাড়তে হয়। 15-20 বার এই প্রক্রিয়া চলার পর রাগ নিজের থেকেই গায়েব হয়ে যায়। এতে আপনার রাগ সৃজনশীলতার দিকে অগ্রসর হয় এবং আপনি কিছু সৃজনশীল বিষয় ভাবতে সক্ষম হন।'**

নিজেকে মোটিভেট করার এটা একটা বিরাট উপায় কারণ এই যুগে কেউ দেবব্রতের মতো বৃদ্ধ মাকে ছেড়ে তপস্যা করতে যায় না। একদিন সে স্নান করে নিজের গামছাটা শোকানোর জন্য গাছের ডালে মেলে দিয়ে ধ্যান করতে শুরু করে, ধ্যান শেষ হওয়ার পর সে দেখে যে, একটা কাক তার গামছা নিয়ে উড়ে যাচ্ছে, তা দেখে তার রাগ হয়, সে মন্ত্র পাঠ করতেই তার চোখ থেকে নির্গত আগুনে কাকটা পুড় ছাই হয়ে যায়। অহংকারে মত্ত হয়ে দেবব্রত ভিক্ষা করতে বেরিয়ে পড়ে। সে একটা কুটীরের সমানে গিয়ে আওয়াজ দেয়, ঘর থেকে আওয়াজ আসছিল কিন্তু কেউ ভিক্ষা দেওয়ার জন্য বাইরে আসছিল না।

সে পুনরায় ডাকতে ভেতর থেকে এক মহিলা বেরিয়ে এসে বলে, 'স্বামী জী এখন আমি আমার স্বামীর সেবা করছি, কিছুক্ষণ বাদে আপনার খাবার এনে দেব।' এই কথা শুনে অহংকারে মত্ত দেবব্রত চিৎকার করে বলে, **'দুষ্ট, তুই জানিস এই অবহেলার পরিণাম কি হোতে পারে?'**

এই মহিলা বিনম্রতার সাথে বলে, **'আমি জানি আপনি আমাকে অভিশাপ দেবেন, কিন্তু আমি কাক নই, যে ভস্ম হয়ে যাব। যে নিজের বৃদ্ধা মাকে ছেড়ে সাধু হওয়ার জন্য তপস্যা করে, সে আমার কোনো ক্ষতি করতে পারবে না।'**

দেবব্রত চমকে গিয়ে জিজ্ঞাসা করে, **'আপনি কে? আপনি কিসের সাধনা করেন?'**

তখন মহিলা বলে, **'আমি গৃহস্থ ধর্মের সাধনা করি, আর নিজেকে তার জন্য সম্পূর্ণ রূপে সমর্পিত করে দিয়েছে। আপনি একেই আমার সিদ্ধি বলতে পারেন। কারণ এর থেকেই আমি শক্তি লাভ করে থাকি।'**

অহংকারী দেবব্রত মহিলার কথা শুনে, ভিক্ষা না নিয়েই ফিরে যায়। আপনাকেও নিজের লক্ষ্য পর্যন্ত পৌঁছানোর জন্য এই মহিলার মতোই শক্তি অর্জন করতে হবে। তবেই আপনি সর্বদা খুশীতে থাকতে পারবেন।

◆

ভুল সেটা নয়

**যা একবার হয়।**

ভুল সেটাই

**যা বারংবার করা হয়।**

তাই নিজের ভুলকে

**নিয়ন্ত্রণ করার চেষ্টা করুন।**

কারণ ধীরুভাই আম্বানী বলতেন

**পয়সা মানুষকে তৈরি করে না**

বরং মানুষ পয়সাকে তৈরি করে।

**কিন্তু তার জন্য**

মস্তিষ্ককে ঠান্ডা রাখা খুবই জরুরি।

মুখের ভাষাকে নরম রাখতে হয়।

আর নিজের ভুলের দিকে ধ্যান দিতে হয়।

তারপর পৃথিবীর সমস্ত অর্থ

আপনার পায়ের তলায় এসে যাবে।

দশম সিদ্ধান্ত

# নিজেকে ব্রান্ডের মতো পেশ করুন

গত বছর আমি একটা পুরস্কার বিতরণী সভায় যাওয়ার আমন্ত্রণ পেয়েছিলাম। দিল্লীর ফিক্কী অডিটোরিয়ামে আয়োজিত এই অনুষ্ঠানে দেশের প্রতিটি কোনা থেকে প্রায় হাজারেরও বেশি প্রতিনিধি এসেছিল।

বেশির ভাগ লোকই সেখানে বিশ্বের আর্থিক মন্দা নিয়ে কথা বলছিল, তাদের মতে তার জন্য তাদের ব্যবসা 50 শতাংশতে এসে দাঁড়িয়েছে, কি করবে তার কিছুই বুঝতে পারছিল না।

একজন ব্যবসায়ি হিসাবে, আমিও তাদের সাথে একই সারিতে দাঁড়িয়েছিলাম, কিন্তু আমার ব্যবসা গত বছরে 25 শতাংশ বৃদ্ধি পেয়েছিল। তাই তাদের কথা শুনে আমি একটু অবাক হচ্ছিলাম। কিন্তু আমি নিজেকে আর নিয়ন্ত্রণে রাখতে না পেরে, একটা প্রশ্ন করে বসি, **'আপনারা নিজেদের একটা ব্রান্ডের মতো পেশ করেন কি?'**

**'ব্রান্ড! কিসের ব্রান্ড?'** তাদের মধ্যে একজন ব্যবসায়ি চমকে উঠে বলে, **'আমরা ট্রেডিং-এর ব্যবসা করি, অন্য ব্রান্ডের জিনিস বিক্রী করি, কিভাবে নিজেদের ব্রান্ড হিসাবে পেশ করব?'**

**'পেশ করত পারেন!'** আমি একটু জোর দিয়ে বলে, **'আমি আপনার নাম জানতে পারি কি?'**

**'আজ্ঞে! আমার নাম প্রেম কিশান, আমেদাবাদে আমার ইলেক্ট্রনিক্স কম্পোনেন্টস সাপ্লাইয়ের দোকান। আমি সিঙ্গাপুর থেকে মাল এনে বড়ো বড়ো কম্পানীতে বিক্রয় করি। সমস্ত কম্পোনেন্টস ব্রান্ডেড, তা আমি নিজের ব্রান্ড বলে কিভাবে চালাবো?'**

আমি একটু জোর দিয়ে বলে, **'করতে পারেন।'**

প্রেম কিশান জিজ্ঞাসা করেন, **'কিভাবে?'**

'ঠিক সেই ভাবে, যেভাবে আমেরিকার বর্তমান রাষ্ট্রপতি বরাক হুসেন ওবামা ইলেকশানের সময় নিজেকে পেশ করেছিলেন। তখন সেখানকার পরিস্থিতি ছিল একেবারেই অবিশ্বাসযোগ্য। কিন্তু ওবামা নিজেকে ব্রান্ড রূপে পেশ করেছিলেন, যার জন্য তিনি জয়লাভ করে আমেরিকার প্রথম কৃষ্ণাঙ্গ রাষ্ট্রপতির পদ অলংকৃত করতে সক্ষম হয়েছিলেন।

শ্বেতাঙ্গদের আমেরিকায় একজন অল্প বয়সী কৃষ্ণাঙ্গ রাষ্ট্রপতির পদ অলঙ্কৃত করবেন, তা সারা বিশ্বের কেউই বিশ্বাস করতে পারেনি। কিন্তু তিনি নিজের ব্রান্ড ইমেজ নিয়ে আসন পর্যন্ত পৌঁছাতে সক্ষম হয়েছিলেন, সেখানে পৌঁছানোর জন্য আমেরিকার বহু শ্বেতাঙ্গ রাতদিন স্বপ্ন দেখে থাকে।'

আমার কথা শুনে, প্রেম কিষাণ অবাক হয়ে কিছু ভেবে বলে, 'আমি আপনার কথা মেনে নিচ্ছি, দয়া করে আপনার পরিচয়টা জানতে পারি কি?'

'হ্যাঁ! কেনো না? আমিও আপনার মতোই ব্যবসায়ি, ইমপোর্ট-এক্সপোর্টের ব্যবসা করি। আমার নাম তরুণ ইঞ্জিনিয়ার, শকে মোটিভেশানের ওপর বই লিখে থাকি।'

প্রেম কিষাণ অবাক হয়ে বলে, 'আরে আপনি তরুণ ইঞ্জিনিয়ার, আমি আপনার **THINK BIG, BECOME BIG** বইটি পড়েছি। আপনি আমাকে ব্রান্ডের বিষয়ে বিস্তারিত ভাবে বলবেন? আপনার বই আমার খুবই ভালো লেগেছিল, আমি আপনার কাছ থেকে ব্যবসাকে কিভাবে এগিয়ে নিয়ে যাওয়া যায়, সেই বিষয়ে জানতে চাই।'

আমি তাকে বসার জন্য ইশারা করি ও নিজেও তার সামনের চেয়ারে বসে পড়ি, 'আপনার ব্যক্তিত্ব, ব্যবহার এবং কথা বলার ভঙ্গিমা আপনার সেই ব্রান্ড দর্শায় যার থেকে আপনাকে বিশ্বাসযোগ্য, আত্মবিশ্বাসী ও যোগ্য বলে মনে হয়। কারণ নিজেকে ব্রান্ড হিসাবে পেশ করতে পারলে, সমাজে বৃদ্ধি প্রাপ্ত প্রতিযোগিতায় সহজেই স্থান করে নিতে পারবেন। বড়ো বড়ো কম্পানি ও ব্যক্তিগণ বছরের পর বছর ধরে তাই করে আসছে।'

এই কারণেই যখনই 'ফাস্ট ফুডের' কথা ভাবেন, তখনই আপনার

> আপনার লক্ষ্যে যখন খুশী, আগ্রহ, ইচ্ছা এবং আন্তরিক প্রেরণার অংশ সংযুক্ত হয়ে যাবে তখন আপনার মস্তিষ্কে একটা ইতিবাচক ঢেউ প্রবাহিত হতে থাকবে, তারপর আপনি ভিডিও গেমের মতো খেলতে খেলতে নিজের গন্তব্যে পৌঁছে যাবেন।

**'ম্যাকডোনাল্ড'** বা **'ডোমিনোজ'**-এর কথা মনে পড়ে, পিৎজার সাথে কোনো ঠান্ডা পানীয় পানের ইচ্ছা করলেই **'কোকাকোলার'** কথা মনে পড়ে যায়। আজ একটা পাওয়ারফুল ব্রন্ডিং-এর জন্য **'ঠান্ডা'** কোকাকোলা **'ব্রান্ড'** -এ পরিণত হয়েছে। প্রতিটা কম্পানীর পরিচয় হল তার ব্রান্ড।

গূগলের সংখ্যা বলে দিচ্ছি যে, অন্য দেশের তুলনায় ভারতীয় যুবক বর্গ সবচেয়ে বেশি ফিনিশিঙ্গ স্কুল, কমিউনিকেশান স্কীল এবং ইংলিশ ট্রেনিং ইনস্টিটিউশানের সার্চ করে থাকে। কারণ এই স্কুল গুলি আপনাকে একটা ব্রান্ড করে তোলার কাজ করে। যার মধ্যে আপনার ব্যক্তিত্ব গড়ে তোলার বিষয়ে কিছু ফিনিশিঙ্গ স্কুল সত্যিই অসাধারণ। কিন্তু প্রতিটি স্তরে বিভিন্ন ধরণের ট্রেনিং-এর প্রয়োজন হয়। জুনিয়ারদের জন্য **'সেল্ফ ডেভপলমেন্ট'** বা **'টাইম ম্যানেজমেন্ট কিভাবে করা যায়', 'কমিউনিকেশান স্কিল'** বা **'কাস্টমার কেয়ার স্কিল'** প্রভৃতি বিষয় ঠিক। কিন্তু মধ্য স্তরে **'টিম ম্যানেজমেন্ট'** শেখাটা খুবই জরুরি হয়ে ওঠে আর সিনিয়ার স্তরে **'লিডারশীপ ডেভলপমেন্ট'** জানাটা জরুরি।

এমনকি চীফ এগ্‌জীকিউটিভ অফিসারদের জন্যও ব্যক্তিত্ব বিকাসের প্রোগ্রাম এবং বিষয় রূপে বানানো **'গ্রূমিং প্রোগ্রাম'**-এর প্রয়োজন হয়। কারণ কর্পোরেটের প্রধান নিজেকে একটা ব্রান্ড হিসাবে উপস্থিত করতে চায়, যাতে তার ব্যক্তিত্বই হয়ে ওঠে তার কম্পানীর পরিচয়। তারপর ইমেজ পরামর্শদাতা আপনাকে নিজেকে আরো ভালো করে উপস্থাপিত করতে সাহায্য করে।

হয়তো এই কারণেই **'ইস্কওয়ার'** ম্যাগাজীন **'কমেমোরেটিভ'** শীর্ষকের সাথে স্টলে পৌঁছানোর সাথে সাথেই বিক্রি হয়ে যায়। কারণ তাতে ওবামাকে **'পার্সন অফ দ্যা ইয়ার'** বানানো হয়েছিল, আর কভারে ছিল দূরদর্শী, আত্মবিশ্বাসী এবং সম্ভাবনায় পূর্ণ ওবামার ছবি।

এরপর লস এঞ্জেলেসের সাপ্তাহিক পত্রিকা **'ওয়াশিংটন লাইফ'** -ও এমনি একটা কভার প্রকাশিত করে। যাতে ওবামার ফটো **'দূরদর্শিতা'**-র ট্রেডমার্কের সাথে প্রকাশিত করা হয়েছিল। তখন **'ওয়াশিংটন পোস্ট'** মুক্ত কণ্ঠে জানিয়েছিল যে, ভোটের সময় ওবামার বডি ল্যাঙ্গুয়েজ ছিল অসাধারণ। সেই কারণেই তিনি আমেরিকার সর্বোচ্চ আসনের অধিকারী হোতে পেরেছিলেন। ওবামার সফলতা

**লোকেরা বলে যে, কঠোর পরিশ্রমই সফলতার চাবিকাঠি। কিন্তু তাদের কথায় বিশ্বাস করবেন না। কারণ বিশ্বের 300 কোটি মজুর এখনও পর্যন্ত ধনী হয়ে উঠতে পারিনি।**

এটা বলে দিচ্ছে যে, শুধুমাত্র পরিশ্রম, সততা ও ডিগ্রীই বর্তমান যুগে সফলতা পাওয়ার জন্য যথেষ্ট নয়, বরং সকলের সামনে নিজেকে 'ব্রান্ড' হিসাবে পেশ করাটাও খুবই জরুরি।

**'ম্যানেজিঙ্গ ব্রান্ড ইউ: সেভন স্টেপ্স টু ক্রিয়েটিভ ইওর মোস্ট সক্সেসফুল সেল্ফ'** -এর লেখক জেরী এম. ইউলসন বলেছিলেন, **'আপনার ভ্যালু কতটা? তা নির্ভর করছে আপনি উপাদানের মতো দেখতে লাগেন কিনা তার ওপর।'**

পার্সনালিটী গ্রুমিঙ্গ এক্সপার্ট ছায়া মোমায়াও বলেন, **'আপনি কি বললেন, তার ওপর আপনার ব্যক্তিত্বের 7 শতাংশ নির্ভর করে। কিন্তু 38 শতাংশ আপনার কণ্ঠস্বর আর বাকি 55 শতাংশ আপনার ব্যবহার ও উপস্থিতির প্রভাবের ওপর নির্ভর করে।'**

তাই নিজেকে ব্রান্ড হিসাবে পেশ করার ব্যাপারে আপনার ভেতরে কতটা গুণ আছে তা শীঘ্র জানার চেষ্টা করুন -

| | | |
|---|---|---|
| 1. | আপনার প্রতিছবির প্রভাব লোকেদের ওপর পড়ে কি? | হ্যাঁ ☐ |
| 2. | আপনার পোশাক আপনার সম্পন্নতা দর্শায় কি? | হ্যাঁ ☐ |
| 3. | আপনি কি ফ্যাশানেভেল পোশাক পরেন? | হ্যাঁ ☐ |
| 4. | আপনার শরীরিক গঠন স্ফূর্তীলা কি? | হ্যাঁ ☐ |
| 5. | আপনার কথা শুনে লোকেরা খুশি হয় কি? | হ্যাঁ ☐ |
| 6. | আপনি কি নিজের হাব-ভাব নিয়ন্ত্রণে রাখতে পারেন? | হ্যাঁ ☐ |
| 7. | আপনার ভেতরে সহ্য ক্ষমতা আছে কি? | হ্যাঁ ☐ |
| 9. | আপনার মুখে হাসি থাকে কি? | হ্যাঁ ☐ |
| 10. | অন্যরা আপনাকে নিয়ে উপহাস করে কি? | হ্যাঁ ☐ |
| 11. | আপনার কথার দৃঢ়তা বজায় রাখতে পারেন কি? | হ্যাঁ ☐ |
| 12. | বন্ধুদের সাথে থাকতে আপনার ভালো লাগে কি? | হ্যাঁ ☐ |
| 13. | আপনি নিজের শরীর পরিস্কার-পরিচ্ছন্ন রাখেন কি? | হ্যাঁ ☐ |
| 14. | আপনার আলাদা কোনো পরিচয় আছে কি? | হ্যাঁ ☐ |
| 15. | আপনার চুলের স্টাইলে নতুনত্ব আছে কি? | হ্যাঁ ☐ |

এবার আপনি নিজেই বুঝে নিন যে, ব্রান্ড হয়ে ওঠার জন্য আপনার ব্যক্তিত্ব কতটা উপযুক্ত।

১. যদি দশটার চেয়ে কম প্রশ্নের উত্তর 'হ্যাঁ' হয় তাহলে আপনাকে ব্রান্ড হয়ে ওঠার জন্য যথেষ্ট পরিশ্রম করতে হবে। কিন্তু ব্যক্তিত্বের সংশোধনের

দ্বারা আপনি নিজের এই দুর্বলতা গুলিকে দূর করতে পারেন। তারপর আপনি নিজের আশা পূরণ করতে পারবেন।

- কিন্তু যদি বারোটার থেকে কম উত্তর 'হ্যাঁ' হয়, তাহলে বুঝতে হবে আপনি উদ্যমী হলেও, নিজেকে ব্রান্ড হিসাবে পেশ করতে আপনার বেশ সময় লাগবে।
- কিন্তু, পনেরোটার প্রশ্নের উত্তরই যদি 'হ্যাঁ' হয়, তাহলে আপনি যেকোনো মূল্যে নিজেকে ব্রান্ড হিসাবে পেশ করতে পারেন।

কারণ হেয়ার ড্রেসার থেকে ব্রান্ড হয়ে ওঠা জাভেদ হাবীব-এর মতে, **'সফলতা প্রাপ্ত করার কোনো শর্টকাট হয় না। অনেকে হয়তো ভাবে যে, রাতারাতি আমি একটা পরিচিত ব্রান্ড হয়ে উঠেছি, আসলে তা নয়, এখানে আসতে আমার কুড়ি বছর লেগে গেছে।'**

প্রায় আমাকে জিজ্ঞাসা করা হয় যে, যে মানুষের কোনো ব্যবসায়িক পৃষ্ঠভূমি নেই, সে কিভাবে ব্যবসায়ি হয়ে উঠতে পারে? আমি বলি যে :-

- **ব্যবসা শুরু করার জন্য কোনো পারিবারিক পৃষ্ঠভূমি থাকার কোনো প্রয়োজন নেই। কিন্তু বাবা-মার ব্যবহার যে ব্যক্তি ব্যবসা করছে তার প্রতিভার ওপর ভালো বা মন্দ প্রভাবের সৃষ্টি করে থাকে।**
- **উদ্যমী হয়ে ওঠার জন্য খুবই সক্রিয়, ধৈর্য্যবান এবং ঝুঁকি নিতে সক্ষম ব্যক্তি হয়ে উঠতে হবে, দূরদর্শী হওয়ার সাথে সাথে নিজের সিদ্ধান্ত নেওয়ার ক্ষমতা থাকতে হবে।**
- **ব্যবসার সূক্ষ্ম বিষয় গুলি বোঝার ক্ষমতা, পরিকল্পনা এবং মার্কেটিং-এর ছক কোষতে জানতে হবে। সেই সাথে টেকনিক্যাল বিষয় জানার সাথে সাথে আর্থিক দৃঢ়তারও প্রয়োজন হয়। আজকাল অর্থের সংকট খুব একটা বড়ো সমস্যা নয়, কারণ আপনার কাছে যদি ভালো পরিকল্পনা থাকে আর কাজ করার মতো সক্ষম দল থাকে, তাহলে অর্থ নিয়গ করার মতো বহু লোক পেয়ে যাবেন।**
- **ঘাটা কখনও ও কিভাবে কম করবেন? তা জানাটাও যোগ্যতার ওপর নির্ভর করে। তবেই উৎপাদন বৃদ্ধি করে তা সস্তায় বিক্রয় করতে পারবেন।**
- **ব্যবসা দাঁড় করানোর জন্য সঠিক লোকের প্রয়োজন হয়। তারপর একটা দৃঢ় দল গঠন করতে পারবেন।**
- **শুরুতে লোকসানের জন্য প্রস্তুত থাকতে হবে, নিজের ভুল থেকে শিক্ষা নিয়ে এগিয়ে যেতে হবে।**

৩ মার্কেটে নিজের ব্যবসাকে এগিয়ে নিয়ে যাওয়ার জন্য মাঝেমধ্যেই নিজের ব্যবসার মূল্যাঙ্কন করাটা খুবই জরুরি।

৩ যোগ্য ও উৎসাহি ব্যক্তিদের থেকে কাজ আদায় করে নেওয়ার নিপুণতা থাকতে হবে।

তারপর নিজের প্রতিভা ও ক্ষমতার মূল্যাঙ্কন করুন, নতুন কিছু ভাবুন। সাহসের সাথে এগিয়ে যান, আগের কম্পানীতে আপনার সহযোগীদের সাথে সম্পর্ক গড়ে তুলুন। আপনি যে কাজে হাত দিয়েছেন, তাতে অবশ্যই তারা আপনাকে সাহায্য করবে। ধনী হওয়ার জন্য অনুকূল সময়ানুসারে উদ্যমী হওয়াটা খুবই জরুরি। কারণ অনেক বেশী উৎপাদন করার জন্য ব্যাঙ্ক থেকে সহজেই লোন পাওয়া যায়।

**শুরু করুন আপনার ব্যবসা :** আপনি অনেক কম পয়সাতেই ব্যবসা শুরু করতে পারেন। ব্যবসা করার জন্য দীর্ঘদিন সুবর্ণ সময় পাবেন না। মন্দার বাজারে যেকোনো ব্যবহার করে নেওয়া ইউনিট আপনি সস্তায় পেতে পারেন, তারপর নিজের ক্ষমতার মূল্যাঙ্কন করে নতুন ব্যবসা শুরু করে দিন।

**এই মন্দা আপনার জন্য নয় :** মন্দার ফলে অর্থনৈতিক অবস্থা যদি আপনারও খারাপ হয়ে যায়, তাহলে অবশ্যই আপনার খারাপ লাগবে। কিন্তু এই মন্দার বাজার আসে খুব কম সময়ের জন্য, আগে মন্দার বাজার কত দিনের জন্য ছিল একটু ভেবে দেখুন তো?

1850 সালের শুরুতে আমেরিকাতে 32 বার অর্থব্যবস্থা বিগরে গেছিল, কিন্তু বেশির ভাগ ক্ষেত্রেই দশ মাসের বেশি তা টেঁকেনি। সবচেয়ে বড়ো মন্দার বাজার ছিল 16 মাসের। 1980 তে মাত্র ছয়মাসের জন্য (জানয়ারী থেকে জুলাই) মন্দার বাজার দেখা গেছিল।

কিন্তু এটা আমেরিকা নয়, আর এখানে **'লেহম্যান ব্রাদার্স'**-এর মতো ব্যাঙ্ক নেই। আর্থিক সংগঠন ও উপভোক্তারাও আমেরিকার অর্থনীতি বিপর্যস্ত করার পিছনে বিরাট ভূমিকা পালন করেছিল। তারা প্রয়োজনের বেশি খরচ করে ফেলেছিল, যার প্রভাব পড়ে আমেরিকার অর্থব্যবস্থার ওপর।

কিন্তু ভারত ও আমেরিকার সঞ্চয় দরের মধ্যে অনেকটাই পার্থক্য আছে।

**যে ব্যক্তি ইতিহাস বানায় তার কাছে ইতিহাস লেখার সময় থাকে না। কারণ সে সম্পূর্ণ রূপে সময়ের সদ্ব্যবহার করে এবং সে প্রতিটা সেকেন্ডের মূল্য বোঝে।**

ইউ.এস.ডিপার্টমেন্ট অফ কমার্সের অনুসারে 2006 সালে আমেরিকার সঞ্চয় দর ছিল নেতিবাচক (-1 শতাংশ)। ভারতের লোক সারা পৃথিবীর সঞ্চয়ের ব্যাপারে সর্বাগ্রে।

**ব্রান্ডের শুরু করুন** : বিকল্প হিসাবে আপনি কোনো রকম উপাদান ছাড়া আপনার ব্রান্ড শুরু করতে পারবেন কি? আপনি একবারে 1000 -এর চেয়ে বেশি উৎপাদন প্রাপ্ত করতে পারবেন কি? প্রোডাক্ট নিয়ে বড়ো বড়ো রিটেল্স, যেমন **'বিগ বাজার' 'বিগ এপল' 'রিলায়েন্স ফ্রেশ' 'বিশাল মেগামার্ট'** প্রভৃতির সাথে যোগাযোগ করতে পারেন কি?

এই রিটেলর্স অনেক পরিমাণের প্রোডাক্ট ক্রয় করে থাকে, কিন্তু বেন্ডার হিসাবে তাদের কম্পানীতে রেজিস্ট্রেশান করানোটা খুবই জরুরি। তাহলে নিজের থেকেই কোটি টাকার অর্ডার পেয়ে যাবেন। ব্যবসা শুরু করতে আপনার মাত্র 10000 টাকা লাগবে।

**পকেট ওদের লাভ আপনার** : বাজারে কোনো নতুন প্রোডাক্ট আনার মানে লোকেদের পকেটে আপনার প্রোডাক্ট যাবে আর আপনার লাভের পরিমাণ বৃদ্ধি পাবে। তার জন্য আপনাকে কম দামে জিনিস বিক্রয়ের দিকে ধ্যান দিতে হবে।

**যেখানে মন্দার প্রভাব পড়ে না** : ছোটো প্রোডাক্টের ওপর মন্দার প্রভাব পড়ে না। উদাহরণ স্বরূপ ন্যানো গাড়ির কথা ভাবতে পারেন। লোকেরা এই গাড়ি কেনার জন্য চেক্ হাতে নিয়ে ঘোরে। তাই ন্যানোর ওপর মন্দার কোনো প্রভাব পড়ে না। টাটা গ্রুপ বহু বছর ধরেই এক লক্ষ টাকার মধ্যে গাড়ি বানানোর কথা ভেবেছিল। তাই মার্কেটে তা আসতেই অর্থনৈতিক কম্পানী গুলি খুশি হয়ে যায়।

**আরো ভালো সেবা প্রদানের যোগ্যতা** : বেশির ভাগ লোক টেকনিক ও ইঞ্জিনিয়ারিং-এর নতুন প্রক্রিয়ায় সফলতা লাভ করে থাকে। নারায়ণ মূর্তী কোনো নতুন টেকনিকের সন্ধান করেছিলেন বলে সফল হয়েছেন তা নয়, তাঁর সফলতার পিছনে আছে তা বিক্রয়ের ব্যাপারে তিনি ভালো সার্ভিস দিয়েছিলেন। তিনি আঈ.আঈ.এম. বা আঈ.আঈ.টীর থেকে পাস করা লোকেদের জন্য ব্যবসা আনতে চেয়েছিলেন।

**যে অন্যের বিষয়ে জানতে পারে সে বিদ্বান। আর যে নিজের সম্পর্কে জানে সে হয় বুদ্ধিমান। কিন্তু আপনি কেমন তা ভেবে দেখুন।**

কারণ সফল ব্যবসায়ি হয়ে ওঠার জন্য বেশি অর্থের প্রয়োজন হয় না, দরকার হয় ইনোভেটিভ আইডিয়ার ও কিছু করে দেখানোর ইচ্ছার। ডেল কম্পানীর প্রতিষ্ঠাতা মাইকেল ডেল যখন ব্যবসা শুরু করেছিলেন তখন তাঁর কাছে মাত্র এক হাজার ডলার ছিল, তাও তিনি এক বন্ধুর কাছ থেকে ধার নিয়েছিলেন।

এত কম পুঁজী নিয়ে মাইকেল ডেল আজ পৃথিবী বিখ্যাত মানুষ হয়ে উঠতে সক্ষম হয়েছেন। এঁদের পদাঙ্ক অনুসরণ করেই আজকাল আঈ.আঈ.এম থেকে ভালো মার্কস নিয়ে পাশ করা ছাত্ররা ভালো প্যাকেজের চাকরি ছেড়ে নিজেদের ব্যবসা খুলতে চাইছে। তারা গ্লোবাল মার্টেকের সমুদ্রতে নামতে প্রস্তুত।

**আপনার সাক্সেস প্ল্যান কেমন হবে :** যেকোনো ব্যবসা শুরু করার জন্য একটা ইনোভেটিভ বিজনেস আইডিয়া থাকাটা খুবই জরুরি। আপনার আইডিয়া যদি ইউনিক হয় তাহলে সেই অনুসারে চলার জন্য আপনার একটা রোড ম্যাপের প্রয়োজন হবে। যাতে ফীচার্স, লাভ, প্রাইস, মার্কেটের স্থিতি, ফাইন্যান্স প্রভৃতি থাকতে হবে। তারপর দেখতে হবে যে, মার্কেটের স্থিতি কেমন? দীর্ঘদিনের ব্যবসায় আপনি কতটা লাভ করতে পারবেন? এই বিষয়ে ধ্যান দেওয়াটা খুবই জরুরি।

**এগ্লীক্যুশনের দম দেখান :** ব্যবসার জন্য সম্পূর্ণ পরিকল্পনা হয়ে যাওয়ার পর, পরিকল্পনা অনুসারে কাজ করাই হয়ে ওঠে পরবর্তি ধাপ। এই সময় সেলিং ও কাস্টমার সার্ভিস আপনার জন্য এসিড টেস্টের মতো হয়ে ওঠে, যাতে আপনাকে দেখাতে হয় নিজের কৌশল। তারপরেই শুরু হয়ে যাবে আপনার সফলতার ইতিহাস।

এন.আর. নারায়ণমূর্তী মাত্র সাতজন লোক নিয়ে **'ইনফোসিস'** কম্পানী স্থাপন করেছিলেন, সেই সময় তাঁর কাছে মাত্র দশ হাজার টাকা ছিল। আজ ইনফোসিস ভারতের সবচেয়ে বড়ো আঈ.টী. কম্পানী হয়ে উঠেছে।

**'ডেল ইন'** কম্পানীর মালিক মাইকেল ডেল 19 বছর বয়সে কলেজের পড়াশোনা ছেড়ে মাত্র এক হাজার ডলার নিয়ে নিজের ব্যবসা শুরু করেছিলেন, আজ তিনি মিলিয়নার। বিল গেট্স যখন হাইস্কুলে পড়তেন তখন তিনি তাঁর বন্ধু পল এলেনের সাথে মিলিত হয়ে **'ট্রফা ডাটা'** নামে একটি কম্পানী শুরু করেছিলেন। তখন তাঁর কাছে মাত্র পাঁচশো ডলার ছিল। তারপর তিনি মাইক্রোসফটের মতো

**দেবদূত গণ উড়তে পারে কারণ তারা ধনী হওয়ার স্বপ্ন দেখে না, মানুষ মাটি দিয়ে চলে কিন্তু ওড়ার স্বপ্ন দেখে।**

কম্পানী স্থাপন করেন আর ট্রেলিসের ব্যবহার করে পৃথিবীর মধ্যে সবচেয়ে ধনী ব্যক্তিতে পরিণত হয়ে যান।

তাই সিঁড়ির নয় ট্রেলিসের ব্যবহার করুন, কারণ ম্যানেজমেন্ট এক্সপার্টদের মতে, কঠোর পরিশ্রমই সফলতা পাওয়ার জন্য যথেষ্ট নয়, এখন আর সিঁড়ির দ্বারা ওপরে উঠে সফলতা পাওয়া যায় না, সেই স্থান নিয়ে নি..েছে ইংরেজির 'ট্রেলিস'। তাই আজকাল সফলতা অর্জনের নিয়ম বদলে গেছে। কিন্তু আপনি এই ট্রেলিসের ব্যবহার কিভাবে করবেন তা নির্ভর করছে আপনার যোগ্যতা ও মস্তিষ্ক কতটা ক্যাচ করার ক্ষমতা রাখে তার ওপর।

পুঁজী কম থাকা সত্ত্বেও **'প্রিয়াগোল্ড'** বিস্কুটের মালিক ট্রেলিসের ব্যবহার খুব ভালো ভাবেই করতে সক্ষম হয়েছিলেন।

অতি সাধারণ পরিবারে জন্মগ্রহণ কারী বী.পী.আগ্রবাল কোলকাতা বিশ্ববিদ্যালয় থেকে 1968 সালে গ্রেজুয়েট হন, তারপর তিনি কোলকাতায় **'সূর্য ফুডস এন্ড এগ্রো প্রাইভেট লিমিটেড'** -এর স্থাপনা করেন। সেই সময় তাঁর কম্পানীতে মাত্র দুইজন কর্মচারী ছিল।

তারপর যখন ইউ.পী.-তে সরকার ইন্ডাস্ট্রী স্থাপনের ওপর সেল্স ট্যাক্সে ছাড় দিচ্ছিল তখন তিনি নওডা সেক্টর -4 -এ **'সূর্য কোকোনাট ওয়েল মিল'** শুরু করেন। কম্পানী ভালোভাবে চলতে শুরু করার পর তিনি গ্রেটার নওডায় **'প্রিয়া গোল্ড'** বিস্কুটের কারখানা করেন। আজ এই কম্পানীতে 23 রকম বিস্কুট তৈরি হচ্ছে, আর সারা বিশ্ব আনন্দের সাথে তা খাচ্ছে।

আজ বছরে এই বিস্কুট কম্পানীর চার শো কোটি টাকার ব্যবসা আর তাঁর কম্পানীতে প্রায় দুই হাজার লোক কাজ করে। নিজের সফলতা সম্পর্কে বলতে গিয়ে বী.পী আগ্রবাল বলেন, **'গ্রাহকদের নিজের উপাদানের দিকে আকর্ষিত করার জন্য ব্রান্ড তৈরি করা খুবই জরুরি। তারপর দরকার হয় স্লোগানের। উদাহরণ স্বরূপ পেপসিকে দেখুন, আজকাল ওদের স্লোগান হল ,'ইয়ে হে ইঙ্গিস্তান মেরি জান', বা কোকাকোলাকে দেখুন 'ঠান্ডা মতলব কোকা কোলা', আর ওয়াশিং পাউডার নির্মার স্লোগানই তাকে লোকের ঘরে ঘরে পৌঁছে দিয়েছে।**

**কখন-কখন স্লোগান একটা আলোড়ন সৃষ্টি করে দেয়, তারপর সেই**

**শর্টকাট খুঁজে আর তালমিল গড়ার পিছনে নিজের শক্তি ও সময়ের অপচয় করবেন না। কারণ সফলতা শুধুমাত্র তারাই পায়, যাদের ভেতরে ধৈর্য্য আছে।**

**কম্পানী গ্রাহকদের মধ্যে নিজের একটা পরিচয় গড়ে তোলে। কিন্তু স্লোগান খুব সুন্দর ও সহজ হোতে হবে, যাতে লোকে তা সহজেই মনে রাখতে পারে।'**

০ **কাম্পানীর সাইনবোর্ড তৈরি করুন :** ব্যবসা বৃদ্ধির জন্য সাইনের ব্যবহার খুবই গুরুত্বপূর্ণ । যা পড়ে কম্পানীর পরিচয় হয়ে ওঠে। কিন্তু সাইনবোর্ডে এমন কোনো গ্রাফিক বা ছবির ব্যবহার করতে হবে, যাতে লোকেরা সহজেই তা মনে রাখতে পারে, তাতে করে যেকোনো ব্যক্তি অতি সহজে আপনার কম্পানীর সম্পর্কে জানতে পারবে।

ডিজনীল্যান্ডের মতো এত সুন্দর থীম পার্কের কল্পনা করার সময় ওয়াল্ট ডিজনী এই বিষয়ের ওপর খুবই ধ্যান দিয়েছিলেন। তিনি নিজের সাইনবোর্ডে বিভিন্ন রঙের মিকী-মাউসদের মস্তি করার ছবি দিয়েছিলেন।

কিন্তু তা গড়ে ওঠার গল্পটি একটু অদ্ভুত। একবার ওয়াল্ট ডিজনী তাঁর দুই সন্তান ডিয়ান ও ভোরনকে নিয়ে গ্রিফিংশ পার্ক ঘুরতে গেছিলেন, সেখানে থাকা অন্য বাচ্চারা খুব মজা করছিল, কিন্তু ওয়াল্ট ডিজনীর বাচ্চাদের সেখানে একদম ভালো লাগছিল না, তারা বোর হচ্ছিল।

তা দেখে ডিজনী চিন্তায় পড়ে যান, তখন তাঁর মনে এমন একটা জায়গা বানানোর কথা আসে যেখানে বাচ্চাদের সাথে সাথে বড়োরাও মজা করতেপারে। ব্যাস, তারপর থেকেই তিনি একটা রোমহর্ষকর মজার জগৎ তৈরির কাজে লেগে পড়েন। দীর্ঘদিনের প্রচেষ্টা ও পরিশ্রমের পর তিনি নিজের স্বপ্নের ডিজনীল্যান্ড গঠন করতে সক্ষম হন, আজ বাচ্চাদের সাথে সাথে বড়োদের মধ্যেও তার ক্রেজ দেখা যায়।

৩ **প্রথম ছয়মাসের খরচ সুরক্ষিত রাখুন :** প্রথম ছয়মাসে আপনার ব্যবসা বাজারে কতটা রেসপন্স পাবে তা যথেষ্ট অনিশ্চিত, তাই প্রথম ছয়মাসের টাকা আপনার হাতে থাকাটা খুবই জরুরি। তাতে করে আপনি খুব ভালো ভাবে নিজের ব্যবসা শুরু করতে পারবেন, আর নিজের ব্যবসাকে কিভাবে আরো বড়ো করা যায় সেদিকে ধ্যান দিতে পারবেন। নিজের কম্পানীর

**আপনার সময় যখন ভালো চলবে তখন আপনি শেখার চেষ্টা করুন, ভালো করে কাজ করুন আর মিষ্টি কথা বলুন। কিন্তু যখন আপনার সময় খারাপ চলবে তখন আপনি ঋণ শোধ করুন, চুপ থাকুন আ[illegible] স্বীকার করে নিন।**

নাম প্রোডাক্টের অনুরূপ রাখুন, তা না হলে আপনার লোকসান হয়ে যেতে পারে।

- **সমর্পণই আপনাকে সফলতা এনে দেবে :** যে কম্পানী লাভ করার উদ্দেশ্যে কাজ করে, তার সফলতা নির্ভর করে তার সমর্পনের ওপর, তখন দৃঢ় নিশ্চয় ও সমর্পন খুবই কাজে লাগে। কারণ যে একাগ্রতার সাথে কাজ করে সফলতা তার হাতে ধরা দেয়ই, আর সে রাস্তায় আগত সমস্ত বাধাকে লঙ্ঘন করে এগিয়ে যেতে পারে।
- **পরিশ্রম ও ধৈর্য্যই ব্যবসা বৃদ্ধিতে সাহায্য করে :** এটা ঠিক যে, ধৈর্য্য পূর্বক কঠিন পরিশ্রমের সাথে লক্ষ্যের প্রতি সমর্পণ, যেকোনো পরিস্থিতিতে সফলতার চাবিকাঠি হয়ে ওঠে। কারণ কঠোর পরিশ্রমের কোনো বিকল্প হয় না।

আপনি যদি আপনার স্টাফদের প্রকৃত ক্ষমতা চিনি নিয়ে সঠিক সময়ে একটা বড়ো টার্গেট প্রাপ্ত করার চেষ্টা করেন, তাহলে আপনার কম্পানী এক বছরের মধ্যে টপ করবে। এটা আমি নিজের অভিজ্ঞতা থেকে বলছি।

যখন 1984 সালে আমি নিজের ব্যবসা শুরু করেছিলাম, তখন মাত্র এক বছরের মধ্যেই আমি নিজের কম্পানীকে টপে পৌঁছে দিয়েছিলাম।

- **পুরানো অভ্যাস ত্যাগ করতে থাকুন :** আপনি কিভাবে নিজের সময়ের ব্যবহার করবেন তা সম্পর্কে আপনাকে ওয়াকিবহাল থাকতে হবে, তাই যে অভ্যাস আপনার সময় অপচয় করে তাকে চেনার চেষ্টা করুন। অতিরিক্ত টি.ভি. দেখা এই অভ্যাসের মধ্যে পড়তে পারে। ধীরে-ধীরে সেই অভ্যাস ত্যাগ করুন, তাতে করে ভালো অভ্যাস আপনার থেকেই বৃদ্ধি পেতে থাকবে।
- **ব্যবসার জন্য কোথা থেকে অর্থ পাবেন :** যে ব্যবসা আপনি ঠিক মতো চেনেন তা শুরু করার জন্য '**প্রাইম মিনিস্টর্স এম্পলয়মেন্ট জেনারেশান প্রোগ্রাম**' থেকে লোন নিন। কারণ এর জন্য আপনার কোনো গ্যারেন্টারের প্রয়োজন হবে না বা এম.বী.এ. বা ইঞ্জিনিয়ার হওয়ারও

**লক্ষ্য প্রাপ্তির জন্য সুবিধা এতটা গুরুত্বপূর্ণ হয়ে ওঠে না, যতটা মস্তিষ্কের উর্বতার প্রয়োজন হয়। তাই সর্বদা কিছু শেখার চেষ্টা করুন। কারণ সংকল্প ও আত্মবিশ্বাসের দ্বারা জীবনের খাতায় নিজের মনের মতো গানের সুর তোলা যায়।**

প্রয়োজন নেই। শুধুমাত্র অষ্টম শ্রেণী পর্যন্ত পড়াশোনা জানলেই হবে।

নিম্ন বর্গে জন্মগ্রহণকারী অনিতা কুশবাহ প্রাইম মিনিস্টার্স এম্পলয়মেন্ট জেনারেশান প্রোগ্রামের অর্ন্তগত লোন নিয়ে নিজের মধুর ব্যবসা শুরু করেছিল। আজ 21 বছরের অনিতা বী.এ.-র শেষবর্ষের ছাত্রী আর বছরে তার মধুর ব্যবসা প্রায় দুই কোটি টাকার। তার সফলতার গাথা এন.সী.আর.টী.-র পাঠ্যপুস্তকে **'অনিতা এবং তার মৌমাছি'** শীর্ষক দিয়ে ছাপানো হয়।

হয়তো সেই কারণেই মোহন রাকেশ তাঁর আলোচিত নাটক **'আষাঢ়ের একটা দিন'** -এ লিখেছিলেন যে, প্রতিভা একচতুর্থাংশ ব্যক্তিত্বের গঠন করে, শেষের পূর্তী হয় প্রতিষ্ঠার দ্বারা।

কালিদাস ছিলেন অতি ছোটো এক কবি, তিনি রাজদরবারে যাওয়ার নামেই ভয় পেতেন। তখন তাঁর মামা তাঁকে বোঝাতেন যে, শুধুমাত্র প্রতিভার দ্বারাই একজন মানুষ পূর্ণতা পায় না বরং কাজের দ্বারাও পূর্ণতা লাভ করা যায়। কারণ প্রতিভা হল একটি সহজাত গুণ, যা সকলের মধ্যে সমান ভাবে থাকে। কিন্তু যোগ্যতা ও কলাকে জীবিত রাখার জন্য অভ্যাসেব প্রয়োজন হয় সবচেয়ে বেশি।

2009 সালে এই অভ্যাসের জন্যই লোকসভা নির্বাচনে মনমোহন সিংহ এমন চমৎকার করে দেখাতে পেরেছিলেন, যা তাঁর আগে শুধুমাত্র জওহরলাল নেহেরুর পক্ষেই করে দেখানো সম্ভব ছিল। কারণ পাঁচ বছরের কার্যকাল সম্পূর্ণ করার পর পুনরায় 1962 সালে পার্টীকে একমাত্র নেহেরুই জেতাতে সক্ষম হয়েছিলেন। ইন্দিরা গান্ধীও এই কাজ করে দেখাতে পারতেন, কিন্তু তাঁর কার্যকাল শেষ হওয়ার আগেই নির্বাচনের ঘোষণা করে দেওয়া হয়েছিল।

2009 সালে যে জনমত পাওয়া গেছিল তার বিশেষত্ব হল, তা ছিল একটা ইতিবাচক জনমত। ভোটদাতা পুনরায় কোনো সরকারকে নির্বাচিত করার মানে হল তা হল একটা সৎ সরকার। সরকার ভালো কাজ করছে।

যে কাজ তারা শুরু করেছে তা সম্পূর্ণ হয়নি, তার জন্য পুনরায় তাকে সুযোগ দেওয়া উচিত। গ্রামীণ রোজগার গ্যারান্টী প্রকল্প, কৃষকদের ঋণ মুকুবের মতো প্রকল্প গুলিকে জারী রাখার জন্যই এই ভোট দেওয়া হয়েছিল। কিন্তু কখনও কখনও এমন ঘটনাও ঘটে যা শুনে লোকেরা চমকে যায়ই। উত্তর আমেরিকার

**আপনার মস্তিষ্ক ও প্যারাশুটের মধ্যে কোনো পার্থক্য নেই। কারণ দুটিই তখন কাজ করে যখন তা খুলে যায়।**

মেক্সিকো শহরে আজ থেকে প্রায় দেড়শো বছর আগে তৃতীয় নেপোলিয়ান নিজেকে ব্রান্ড হিসাবে পেশ করার জন্য পয়সা ঢালাই করার নির্ণয় নিয়েছিলেন। পয়সার একদিকে থাকে শাসকের চিত্র আর অপর দিকে তার মূল্যাঙ্কন করা থাকে।

সম্রাটের মতানুসারে এই পয়সা ঢালাইয়ের কাজ শুরু করে দেওয়া হয়েছিল। কিন্তু যে অফিসাররা ঢালাই করছিল, তারা একটা পয়সা হাতে নিতেই অবাক হয়ে যায়। কারণ পয়সায় তৃতীয় নেপোলিয়ানের মাথা ফাটা ছবি দেখা গেছিল, তাঁর মুখ দেখে মনে হচ্ছিল কোনো আহত ব্যক্তির ছবি। অফিসারদের মনে হয় যে, নিশ্চই ঢালাইয়ের ছাঁচে কোনো রকম সমস্যা আছে, যার জন্য ছবিটা এমন এসেছে। তাই পয়সা ঢালাইয়ের কাজ পুনরায় শুরু করা হয়। কিন্তু যতবারই পয়সা ঢালাই করা হচ্ছিল ততবারই তৃতীয় নেপোলিয়ানের আহত হওয়ার ছবিই বেরিয়ে আসছিল। এক-এক করে পঁয়তিরিশটা পয়সা ঢালাই করার পর অফিসাররা এই কথা তৃতীয় নেপোলিয়ানকে জানায়। তৃতীয় নেপোলিয়ানও এই কথা শুনে চমকে গেছিলেন। তিনি নিজে টেঁকশালে এসে পয়সাটা উল্টেপাল্টে দেখেন, কিছু বুঝতে না পেড়ে তিনি তাঁর দূতদের জ্যোতিষীকে ডেকে আনার জন্য পাঠান। এই পয়সা দেখে জ্যোতিষীগণ ভবিষ্যবাণী করে যে, এখনও পর্যন্ত টেকশালে মাত্র 36 টা পয়সা ঢালাই হয়েছে, কারণ তৃতীয় নেপোলিয়ানের বয়স তখন ছিল 36, আর তাঁর মৃত্যুর কারণ হবে মস্তকে আঘাত।

বাস্তবে সেই ঘটনাই ঘটে, যেমনটা জ্যোতিষীগণ ভবিষ্যবাণী করেছিল। তৃতীয় নেপোলিয়ান জীবনে মাত্র 36 টি বসন্ত দেখতে পেয়েছিলেন, পয়সায় তাঁর মাথায় যেমন আঘাতের চিহ্ন ছিল, তাঁর মস্তকে তেমনি আঘাত লাগে, তাঁর মাথায় গুলি লেগে মাথা ফেটে গেছিল। এটা একটা অভিজ্ঞতা মাত্র, যা কখনই অস্বীকার করা সম্ভব না। কিন্তু সমস্ত অভিজ্ঞতাই যে নেতিবাচক হবে তার কোনো মানে নেই। এর জ্বলন্ত উদাহরণ হলেন রাহুল গান্ধী, তিনি শুধুমাত্র অভ্যাসের কারণেই 2009 সালের লোকসভা নির্বাচনে স্টার প্রচারক হয়ে উঠে দেশের ভাবী প্রধানমন্ত্রী হওয়ার ব্যাপারে একপদক্ষেপ এগিয়ে গেছিলেন।

**শারীরিক দিক থেকে সুস্থ থাকুন, মানসিক দিক থেকে সাবধানে থাকুন আর আধ্যাত্মিক দিক থেকে প্রভাবশালী থাকুন, তারপর আপনার একটা হাসির ঝলক এত বড়ো কাজ করে দেবে যে, যা আপনি তলোয়ারের জোরেও করতে পারবেন না।**

কারণ তাঁর ইংরাজী অভিধানে NO অর্থাৎ 'না' শব্দটি থাকলেও তা সমস্ত কাজের দরজা বন্ধ করার জন্য নেই, বরং তা আছে উল্টো ভাবে অর্থাৎ ON যার অর্থ এগিয়ে যাওয়া। যার থেকে রাহুল গান্ধী শক্তি লাভ করে থাকেন। তাঁর অভিধানে TEEM অর্থাৎ ভরা থাকা, শব্দটি সেইভাবে ব্যবহার হয়েছে যেভাবে তাঁর জীবন বিভিন্ন সমস্যায় পূর্ণ। কিন্তু রাহুল গান্ধী যখন এই শব্দটা উল্টে দেন তখন তা MEET হয়ে যায়। এই শব্দ গুলিই হয়ে উঠছে তাঁর জীবনে সফলতা প্রাপ্তির পরিভাষা। সেই কারণেই তিনি জনপ্রিয়তা অর্জন করতে সক্ষম হয়েছিলেন। তাই আপনাকে নিজের কাজ চালিয়ে যাওয়ার অভ্যাস জারী রাখতে হবে। কারণ অভ্যাস করতে থাকলে তা সংশোধিত হওয়ার প্রক্রিয়া চলতে থাকে। এই সিদ্ধান্তের ওপর ভিত্তি করেই আমেরিকা উন্নতির দিকে অগ্রসর হোতে শুরু করেছিল, কিন্তু যতবার এই সিদ্ধান্তের লঙ্ঘন করেছে, ততবারই আর্থিক মন্দার সম্মুখীনতা করতে হয়েছে। আজও আমেরিকা আর্থিক সংকটের মধ্যে দিয়ে দিন অতিবাহিত করছে। কিন্তু এর জন্য সবচেয়ে বেশী সমস্যায় পড়েছিল সেক্রামেন্ট শহরের লোকেরা, যারা আমেরিকার নদীর ধারে তাঁবু খাটিয়ে নিজেদের আস্তানা গেড়ে রেখেছে।

পাখী ধরার পর শিকারীর অবস্থা যেমন হয়, তাদের অবস্থাও ঠিক তেমনি।

তখন পাখী বলে, **'আমাকে ছেড়ে দাও।'**

কিন্তু শিকারী তাকে ছাড়তে চায় না, তারপর পাখী মিনতী করে বলে, **'আমার মতো ছোট্টো একটা পাখীকে মেরে তুমি কি পাবে? তুমি যদি আমাকে ছেড়ে দাও তাহলে আমি এমন তিনটে কথা তোমাকে বলব, যাতে তুমি একদিন ধনী হয়ে যাবে।'**

শিকারী বলে, **'আমি যদি তোমাকে ছেড়ে দিই, তাহলে তুমি উড়ে যাবে।'**

পাখী বলে, **'না! আমাকে বিশ্বাস কর। আমি তোমাকে তিনটি কথা বলব। প্রথম কথা আমি তোমার বাম হাতের ওপর বসে বলব, দ্বিতীয় কথা আমি তোমার ডান হাতের ওপর বসে বলব, আর তৃতীয় গুরুত্বপূর্ণ কথাটা সামনের দেওয়ালের ওপর বসে বলব। তুমি যদি আমার তিনটি কথা মেনে**

> **ক্রোধ, খিটখিটভাব এবং সংকোচিত দৃষ্টিকোণ আপনার মানসিক শক্তি নষ্ট করে দিতে পারে। তাই নিজের ব্যক্তিত্বতে গম্ভীরতা আনুন আর নিজের আবেগকে নিয়ন্ত্রণ করতে শিখুন।**

**নাও, তাহলে অতি শীঘ্র তুমি ধনী হয়ে উঠতে পারবে।'**

শিকারী রাজী হয়ে যায়, সে পাখীটাকে জাল থেকে ছারিয়ে নিজের বাম হাতের ওপর বসায়। পাখীটা বলে, '**জীবনে এমন কোনো কথা বিশ্বাস কর না, যা কখনই সম্ভব না, সে কথা তোমাকে যেই বলুক না কেনো।'**

এই কথা বলে পাখীটা উড়ে গিয়ে শিকারীর ডান হাতের ওপর বসে আর বলে, '**দ্বিতীয় কথা হল, কখনও তোমার হাত থেকে কোনো দ্রব্য চলে গেলে কখনই তার জন্য অনুতাপ কর না, মনে কর যে, ওটা তোমার ছিলই না।'**

এই কথা বলে পাখীটা উড়ে গিয়ে সামনের পাঁচিলের ওপর বসে, তখন শিকারী বলে, '**এবার তৃতীয় কথাটা বল।'**

পাখীটা বলে, '**তৃতীয় কথাটা হল, আমার পেটে একটা আধা কিলো ওজনের হিরে আছে, তুমি আমাকে মেরে ফেললে মালামাল হয়ে যেতে।'**

সেই কথা শুনে শিকারী চিৎকার করতে শুরু করে, তার কান্না শুনে পাখীটা বলে, '**আরে মূর্খ আমার ওজন তো পাঁচশো গ্রামও না, তাহলে আমার পেটে আধা কিলো ওজনের হীরে আসবে কোথা থেকে?'**

এই রকম ঘটনাই আমেরিকার সাথে ঘটেছিল। আমেরিকা তার জনগণের ওপর পাখীর মতো বিশ্বাস করেছিল যার ফলে তার অর্থনীতি বিধ্বস্ত হয়ে যায়।

অন্যদিকে আছে ভারতীয়রা, যারা নিজেদের ব্রান্ডের মতো পেশ করে আজ রাজা-মহারাজাদের মতো জীবন অতিবাহিত করছে। সেই তালিকায় সবার আগে আসে মুকেশ আম্বানীর নাম, তিনি মুম্বাইতে অন্টীলিয়া নামক একটা 27 তলা বাড়ি তৈরি করেছেন। প্রায় 100 কোটি টাকা ব্যয় করে তৈরি করা এই গগন চুম্বী ভবনকে পৃথিবীর সবচেয়ে দামী বাঙ্গলো বলা হচ্ছে, যার মেনগেটে '**শুভ-লাভ**' লেখা আছে। কারণ মুকেশ আম্বানী তাঁর নিজের সমস্ত কাজ শুরু করেন '**শুভ-লাভ**' কথাটি লিখে, কিন্তু শুভ-লাভ শব্দ দুটি যে দুটি শব্দ মিলিত হয়ে তৈরি হয়েছে তা খুবই প্রচলিত। যাতে শুভের অর্থ হল **কল্যাণকারী** আর লাভের অর্থ হল **শ্রম থেকে প্রাপ্ত ফল।**

**আপনার জীবন একটা জাল হয়ে রয়ে গেছে, যা সর্বদা ঘর, কাজ, পরিবার ও বন্ধুদের মধ্যে অখাকর্ষিত হোতে থাকে। অথচ জীবন সেই সিঁড়ির মতো যাতে চড়ার জন্য প্রতিটা পদক্ষেপ চিন্তাভাবনা করে নেওয়া উচিত। তাই চিন্তা কর না, চোখ খোলা রাখ। তাতে করে সিঁড়িতে উঠতে সুবিধা হবে।**

এখন এই **কল্যাণকারী ফল** মুকেশ আম্বানীর সফলতার গুরুমন্ত্র হয়ে উঠেছে। তাই আপনিও এই গুরুমন্ত্রের লাভ নেওয়ার চেষ্টা করুন, তাহলে আপনাকে ধনী হওয়ার থেকে কেউ আটকাতে পারবে না।

◆

---

**'পৃথিবীর সমস্ত লোক যদি, নিজেদের মন থেকে দরিদ্রতাকে বার করে ফেলতে পারে, তাহলে তারা ধনী হয়ে যাবে। কারণ ধনী হওয়ার বিজ্ঞান বলে যে, আপনি যদি মনে মনে ধনী হওয়ার জন্য দৃঢ় হয়ে ওঠেন, তবেই আপনি ধনী হয়ে উঠতে পারবেন।'**

---

**ব্রহ্মাণ্ডের উৎপত্তির রহস্য সম্পর্কে বর্ণিতকারী**
**লার্জ হেড্রোন কোলাইডর মেশিন**
**নিজের মিশনে ফেল হোতে পারে।**
কিন্তু ধনী হওয়ার বিজ্ঞান
শেখানোর জন্য লেখা এই পুস্তক
কখনই ফেল হোতে পারে না।
**কারণ লার্জ হেড্রোন কোলাইডরের নির্মাণ**
**গবেষণা করার জন্য করা হয়েছিল।**
কিন্তু পুস্তক লেখা হয় গবেষণা করার পরে।

একাদশ সিদ্ধান্ত

# নিজের বডী ল্যাঙ্গুয়েজকে ধনী করে তুলুন

কিছুদিন আগে, আমাকে একটা বিজনেস ম্যানেজমেন্ট কলেজের এম.বী.এ. - র ছাত্রদের বডি ল্যাঙ্গুয়েজ বোঝানোর দায়িত্ব দেওয়া হয়েছিল। কিন্তু কক্ষে উপস্থিত বেশির ভাগ ছাত্রই নিরস হয়ে ঝিমাচ্ছিল, তাই সবার আগে তাদের জোশ কিভাবে বৃদ্ধি করা যায়, সেটাই আমাকে দেখতে হয়েছিল। হঠাৎই আমার মাথায় একটা আইডিয়া আসে, মনে হয় এমন ভাবে নিজের স্পীচ শুরু করি যাতে ছাত্ররা জোশ অনুভব করতে পারে। সেই কথা ভেবে আমি স্টেজে গিয়ে উপস্থিত হই, আর মুক্ত কণ্ঠে বলি :-

**ধনী ব্যক্তিরা কখনই ক্লান্ত হয় না,**

**যারা ক্লান্ত হয়ে পড়ে তারা কখনও ধনী হোতে পারে না।**

আমার কথাটা শুনে, যে ছাত্ররা ঝিমাচ্ছিল, তারা সোজা হয়ে বসে পড়ে। তাদের দেখে আমি অবাক হয়ে যাই, আমার মনে হয়েছিল আমার কথায় কোনো জাদু আছে। আমি এই জাদু অব্যাহত রাখতে চাইছিলাম, কারণ আমি চাইছিলাম ছাত্ররা আমার কথা শুনুক। তাই লিখে রাখা স্পীচটা নিজের পকেটে রেখে আমি বলি, **'আপনারা জানেন কি 1983 সালে অনিল আম্বানীর ওজন কত ছিল?'**

সমস্ত ছাত্রদের চিন্তা করতে দেখে আমি বলি, সেই সময় তাঁর ওজন ছিল 115 কিলো। কিন্তু বিদেশে অনিল আম্বানী রিলায়েন্সে সমাবেশ করার জন্য প্রেস কন্ফারেন্সে যখন বক্তৃতা দিচ্ছিলেন তখন একজন সাংবাদিক বলেন, **'মিস্টার আম্বানী আপনি এত মোটা কেনো?'**

অনিল আম্বানী রেগে গিয়ে বলেন, **'এই সময়ে এই প্রশ্ন করার মানে কি?'**

তখন সাংবাদিক বলে, **'মিস্টার আম্বানী! একজন বেপরোয়া এবং অসুস্থ শিল্পপতি কখনই নিজের ব্যবসাকে বিশ্বমানের করে তুলতে পারবে না।'**

সাংবাদিকের এই কথা শুনে অনিল আম্বানী নিজের শরীর নিয়ে চিন্তা করতে বাধ্য হন। এই কন্ফারেন্স থেকেই তিনি ঠিক করে ফেলেছিলেন যে, নিজের ব্যক্তিত্ব বদলে ফেলবেন, নিজের বডী ল্যাঙ্গুয়েজকে ধনী করে তুলবেন। এরপর অনিল আম্বানী নিজের কফ প্যারেড মুম্বাই স্থিত বাড়ি থেকে সিদ্ধি বিনিয়াক মন্দির পর্যন্ত হেঁটে যেতে শুরু করেন, তার দূরত্ব ছিল 10 কিমি.। তাঁর পিছন পিছন একটা গাড়ি যেতে, আজও তিনি সেই রুটিং-এই চলেন।

এখন তিনি তাঁর অতিরিক্ত ওজন ঝরিয়ে ফেলে 65 কিলোতে এসে দাঁড়িয়ে গেছেন, এখন তাঁকে নেহাতই যুবক বলে মনে হয়। তিনি নিজের বাড়ি **'সী. উইন্ড'**-এ জিম খুলে রেখেছেন, আর নিজেকে সুস্থ রাখার জন্য প্রতিদিন 12 ঘন্টা কাজ করেন। তাঁর জীবনের 7 টি সিদ্ধান্তকে তিনি সর্বদা মেনে চলেন :—

1. **অর্থ মাথা দিয়ে নয়, সমর্পনের দ্বারা কামানো যায়।**
2. **ক্রেডিট কার্ড থেকে দূরে থাক, নিজের শরীরে নিবেশ কর।**
3. **সকলের শোনো, যা ঠিক বলে মনে হয় তা গ্রহণ কর।**
4. **বেকার জিনিসের পিছনে অর্থ অপচয় করো না।**
5. **অন্য কাউকে নিজের জীবনে রাজত্ব করতে দেবেন না।**
6. **নিজেকে বিক্রয় যোগ্য ব্রান্ড করে তুলুন।**
7. **নিজের বডি ল্যাঙ্গুয়েজকে আকর্ষণীয় করে তুলুন।**

তাই আপনাকে সব থেকে বেশি নিজের বডি ল্যাঙ্গুয়েজের দিকে ধ্যান দিতে হবে। এই গুলি না বুঝতে পারলে আপনি কখনই অনিল আম্বানীর মতো হোতে পারবেন না। এবার নিজেদের অলসতা দুর করে, আমার কথা গুলি মন দিয়ে শুনুন। 1984 সালে আমি যখন প্রথমবার বডি ল্যাঙ্গুয়েজের অধ্যয়ন করেছিলাম, তখন আমি এটা জেনে খুব বেশী রোমাঞ্চিত হয়ে গেছিলাম যে, সংকেত, মুদ্রা, স্থিতি এবং পোশাক আমাদের অনেক বেশী স্মার্ট করে তোলে। 1970 সালে জুলিয়াস ফাস্ট **'বডি ল্যাঙ্গুয়েজ'** নামক যে পুস্তক লিখেছিলেন, যা পড়ে আমার সেই সম্পর্কে আরো বেশি করে জানতে ইচ্ছা হয়েছিল, তখন আমি **'দ্যা এক্সপ্রেশান অফ দ্যা ইমোশান্স ইন ম্যান এন্ড ইনিমল্স'** পড়ি, তখন আমি জানি যে, আমাদের বডি ল্যাঙ্গুয়েজ অন্যদের অনেক কিছু বলে দেয়। এই সম্পর্কে বোঝার জন্য আপনাদের কিছু উদাহরণ দিচ্ছি —

| আপনার ভঙ্গী | তার অর্থ |
|---|---|
| ১ ভ্রু দুটি ওপরে তোলা | বোঝার চেষ্টা করা |

| | |
|---|---|
| ➲ ভ্রু দুটি চারদিকে ঘোরানো | অবিশ্বাস প্রকট করা |
| ➲ চোখে চোখ রেখে কথা বলা | নিষ্ঠা ও আত্মবিশ্বাস ব্যক্ত করা |
| ➲ নাক ঘষা | চকিত হয়ে যাওয়া |
| ➲ কাঁধ ঝাঁকানো | আগ্রহ প্রকট না করা |
| ➲ মাথায় হাত চাপড়ানো | কোনো জিনিস ভুলে যাওয়া |
| ➲ দুই হাত কপালে চাপড়ানো | কোনো জিনিসের জন্য অনুতাপ করা |
| ➲ কথা বলার সময় আঙুল দিয়ে মুখ ঢাকা | অন্যের কথায় আশ্চর্য প্রকট করা |
| ➲ ঘাড় চুলকানো | অন্যের ভাব ঠিক না |
| ➲ কানে হাত দেওয়া | চুপ করতে বলার ইশারা |
| ➲ ক্রমাগত চোখের পলক ফেলা | ক্লান্তি বা টেনশান অনুভব করা |
| ➲ পলক না ফেলে তাকিয়ে থাকা | নতুন বা ভালো কিছু দেখা |
| ➲ শুধু বৃদ্ধাঙ্গুষ্ঠ দেখানো | সব ঠিক আছে অর্থাৎ ও.কে. |
| ➲ ভী (V) -এর সংকেত করা | বিজয় দর্শানো |
| ➲ দুটো হাত খুলে দেখানো | সততার প্রতিক |
| ➲ বলার সময় দূর পর্যন্ত দেখা | অভিব্যক্তির সন্ধান করা |
| ➲ শোনার সময় অন্যদের দিকে দেখা | কথায় সম্মতি প্রকট না করা |
| ➲ চোখ বন্ধ করে মাথা নাড়ানো | ঠিক আছে, আরো বলুন |
| ➲ সোজা দাঁড়িয়ে বলা | গুরুত্বপূর্ণ বয়ান দেওয়া |
| ➲ পকেটে হাত দিয়ে কথা বলা | নিজেকে সুপারম্যান ভাবা |
| ➲ শোনার সময় সামনের দিকে ঝোঁকা | মন দিয়ে কথা শোনা |
| ➲ শোনার সময় পিছন দিকে ঝোঁকা | শোনার ব্যাপারে উদাসিনতা প্রকট করা |
| ➲ দুটি হার জোড় করে দাঁড়ানো | কোনো রকম প্রার্থনা করা |
| ➲ ঘাড় ডানে-বামে হেলাতে থাকা | অস্বীকার প্রকট করা |
| ➲ ঘাড় ওপর-নিচে হেলাতে থাকা | কথা বোঝার চেষ্টা করা |
| ➲ হাতের তালু দুটি বুকের কাছে আনা | সত্যি বলার চেষ্টা করা |
| ➲ সিগারেট পান করার সময় ধোঁয়া ওড়ানো | রহস্যপূর্ণ কথা ভাবা |

লুইভিলে বিশ্ববিদ্যালয়ের প্রফেসার বর্ডহসল এই ব্যবহার গুলিকেই 'বডি ল্যাঙ্গুয়েজের' সংজ্ঞা দিয়েছেন। যাকে 'অশাব্দিক কথোপকথন'-ও বলা যায়। এই বিধিতে ভাব-মুদ্রা তথা সংকেতের প্রয়োগ করা যায়। যার দ্বারা অন্যরা আপনার মনের কথা বুঝতে পারে। তাই ব্যক্তিগত ভাবে নিজের কথা অন্যকে

জানানোর জন্য মানুষ 'অশাব্দিক' মাধ্যমের ব্যবহার করে থাকে। চার্লী চ্যাপলিন অশাব্দিক কথোপকথনের বিশেষত্বের জন্ম দিয়েছিলেন। কোনো অভিনেতা যত ভালো করে বিভিন্ন মুদ্রার বা দেহ সংকেতের ব্যবহার করতে পারে, সে তত ভালো অভিনেতা হয়ে উঠতে পারে।

**এই বডি ল্যাঙ্গুয়েজ কি :** আপনি যখন নিজের ভেতরে প্রতিভার উপলব্ধি করতে পারেন তখন আপনি আত্মসম্মানের সাথে চলেন। আপনার চলনে থাকে আনন্দ, কাঁধ একটু উপরে উঠে যায়। কিন্তু আপনি যখন নিরাশা বোধ করেন তখন আপনার চলনে ক্লান্তির ছাপ দেখা যায়। আর আপনি যখন সমস্যায় থাকেন তখন খুব তাড়াতাড়ি চোখের পলক ফেলেন।

**সত্যি কথা বলে চোখ :** তাই অন্যের চোখের রঙ পড়ার চেষ্টা করুন। কারণ আপনি এমন অনেক লোক পাবেন যারা কথা বলার সময় অন্যের চোখের দিকে তাকিয়ে কথা বলে না। বেশির ভাগ ক্ষেত্রেই মাথা নিচু করে কথা বলে, কোনো কোনো স্থানে একে শিক্ষার নাম দেওয়া হয়ে থাকে, সেখানে চোখে চোখ রেখে কথা বলাটাকে অশিক্ষার নাম দেওয়া হয়, এমন স্থানের সম্পর্কে আপনাকে জানতে হবে, কিন্তু এমন অনেক জায়গা আছে, যেখানে অনেকের সাথে চোখে চোখ রেখে কথা বললেও আপনি তা অনুভবই করতে পারেন না। আপনাকে সর্বদা অন্যের চোখের দিকে তাকিয়ে কথা বলার চেষ্টা করতে হবে। সামনের লোকের চোখের রঙ কেমন তা বোঝার চেষ্টা করুন।

**আপনার বডি পস্চার :** সর্বদা পকেটে হাত দিয়ে কথা বলার মানে হল, আপনি তাকে কোনো না কোনো ভাবে এরিয়ে চলার চেষ্টা করছেন। তাই হাঁটার সময় পকেটে হাত দিয়ে হাঁটবেন না, কারণ তা আপনার বডি পস্চার দর্শায়।

হাত উন্মুক্ত থাকার মানে তা আপনার দৃঢ়তা ও বন্ধুত্বের ভাবকে দর্শায়, ভাবুন তো, যদি কখনও আপনার নিজেকে বাঁচানোর চেষ্টা করতে হয় এবং আপনার হাত পকেটের মধ্যে থাকে তাহলে তা বার করতে করতেই যা হওয়ার তা হয়ে যেতে পারে। ঠিক সেই রকমই যদি আপনি বুকে হাত বেঁধে চলেন তাহলে পিছন থেকে কেউ আপনাকে এমন ভাবে ধরে নিতে পারে যে তাতে করে আপনি সম্পূর্ণ

**একটা মায়ের প্রাণ যেমন তার সন্তানের মধ্যে থাকে, তেমনি পুরুষের জন্য অর্থই সব, যা ছাড়া তার জীবন অসম্পূর্ণ। তাই অর্থোপার্জন করতে শিখুন তা ওড়াতে নয়।**

রূপে তাঁর ফাঁদে পড়ে যেতে পারেন। তাই আপনাকে সহজ ও আরামদায়ক ভঙ্গীতে থাকতে হবে, কিন্তু শরীর কখনই ঢিলা ছাড়বেন না।

**বডি ল্যাঙ্গুয়েজের জাদু :** আমাদের দেশের নেতারা ভোটের সময় এমনি কিছু বডি ল্যাঙ্গুয়েজের প্রদর্শন করে থাকে, উদাহরণ স্বরূপ বলা যায় কংগ্রেসের অধ্যক্ষ সোনিয়া গান্ধি দ্রুত পায়ে জনতার মধ্যে পৌঁছে যান। সাধারণ মানুষের মধ্যে পৌঁছে কোনো বাচ্চাকে কোলে তুলে নেন। ভাষণ প্রদানের শেষে মাথায় ঘোমটা টেনে ভোট দেওয়ার জন্য ভোটদাতাদের অভিবাদন করে থাকেন।

সোনিয়ার বডি ল্যাঙ্গুয়েজের মধ্যে দিয়ে ভোটদাতাগণ কংগ্রেসের প্রতীক হাত দেখতে পায়। তাঁর এই শৈলী ভারতীয় পরম্পরাকে উপলব্ধি করাতে সাহায্য করে। এই রকম স্টাইল তাঁর মেয়ে প্রিয়াঙ্কা গান্ধীর মধ্যেও দেখা যায়। তাঁর স্টাইল আর একটু আলাদা, যেমন ভোটের সময় ভারতীয় ঐতিহ্য অনুসারে শাড়ি পরে নির্ভয়ে সাধারণ মানুষের মধ্যে গিয়ে দাঁড়ানো, লোকেদের সাথে মিশে যাওয়া, বাচ্চাদের আদর করা, সাংবাদিকদের প্রশ্নের উত্তর দেওয়া, রোড শোয়ের সময় চলন্ত গাড়ির দরজা খুলে পাদানিতে উঠে দাঁড়ানো, এই সবই তাঁর স্টাইলের অংশ। অথচ প্রিয়াঙ্কার ভাই রাহুলের স্টাইল আর একটু ভিন্ন।

বিজেপির লালকৃষ্ণ আদবানি ভোটের সভায় যে মুদ্রার প্রদর্শন করেন, তাতে কখনই মনে হয়না যে তিনি জীবনের আটটি দশক পার করে ফেলেছেন। তিনি নিজের বডি ল্যাঙ্গুয়েজের মাধ্যমে সর্বদা এটাই প্রকট করতে চান যে, তাঁর মনে সর্বদা একটা নতুন ইতিহাস জন্ম নিচ্ছে। তাই ভাষণের সময় আকাশের দিকে হাত তুলে দৃঢ়তার সাথে এটাই বলতে চান যে, দেশকে সর্বশ্রেষ্ঠ আসন প্রদান করতে হবে। কখন-কখন তিনি নিজের বডি ল্যাঙ্গুয়েজের দ্বারা অটল বিহারী বাজপায়ীর কথাও স্মরণ করিয়ে দেওয়ার চেষ্টা করেন।

এইভাবে গুজরাটের মুখ্যমন্ত্রী এবং বিজেপির স্টার প্রচারকের মধ্যে অন্যতম নরেন্দ্র মোদীর হাবভাবের মধ্যে দিয়ে তাঁর ব্যক্তিত্বের প্রকাশ দেখা যায়। তাঁর ভাষণই তাঁর ভেতরের সক্ষমতাকে প্রকাশ করে দেয়।

বিজেপির মহা সচিব অরুণ জেটলী নিজের হাবভাব, তর্ক এবং তথ্যের

**প্রতিদিন কঠোর পরিশ্রম করার চেয়ে প্রতিদিন সামান্য চেষ্টা করা উচিত, একদিন সেই চেষ্টাই সফলতা হয়ে উঠে আসবে। ঠিক তেমন যেমন একটা ছোট্টো গাছের থেকে বড়ো গাছের সৃষ্টি হয়।**

দ্বারা বিরোধীদের ধ্বংস করার ক্ষমতা রাখেন। তাঁর এই স্টাইল পার্টীকে উচ্চ শিখরে তুলতে অনেকটাই সাহায্য করেছে। বিজেপির প্রভাবশালী নেত্রী সুষমা স্বরাজের বডি ল্যাঙ্গুয়েজও অসাধারণ। হিন্দী ভাষা সম্পর্কে তিনি যতটা দক্ষ ততটাই দক্ষ তিনি অহিন্দী ভাষার ক্ষেত্রেও। তাঁর এই ক্ষমতার জোরেই তিনি কংগ্রেস নেত্রী সোনিয়া গান্ধীকে বিলারীতে পরাজিত করতে সক্ষম হয়েছেন।

প্রাক্তন রেল মন্ত্রী লালুপ্রসাদের স্টাইলের মধ্যে রয়েছে আর একটা অন্য ধরনের আকর্ষণ, যা ভোটদাতাদের যেকেনো মূল্যে তাঁর দিকে আকর্ষণ করে। ভারতীয় রাজনীতির পুরোনো খেলোয়াড় লালু প্রসাদ যাদব বক্তৃতার সময় প্রবাদের ব্যবহার করতে ভোলেন না। তাই বিহারিরা তাঁর কথার মধ্যে একটা আপন ভাব খুঁজে পায়।

উত্তর প্রদেশের প্রাক্তন মুখ্যমন্ত্রী মায়াবতী যখন স্টেজে গিয়ে দাঁড়ান তখন সকলেই তাঁর মমতায় ভরা মুখটা দেখার জন্য ব্যাকুল হয়ে পড়ে। মহারাষ্ট্রের মারাঠী নেতা শরদ পাওয়ারের ভাষণ শুনতে সকলেই ভালোবাসে। একজন প্রশাসনিক নেতা হওয়ার সাথে সাথে তাঁর মধ্যে আছে জনতাকে কব্জা করার বিশেষ কলা।

ঠিক সেইভাবে দক্ষিণ ভারতের নেতা চন্দ্রবাবু নাইডু, করুণানিধি, জয়ললিতা তাঁদের বডি ল্যাঙ্গুয়েজের জন্য বিশেষ রুপে প্রভাবশালী। চন্দ্রবাবু নাইডু আক্রমক ভঙ্গীতে নিজের মতামত জনতার কাছে পৌঁছে দেন, অন্যদিক করুণানিধিই কিছু কম যান না, তিনি নিজের হাবভাবের দ্বারা জনতার মুড বদলানোর ক্ষমতা রাখেন।এই সমস্ত লোকেরা বডি ল্যাঙ্গুয়েজকে টেকনিক হিসাবে ব্যবহার করেন আর নন-ভার্বল কমিউনিকেশানের মাধ্যমে নিজের বক্তব্য সহজে অন্যদের কাছে পৌঁছে দিতে চান। বক্তৃতার সময় তাঁর হাত কোমরে থাকার মানে তিনি অধীর হয়ে পড়েছেন। পিঠের পিছনে হাত রাখার মানে তিনি নিয়ন্ত্রনে আছেন। মাথার পিছনে দুটি হাতের আঙুল গুলি মিলিত করে দাঁড়িয়ে থাকার মানে তাঁর প্রভুত্বের সংকেত পাওয়া যায়, যেদিকে তাঁর পা থাকে সেদিকে তাঁর আগ্রহও বেশি থাকে।

**বডি ল্যাঙ্গুয়েজ ঠিক ভাবে বোঝা :** মানুষের ব্যবহারকে বিভিন্ন দেশে বা সমাজে

**আপনি যদি প্রার্থনা করে নিজের ভেতর থেকে ভালো ও হাল্কা বোধ করেন, তাহলে বুঝবেন যে, আপনার প্রার্থনা ঈশ্বর স্বীকার করে নিয়েছেন।**

বিভিন্ন রূপে দেখা যায়, তাই বিভিন্ন দেশের লোকের বডো ল্যাঙ্গুয়েজ বিভিন্ন প্রকারের হয়ে থাকে, এবং সেগুলি বোঝার উপায় ভিন্ন ভিন্ন হয়। তাই কোন স্থানে কোন বডি ল্যাঙ্গুয়েজের মানে কি তা বোঝাটা আপনার জন্য খুবই জরুরি।

অনেক সময় কথোপকথনের সময় সঠিক ভঙ্গীতে বডি ল্যাঙ্গুয়েজের ব্যবহার নাই হোতে পারে, কারণ হাব-ভাব এবং মুখের এক্সপ্রেশান বিভিন্ন দেশে বিভিন্ন অর্থে ব্যবহৃত হয়। এই রকম ক্ষেত্রে অনেক সময় মিসআন্ডারস্ট্যান্ডিং বা মিসইন্টারপ্রিটেশানের আশঙ্কা থেকে যায়। তাই আপনাকে নিজের কমিউনিকেশান স্কীল্স সংশোধনের জন্য নিজের হাবভাবের প্রতি সম্পূর্ণ রূপে সজাগ থাকতে হবে।

অক্টোবর 2008 -এ আমেরিকাতে রাষ্ট্রপতি নির্বাচনের সময় রিপব্লিকন এবং ডেমোক্রেটিক পার্টির প্রার্থীদের মধ্যে তৃতীয় বা শেষ প্রচারের সময় বডি ল্যাঙ্গুয়েজ নিয়ে খুবই তর্কবিতর্ক হয়েছিল। সেই তর্কের সময় রিপব্লিকন পার্টির ক্যাক্কেনকে খুবই আক্রমক ভঙ্গীতে দেখা গেছিল। কারণ গত দুইবারের তর্কের সময় ম্যাক্কেন পিছিয়ে পড়ার জন্য তাঁর ওপর বিশেষ চাপ ছিল, অনেকবার তো মনে হচ্ছিল তিনি নিজের আসন থেকে পড়েই যাবেন। এই তর্কের সময় দুই নেতার হাবভাব থেকে বহু বিষয় জনসম্মখে এসে যায়। তখন ওবামা আমেরিকার পতাকাযুক্ত পিন লাগিয়েছিলেন আর তাঁর টাই ছিল লাল ওপর সাদা স্টাইপ। ম্যাক্কেনের সমালোচনায় তিনি একটু সংকোচিত হয়ে পড়েছিলেন, কিন্তু যখন ম্যাক্কেন বলেন যে, ওবামার প্রচার অর্থ ব্যবস্থার ওপর ভিত্তি করে দাঁড়িয়ে আছে, তখন তিনি একটু হেসেছিলেন। কিন্তু ম্যাক্কেন যখন কোনো খেলার প্রতিযোগিতায় ঘরোয়া টীমের জয়ের কথা বলেন, তখন ওবামা হেসে তাঁকে অভিনন্দন জানিয়েছিলেন। কিন্তু কথা বলার সময় তিনি বারংবার ম্যাক্কেনকে মিস্টার ম্যাক্কেন বলেই সম্বোধন করেছিলেন। সেই সময় ম্যাক্কেন নীলের ওপর সাদা স্ট্রাইপ যুক্ত টাই বেঁধেছিলেন। তিনি বারংবার ওবামাকে **'তুমি'** এবং **'সিনেটার ওবামা'** বলে কথা বলছিলেন। সেই সময় তাঁর মুখের হাবভাব বারংবার বদলাচ্ছিল। তর্কের সময় তিনি নিজের পেন নিয়ে খেলছিলেন। ওবামার সমালোচনা করার সময় তিনি বারংবার চোখ নাচাচ্ছিলেন। কয়েকবার তাঁর আওয়াজেও জড়তার প্রকাশ পেয়েছিল। শেষপর্যন্ত তিনি ওবামাকে **'গুড জব'** বলে অভিনন্দন জানিয়েছিলেন।

এর মানে হল ম্যাক্কেন তখনই জানতেন যে, তিনি কি বলছেন, সেই কারণেই আমেরিকার বডি ল্যাঙ্গুয়েজের বিশেষজ্ঞ টমী হার্লে বলেছিলেন, **'লোকেদের শারীরিক অভিব্যক্তি সমস্যাকেও সহজ করে দেয়। যা অন্যরা**

**অতি সহজে বুঝতে পারে।'**

এই কারণেই প্রেমের জগতে বডি ল্যাঙ্গুয়েজ একটা গুরুত্বপূর্ণ ভূমিকা পালন করে। কারণ প্রেমিক-প্রেমিকারা একে অপরকে কিছু না বলেও এটা বুঝিয়ে দিতে পারে যে, তারা একে অপরকে কতটা ভালোবাসে। তাই আনন্দ থেকে বেদনা, সর্বত্রই বডি ল্যাঙ্গুয়েজের প্রভাব অপরিসীম।

**ভুল হোতে পারে :** ভেবে দেখুন তো কি কারণে মেনকা গান্ধী ও ইন্দিরা গান্ধীর মধ্যে ঝগড়া হয়েছিল।

তার কারণ হল, মেনকা গান্ধীর বডি ল্যাঙ্গুয়েজ পছন্দ ছিল না। এই বিষয়ে **'ইন্দিরা : দ্যা লাইফ অফ ইন্দিরা নেহেরু গান্ধী'** নামক পুস্তকের রচয়িতা ক্যাথরিন ফ্রাঙ্ক খানিকটা আলোকপাত করেছিলেন। তিনি লিখেছিলেন, **'মেনকা খুব কথা বলতেন ও তিনি ছিলেন নিয়ন্ত্রনের বাইরে। সিখ হওয়া সত্ত্বেও তিনি সিগারেট পান করতেন। তাই ইন্দিরা নিজের ছেলের পছন্দে খুশী ছিলেন না। প্রথম থেকেই মেনকার সাথে রাজীব ও তাঁর স্ত্রীর ঝগড়া হোত। তিনি ইন্দিরা গান্ধীকেও সম্মান করতেন না। বরুণের দেখাশোনা সোনিয়া করতেন।'**

ইন্দিরার বাড়ি ত্যাগ করার পর মেনকা গান্ধী লেখিকা মথাঈ (জওহরলাল নেহেরুর সচিব) -এর লেখা বইয়ের অধ্যায় 'শী' নিয়ে নিয়েছিলেন আর তা জনতার মধ্যে বিতরণ করে দিয়েছিলেন। এই পুস্তকে জওহরলাল নেহেরুর জীবনের সাথে যুক্ত মহিলাদের সম্পর্কে বিস্তারিত ভাবে লেখা হয়েছিল, যা পড়ে বিদ্বান ব্যক্তিরা নিন্দা করেছিলেন।

লেখিকার মতে ইন্দিরা প্রথম থেকেই এই বিবাহের বিরোধীতা করেছিলেন, আর পরে সঞ্জয়ও তাঁর এই সিদ্ধান্তের জন্য অনুতাপ করতেন। ইন্দিরা মেনকার বডি ল্যাঙ্গুয়েজ পছন্দ করতেন না বলেই তিনি তাঁকে বাড়ি থেকে বার করে দিয়েছিলেন।

প্রাচীনকালে ভগবান শ্রী রামের বডি ল্যাঙ্গুয়েজ ছিল অসাধারণ, তা সত্ত্বেও তাকে 14 বছরের বনবাস পালন করতে হয়েছিল। কিন্তু তার জন্য তাঁর ব্যক্তিত্ব এতটুকু ক্ষুণ্ণ হয়নি কারণ তাঁর ভেতরে মেনকা গান্ধীর মত ত্রুটি ছিল না।

**ঈশ্বর মনোবাঞ্ছিত ইচ্ছা পূরণের আগে নিজের ভক্তের বহু পরীক্ষা নেন। আগে তিনি সোনার মতো আগুনে দগ্ধ করেন। তবেই তিনি তাঁকে নিজের ভক্ত বলে স্বীকার করেন।**

এই কারণেই আজও সমস্ত জাতির লোক তাঁর চরিত্রের গুণগান করে থাকে। তাই ভগবান শ্রীরামচন্দ্রের জীবন নিয়ে লেখা **'রামায়ণ'** কোনো পুস্তক নয় তা হল একটা গ্রন্থ। যা আমাদের বিস্তারিরি ভাবে বডি ল্যাঙ্গুয়েজের শিক্ষা দেয়, আর বলে দেয় যে, ভগবান কিভাবে চলতেন, কি ভাবতেন, কিভাবে বসতেন, কিভাবে কথা বলতেন, আজকের প্রজন্মের কাছে তা একটা বার্তায় পরিণত হয়েছে।

তাই গোস্বামী তুলসীদাসের মতে :—

সুমতি ও সন্তোষের সম্পর্ক গভীর। মানুষের মধ্যে সুমতি না থাকলে, তার ভেতরে সন্তোষের উৎপন্ন হয় না। যদি কুমতি হয়, তাহলে অধিক ধন সঞ্চয় করার প্রবৃত্তি বৃদ্ধি পায়। ঠিক তেমনি যেমন জাপানের সন্ত হাকুইনের কাছে কোনো এক যোদ্ধা স্বর্গ ও নরক সম্বন্ধে জ্ঞান প্রাপ্ত করতে গেছিল। সন্ত প্রথমে তাকে মন দিয়ে ওপর থেকে নিচ পর্যন্ত দেখে, তারপর জিজ্ঞাসা করেন, **'তুমি কিসের ব্যবসা কর?'**

**'আমি সেনাদের অস্ত্র-শস্ত্রের দেখাশোনা করি।'**

**'তোমার মুখ দেখে ভিখারী বলে মনে হচ্ছে। কোনো অফিসার কিভাবে তোমাকে তার সেনাদের অস্ত্র সামলানোর দায়িত্ব দিল তা ভেবেই আমার অবাক লাগছে।'**

এই যোদ্ধা সন্তের কথা সহ্য করতে পারে না। রাগে তার মুখ লাল হয়ে যায়, তারপর সে নিজের মুষ্ঠিতে তলোয়ার ধরে।

সন্তের দৃষ্টি যখন এই তলোয়ারের ওপর পড়ে তখন তিনি বলেন, **'আচ্ছা তোমার কাছে তাহলে তলোয়ারও আছে, আর তুমি এটা দিয়ে আমার মস্তক ছিন্ন করতে চাইছো, এই দিয়ে তো পেন্সিলও কাটা যায়।'**

এই কথা শুনে যোদ্ধার রাগ আরো কয়েক গুণ বৃদ্ধি পায়, সে জ্বলে ওঠে, তখন সে তলোয়ার বাইরে বার করে নেয়, সন্ত হেসে বলে, **'তোমার জন্য নরকের দরজা খুলে গেছে।'**

যোদ্ধা সন্তের কথা শুনে তলোয়ার ভেতরে ঢুকিয়ে নেয় এবং নিজের ভুল স্বীকার করে নেয়।

> **ভয় আর সফলতার মধ্যে আদায় কাচকলায় সম্পর্ক। কারণ তারা একে অপরের শত্রু। তাই লক্ষ্মী যখনই আপনার দরজায় করাঘাত করবেন তখন সাহসকে দরজা খুলতে পাঠান।**

তখন সন্ত বলেন, 'এবার যদি তুমি স্বর্গের দ্বার দর্শন করতে চাও, তাহলে রাগ পরিত্যাগ কর আর নিজের ভেতরে সুসংস্কার আন, কিন্তু এই ভালো সংস্কার আনার তিনটি সূত্র আছে।'

**প্রথম সূত্র :-** স্বার্থ ত্যাগ করতে হবে। কিন্তু কোনো ব্যক্তিই নিজের স্বার্থ ত্যাগ করতে পারে না। একটা পুরানো গল্প আছে, এক খুব বড়ো ব্যবসায়ি ছিল, তার নাম ছিল ধনপত রায়। তার লোভের শেষ ছিল না। তার কাছে কোনো কিছুর অভাব ছিল না, কিন্তু আরো কিছু পাওয়ার ইচ্ছা ক্রমাগত বৃদ্ধি পাচ্ছিল। সোনা ছিল তার বিশেষ দুর্বলতা। তাই সে রাত-দিন সোনার খেয়ালে ডুবে থাকত, সারাক্ষণ কল্পনা করত যে, তার বিরাট একটা ঘর সোনায় ভর্তি থাকবে। তাই সে ধনোপার্জনের সাথে সাথে দেবতার পূজাও করতে শুরু করে। তার সাধনায় খুশি হয়ে দেবতা তাকে কোনো একটা বর চাইতে বলেন।

লোভী সেঠের মনে যখন কোনো কিছুই আসছিল না তখন সে বলে, 'ভগবান আপনি যখন আমার ওপর এতই প্রসন্ন তখন আমাকে এমন কোনো বর দিন যাতে আমি যা ছোঁবো তাই সোনায় পরিণত হয়।'

দেবতা বলেন, 'তাই হবে।'

এই কথা বলে ভগবান চলে যান। ধনপত রায় সবার আগে তার মহলের স্তম্ভটা ছুঁয়ে দেখে। তা সোনায় পরিণত হয়, এই করে সে নিজের মহলের প্রতিটা বস্তু ছুঁয়ে সোনায় পরিণত করতে শুরু করে। সব সোনা হয়ে যাওয়ার পর তার খিদের অনুভব হয়। যখনই সে কোনো খাবারে হাত দেয় তখনই তা সোনায় পরিণত হোতে শুরু করে। সোনা খেয়ে তো পেট ভরে না, আর ক্ষুধার্ত থাকাও সম্ভব ছিল না, তখন তার সমস্ত আনন্দ দুঃখে পরিণত হোতে শুরু করে। তার একটা মেয়ে ছিল। সে তার বাবার পাওয়া আশীর্বাদের কথা শুনে খুব খুশী হয়েছিল। কিন্তু বাবার কষ্টও সে সহ্য করতে পারছিল না। সে দৌড়ে তার বাবার কাছে যায়। তার বাবা তখন শোকের সাগরে নিমজ্জিত। মেয়েকে সামনে আসতে দেখেই সে দৌড়ে মেয়ের কাছে যায়, মেয়ের কাঁধে হাত রাখতেই মেয়ে সোনায় পরিণত হয়, সেঠের জগত নষ্ট হয়ে যায়। সে বুঝতে পারে যে ধন-দৌলত মানুষকে জীবিত রাখে না, মানুষের বেঁচে থাকার জন্য যেটা সবচেয়ে বেশি প্রয়োজন তা হল মানুষের ভালোবাসা। মানুষ যখন এই কথাটা বুঝে যায় তখন সে ভালো কাজ করতে শুরু করে।

**দ্বিতীয় সূত্র :-** উদার দৃষ্টিকোণ। কারণ যারা সংকীর্ণ দৃষ্টিতে দেখে তারা শুধু

নিজেদের আশেপাশটাই দেখতে পায়, কিন্তু মানুষের দূর দূরান্তের কথা ভাবা উচিত।

আপনি বাঁশি ওয়ালা ছেলেটার গল্প নিশ্চই শুনেছেন। সে নিজের বাঁশি বাজিয়ে সকলকে সম্মোহিত করতে পারত। আপনাদের সেই গল্প শোনাচ্ছি।

দিল্লীতে যখন ইঁদুরের উপদ্রব খুব বৃদ্ধি পেয়েছিল তখন প্লেগ রোগ সংক্রামিত হওয়ার আশঙ্কা দেখা গেছিল। তখন শহরের লোকেরা মিলিত হয়ে এম.সী.ডী. -র চেয়ারম্যানের কাছে যায়, আর তাকে কিছু করার জন্য অনুরোধ করে। সে নিজের সাধ্য মতো সমস্ত কিছু করার চেষ্টা করে কিন্তু ইঁদুরের সংখ্যা কমার বদলে বৃদ্ধি পেতে শুরু করে। তারপর চেয়ারম্যান ঘোষণা করে যে, যদি কোনো ব্যক্তি এই দিল্লী শহর থেকে ইঁদুর বিতারিত করতে সক্ষম হয় তাহলে আমি তাকে দশ লক্ষ টাকা পুরস্কার দেব।

ঘোষণার পরের দিনই বাইরে থেকে এক ব্যক্তি এসে উপস্থিত হয় আর বলে, **'আমি যদি সমস্ত ইঁদুরকে এখান থেকে বাইরে নিয়ে যেতে সক্ষম হই তাহলে কি আপনি আমাকে নিজের কথা মতো দশ লক্ষ টাকার পুরস্কার দেবেন?'**

চেয়ারম্যান বলে যে, **'যদি সব ইঁদুর চলে যায়, তাহলে আমি অবশ্যই তোমাকে দশ লক্ষ টাকা পুরস্কার দেব।'**

পরের দিন সকালে এই ব্যক্তি সারা দিল্লী শহর জুড়ে ঘুরতে ঘুরতে বাঁশি বাজাতে থাকে, তার বাঁশীর আওয়াজ শুনে ইঁদুর গুলির মনে হয় যে, কোনো খাবারের কৌট খোলা হচ্ছে। তখন সমস্ত ইঁদুর তার পিছন পিছন চলতে শুরু করে, চলতে চলতে মোহন নগর পর্যন্ত এসে যায়, সেখান দিয়ে হিন্ডন নদী প্রবাহিত হয়। বাঁশী বাজাতে বাজাতে সে নদীর ভেতরে চলে যায়, তখন তার পিছনে পিছনে সমস্ত ইঁদুরও নদীর মধ্যে চলে যায়, সমস্ত ইঁদুর এই নদীর জলে ডুবে মারা যায়। সমস্ত ইঁদুর মরে যাওয়ার পর বাঁশীওয়ালা দিল্লীতে গিয়ে নিজের পরিশ্রমিক চায়, তখন চেয়ারম্যান বলে যে, **'তুমি তো কিছু করই নি, শুধু বাঁশী বাজিয়েছো, বাঁশী বাজানোর জন্য তোমাকে কে দশ লক্ষ টাকা দেবে?'**

বাঁশীওয়ালা বলে, **'দেখুন এখন আমাকে অন্য শহরেও যেতে হবে, সেখান থেকে বিড়াল তারাতে হবে, বিছেও তারাতে হবে, তাই আপনি আমাকে**

> **কখনও বাজে কথা বলবেন না, কারণ এর দ্বারাই কুঁজি মন্থরা স্বর্গের সমান অযোদ্ধাকে নরকে পরিণত করে দিয়েছিল, আর দুর্যধনকে বলা দ্রৌপদীর অন্ধের পুত্র অন্ধ মহাভারত তৈরি করে দিয়েছিল।**

**শীঘ্র দশ লক্ষ টাকা দিন।'**

সঙ্গে সঙ্গে চেয়ারম্যান দশ হাজার টাকা দিয়ে বলে, **'এই নাও, বাঁশী বাজানোর জন্য এর থেকে বেশী পাবে না। আমি তো উপহাস করে দশ লক্ষ টাকা দেব বলেছিলাম।'**

এই কথা শুনে বাঁশীওয়ালার খুব দুঃখ হয়, পরের দিন সে সিটি বাজতে শুরু করে, সেই সিটির আওয়াজে পাড়ার সমস্ত মহিলারা খুশী মনে তার সাথে চলতে শুরু করে, তারপর তারা দিল্লী থেকে বেরিয়ে জয়পুর যাওয়ার বাসে চেপে বসে। তাদের সাথে চেয়ারম্যানের স্ত্রীও ছিল।

এর থেকে বোঝা যায় যে, আপনি যখন কাউকে কোনো কথা দেবেন অবশ্যই তা পূরণ করার চেষ্টা করুন।

**তৃতীয় সূত্র :** — মনে কোনো রকম হীন ভাবনা রাখতে নেই। মহিলাদের মধ্যে হীনমন্যতা বোধ বেশী দেখা যায়। কিন্তু পুরুষদের মধ্যে অহংকার বেশি দেখা যায়। কিন্তু ব্যক্তিত্বের প্রকাশের জন্য উভয়েরই ভালো পোশাকের প্রয়োজন। কারণ পোশাক আপনার প্রতিচ্ছবিকে বদলে দেয়। তাই আপনার সর্বদা ভালো পোশাক পরিধান করা উচিত। শেক্সপিয়ার বলেছেন যে, **'মানুষের জীবনে পোশাক খুবই গুরুত্বপূর্ণ বিষয়।'**

এই কারণেই আজকালকার ডিজাইনাররা পরিস্থিতি ও সুবিধার কথা মাথায় রেখে পোশাকের ডিজাইন করে থাকে। কারণ সুন্দর পোশাকের মধ্যে থেকে আপনার আত্মবিশ্বাসের প্রকাশ ঘটে, ভিড়ের মধ্যে আপনাকে আলাদা করে চেনা যায়। কিন্তু তাতে আপনার চুলও গুরুত্বপূর্ণ ভূমিকা পালন করে থাকে, তাই হেয়ার স্টাইলও গুরুত্বপূর্ণ বিষয়। কারণ তা আপনার মুখের সাথে সাথে সম্পূর্ণ ব্যক্তিত্বকে বদলে দেয়। তারপর আপনি সময়ের সাথে চলার অনুভব পান।

সৌন্দর্য বিশেষজ্ঞ মাধুরী ভামার মতে, **'হেয়ার স্টাইল আপনার সম্পূর্ণ লুক বদলে দেয়। তাতে যে শুধুমাত্র আপনার ব্যক্তিত্ব প্রস্ফুটিত হয় তাই নয়, সেই সাথে আপনার আত্মবিশ্বাসও বৃদ্ধি পায়। কারণ চুল শরীরের এমন একটা অংশ যদি তার দিকে ধ্যান না দেওয়া যায় তাহলে ব্যক্তি নির্বোধ বলে মনে হয়।'**

হেয়ার স্টাইল বিশেষজ্ঞ জাভেদ হাভীভের মতে, **'আপনি হয়তো খুব সুন্দর, কিন্তু যখন হেয়ার স্টাইলের কথা আসে, তখন সৌন্দর্য বিশেষজ্ঞদের**

**সময় হল মোমের মতো, যাকে আপনি নিজের ইচ্ছা মতো ঢালাই করে নিতে পারেন কিন্তু তা গলনের হাত থেকে রোধ করতে পারবেন না।**

রায় নেওয়াটা খুব জরুরি।'

'গজনী' ফিল্মে আমির খানের হেয়ার স্টাইল সকলের খুব পছন্দ হয়েছিল। কিন্তু শাহরুখের ছোট্টো পনিটেল শুধু তাঁর মধ্যেই সীমাবদ্ধ ছিল না, বরং আজকাল কলেজের বহু ছাত্রকে এই পনিটেল অবস্থায় দেখা যাচ্ছে। আমাদের জমানার এংগ্রী ইয়ং ম্যান অমিতাভ বচ্চনের হেয়ার স্টাইল আজকের যুবকদের কাছেও খুবই জনপ্রিয়।

কিন্তু লালু প্রসাদ যাদবের চুলের স্টাইল আমার খুব ভালো লাগে, কারণ তাঁর ব্যক্তিত্বের বেশ খানিকটা অংশ জুড়ে আছে কমিডি। কিন্তু তিনি আমাদের সকলকে একটা জিনিস শিখিয়েছেন যে, জীবনে সর্বদা মস্তিতে থাকা উচিত, সমস্ত বিষয়কে হাসিতে উড়িয়ে দেওয়া উচিত। ভেতর থেকে আপনি যতই স্ট্রং হোন না কেনো, বাইরের পার্সোনালিটি হাসি মুখের হওয়া উচিত। এই সিদ্ধান্ততে চলে লালু প্রসাদ যাদব নিজের বডি ল্যাঙ্গুয়েজকে সম্পূর্ণ রূপে আলাদা করে তুলতে পেরেছেন। তাই আপনি নিজের বডি ল্যাঙ্গুয়েজ চেক্ করুন, তাই আপনাকে নিয়ে যাবে সফলতার শিখরে :-

1. **আপনার বডি স্ট্রাকচার কেমন?**
   - a. লম্বা-চওড়া প্রভাবশালী — হ্যাঁ ☐
   - b. মধ্যম — হ্যাঁ ☐
   - c. সাধারণ — হ্যাঁ ☐
2. **আপনি কি রকম দেখতে?**
   - a. সুন্দর ও আকর্ষক — হ্যাঁ ☐
   - b. সীরিয়াস ও প্রভাবকারী — হ্যাঁ ☐
   - c. সাধারণ ও সংকোচী — হ্যাঁ ☐
3. **আপনি কি ধরণের পোশাক পরিধান করেন?**
   - a. প্যান্ট-কোর্ট — হ্যাঁ ☐
   - b. জিন্স-টী-শার্ট — হ্যাঁ ☐
   - c. পাঞ্জাবী-পাজামা — হ্যাঁ ☐
4. **আপনি কাউকে কিভাবে সম্বোধিত করেন?**
   - a. সোজা দাঁড়িয়ে — হ্যাঁ ☐
   - b. একটু ঝুঁকে — হ্যাঁ ☐
   - c. বসে — হ্যাঁ ☐

5. **আপনি রাস্তা দিয়ে কিভাবে চলেন?**

a. সামনের দিকে তাকিয়ে — হ্যাঁ ☐

b. ডানদিক-বামদিক দেখে — হ্যাঁ ☐

c. ওপর-নীচে দেখে — হ্যাঁ ☐

6. **আপনি কিভাবে হাসেন?**

a. শালীনতার সাথে — হ্যাঁ ☐

b. খিলখিলিয়ে — হ্যাঁ ☐

c. লজ্জার সাথে — হ্যাঁ ☐

7. **আপনি কি ধরণের ব্যবহার করেন?**

a. শিষ্টাচারে ভরা — হ্যাঁ ☐

b. সাধারণ মানুষের মতো — হ্যাঁ ☐

c. ডিক্টেটরের মতো — হ্যাঁ ☐

8. **আপনি কি ধরণের জিনিসের প্রতি আকর্ষণ বোধ করেন?**

a. ভালো ব্যবহারের প্রতি — হ্যাঁ ☐

b. ভালো পোশাকের প্রতি — হ্যাঁ ☐

c. সুন্দর কাউকে দেখে — হ্যাঁ ☐

9. **আপনি কিভাবে বসেন?**

a. বুক চওড়া করে — হ্যাঁ ☐

b. রিল্যাক্স ভাবে — হ্যাঁ ☐

c. সামনের দিকে ঝুঁকে — হ্যাঁ ☐

10. **আপনি কিভাবে খাবার খান?**

a. খুব সভ্য ভাবে ধীরে ধীরে — হ্যাঁ ☐

b. মুখ খুলে

c. মুখ বন্ধ করে

এবার উত্তর জানার জন্য **হ্যাঁ** -তে 'টিক্' চিহ্ন দিন। আপনার উত্তর যদি 25 থেকে 30 -এর মধ্যে হয়, তাহলে আপনার বডি ল্যাঙ্গুয়েজ অসাধারণ, আপনি যেকোনো মানুষের ওপর নিজের প্রভাব বিস্তার করতে সক্ষম।

আপনার উত্তর যদি 20 থেকে 25 -এর মধ্যে হয় তাহলে আপনাকে স্মার্ট দেখালেও আপনি নিজের বডি ল্যাঙ্গুয়েজের ওপর বিশেষ ধ্যান দেন না। কারণ পোশাকের ওপর আপনার দৃষ্টিভঙ্গী অন্যদের থেকে একটু আলাদা।

আপনার উত্তর যদি 20 -র থেকে কম হয়, তাহলে আপনাকে নিজের বডি ল্যাঙ্গুয়েজের ওপর বিশেষ ধ্যান দিতে হবে। কারণ সফলতা পাওয়ার কিছু নিয়ম থাকে যা পালন করা অনিবার্য। তাই যত শীঘ্র সম্ভব নিজের বডি ল্যাঙ্গুয়েজকে বদলান। কারণ যতক্ষণ কোনো মানুষ মৌন থাকে ততক্ষণ পর্যন্ত তার স্তর সম্পর্কে কিছু বোঝা যায় না। কিন্তু তার বলা ও চলার ভঙ্গী দেখে সব কিছু জানা যায়। তাই জম্মু-কাশ্মীরের প্রাক্তন মুখ্যমন্ত্রী ড. ফারুখ আব্দুল্লা যে কথা বলতেন তার সাথে নিজের মুখের এক্সপ্রেশানের দিকেও বিশেষ ধ্যান দিতেন। তাঁর বডি ল্যাঙ্গুয়েজ তত ভালো না হলেও তাঁর আক্রমক ভঙ্গী লোকেরা পছন্দ করত। বিশেষজ্ঞদের মতে চোখের হাব-ভাব, আইব্রোর মুভমেন্টের ভূমিকা খুবই গুরুত্বপূর্ণ।

আপনারা নিশ্চই টিভি-তে দেখে থাকবেন যে, এঙ্কারিং বা রিপোর্ট বলার সময় কিভাবে হাতের প্রয়োগ করা হয়ে থাকে, তাদের মধ্যে কেউ কেউ অভিভাদন করার সময় হাত নাড়াতে থাকে। তারপর সে আত্মবিশ্বাসের সাথে খবর বলে। তাই শেক্সপিয়ার বলেছিলেন, **'এই পৃথিবী একটা রঙ্গমঞ্চ, এখানে লোকেরা নিজেদের ভূমিকা পালন করে চলে যায়। কিন্তু মনে সেই থেকে যায়, যার বডি ল্যাঙ্গুয়েজ ভালো হয়।'**

এই কারণেই একই ব্যক্তি বিভিন্ন ভূমিকায় অভিনয় করা সত্ত্বেও কখনই মনে হয় না সে অভিনয় করছে। ফিল্ম সফল করে তোলার জন্য সেই সময় সে সেই চরিত্র হয়ে ওঠে। অভিনয়ের সময় সে বডি ল্যাঙ্গুয়েজের মুখ্য ভূমিকা পালন করে। কিছুদিন আগে আমি কনাট প্লেসে এক সাধুকে বেশ হাসতে দেখি, প্রথমে লোকে তাকে দেখে একটু অবাক হয়, তারপর ভাবে যে সাধু মহারাজের কি হয়েছে? কিন্তু কিছুক্ষণ বাদে সকলেই তার সাথে হাসতে থাকে, হাসির বেগ একটু কম হওয়ার পর, এক ব্যক্তি সাধুকে জিজ্ঞাসা করে,**'সাধু বাবা আপনি কি কিছু বলতে চান?'**

সাধু বাবা হেসে বলেন, **'যদি তোমরা হাসতে শিখে যাও, তাহলে আর কিছু বলার প্রয়োজন থাকে না। কারণ হাসিই আমার বার্তা, হাসিই আমার সন্দেশ।'**

তাই মন খুলে হাসুন, কারণ হাসিও বডি ল্যাঙ্গুয়েজের একটা অংশ। কোন হাসিটা মনের আর কোনটা নকল আপনি কি তা বুঝতে পারেন?

◆

**'কোনো ব্যক্তির জনপ্রিয়তা তার বুদ্ধির শক্তির দ্বারা মাপা যায় না, বরং তার বডি ল্যাঙ্গুয়েজের দ্বারা অঙ্কিত করা হয়। কারণ বডি ল্যাঙ্গুয়েজ হল তার ব্যক্তিত্বের আয়না আর আয়না কখনও মিথ্যা বলে না।'**

একটা ভুল সিদ্ধান্তের জন্য
ভগবান রামকেও বনবাসে জীবন যাপন করতে হয়েছিল।
দ্রৌপদীকে সকলের সামনে অপমানিত হোতে হয়েছিল।
ওশোকে বিষ পান করতে হয়েছিল।
সাদ্দামকে ফাঁসিতে ঝুলতে হয়েছিল।
প্রভাকরণকে মৃত্যুর ঘুম ঘুমাতে হয়েছিল।
অথচ এরা সকলেই
মহান কার্য করার চেষ্টা করেছিলেন।
কিন্তু তাঁদের ভাগ্য তাঁদের সাথে বিশ্বাসঘাতকতা করেছিল।
তাই আপনি
নিজের ভাগ্যের ওপর বিশ্বাস করবেন না।
যদি বিশ্বাস করতে চান
তাহলে নিজের কর্মের ওপর করুন।
কারণ একটা বিখ্যাত গানে বলা হয়েছিল :-
হে মানুষ কর্ম করে যাও, ফলের আশা কর না।
যেমন কর্ম করবে, তেমনি ফল দেবেন ভগবান।।

দ্বাদশ সিদ্ধান্ত

# নিজের ব্যক্তিত্বের বিকাস ঘটান

গত কিছুদিন আগে অল ইণ্ডিয়া ইমপোর্ট-এক্সপোর্ট এসোসিয়েশানের বার্ষিক মিটিং-এ আমাকে আমন্ত্রণ জানানো হয়েছিল, তখন কিছু ব্যবসায়িদের সাথে কথা বলার সময় ব্যক্তিত্ব বিকাস নিয়ে আলোচনা শুরু হয়ে যায়। আমি চুপ করে বসে তাদের কথা মন দিয়ে শুনছিলাম। এক ব্যক্তি বলে, **'মানুষের ব্যক্তিত্ব আসে তার বংশের থেকে, যা বিকসিত করা যায় না।'**

আমি তার কথা শুনে আর চুপ করে থাকতে না পেরে বলি, **'কোনো মানুষের ব্যক্তিত্ব বংশের অনুসারে হয় না, বরং মানুষ নিজেই নিজের ব্যক্তিত্ব গড়ে তোলে।'**

সে আমার কথা শুনে চমকে যায়, এই এক্সপোর্টর আমার কথা অস্বীকার করে বেল, **'আমি আপনার কথা মেনে নিতে পারছি না। আমার নাম নবীন মেহরা। আমার বাবা একজন এক্সপোর্টর ছিলেন, এখন আমি তাঁর ব্যবসাই এগিয়ে নিয়ে চলার চেষ্টা করছি, আমার ছেলেও তাই করবে। তাই আমি মনে করি মানুষের ব্যক্তিত্ব তাঁর বংশানুসারেই হয়ে থাকে।'**

আমি বলি, **'যদি তাই হোত, তাহলে কি বরেন বফেট খবরের কাগজ বিক্রীর কাজ করতে করতে পৃথিবীর দ্বিতীয় ধনী ব্যক্তি হোতে পারতেন?'**

- **হেনরী ফোর্ড সাইকেলের মেরামতের কাজ করতে করতে ফোর্ড কম্পানী গড়ে তোলার স্বপ্ন দেখতে পারতেন?**
- **ওয়াল্ট ডিজনী পকেটে মাত্র 40 ডলার নিয়ে এনিমেশান ফিল্মের নির্মাতা হোতে পারতেন?**
- **একজন সাধারণ কম্পিউটার ইঞ্জিনিয়ার হয়ে বিল গেটস কি বিশ্বের সবচেয়ে বিখ্যাত কম্পানি মাইক্রোসফটের মালিক হোতে পারতেন?**
- **গুজরাটের একটা সাধারণ পরিবারে জন্ম গ্রহণ করার পর ধীরুভাই আম্বানী**

**কি বিশ্বের সবচেয়ে ধনী ব্যক্তি হয়ে উঠতে পারতেন?**

- **জাপানের কোনোসুক মাৎসুশিতা সাইকেলের দোকানে চাকরি করে মাৎসুশিতা ইলেক্ট্রিকাল কর্পোরেশানের মালিক হোতে পারতেন কি?**

এছাড়া আরো বহু লোক আছে, যারা গরিব ঘরে জন্ম গ্রহণ করা সত্ত্বেও নিজেদের ব্যক্তিত্বের বিকাস ঘটিয়ে ধনী ব্যক্তিতে পরিণত হয়ে উঠতে পেরেছে। আমার কথা শোনার পর নবীন বাবু একটু চিন্তায় পড়ে যায়, আসনে তিনি ধনী হওয়ার জন্য অন্যদের কথায় অতটা পাত্তা দিচ্ছিলো না, সে ধীরে ধীরে উঠে এসে আমার কাছে বসে আর বলে, **'ব্যক্তিত্বের বিকাসের ব্যাপারে আপনার তো বেশ জ্ঞান আছে, আমি আপনার নাম জানতে পারি কি?'**

আমি হেসে বলি, **'আমার নাম তরুণ ইঞ্জীনিয়ার, আর শকের বশে আমি মোটিভেশানের ওপর বই লিখে থাকে।'**

আমার ইলেক্ট্রিকাল এবং ইলেক্ট্রনিক্স কম্পোনেন্টসের ইমপোর্ট-এক্সপোর্টের ব্যবসা আছে। তা সত্ত্বেও আমি হলফ করে বলতে পারি যে, যেকোনো ব্যাক্তি নিজের ব্যক্তিত্বের বিকাস ঘটাতে পারে। কিন্তু তা বিকসিত করার জন্য নিম্নে দেওয়া গুরুমন্ত্র গুলি ভালো করে পড়াটা খুবই জরুরি :-

- **লোভ বর্জন করতে হবে।**
- **ধৈর্য্য গড়ে তুলতে হবে।**
- **সমস্যা দেখে ঘাবরাবেন না।**
- **বিবেকের সাহারা নিন।**
- **দূরের কথা ভাবুন।**
- **শেখার ইচ্ছা রাখুন।**
- **অবসর সময়ে ভাবতে থাকুন।**
- **ঝুঁকি নেওয়ার অভ্যাস গড়ে তুলুন।**
- **ভয়ে ভয়ে বাঁচবেন না।**
- **মনে আশা রাখুন।**
- **বুদ্ধির বিকাস করুন।**
- **ক্ষমা করার অভ্যাস রাখুন।**
- **সত্যের সাহারা নিন।**
- **চরিত্র পরিস্কার রাখুন।**
- **দান দেওয়ার ব্যাপারে এগিয়ে থাকুন।**

একটা অনেক পুরানো গল্প আছে, একবার তিনবন্ধু অনেক বেশি মাত্রায় সোনা, রূপা, হীরে এবং মণিমুক্ত খুঁজতে থাকে। তারপর তারা একটা তান্ত্রিকের কাছে যায়, গুপ্তধন পাওয়ার উপায় জানার জন্য। এই তান্ত্রিক তাদের তিন বন্ধুকে গুপ্তধনের সন্ধান করার জন্য পাহাড়ের ওপর যেতে বলে।

পাহাড়ে উঠতেই তারা একটা গুহা দেখতে পায়, তার ভেতরে বহু রূপো ছিল। একটা বন্ধু বলে, **'আমি রূপো নিয়েই ফিরে যাচ্ছি।'**

বাকি বন্ধুরা এগিয়ে যায়, তারা কিছুটা যাওয়ার পরে আবার আর একটা গুহা দেখতে পায়, তাতে প্রচুর সোনা রাখা ছিল, এক বন্ধু বলে, **'আমি সোনা নিয়ে ফিরে যাচ্ছি।'**

তৃতীয় বন্ধু আরো ওপরে যায়। সেখানে গিয়ে সে এক ব্যক্তিকে বসে থাকতে দেখে, তার মাথায় চক্র ঘুরছিল। এই ব্যক্তি তাকে দেখে বলে, **'তুমি এই পাহাড়ে কি করতে এসেছো?'**

তখন তৃতীয় বন্ধুটা বলে, **'আমি অনেক গুপ্তধনের খোঁজে এসেছি। আমার সাথে দুই বন্ধুও এসেছিল, রাস্তায় যা পেয়েছে তারা তাই নিয়েই চলে গেছে, কিন্তু আমার মনে হল সামনের দিকে হয়তো আরো ভালো কোনো গুপ্তধন আছে।'**

এই বসে থাকা ব্যক্তি তাকে বলে, **'কিছুক্ষণের জন্য যদি তুমি আমাকে এই চক্রের থেকে মুক্ত করে দিতে পার তাহলে আমি তোমাকে অনেক গুপ্তধনের সন্ধান দিতে পারি।'**

তৃতীয় বন্ধু রাজী হয়ে যায়, এই ব্যক্তিকে চক্র থেকে মুক্ত করার সাথে সাথে সে বলে, **'এবার আমি খুব খুশী, আমি ভার মুক্ত হলাম। আসলে আমিও আমার বন্ধুদের সাথে এখানে গুপ্তধনের সন্ধানে এসেছিলাম, আসলে আমিও তোমার মতো বন্ধুদের তুলনায় আরো বেশি চাইছিলাম। তখন আমি এখানে এক চক্রধরকে দেখতে পাই। আমি তোমাকে যা বলেছিলাম, সেও আমাকে সেই কথাই বলেছিল। এখন তুমি এই মায়াজালে ফেঁসে গেছো, তোমার মতো কোনো লোভী ব্যক্তি আসার পরেই তুমি এই চক্রব্যূহ থেকে মুক্তি পাবে।'**

এই কথা বলে এই ব্যক্তি চলে যায়, তখন থেকেই এই প্রবাদ আছে যে, **'লোভে পাপ, আর পাপে মৃত্যু।'**

> **আপনি যদি গরিব ঘরে জন্ম গ্রহণ করে থাকেন তাতে আপনার কোনো দোষ নেই। কিন্তু আপনি যদি দরিদ্রতার জন্য প্রাণ ত্যাগ করেন তাহলে তাতে আপনার চরমতম দোষ থাকবে।**

কারণ শেখ সাদীও বলেছিলেন, 'লোভী ব্যক্তি সারা পৃথিবীর ঐশ্বর্য পাওয়ার পরেও অভুক্ত থেকে যায়। কিন্তু আত্মতৃপ্ত ব্যক্তি একটা রুটিতেও নিজের পেট ভরিয়ে নেয়।'

তাই বেদে বলা হয়েছে, 'আপনি ধন-ঐশ্বর্যের প্রভু হোন।'

সেই সাথে এই কথাও বলা আছে যে, ধর্মপূর্বক, সততা ও সত্যের সাথে অর্থোপার্জন করুন। কারণ লোভ বৃদ্ধির সাথে সাথে আপনার অতৃপ্ত ইচ্ছা অধিক বৃদ্ধি পেতে শুরু করে। সেই কারণেই বিশ্ব বিখ্যাত শিল্পপতি এন্ড্রুইউ করনেগী বলেছিলেন, 'একজন সাধারণ মানুষ নিজের কাজের জন্য মাত্র নিজেস্ব শক্তির 25 শতাংশের প্রয়োগ করে থাকে। কিন্তু পৃথিবী তাদেরই সম্মান জানায় যারা নিজেদের যোগ্যতার 50 শতাংশ ব্যবহার করে থাকে। কিন্তু ইতিহাস তাদের মনে রাখে, যারা নিজেস্ব ক্ষমতার একশো শতাংশের প্রয়োগ করে।'

জর্জ ওয়াশিংটনও এমনি কথা বলেছিলেন, 'আমি আশা করি যে, আমার ভেতরে যেন সর্বদা এতটা দৃঢ়তা ও গুণ থাকে যাতে করে সকলে আমাকে সৎ ব্যক্তি রূপে জানতে পারে, তা আমার কাছে পৃথিবীর যেকোনো গুরুত্বপূর্ণ পদের তুলনায় অনেক বেশী।'

এই কারণেই আমরা দ্বেষের সাথে রাবণ, দুর্যোধন ও হিটলারের নাম নিয়ে থাকি। যে সমস্ত বৈজ্ঞানিকেরা মানব সভ্যতাকে অগ্রগতির দিকে নিয়ে গেছিল, তাদের নাম আমরা সম্মানের সাথে নিয়ে থাকি। অথচ হিরোসিমা-নাগাসাকিতে এই ঘটনা ঘটার পর এলবার্ট আইনস্টীন সারা রাত শুতে পারেননি। কারণ এই ধ্বংসের লীলা তাঁকে বিচলিত করে দিয়েছিল। অথচ তিনিই আমেরিকার রাষ্ট্রপতিকে সময়ের আগেই চিঠি লিখে জানিয়েছিলেন যে, পরমাণু বোম সম্পূর্ণ রূপে প্রস্তুত।

তারপর আমেরিকা ধ্বংসের লীলা ঘটাতে সক্ষম হয়েছিল, তখন লক্ষাধিক নির্দোষ লোক আগুনে জ্বলে ভষ্ম হয়ে গেছিল, তাদের কোনো অপরাধ ছিল না, এই যুদ্ধে তাদের কোনো ভূমিকা ছিল না। অথচ আইনস্টীন পরে জানিয়েছিলেন যে, একটা অণুর মধ্যে কতটা শক্তি আছে তা সংজ্ঞায়িত করার জন্যই তিনি আমেরিকার রাষ্ট্রপতিকে এই চিঠি লিখেছিলেন।

পরে আইনস্টীনের কোনো এক বন্ধু তাঁকে জিজ্ঞাসা করেছিল, 'আপনি

**যে আপনাকে বিরক্ত করছে তার কাছ থেকে কিছু টাকা ধার চান, দেখবেন সে নিজের থেকেই আপনাকে বিরক্ত করা ছেড়ে দেবে।**

যদি পুনর্জন্মে বিশ্বাস রাখেন আর যদি আপনার মনে হয় যে এই পৃথিবীতে পুনরায় আপনার জন্ম হবে, তাহলে পরের জন্মে আপনি কি হোতে চান? একজন মহান গণিতজ্ঞ, মহান ভৌতবিজ্ঞানী নাকি বৈজ্ঞানিক?'

তখন আইনস্টীন বলেছিলেন, 'আমি যদি সাধারণ কোনো কল সারাইয়ের লোক হয়ে জন্মাই তবেই ভালো হবে। কারণ আমি কখনও নিজের মনে এটা চাইনি যে, পরমাণু বোম তৈরি হোক আর তা নির্দোষ লোকেদের প্রাণ নিয়ে যাক।'

কিন্তু এটাও বড়ো সত্যি যে, জ্ঞান-বিজ্ঞান ছাড়া উন্নতি করা সম্ভব না। কারণ এর জন্য সাহস, ধৈর্য্য ও শৌর্য চাই। যা আজকের যুবকদের মধ্যে প্রায় দেখা যায় না বললেই চলে।

এক ব্যক্তি একবার এক সন্তের সাথে দেখা করতে গেছিল, সন্ত সেই সময় নিজের আশ্রমের পাশের জমি খনন করছিল, এই ব্যক্তি সন্তকে প্রণাম করে বলে, 'হে মহাত্মা, আমি আপনার কাছ থেকে গীতার রহস্য জানতে চাই।'

সন্ত বলে, 'আচ্ছা আপনি বসুন।'

এই কথা বলে, সে পুনরায় নিজের কাজ শুরু করে দেয়। ব্যক্তি চুপ করে বসে তাকে জমি খনন করতে দেখে। তার মনে হচ্ছিল যে, কখন তার কাজ শেষ হবে আর সে তাকে গীতার রহস্য বোঝাবে।

অনেকটা সময় অতিবাহিত হয়ে যাওয়ার পর, ব্যক্তি আর ধৈর্য্য ধরতে পারে না। সে রেগে গিয়ে বলে, 'আমি আপনার খ্যাতি শুনে বহু দূর থেকে আপনার কাছে এসেছিলাম। কিন্তু আপনি আমাকে গীতার রহস্যের কথা বলছেন না।'

সন্ত হেসে বলে, 'তখন থেকে আমি তোকে গীতার রহস্যের কথাই বোঝাচ্ছি।'

তখন ব্যক্তি অবাক হয়ে বলে, 'কোথায় বোঝাচ্ছেন, আমি এখানে চার ঘন্টা ধরে বসে আছি, আপনি তো একটা শব্দও নির্গত করেননি।'

সন্ত বলেন, 'বলার কোনো প্রয়োজন নেই, কারণ গীতায় বলা আছে কর্ম করো, ফলের আশা করো না, কিন্তু তুমি তো ফলের আশা করে বসে আছো। তোমার ভেতরে বুদ্ধির অভাব আছে, তাই সবার আগে নিজের বুদ্ধিকে

> সময়ের প্রতি সর্বদা কঠোর নজর রাখুন, কারণ একবার হাত থেকে সময় চলে গেলে তখন লোকে আপনার ধনী হওয়ার সংঘর্ষকে মিথ্যা বলে প্রমাণিত করে দেবে।

**বিকসিত কর, তারপর তুমি নিজের থেকেই গীতার রহস্য বুঝে যাবে।'**

বাংলায় বুদ্ধি শব্দটি এসেছে ল্যাটিন ভাষা **'ইন্টেলিজর'** থেকে, যার অর্থ হল **'বোঝা'**। কিন্তু বুদ্ধির পরিধিতে বেশ কিছু ক্ষমতা আসে এবং তা বিভিন্ন ব্যক্তির জন্য বিভিন্ন রকম হয়ে থাকে।

কিছু লোক খুব শীঘ্র যেকোনো জটিল কথা বুঝে নিতে পারে। কিছু লোক নিজেদের অভিজ্ঞতা থেকে অনেক কিছু বুঝে নেয় আর কিছু লোক অন্যদের তর্ক-বিতর্ক থেকেও অনেক কিছু বুঝে নিতে সক্ষম হয়।

তখন ডেভিড ভেশ্লর বলেছিলেন, **'বুদ্ধি মানুষের একটা শক্তি, যার সাহায্যে মানুষ এমন কিছু কাজ করে যায়, যা আশা পর্যন্ত করা যায় না। কারণ বুদ্ধি জ্ঞান প্রাপ্ত করার স্বাভাবিক যোগ্যতা রাখে।'**

আপনি যখন কোনো বিষয়ে অতিরিক্ত ফোকাস করেন তখন আপনার শক্তি কেন্দ্রিত হয়। বিলিনিয়ার্স এবং সেলিব্যরিটী এন্টারপ্রেনয়োর্স মহানতার মুখ্য বিশেষত্ব তার ফোকাস হয়ে ওঠে। তারা তাদের **'সর্বোত্তম টারগেটে কি তা জানে'** আর তার ওপরেই ফোকাস করে থাকে। কারণ তাদের ভেতরে থাকে জিজ্ঞাসা এবং জিজ্ঞাসা সফলতার ভাবনা তৈরি করে।

তাই সুকরাত বলেছিলেন, **'জ্ঞান এবং জিজ্ঞাসা সফলতা সন্ধানের আসল রাস্তা। কারণ জিজ্ঞাসা জয়ের রাস্তা তৈরি করে।'**

রবীন্দ্রনাথ ঠাকুরও একই কথা বলেছিলেন, **'আপনার জ্ঞান জিজ্ঞাসার মনবৃত্তি ছাড়া অসম্পূর্ণ। কারণ আপনার ভেতরে যখন শেখার ইচ্ছা থাকবে, তখনই আপনি কিছু শিখতে পারবেন।'**

কারণ পৃথিবীতে আজ পর্যন্ত যত অনুসন্ধান করা সম্ভব হয়েছে, সেই সবই কোনো না কোনো বৈজ্ঞানিক খুঁজে পেয়েছেন। তাই আপনি যখন জিজ্ঞাসু মন নিয়ে কখন, কিভাবে, কোথায় এবং কেনো প্রভৃতি প্রশ্নের উত্তর খুঁজতে সফল হয়ে যাবেন, তখন আপনার ক্ষমতা আর ক্রিয়াশীলতা কয়েক গুণ বৃদ্ধি পাবে।

এই কথাটা ভালো করে বোঝার জন্য আমি আপনাকে একটা গল্প শোনাচ্ছি। একজন রাজা প্রধানমন্ত্রীর পদের জন্য কোনো একজন যোগ্য ব্যক্তিকে খুঁজছিলেন। কারণ সে নিজের দরবারের প্রজাদের বিশেষ বিশ্বাস করত না। সে

**কোনো ব্যক্তির ধনের কথা জানতে হলে, তার শত্রুদের তালিকা বানিয়ে নাও। তার শত্রুদের তালিকা যত বেশি হবে তার কাছে অর্থের পরিমাণও তত বেশি।**

প্রজাদের মধ্যে থেকেই কোনো প্রতিভাবান ব্যক্তিকে প্রধানমন্ত্রী পদে নিযুক্ত করতে চাইছিল। যে সাধারণ মানুষের কিসে ভালো হবে তার খেয়াল রাখবে।

তখন তিনি সারা রাজ্যে ঘোষণা করিয়ে দেন যে, যে ব্যক্তি প্রধানমন্ত্রী হোতে ইচ্ছুক সে যেন রাজ দরবারে চলে যায়, রাজা স্বয়ং তার পরীক্ষা নেবেন। যদি সে পরীক্ষায় সফলতা প্রাপ্ত করে তাহলে তাকে প্রধানমন্ত্রীর পদ দেওয়া হবে। কিন্তু বেশির ভাগ লোক এই পদের প্রার্থী হওয়ার মতো ক্ষমতাই দেখায়নি। শেষ পর্যন্ত তিন জন যুবক সাহস করে সেখানে গিয়ে উপস্থিত হয়। রাজা সেই তিনজনকে একটা ছোট্টো কুঠরীর কাছে নিয়ে গিয়ে বলে, **'দেখো, এই কুঠরীতে তোমাদের তিনজনকে ঢুকিয়ে দিয়ে দরজা বন্ধ করে তালা দিয়ে দেওয়া হবে। তোমাদের মধ্যে যে এই তালা খুলে বাইরে বেরিয়ে আসতে পারবে, সেই হবে এই রাজ্যের প্রধানমন্ত্রী।'**

তিনজনেই ভেতরে চলে যায়, দরজা বন্ধ করে দেওয়া হয়, তাদের এই শর্ত খুব কঠিন বলে মনে হয়। প্রথম যুবক ভাবে যে, তালা খুলে বাইরে বেরানো অসম্ভব তাই কোনো রকম চেষ্টা করে কোনো লাভ নেই। তখন সে রাজদরবারে আসার সিদ্ধান্তের জন্য অনুতাপ করতে থাকে।

দ্বিতীয় যুবক উঠে দাঁড়িয়ে ভাবে, রাজা সকলকে সন্দেহ করে, ইচ্ছা করে তাদের ফাঁসিয়ে দিয়েছে, তাই কোনো চেষ্টা করে কোনো লাভ নেই।

তৃতীয় যুবক ভাবে এর পিছনে নিশ্চই কোনো রহস্য আছে। রাজা যা করেছে তা সব ভেবে চিন্তেই করেছে। কোনো উপহাস তো সে করবে না। দুজন যখন ঘুমিয়ে পড়ে তখন সে এগিয়ে আসে। তারপর সে দরজাটাতে খুব জোরে আঘাত করে আর দরজা খুলে যায়। কারণ দরজায় তালা ঝোলানো হলেও তা চাবি দিয়ে বন্ধ করা হয়নি।

তারপর তৃতীয় যুবককে প্রধানমন্ত্রীর পদে বসানো হয়। কারণ তার ভেতরে কিছু জানার ইচ্ছা ছিল।

এই গল্প এটাই প্রমাণ করে যে, যে মস্তিষ্ক কিছু জানতে চায় সেই মস্তিষ্কেই নতুন চিন্তার জন্ম হয়, আর তা নতুন কিছু করার জন্য প্রেরণা দেয়। তাই আপনি দেখে নিন যে, আপনার ভেতরে কতটা জানার ইচ্ছা আছে, তারপর আপনি নিজেই নিজের ব্যক্তিত্ব সম্পর্কে জেনে যাবেন।

01. আপনি কি খুব বেশি কথা বলেন? হ্যাঁ ☐

02. আপনি কি অন্যের দুর্বলতার সন্ধান করেন? হ্যাঁ ☐

03. আপনি কি মন দিয়ে কাজ করেন? হ্যাঁ ☐
04. আপনি কি উদাসিন ও দুঃখি থাকেন? হ্যাঁ ☐
05. আপনি কি মনে মৌলিক ও নতুন বিচারের জন্ম দেন? হ্যাঁ ☐
06. আপনি কি সর্বদা খুশিতে থাকেন? হ্যাঁ ☐
07. আপনি কি অন্যদের সাহায্য করেন? হ্যাঁ ☐
08. আপনি কি বেপরোয়া? হ্যাঁ ☐
09. আপনি কি কাজের চাপ নিতে পারেন? হ্যাঁ ☐
10. আপনি কি উৎসুকতা ব্যক্ত করেন? হ্যাঁ ☐
11. আপনি কি ঝগড়া করতে পছন্দ করেন? হ্যাঁ ☐
12. আপনি কি অন্যদের বিশ্বাস করেন? হ্যাঁ ☐
13. আপনি কি চাপের মধ্যে থাকেন? হ্যাঁ ☐
14. আপনি কি স্ফূর্তীতে কাজ করেন? হ্যাঁ ☐
15. আপনি কি চিন্তায় থাকেন? হ্যাঁ ☐
16. আপনি কি অন্যদের ক্ষমা করতে পারেন? হ্যাঁ ☐
17. আপনি কি সুব্যবস্থিত থাকেন? হ্যাঁ ☐
18. আপনি কি চিন্তন করেন? হ্যাঁ ☐
19. আপনি কি নতুন কিছু কল্পনা করেন? হ্যাঁ ☐
20. আপনি কি অতি শীঘ্র উত্তেজিত হয়ে যান? হ্যাঁ ☐
21. আপনি কি অলসতা করেন? হ্যাঁ ☐
22. আপনি কি মিলেমিশে কাজ করতে চান? হ্যাঁ ☐
23. কাজের বিষয়ে আপনার মধ্যে দৃঢ়তা আছে কি? হ্যাঁ ☐
24. আমি কি মুডের ওপর কাজ করেন? হ্যাঁ ☐
25. আপনি কি অতি শীঘ্র বিব্রত হয়ে যান? হ্যাঁ ☐
26. আপনি কি শিল্পকলার কদর করতে জানেন? হ্যাঁ ☐
27. আপনি কি বই পড়েন? হ্যাঁ ☐
28. আপনি কি একান্তে থাকতে পছন্দ করেন? হ্যাঁ ☐
29. আপনি কি লজ্জাবোধ করেন? হ্যাঁ ☐
30. গরিবদের দেখলে আপনার দয়া হয় কি? হ্যাঁ ☐
31. আপনি কি দক্ষতার সাথে কাজ করেন? হ্যাঁ ☐
32. আপনি সমস্যার সম্মখীনতা করতে পারেন? হ্যাঁ ☐

33. আপনি কি রুটিং মাফিক কাজ করেন? হ্যাঁ ☐

34. আপনি কি সামাজিক কার্যে অংশ গ্রহণ করেন? হ্যাঁ ☐

35. আপনি কি ঈশ্বরের প্রতি বিশ্বাস রাখেন? হ্যাঁ ☐

36. আপনি কি পরিকল্পনা মাফিক কাজ করেন? হ্যাঁ ☐

37. আপনি কি অন্যদের প্রতি কঠোরতা দেখান? হ্যাঁ ☐

38. আপনি কি বাচ্চাদের ভালোবাসেন? হ্যাঁ ☐

39. আপনি কি নিরাশা বোধ করেন? হ্যাঁ ☐

40. আপনি কি বড়োদের সম্মান করতে জানেন? হ্যাঁ ☐

যে উত্তর গুলি 'হ্যাঁ' বলে মনে হচ্ছে তার পাশে 'টিক্' চিহ্ন দিন। কারণ এটা আপনার ব্যক্তিত্ব জানার বৈজ্ঞানিক পদ্ধতি, যার সাহায্যে আপনি নিজেই নিজেকে জেনে নিতে পারবেন।

০ আপনার 'টিক্'-এর যোগফল যদি 15 -এর থেকে কম হয়, তাহলে আপনি প্রাচীন ঐতিহ্য বহনকারী নির্বিকার ও অসৃজনশীল একজন ব্যক্তি। তাই আপনাকে নিজের ব্যক্তিত্বের বিকাস করতে অনেকটা সময় লেগে যাবে। কিন্তু এই পুস্তক তিন থেকে চারবার পড়লে আপনার ব্যক্তিত্ব বেশ খানিকটা বদলে যাবে। যা আপনাকে ধনী করে তুলতে সাহয্য করবে।

০ আপনার যোগফল যদি 25 -এর থেকে কম হয়, তাহলে আপনি বিশ্বাসযোগ্য, সুব্যবস্থিত, অনুশাসিত এবং সচেতন মানুষ। কিন্তু আপনাকেও এই পুস্তক মন দিয়ে পড়তে হবে, তবেই আপনার ধনী হওয়ার লক্ষ্য সম্পূর্ণ হবে।

০ কিন্তু আপনার যোগফল যদি 35 বা তার থেকে বেশি হয়, তাহলে আপনি সামাজিক, সৃজনশীল, ক্ষমাশীল এবং নতুন কিছু চিন্তা করতে সক্ষম, এমন মানুষ। এই পুস্তক একবার মন দিয়ে পড়লেই আপনার ব্যক্তিত্ব প্রস্ফুটিত হয়ে উঠবে, যা আপনার ধনী হয়ে ওঠার পথে অনেক বেশি সাহায্যকারী বলে প্রমাণিত হবে। কারণ বিশ্ব প্রসিদ্ধ শিল্পপতি লক্ষ্মী মিত্তল বলেছিলেন:-

**'ভয়ের আগেই জয় আছে, জয়ের আগে আছে অর্থ।**
**আর যার কাছে অর্থ আছে, সে পৃথিবীর মধ্যে ধনী।'**

কিন্তু আপনি কতটা ধনী হোতে চান, তা নির্ভর করে আপনার ইচ্ছা-শক্তির ওপর। কারণ ইচ্ছাশক্তির সাহায্যেই সবকিছু পাওয়া যায়।

পুরাণেও ইচ্ছাশক্তির বর্ণনা আছে। কিন্তু তখন তার প্রয়োগ করা হোত মনের মতো সন্তান পাওয়ার জন্য, সেই ব্যাপারে ঋষিমুনিগণ দক্ষ হোতেন। তাই

যজ্ঞকুন্ড থেকে ধৃষ্টধুম্নের জন্ম হয়েছিল। কারণ সেই সময় দ্রোণাচার্যকে বধ করার মতো একজন বালকের প্রয়োজন ছিল। তারপর ইচ্ছাশক্তির জোরে ঋষিমুনি গণ তেমনি বালকের উৎপন্ন করেন। কিন্তু আজকের দিনে অর্থোপার্জনের জন্য এর প্রয়োগ করা হয়ে থাকে। অথচ পুরাণে লক্ষ্মীকে চঞ্চলা বলা হতো। কিন্তু বর্তমান যুগে প্রচন্ড বুদ্ধি সম্পন্ন মানুষের কাছেই অর্থ থাকে। তাই মুদ্রারাক্ষস নাটকে বলা হয়েছে, **'লক্ষ্মী উগ্র, রাগী, মুর্খ এবং ভীতুদের ত্যাগ করে দেন। কিন্তু ভালো ব্যক্তিত্ব সম্পন্ন লোকেদের ঘর হয়ে ওঠে তাঁর বাসস্থান। কিন্তু পরাক্রমী মানিষদের তিনি অতিরিক্ত ভালোবাসেন।'**

কারণ লক্ষ্মী যখন ইন্দ্রের স্ত্রী ছিলেন তখন তিনি প্রেমের চিহ্ন স্বরূপ তাঁকে পারিজাত পুষ্প দিয়েছিলেন। কিন্তু ইন্দ্র এই ফুল ঐরাবতের মাথায় রেখে দেন, যা সেখান থেকে মাটিতে পড়ে যায়। তাঁর প্রেম উপেক্ষা করার জন্য মা লক্ষ্মী প্রচন্ড রাগে তাঁর সমস্ত সম্পদ নিয়ে সমুদ্রে নিমজ্জিত হয়ে যান। তারপর ইন্দ্র সম্পত্তিহীন হয়ে যান ও নিজের সিংহাসন হারান। ইন্দ্রের ব্যক্তিগত ক্ষতি তো তিনি সহ্য করে নিয়েছিলেন, কিন্তু লক্ষ্মী যাওয়ার সাথে সাথে সমস্ত ফসল নষ্ট হয়ে যায়, নদী ও সরোবরের জল শুকিয়ে যায়, বন-বনস্পতি লুপ্ত হয়ে যায়, চারদিকে হাহাকার দেখা দেয়। তখন ভগবান বিষ্ণু সমুদ্র মন্থন করেন। তারপরেই লক্ষ্মী জীবনদায়ী অমৃতের ঘড়া সহ পুনরায় প্রকটিত হন।

হয়তো সেই কারণেই চাণক্য বলেছিলেন, **'যে মানুষের বুদ্ধির বিকাস হয় না, সে অবিবেকী হয় আর মানবতা হারিয়ে ফেলে।'**

এই বিষয়ে আমি তখন আন্দাজ করতে পেরেছিলাম, যখন আমি তেলের অনুসন্ধানের বিষয়ে একটা লেখা পড়েছিলাম। তাতে লেখাছিল যে, তেলের কুয়া খননের আগে তেল কম্পানী গুলি পাহাড়ের সার্ভে করে। কিন্তু এত বিশ্লেষণের পরেও আট থেকে নয়টা কুয়া শুকনো বেরায়।

তা সত্ত্বেও তেলের কম্পানী গুলি তেলের সন্ধান চালিয়ে যায়, মুর্খের মতো একটাই কুয়া খুঁড়তে থাকে তা নয়, আর একটু দুরে আরো একটা কুয়া খোঁড়ার কাজ চলে। সাধারণ লোক এই প্রক্রিয়ায় চলে না বলেই তারা সফল

> **আপনি কতটা ধনী তা আপনার চিন্তার থেকেই জানা যায় কারণ আপনার চিন্তাধারা যত গভীর হবে আপনি তত অর্থোপার্জন করতে সক্ষম হবেন।**

হোতে পারে না। আমি যখন ছোটো ছিলাম তখন আমার মা আমাকে গল্প শোনাতেন, সেই সমস্ত গল্প আজও আমাকে উৎসাহ প্রদান করে থাকে।

একদিন অনেক গুলো ব্যাঙ একসাথে কোথাও যাচ্ছিল। কিছুদূর যাওয়ার পর তাদের দল থেকে দুটো ব্যাঙ একটা বড়ো গর্তের মধ্যে পড়ে যায়। এই দুটি ব্যাঙকে গর্তে পড়ে যেতে দেখে বাকি ব্যাঙ গুলি চিকিৎকার করে ওঠে, আর বলে, **'ওপরের আসার চেষ্টা করনা, তাহলে মরে যাবে। আমরা তোমাদের ওপরে আনার কোনো উপায় করছি।'**

কিন্তু দুটির মধ্যে একটা ব্যাঙ রাজী হয় না, সে ওপরে ওঠার চেষ্টা করতে থাকে। অনেকক্ষণ ধরে চেষ্টা করার পর একটু ওপরে উঠলেও আবার নিচে পড়ে যায় আর মরে যায়। বাকি ব্যাঙ গুলি পুনরায় ওপর থেকে চিৎকার করে বলে, **'ওপরে ওঠার চেষ্টা কর না, তাহলে তুমিও পড়ে মরে যাবে।'**

কিন্তু এই ব্যাঙটা তাদের কথা শোনে না, সে দ্রুতগতিতে ওপরে উঠতে থাকে আর শেষ পর্যন্ত বাইরে বেরোতে সক্ষম হয়। তখন বাইরের ব্যাঙ গুলো তাকে জিজ্ঞাসা করে, **'অন্যটা তো মরে গেছে, তুমি বাইরে বেরিয়ে এলে কিভাবে?'**

তখন এই ব্যাঙটা বলে, **'গর্তের ভেতর থেকে পরিষ্কার ভাবে কিছু শোনা যাচ্ছিল না, কিন্তু তোমাদের চিৎকার শুনে মনে হচ্ছিল যে, তোমার আমার সাহস বৃদ্ধি করার চেষ্টা করছো। সেই সাহসের জোরেই গর্ত থেকে বাইরে বেরিয়ে এলাম।'**

এই গল্প থেকে এটাই বোঝা যায় যে, প্রত্যেক ব্যক্তির নিজের বিবেকের কথা শুনে কাজ করা উচিত। কারণ ব্যক্তিত্বের নির্মাণ হয় সংস্কার থেকে, আর বিদ্যা ব্যক্তিত্ব প্রস্ফুটিত করে তোলার কাজ করে। সেই কারণেই তো আমাদের প্রাচীন শাস্ত্র অনুসারে বলা যায় যে :-

বিদ্যা মায়ের সমান রক্ষা করে। পিতার সমান হিতকারী কার্যতে লাগে। স্ত্রীয়ের সমান দুঃখ দূর করে। চারদিকে কীর্তির প্রসার ঘটিয়ে, ঐশ্বর্য প্রদান করে থাকে। অর্থাৎ বিদ্যা সমস্ত কার্যকে সিদ্ধ করে। মহান ঋষি ভূর্তৃহরির মতানুসারে বলা যায় যে :-

বিদ্যা মানুষের বিশেষ সৌন্দর্য তথা লুকিয়ে থাকা অর্থের মতো। বিদ্যা যশ ও সুখ প্রদান করে থাকে। তা গুরুর ও গুরু। বিদেশে গেলে এই বিদ্যাই আমাদের সাহায্য করে। বিদ্যা হল সর্বশ্রেষ্ঠ দেবতা। তাই রাজাও বিদ্যার সম্মান

করে থাকে, কারণ বিদ্যা তার চিন্তা করার পদ্ধতিই বদলে দেয়।

আমেরিকার প্রাক্তন রাষ্ট্রপতি আইজন হাভর এই বিষয় প্রমাণ করে দিয়েছিলেন। তিনি যখন রাষ্ট্রপতি হিসাবে নির্বাচিত হন, তখন তাঁকে লক্ষাধিক লোক অভিনন্দন জানিয়েছিল। তখন হোয়াইট হাউসের চারদিকে ছিল শুভকামনা চেয়ে পাঠানো কার্ড, ফুলের তোড়া এবং বিভিন্ন রকম উপহার।

একটু অবসর পেয়ে আইজন হাভর এই উপহার গুলি দেখতে বসেন। এই উপহার গুলির মধ্যে তিনি একটা ঝেঁটা পান, তার সাথে ছিল একটা খাম।

আইজন হাভর এই সমস্ত মূল্যবান সামগ্রী সরকারী ভান্ডারে জমা করে দেন, কিন্তু এই ঝেঁটাটা নিজের অফিসে পাঠিয়ে দেন। অফিসে তা এমন জায়গায় রাখা হয়, যাতে সর্বদা তা তাঁর চোখে পড়ে। তাঁর অফিসে যখন কেউ তাঁর সাথে দেখা করতে আসত তখন তার চোখও এই ঝেঁটাতে গিয়ে পড়ত। কিন্তু ঝেঁটাটা অফিসে তেমনি সাজিয়ে রাখা হয়েছিল, কিন্তু কেউ কখনও সেই সম্পর্কে কোনো প্রশ্ন করার সাহস দেখাতে পারিনি।

একবার ভারতের রাষ্ট্রপতি আমেরিকাতে গেছিলেন, তিনি আইন হাভরের সাথে তাঁর অফিসে বসেছিলেন, তাঁর চোখও সেই ঝেঁটার ওপর গিয়ে পড়ে। তাঁর মনের অবস্থা বুঝে আইজন হাভর নিজেই হেসে বলেন যে, **'আপনি এই ঝেঁটাটা দেখছেন, আর আমার দিকে তাকিয়ে কিছু ভাবছেন। আপনার চোখ দেখে মনে হচ্ছে যে, আপনি এই ব্যাপারে কিছু জানতে চান, ভাবছেন রাষ্ট্রপতি ভবনের 'শোকেসে' ঝেঁটা কোথা থেকে এলো।'**

আসলে তিনি ভোটে জয়লাভ করার পর তাঁকে বহু মানুষ বহু উপহার দিয়েছিল, সেই সাথে তিনি এই ঝেঁটা এবং একটা চিঠি পেয়েছিলেন, যাতে লেখা ছিল **'ভোটের প্রচারের সময় আপনি বলতেন যে, দুর্নীতি ও নোংরাকে আপনি পরিষ্কার করে দেবেন। তাই উপহার স্বরূপ আপনাকে এই ঝেঁটাটা পাঠাচ্ছি যাতে আপনার পরিষ্কার করার কথাটা মনে থাকে।'**

অন্যান্য উপহার তাঁকে এতটা প্রভাবিত করতে পারেনি, যতটা প্রভাবিত এই ঝেঁটাটা করেছিল। তাই তিনি ঝেঁটাটাকে এমন স্থানে রেখেছিলেন যাতে প্রতিদিন নিজের প্রতিশ্রুতির কথা মনে করতে পারেন।

**যে কাজ বুদ্ধির দ্বারা করা যায়, তা শক্তির সাহায্যে করা যায় না। কোনো অন্ধকে আয়না দেখালে সে যেমন ধন্যবাদ দেবেনা, এটিও ঠিক তেমন বিষয়।**

এটা হল শিক্ষিত হওয়ার একটা উদাহরণ। তাই মহান জার্মান দার্শনিক গেটে বলেছিলেন, **'সংঘর্ষের পরেই চরিত্রের নির্মাণ হয়ে থাকে। কারণ চরিত্র জীবনকে শাসন করার মতো একটি তত্ত্ব। কোনো শাসক যত শিক্ষিত হবে, সে সেই অনুপাতে সফলতা অর্জন করতে থাকবে।'**

অথচ সুকরাতকে এথেন্সের আইনানুসারে মৃত্যুদন্ডের শাস্তি প্রদান করা হয়েছিল, কারণ তিনি লোকেদের শিক্ষিত করার চেষ্টা করতেন। তখন তৎকালিন রাজার নিজের প্রভুত্ব স্থাপন অসম্ভব বলে মনে হচ্ছিল। তাই সে সুকরাতকে মৃত্যুদন্ড দিয়েছিল।

সুকরাত যখন জেলে ছিলেন তখন তাঁর শিষ্যগণ তাঁকে বাঁচানোর চেষ্টা করেছিল। তাই তারা তাদের গুরুকে জেল থেকে পালিয়ে নিয়ে যাওয়ার পরিকল্পনা করেছিল। সেই পরিকল্পনার কথা তাঁর শিষ্যরা জেলে বন্দী গুরুকে জানায়।

কিন্তু সুকরাত তখন দুঃখের সাথে বলেছিলেন, **'আমার শরীরের থেকে আমার আদর্শ অনেক বেশী শ্রেষ্ঠ। আমি মরে গেলোও আমার কোনো অনুতাপ হবে না, কারণ আমি মরে যাওয়ার পরেও আমার আদর্শ জীবিত থাকবে।'**

তারপর তাঁর শিষ্যরা পরিকল্পনা ভেস্তে দিতে বাধ্য হয় এবং সুকরাতকে হাসি মুখে বিষ পান করতে হয়েছিল। কিন্তু আজকের মানুষ তাদের আদর্শ ভুলে গেছে। তারা সেই কাজ না করে অন্য কাজ করার প্রতি আগ্রহ দেখায়। তাই তারা দরিদ্রতার জীবন অতিবাহিত করছে, তাই তো বলা হয় :-

**ভোগ কখনও ভোগ করতে পারে না, আমরাই ভোগ করি।**
**তপস্যা কখনও তপ্ত হয় না, আমরাই তপ্ত হয়ে যাই।।**

এর অর্থ হল আপনার সামনে সারা পৃথিবীর অর্থ পড়ে আছে, কিন্তু আপনি তা খোঁজার চেষ্টা করছেন না, তাই সময়ের সাথে সাথে এই অর্থ আপনার থেকে অনেক দূরে চলে যাচ্ছে। অথচ ঈশ্বর আপনাকে এই অর্থ অনুসন্ধানের

**আপনার সামনে যখন পাহাড়ের অপর প্রান্তে যাওয়া চ্যালেঞ্জ থাকবে তখন আপনি কি করবেন? আপনি ঘুরে অপর দিকে যেতে পারেন। আপনি নিচে সুরঙ্গ বানিয়ে অপর দিকে যেতে পারেন। কিন্তু যখন আপনি নিজের মানসিক স্তরকে পাহাড়ের থেকে উঁচু করে নেবেন তখন আপনি তার ওপর উঠে দাঁড়াতে পারবেন। কারণ মনের ইচ্ছার জোরে মানুষ সেই সমস্ত কাজ করতে পারে, যা করার কল্পনা পর্যন্ত সে কখনও করতে পারে না।**

শক্তি দিয়েছেন, কিন্তু আপনি সেই শক্তির সঠিক প্রয়োগ করেন না। কিন্তু একজন বৈজ্ঞানিক এই অর্থ খুঁজতে সফল হয়ে যায়। কারণ তার অনুসন্ধান এতটাই দৃঢ় হয় যে, সে যেকোনো মূল্যে তা লাভ করতে সক্ষম হয়।

গ্রাহম বেল যখন টেলিফোনের আবিষ্কার করেছিলেন আর যখন প্রথম শব্দকে সূক্ষ্ম তরঙ্গের সাহায্যে এক স্থান থেকে অন্য স্থানে পাঠানোর কাজ শুরু হয়েছিল, তখন লোকে আশ্চর্যচকিত হয়ে গেছিল। তাঁর আগেও অন্য আর একজন বৈজ্ঞানিক এই অনুসন্ধানের কাজ করেছিলেন, কিন্তু তিনি সফল হননি। গ্রাহম বেল তার অসম্পূর্ণ কাজকে সম্পূর্ণ করার চেষ্টা করেছিলেন। তিনি সফল হন ও লোকেরা নিজেদের কথা এক স্থান থেকে অন্য স্থানে পাঠাতে সক্ষম হয়।

তাই বিশ্বের বিখ্যাত দার্শনিক থোরো বলেছিলেন, **'ব্যক্তিত্বের বিকাস করার জন্য পুরোনো পোশাক পর, কিন্তু অবশ্যই নতুন বই কেনো। কারণ বইয়ের পাতায় জাদু ছরিয়ে থাকে।'**

কিন্তু কোনো একটা সময় এমন ছিল যখন পুস্তক বলে কিছু ছিল না। তখন বিজ্ঞানের একটা প্রজন্ম আর একটা প্রজন্মতে গিয়ে উপস্থিত হোত। তারপর সভ্যাতার বিকাসের সাথে সাথে 15 শতাব্দীর প্রীন্টিঙ্গ মেশিনের আবিষ্কার মুদ্রণ কলায় আলোড়ন ফেলে দিয়েছিল। আজ আপনি কোনো বই যে রূপে দেখেন তার পিছনে আছে মানব জাতির বহু বছরের কঠোর পরিশ্রম। যার সাহায্যে মুদ্রণ কলা এমন শিখরে পৌঁছে গেছে যে বর্তমান যুগকে আপনি পুস্তকের যুগ বলতে পারেন। সেই কারণেই মহান দার্শনিক কালউইন বলেছিলেন, **'বই হল মানুষের গুরু, মানুষ তার থেকে সেই সমস্ত শিক্ষা লাভ করে, যা গুরুরও বোঝার ক্ষমতা নেই।'**

তাই ব্যক্তিত্ব গঠনের কাজে বই বিরাট বড়ো ভূমিকা পালন করে, কারণ বই সভ্যতার চোখ। বইয়ের ওপর একাগ্রতা মানুষকে আরো ভালো দৃষ্টি প্রদান করে থাকে। সেই কারণেই পন্ডিত নেহেরু বলেছিলেন, **'বই ছাড়া আমি পৃথিবীর কল্পনা করতে পারব না, আর মানুষের মধ্যে যতদিন নতুন কিছু জানার ইচ্ছা থাকবে ততদিন বই পড়ার সংস্কার জীবিত থাকবে।'**

**কোনো ব্যক্তির যখন আপনার ওপর রাগ হবে তখন আপনি শীঘ্র সেখান থেকে সরে যান। তারপর ধীরে-ধীরে তার রাগ শান্ত হয়ে যাবে।**

কিন্তু ভালো বই বলতে সেই বইটাকেই বোঝায়, যা আশার সাথে খোলা হবে এবং লাভের সাথে বন্ধ করা হবে। তা নিজের জীবন দিয়ে পরীক্ষা করে নিন, তাতে করে এই বই হয়ে উঠবে একটা ফুলের বাগান যা সর্বদা আপনাকে সতেজ গন্ধ প্রদান করতে সক্ষম হবে। তবেই আপনার ব্যক্তিত্বের বিকাস দ্রুত গতিতে হোতে শুরু করবে।

◆

---

**'বিশ্বাস পাহাড়কেও হিলিয়ে দিতে পারে, দৃঢ়তা পর্বতকেও গলিয়ে দিতে পারে, সাহস সমুদ্রকে লঙ্ঘন করতে পারে, আর ব্যক্তিত্ব আপনার জীবনকে মহান করে তুলতে পারে।'**

---

**লোকেরা বলে যে**
মিথ্যার পা হয় না!
সত্যের কান হয় না!
চোরেদের সততা বলে কিছু থাকে না!
বাইজীর সম্মান থাকে না!
**কিন্তু এটা সত্যি যে**
**'ধনী হওয়ার বিজ্ঞান'** আছে।
যদি তা মিথ্যা হোত, তাহলে
আজ সারা বিশ্বে এত ধনীর জন্ম হোত না।

# বিজ্ঞান বুঝুন ও ধনী হয়ে যান

ধীরুভাই আম্বানী, বিলগেট্‌স, হেনরী ফোর্ড, ওনার বাফেট, কিরণ মজুমদার শ, অজীম প্রেমজী, কোনোসুকো মাৎসুশিতা, একতা কাপুর, রাকেশ ঝুনঝুনওয়ালা এবং ধর্মপাল মহাশয়ের ধনী হয়ে ওঠা এটা প্রমাণ করে দেয় যে, ভৌত ও রসায়ন বিজ্ঞানের মতো ধনী হয়ে ওঠারও একটা বিজ্ঞান আছে, যা জানার পর ধনী হয়ে ওঠা যেতে পারে। কিন্তু সেই বিজ্ঞান শেখাবে এমন পুস্তক এই পৃথিবীতে প্রথম এসেছে, যা পড়ার পর আপনি অবশ্যই ধনী হয়ে উঠতে পারবেন।

হয়তো আপনি আমার কথা বিশ্বাস করতে পারছেন না। কিন্তু আপনি এটি পরীক্ষা করে দেখতে পারেন। কারণ জীবনের প্রতিটা ধাপে এসে মানুষের চিন্তা করার দৃষ্টিভঙ্গী বদলে যায়। তা বোঝার জন্য আমি আপনাকে অনুভব করাচ্ছি :-

১ **আমি যখন পাঁচ বছরের ছিলাম তখন মনে হোত আমার বাবা পৃথিবীর সবচেয়ে স্মার্ট ও সবচেয়ে শক্তিশালী মানুষ।**

১ **দশ বছর বয়সে আমি অনুভব করি যে, আমার বাবা সমস্ত বিষয় সম্পর্কে ওয়াকিবহাল বোঝদার মানুষ।**

১ **15 বছর বয়সে এসে মনে হয়, আমার বন্ধুদের বাবারা আমার বাবার থেকেও অনেক বেশি বোঝদার।**

১ **কুড়ি বছর বয়সে গিয়ে মনে হয়, পৃথিবীর সাথে তাল মিলিয়ে চলার জন্য আমার বাবার আরো একটু জ্ঞানের প্রয়োজন আছে।**

১ **পঁচিশ বছর বয়সে মনে হয়, আমার বাবা অন্য কোনো দুনিয়ার মানুষ, এই পৃথিবীর মাটির সাথে চলার অযোগ্য।**

- **তিরিশ বছর বয়সে গিয়ে অনুভব করি যে, কোনো কাজ করার আগে আমার তাঁর থেকে পরামর্শ নেওয়া উচিত। কারণ প্রতিটা কাজের মধ্যে সমস্যা খোঁজার অভ্যাস আছে তাঁর।**
- **35 বছর বয়সে এসে আমি অনুভব করেছি যে, এখন বাবা আমার মতো চলতে শিখে গেছে, তাই ছোটোখাটো ব্যাপারে অবশ্যই তাঁর সাথে পরামর্শ করা উচিত।**
- **চল্লিশ বছর বয়সে গিয়ে মনে হয়েছে যে, কোনো জরুরি বিষয়ে বাবার কাছ থেকে পরামর্শ নেওয়া উচিত।**
- **45 বছর বয়সে গিয়ে আমার মনে হয়েছে যে, বাবার শুধুমাত্র পরামর্শ দেওয়া উচিত, আর কোনো কাজ করা উচিত না।**

এই বই সম্পর্কে আজ আপনি তেমনি কিছু ভাবতে পারেন। গণিতে যেমন যোগ, বিয়োগ; গুণ ও ভাগ করতে হয় আর তার অন্য কোনো বিকল্প যেমন নেই তেমনি ধনী হয়ে ওঠার বিজ্ঞানের কোনো বিকল্প সন্ধান করার চেষ্টা বৃথা।

তাই সর্বদা এই বইটিকে নিজের কাছে রাখুন ও নিজের ধনী হয়ে ওঠার ইচ্ছাকে কখনই মন থেকে ত্যাগ করবেন না। কারণ আপনার মনে আশা থাকলে তবেই আপনি জয়লাভ করতে পারবেন।

এই আশাতেই, এই বইয়ের শেষ পর্যন্ত আপনি পড়ার জন্য অনুপ্রাণিত হবেন। তাই আপনাকে সর্বদা আশা টিকিয়ে রাখতে হবে, তেমন ভাবে যেমন প্রাচীন কালে ঋষিমণিদের আশ্রম থেকে বাচ্চারা শিক্ষা গ্রহণ করে ফিরে আসত। এই ছাত্রদের মধ্যে কেউ হোত রাজপরিবারের সন্তান তো কেউ হোত নির্ধন। একদিন এক ঋষি গাছের নিচে বসে সংস্কৃত পাঠ করছিলেন। অধ্যায় শেষ হওয়ার পর তিনি এক নির্ধন বাচ্চাকে সংস্কৃত শ্লোক বলে শোনাতে বলেন। কিন্তু এই বাচ্চা এই শ্লোক বলতে পারে না। বাচ্চা ভয়ে ভয়ে হাত এগিয়ে দেয়, তখন এই বাচ্চার হাত দেখে ঋষিমণি বলেন, **'তোমাকে মেরে কোনো লাভ নেই, কারণ তোমার হাতে বিদ্যার রেখা নেই। তাই তোমার শিক্ষা গ্রহণ করা নিরর্থক।'**

বাচ্চাটা মনে দুঃখ নিয়ে আশ্রম থেকে বাইরে বেরিয়ে যায়। কিছুক্ষণ

**আপনার ইচ্ছাশক্তির মধ্যে যখন ক্রমাগত উৎসাহ প্রবাহিত হোতে থাকবে তখন আপনার মনের ইচ্ছা পূরণ হোতে শুরু করবে।**

বাদে যখন ফিরে আসে তখন তার হাত থেকে রক্ত ঝরছিল। ঋষি জিজ্ঞাসা করেন, **'তোমার হাতে কি হয়েছে, এই আঘাত লাগল কিভাবে?'**

তখন এই বাচ্চাটা বলে, **'গুরুদের এটা কোনো আঘাত নয়, বরং এটা হল বিদ্যার রেখা, যা আমি নিজে নিজের হাতে তৈরি করেছি।'**

ঋষি শীঘ্র বাচ্চাটির সুশ্রষা করেন। কারণ তিনি তার ইচ্ছাশক্তি ও সাহস দেখে প্রভাবিত হয়ে উঠেছিলেন। সেদিন থেকে তিনি তার প্রতি ধ্যান দিতে শুরু করেন। তারপর থেকে সে ধীরে ধীরে উন্নতি করতে শুরু করে। তার দৃঢ় ইচ্ছা-শক্তি, পরিশ্রম, মনোসংযোগ এবং ঋষির চেষ্টায় সে সংস্কৃতের বিদ্যান পন্ডিত হয়ে উঠতে পরেছিল। সেই বাচ্চার নাম ছিল পাণিনী, তিনি বড়ো হয়ে সংস্কৃতের প্রথম ব্যাকরণ গ্রন্থের রচনা করেছিলেন।

তাই আপনাদেরও পাণিনীর পদাঙ্ক অনুসরণ করে চলা উচিত এবং আশার সাহায্যে ধনী হয়ে উঠতে হবে, ঠিক তেমনি যেমন করে :-

- **ওয়াল্ট ডিজনী হয়ে উঠুন, কোনো একটা সময়ে তাঁর কাছে জুতো ঠিক করার পয়সা ছিল না। কিন্তু তিনি নিজের আশার জোরে ধনী হোতে পেরেছিলেন।**
- **ধীরুভাই আম্বানী কোনো একটা সময়ে অদনের পেট্রোল পাম্পে তেল ভরার কাছ করতেন, কিন্তু তিনি নিজের আশার জোরেই পৃথিবীর সর্বশ্রেষ্ঠ ধনী ব্যক্তিতে পরিণত হোতে পেরেছিলেন।**
- **এন্ড্রয়ু কারনেগী কখনও মজুরের কাজ করতেন, কিন্তু আশার জোরে পৃথিবীর সবচেয়ে বড়ো স্টীল নির্মাতায় পরিণত হয়েছিলেন।**
- **হরলেন স্যাডর্স 60 বছর বয়স পর্যন্ত গরিব ছিলেন, কিন্তু আশার জোরে জীবনের শেষ লগ্নে এসে ধনী হোতে পেরেছিলেন।**

ধনী হয়ে ওঠার আগে এঁরা সকলেই আপনার মতোই সাধারণ ছিলেন, কিন্তু তাঁরা সকলে ধনী হয়ে ওঠার বিজ্ঞান আয়ত্ত করে শিখরে উঠতে সক্ষম হয়েছিলেন। তাই এবার আপনাকে ধনী হয়ে ওঠার জন্য সঠিক সিদ্ধান্ত আয়ত্ত করতে হবে, কারণ কোনো একজন কবি বলেছিলেন :-

**ছোলা খেয়ে সংঘর্ষ কর, করো না চাকরি চার।**
**ধনী হওয়ার দৃঢ়তা আনো, একটা ব্যবসা কর।।**

**নতুন আইডিয়ার সাথে কাজ করাটা খুবই জরুরি :** কোনো একটা

বড়ো আবিষ্কারই যে আপনাকে ধনী করে তুলতে পারবে তার কোনো মানে নেই। কাজ যে রকমই হোক না কেনো, তার মধ্যে থাকতে হবে পর্যাপ্ত সম্ভবনা, তবেই আপনি সফল হয়ে উঠতে পারবেন।

জিলেট কখনও উড়োজাহাজ বা গাড়ি বানানোর স্বপ্ন দেখেননি, তিনি দেখেছিলেনের মানুষের প্রয়োজনের জিনিস সেফটী রেজর তৈরির স্বপ্ন। আর তা তৈরির জন্যই তিনি মন-প্রাণ দিয়ে চেষ্টা চালিয়ে গেছিলেন। তখন তিনি বলেছিলেন, **'ছোটর থেকে ছোট কাজও সামনের দিনে বিশ্বব্যাপী সাম্রাজ্যের ভিত গড়ে তুলতে পারে।'** আর পরে তাই হয়েও ছিল।

এইভাবেই ক্রক **'হ্যামবর্গর'** -এর মতো খাদ্য তৈরি করে সারা পৃথিবীতে সাম্রাজ্যের বিস্তার করেছিলেন। তাই একটা কথা মাথায় রাখবেন যে, পৃথিবীতে কোনো কাজ ছোটো বা বড়ো হয় না, যেকোনো কাজই আপনাকে ধনী করে তুলতে পারে।

**ঝুঁকি নিতেই হবে :** টেড টর্নর সী.এন.এন. শুরু করার আগে নিজের দশ কোটি টাকার সম্পত্তি দাঁওতে লাগিয়েছিলেন। সেই সময় তা ছিল এক বিরাট ঝুঁকিপূর্ণ কাজ। কিন্তু তিনি এত বড়ো সফলতা পেয়েছিলেন যে, টী.ভী. নেটওয়ার্ক তার সামনে ছোটো হয়ে থেকে যায়। এডিসনও বৈদ্যতিক বাল্ব তৈরির সময় এমনি কিছু ঝুঁকি নিয়েছিলেন। কারণ তিনি জানতেন যে সাদারণ মানুষের কাছে বাল্ব পৌঁছে দেওয়ার জন্য বিদ্যুত বিতরণের একটা বিশাল নেটওয়ার্কের প্রয়োজন।

কিন্তু যখন ব্যাঙ্কাররা বা নিবেশকগণ এই কাজে অর্থ নিয়গ করতে অস্বীকার করে তখন তিনি 90 শতাংশ পুঁজী নিজের পকেট থেকেই লাগিয়েছিলেন আর বৈদ্যুৎ বিতরণের মেশিন উৎপাদনের ফ্যাক্ট্রি স্থাপিত করেছিলেন, যা আজ জী.ঈ. (জেনরল ইলেক্ট্রিক) নামে পরিচিত।

**মুশকিলকে জয় করা খুবই জরুরি :** বেশির ভাগ ক্ষেত্রেই যাদের শিক্ষা কম তারাই ধনী হোতে পেরেছিলেন। শিক্ষা কম থাকা সত্ত্বেও তাঁরা সফলতার উচ্চ শিখরে আরোহণ করতে সক্ষম হয়েছিলেন।

**ইতিহাসে প্রমাণ আছে যে, পৃথিবীতে কেবল দুই ধরণের মানুষের জন্ম হয়। এক দল মানুষ অর্থোপার্জন করে, আর অপর দল শুধু খরচ করে। আপনি এদের মধ্যে কোন দলে যাওয়ার কথা ভাবছেন।**

হোন্ডা মোটর্সের মালিক হোন্ডা স্কুলের পড়াশোনা মাঝপথেই ছেড়ে দিয়েছিলেন, তা সত্ত্বেও আজ তিনি মোটরসাইকেলের দুনিয়ার বাদশা। পার্সোনাল কম্পিউটারের জন্ম দাতা স্টীভ জবস নিজের কলেজের পড়াশোনা শেষ করেননি, কিন্তু কম্পিউটারের সফট্‌ওয়ার এবং অপারেটিং সিস্টেম বানিয়ে তিনি প্রচুর আর্থোপার্জন করেছিলেন।

ঘনশ্যাম দাস বিড়লা শুধুমাত্র প্রাইমারী স্কুলের গন্ডী অতিক্রম করেছিলেন, তা সত্ত্বেও তিনি **বিড়লা গ্রুপ অফ ইন্ডাস্ট্রীজ** -এর স্থাপনা করেছিলেন। এঁরা সকলেই জানে যে ধনী হওয়ার জন্য মুশকিলকে জয় করতেই হয়।

**বড়ো-বড়ো স্বপ্ন দেখাটা খুবই জরুরি :** যারা বড়ো সফলতা অর্জন করে তারা বড়ো স্বপ্ন দেখে, সেই কারণেই তারা বড়ো সফলতা লাভ করতে সক্ষম হয়। কারণ তাদের স্বপ্ন তাদের কিছু করে দেখানোর জন্য প্রেরণা দিয়ে থাকে। তারপর তারা স্বপ্নের শক্তিকে কাজে অস্ত্র হিসাবে কাজে লাগায়।

ধীরুভাই আম্বানী প্রথম জীবনে আদানের পেট্রোল পাম্পে তেল ভরার কাজ করতেন, কিন্তু সেই সময় থেকেই তিনি স্বপ্ন দেখতেন, আর সেই স্বপ্ন সফল হয়েছিল ভারতের মাটিতে।

কিন্তু অতি শীঘ্র চিন্তা করা ও সেই অনুসারে কাজ করা খুবই জরুরি বিষয়। এই চিন্তাই **'নিরমা'**-র করসন ভাই পটেলকে আজ ধনী করে তুলেছে, কারণ তিনি ভারতে সবার আগে ডিটার্জেন্ট পাউডার এনেছিলেন। আজ তাঁর কম্পানী নিরমা লিমিটেডের বাৎসরিক টার্ন ওভার প্রায় 2500 কোটি টাকা।

অতি সহজেই তাঁরা সফল হয়েছেন, তা কিন্তু নয়। তাঁদেরও বহুবার অসফলতার মুখ দেখতে হয়েছিল, কিন্তু অসফলতা তাদের শিক্ষা দিয়ে আরো এগিয়ে নিয়ে গেছে। তাই একজন ব্যক্তি বহুবার অসফল হোতে পারে, কিন্তু শেষে অবশ্যই সফলতা লাভ করবে। আব্রাহাম লিংকনের কথা শুনুন :-

22 বছর বয়সে **ব্যবসায় অসফল হয়েছিলেন।**

23 বছর বয়সে **আইনের পড়াশোনা করতে গিয়ে ফেল করেন।**

24 বছর বয়সে **পুনরায় ব্যবসায় অসফল হয়ে যান।**

25 বছর বয়সে **একটা বিরাট সভায় নিজের ভাষণ পড়তে পারেন না।**

26 বছর বয়সে **প্রেমিকা মারা যায়।**

27 বছর বয়সে **মানসিক ভারসাম্য হারিয়ে ফেলেছিলেন।**

29 বছর বয়সে **স্পীকারের পদের জন্য নির্বাচিত হোতে পারেননি।**

34 বছর বয়সে **ভোটে পরাজিত হন।**

39 বছর বয়সে **কংগ্রেসের থেকে পরাজিত হয়।**

46 বছর বয়সে **পুনরায় কংগ্রেসে পরাজিত হন।**

47 বছর বয়সে **উপরাষ্ট্রপতির পদের নির্বাচনে পরাজিত হন।**

49 বছর বয়সে **সীনেটের নির্বাচনে পরাজিত হন।**

তারপর 51 বছর বয়সে **সংযুক্ত রাষ্ট্র আমেরিকার রাষ্ট্রপতির পদে নির্বাচিত হন।**

তাই সফলতাকে চারটি ভাগে ভাগ করা যেতে পারে। তাহল মস্তিষ্ক, সময়, শক্তি এবং মানবীয় সম্বন্ধ। তার সঠিক ব্যবস্থাপনা করে আপনি সফলতার শিখরে পৌঁছাতে পারেন। মহান আকবর পড়াশোনা জানতেন না, কিন্তু সফল শাসকের তালিকায় সর্বাগ্রে তাঁর নাম আসে। তেনজিঙ্গ নরগে ছিলেন একেবারেই গ্রাম্য মানুষ, অথচ তিনি এভারেস্টের শিখরে উঠতে সক্ষম হয়েছিলে। কারণ তাঁর মধ্যে ছিল আত্মবিশ্বাস ও দৃঢ়তা।

মহারাজ রণজীত সিংহের জীবনীও অনেকটা এই রকমই। শত্রু পক্ষ যখন তাঁর রাজ্যকে চারদিক দিয়ে ঘিরে ফেলেছিল তখন তিনি তাঁর বাহাদুর সৈন্যদের আদেশ দিয়েছিলেন যে, **'যাও, এগিয়ে গিয়ে শত্রুদের সেনাদের মোকাবিলা কর, তাদের এগিয়ে আসার থেকে প্রতিরোধ কর।'**

সেনাপতি ও বাহাদুর সৈন্যরা এগাতে থাকে কিন্তু মাঝপথে নদীতে বন্যা দেখা যাওয়ার ফলে তারা এগাতে ব্যর্থ হয়। রণজীত সিংহ সৈন্যদের এমন অবস্থা দেখে, নিজেই ঘোড়া নিয়ে নদীতে ঝাঁপ দেন। তারপর তাঁর সৈন্যরাও একে একে নদীতে ঝাঁপিয়ে পড়ে আর নদী অতিক্রম করে দৃঢ়তার সাথে শত্রুদের মোকাবিলা করে। সেই কারণেই আমেরিকার প্রাক্তন রাষ্ট্রপতি থিয়োডোর রুজভেল্ট বলতেন, **'মানুষ যখন জয়ের ইচ্ছা রাখে, তখন সে সমস্ত বাধা অতিক্রম করে জয়ের দিকে এগিয়ে যায়।'**

কিন্তু এমন কিছু লোক আছে যারা সর্বদাই নেতিবাচক কথা ভাবে। এই ব্যাপারে আমার একটা গল্প মনে পড়ে যাচ্ছে, একটা কৃষকের মেয়ে ছিল, সে প্রতিদিন

**যেকোনো ব্যবসা একটা বাড়ির মতো হয়। যা নির্মাণ করার জন্য কর্মচারী ইঁটের প্রয়োজন হয়। কিন্তু এই ইঁট যত মজবুত হবে ব্যবসার ভিত তত দৃঢ় হয়ে উঠবে।**

একটা কাঠের সেতু অতিক্রম করে অন্য গ্রামে দুধ বিক্রয় করতে যেত, একদিন সে দুধ বিক্রি করে আসার সময় নালা পার করতেই হঠাৎ করে কাঁদতে শুরু করে, তার কান্না দেখে সেখানে ভিড় হয়ে যায়, লোকেরা তাকে কান্নার কারণ জিজ্ঞাসা করতে সে বলে, **'আমার যখন বিয়ে হয়ে যাবে আর আমার ছেলে হবে, তখন আমি যখন দুধ বিক্রী করতে যাব তখন সেও আমার পিছন পিছন যাবে, কিন্তু যদি নালা পার করার সময় এই কাঠের সেতু ছিঁড়ে সে নালায় পড়ে যায় তাহলে তো জলে ভেসে যাবে। এই কথা ভেবেই আমার কান্না পাচ্ছে।'**

তার এই মূর্খামি দেখে লোকেরা বিরক্ত হয়ে যায়, কৃষকের এই মেয়ের মতো প্রতিদিন কত লোক যে মূর্খের মতো চিন্তা করে তার ঠিক নেই। জাহাজে ওঠার আগেই যদি আপনার মনে হয় যে, কে জানে এই জাহাজ গন্তব্যে পৌঁছাবে কিনা, তাহলে ভাস্কোদাগামা কখনই ইতিহাস বিখ্যাত পুরুষ হোতে পারতেন না।

তাই নিজের ধারণা বদলে নতুন ভাবে ভাবাটা খুবই জরুরি। 1954 সালে রোজর ব্যানিস্টর চার মিনিটের কম সময়ে এক মাইল দূরত্ব অতিক্রম করে দেখিয়েছিলেন, তার আগে সবার আকে চার মিনিটে এক মাইল দূরত্ব অতিক্রম করার বিষয়টা ছিল অসম্ভব, তারপর এই বছরের মধ্যেই 37 জন ধাবক এই একই কাজ করে দেখাতে সক্ষম হয়েছিল।

এই ঘটনা বুঝিয়ে দেয় যে, ততক্ষণ পর্যন্ত আমাদের মনে ধারণা থেকে যায় যতক্ষণ না তা ভুল বলে প্রমাণিত হচ্ছে। তাই মনে এই ধারণা গেঁথে নিন যে, যেকোনো মূল্যে আপনাকে ধনী হোতেই হবে। কারণ আপনি যে রঙের চশমা চোখে দেন, চারদিক সেই রঙের হয়ে যায়, অথচ এর পিছনে অন্য বাস্তব লুকিয়ে থাকে। তাই নিজের চোখে ধনী দেখানোর চশমা লাগিয়ে রাখুন, কিন্তু বাতিক-গ্রস্ত হবেন না, তা যেন হয় আপনার সর্বাধিক কামনা। কারণ বাতিক-গ্রস্ত হয়ে উঠলে তার পরিণাম কি হোতে পারে, তা নিজে চোখে দেখুন :-

- হায়দ্রাবাদের ছোটো নিজাম মীর মহবুব আলীর দামী পোশাক পরার খুবই শক ছিল। তিনি যে পোশাক একবার পরতেন পুনরায় তা কখনও পরতেন না। পঁচিশ জন দর্জি সর্বদা তাঁর জন্য পোশাক তৈরির কাজ করত, আর দশজন ডিজাইনার তাঁর পোশাকের ডিজাইন দিত।
- দিল্লীর বাদশাহ মহম্মদ বিন তুঘলক ছিলেন বিশাল বাতিকগ্রস্ত মানুষ,

**ধনী লোকেরা প্রবাদ তৈরি করে, আর গরিবেরা তা শোনে।**

সেই কারণেই তিনি নিজের রাজধানী দিল্লীর পরিবর্তে দৌলতাবাদে স্থানান্তরিত করেছিলেন।

- লংবজবার্গের শাসক এডোল্ফের বাতিক ছিল অদ্ভুত প্রকৃতির। তিনি মনে করতেন যে, সপ্তম সন্তান খুবই ভাগ্যশালী হয়, তাই তিনি তাঁর রাজ্যের প্রত্যেক সপ্তম বাচ্চার ধর্মপিতা হয়ে যেতেন, তারপর তাঁর রাজত্বেই তাঁকে লালন-পালন করা হতো।

- ফ্রান্সের এক কবি নিজের রচনা মাটিতে বা ছেঁড়া কাগজে লিখে রাখতেন। তিনি মনে করতেন এতে রচনা সফল হয়।

- সিকন্দর যখন বিশ্ব জয় করার উদ্দেশ্যে বেরিয়েছিলেন, তখন তিনি তাঁর সেনাদের নিয়ে বহু স্থানে তাঁবু গেড়েছিলেন, তিনি যত সফল হচ্ছিলেন তাঁর আত্মবিশ্বাস তত দৃঢ় হয়ে উঠছিল। কিন্তু লড়াই করতে করতে তিনি যখন ক্লান্ত হয়ে পড়েন তখন তিনি একটা বাড়ির সামনে নিজের ঘোড়া বাঁধেন। দরজায় নাড়া দিতে একজন বুড়ি এসে দরজা খোলে, তখন সিকন্দর তাকে বলেন, '**আমার খুব খিদে পেয়েছে, কিছু খেতে দেবে।**'

এই বুড়ি সিকন্দরকে চিনতে পেরেছিল, সে ভেতরে গিয়ে কিছুক্ষণ বাদে হাতে একটা থালা নিয়ে ফিরে আসে, তার ওপর কাপড় ঢাকা ছিল।

কাপড় সরিয়ে সিকন্দর দেখে যে, খাবারের পরিবর্তে সেখানে গয়না-গাটি ছিল। তিনি বলেন, '**আমি তো খাবার চেয়েছিলাম, তুমি গয়না-গাটি কেনো আনলে?**'

তখন বৃদ্ধা বলে, '**তোমার খিদে যদি রুটিতে পূর্ণ হোত তাহলে তুমি এখানে কেনো আসতে? তোমার কপালে রুটি নেই, তুমি তো সোনার জন্য ক্ষুধার্ত তাই সোনা লুট করতে থাক।**'

বৃদ্ধার এই কথা শুনে সিকন্দর কোনো খাবার না খেয়ে ফিরে যান। যাওয়ার সময় তিনি নগরের মন গেটে একটা বোর্ড লাগান, যাতে লেখা ছিল,

> **আপনি যখন 20 বছর বয়সে পদার্পণ করেন, তখন আপনার ইচ্ছাশক্তি আপনাকে শাসন করে। তারপর 30 বছর বয়সের পর বোধগম্যতা আপনাকে শাসন করে। কিন্তু 40 বছর বয়সের পর আপনার নির্ণয় নেওয়ার ক্ষমতা আপনার ওপর শাসন করে।**

www.ingramcontent.com/pod-product-compliance
Lightning Source LLC
LaVergne TN
LVHW060557051026
849519LV00002B/406
* 9 7 8 9 3 5 1 6 5 9 8 4 6 *